Estudos sobre a personalidade autoritária

CB125713

FUNDAÇÃO EDITORA DA UNESP

Presidente do Conselho Curador
Mário Sérgio Vasconcelos

Diretor-Presidente / Publisher
Jézio Hernani Bomfim Gutierre

Superintendente Administrativo e Financeiro
William de Souza Agostinho

Conselho Editorial Acadêmico
Júlio Cesar Torres
Luís Antônio Francisco de Souza
Marcelo dos Santos Pereira
Maurício Funcia de Bonis
Patricia Porchat Pereira da Silva Knudsen
Ricardo D'Elia Matheus
Sílvia Maria Azevedo
Tatiana Noronha de Souza
Trajano Sardenberg

Editores-Adjuntos
Anderson Nobara
Leandro Rodrigues

THEODOR W. ADORNO

Estudos sobre a personalidade autoritária

2ª edição

Tradução

Virginia Helena Ferreira da Costa

Francisco López Toledo Corrêa

Carlos Henrique Pissardo

Posfácio à edição brasileira

Virginia Helena Ferreira da Costa

editora unesp

Taken from: Gesammelte Schriften in zwanzig Bänden. Herausgegeben von Rolf Tiedemann unter Mitwirkung von Gretel Adorno, Susan Buck-Morss und Klaus Schultz. Band 09.1: Soziologische Schriften II.1
© Suhrkamp Verlag Frankfurt am Main 1975
All rights reserved by and controlled through Suhrkamp Verlag Berlin.

© 2019 Editora Unesp
Título original: *Studies in the Authoritarian Personality*

Direitos de publicação reservados à:
Fundação Editora da Unesp (FEU)
Praça da Sé, 108
01001-900 – São Paulo – SP
Tel.: (0xx11) 3242-7171
Fax: (0xx11) 3242-7172
www.editoraunesp.com.br
www.livrariaunesp.com.br
atendimento.editora@unesp.br

Dados Internacionais de Catalogação na Publicação (CIP) de acordo com ISBD
Elaborado por Vagner Rodolfo da Silva - CRB-8/9410

A241e

Adorno, Theodor W.

Estudos sobre a personalidade autoritária / Theodor W. Adorno; organizado por Virginia Helena Ferreira da Costa; traduzido por Virginia Helena Ferreira da Costa, Francisco López Toledo Corrêa, Carlos Henrique Pissardo. Posfácio à edição brasileira e resumo de *The Authoritarian Personality* por Virginia Helena Ferreira da Costa – 2. ed. – São Paulo: Editora Unesp, 2025.

Tradução de: *Studies in The Authoritarian Personality*

Inclui bibliografia.

ISBN: 978-65-5711-298-4

1. Psicanálise. 2. Ciências sociais. 3. Personalidade. 4. Personalidade autoritária. 5. Estudos de personalidade. 6. Filosofia. I. Costa, Virginia Helena Ferreira da. II. Corrêa, Francisco López Toledo. III. Carlos Henrique Pissardo. IV. Título.

2025-2230 CDD 100
CDU 1

Editora afiliada:

Asociación de Editoriales Universitarias de América Latina y el Caribe

Associação Brasileira de Editoras Universitárias

Sumário

Introdução à Coleção

Figura maior no panorama filosófico do século XX, Theodor W. Adorno foi responsável por uma experiência intelectual gerada pela confrontação incessante da filosofia com o "campo da empíria", em especial a Teoria Social, a Crítica Literária, a Estética Musical e a Psicologia. Nessa desconsideração soberana pelas fronteiras intelectuais, estava em jogo a constituição de um conceito renovado de reflexão filosófica que visava livrá-la da condição de discurso que se restringe à tematização insular de seus próprios textos. Sempre fiel a um programa que traçou para si mesmo já em 1931, quando assumira a cadeira de professor de Filosofia da Universidade de Frankfurt, Adorno construirá uma obra capaz de realizar a constatação de que: "plenitude material e concreção dos problemas é algo que a Filosofia só pode alcançar a partir do estado contemporâneo das ciências particulares. Por sua vez, a Filosofia não poderia elevar-se acima das ciências particulares para tomar delas os resultados como algo pronto e meditar sobre eles a uma distância mais segura. Os problemas filosóficos encontram-se contínua e, em certo sentido, indissoluvelmente presentes nas questões mais determinadas das ciências particulares".[1] Essa característica interdisciplinar do pensamento adorniano permitiu que seus leitores desenvolvessem pesquisas em campos distintos de saberes, colaborando com isso para a transformação da Teoria Crítica em base maior para a reflexão sobre a contemporaneidade e seus desafios. Uma transformação que influenciou de maneira decisiva a constituição de tradições de pesquisa no Brasil, a partir sobretudo da década de 1960.

No entanto, o conjunto limitado de traduções das obras de Adorno, assim como a inexistência de uma padronização capaz de fornecer aparatos críticos indispensáveis para textos dessa complexidade, fez que várias facetas e momentos do pensamento adorniano ficassem distantes do público leitor brasileiro. Foi o desejo de suprir tal lacuna que nos levou a organizar esta Coleção.

A Coleção editará os trabalhos mais importantes de Theodor Adorno ainda não publicados em português, assim como algumas novas traduções que se mostraram necessárias tendo em vista padrões atuais de edição de textos acadêmicos. Todos os seus volumes serão submetidos aos mesmos critérios editoriais. Registrarão sempre a página original da edição canônica das *Gesammelte Schriften* e dos *Nachlaß*, indicada por duas barras verticais inclinadas (//) no texto. Serão sempre acompanhados por uma Introdução, escrita por especialistas brasileiros ou estrangeiros. Tal Introdução tem por função contextualizar a importância da obra em questão no interior da experiência intelectual adorniana, atualizar os debates dos quais esta fazia

1 T. W. Adorno, Die Aktualität der Philosophie. In: *Gesammelte Schriften I*, Frankfurt a. M.: Suhrkamp, 1973, p.333-4.

parte, assim como expor os desdobramentos e as influências da referida obra no cenário intelectual do século XX. Ao final, o leitor encontrará sempre um índice onomástico. Em todos os volumes serão inseridas apenas notas de contextualização, evitando-se ao máximo a introdução de notas de comentário e explicação. Trata-se de uma convenção que se impõe devido à recusa em interferir no texto adorniano e em projetar chaves de interpretação.

Há quatro coletâneas exclusivas desta Coleção. Duas seguem a orientação temática das *Gesammelte Schriften*: *Escritos sobre música* e *Escritos sobre sociologia*. Nesses dois casos, os critérios de escolha dos textos foram: importância no interior da obra adorniana ou ineditismo de abordagem (assuntos relevantes, porém pouco abordados em outros textos).

As duas outras coletâneas, *Indústria cultural* e *Ensaios sobre psicologia social e psicanálise* justificam-se em virtude de algumas especificidades da recepção brasileira da obra de Theodor Adorno. Sabemos que um dos públicos mais importantes de leitores universitários de Adorno encontra-se em faculdades de Comunicação e pós-graduações de Estudos de Mídia. Por isso, a edição de uma coletânea com alguns textos fundamentais sobre indústria cultural e cultura de massa visa, sobretudo, a alimentar o debate que ali se desenvolve. Isso também vale para outro importante público-leitor de Adorno no Brasil: os pesquisadores de Psicologia Social e Psicanálise.

Se a dialética pode ser pensada como a capacidade de insuflar vida no pensamento coagulado, então uma abordagem dialética do legado de Adorno não pode abrir mão dessa perspectiva crítica, como já sugeria o Prefácio de 1969 à segunda edição da *Dialética do esclarecimento*, obra escrita em parceria com

Max Horkheimer: "não nos agarramos a tudo o que está dito no livro. Isso seria incompatível com uma teoria que atribui à verdade um núcleo temporal, em vez de opô-la ao movimento histórico como algo de imutável". Pensar o atual teor de verdade do pensamento de Adorno significa, portanto, a dupla tarefa de repensá-lo em face dos dilemas do mundo contemporâneo e refletir sobre o quanto esses dilemas podem ser iluminados sob o prisma de suas obras.

Comissão Editorial

Eduardo Socha
Jorge de Almeida
Ricardo Barbosa
Rodrigo Duarte
Vladimir Safatle

149

// Capítulo I
Introdução[I]

A. O problema

A pesquisa que será relatada neste volume foi orientada pela seguinte hipótese maior: a de que as convicções políticas, econômicas e sociais de um indivíduo frequentemente formam um padrão amplo e coerente, como se unidas por uma "mentalidade" ou por um "espírito", e que esse padrão é uma expressão de tendências profundas em sua personalidade.

A preocupação maior foi com o indivíduo *potencialmente fascista*, aquele cuja estrutura é tal que o torna particularmente suscetível à propaganda antidemocrática. Dizemos "potencialmente" porque não estudamos indivíduos que eram declaradamente fascistas ou que pertenciam a organizações fascistas conhecidas. No momento em que a maior parte dos nossos dados foi coletada, o fascismo havia acabado de ser derrotado em guerra e, portanto, não esperávamos encontrar sujeitos que se identificassem abertamente com ele; ainda assim, não foi difí-

I Tradução de Carlos Henrique Pissardo.

cil encontrar sujeitos cujo perfil era tal que indicava que eles prontamente aceitariam o fascismo se este se tornasse um movimento social forte ou respeitável.

Ao concentrarmo-nos no fascista potencial, não queremos com isso sugerir que outros padrões de personalidade e ideologia não possam do mesmo modo ser estudados de maneira profícua. É nossa opinião, no entanto, que nenhuma tendência político-social impõe um perigo maior aos nossos valores e instituições tradicionais do que o fascismo e que o conhecimento das forças de personalidade que favorecem sua aceitação pode em última instância provar-se útil para combatê-lo. Pode-se formular a pergunta sobre por que, se desejamos explorar novos recursos para combater o fascismo, não demos tanta atenção ao "antifascista potencial". A resposta é que, sim, estudamos as tendências que se colocam em oposição ao fascismo, mas não pensamos que elas constituam qualquer padrão
150 singular. //Uma das maiores descobertas do presente estudo é a de que indivíduos que apresentam extrema suscetibilidade à propaganda fascista têm muito em comum. (Eles exibem numerosas características que juntas formam uma "síndrome", embora variações típicas no interior desse padrão maior possam ser distinguidas.) Os indivíduos que estão no extremo oposto são muito mais diversos. A tarefa de diagnosticar o fascismo potencial e estudar seus determinantes requer técnicas especialmente concebidas para esses objetivos; não se poderia esperar que elas servissem também para vários outros padrões. Não obstante, foi possível distinguir diversos tipos de estrutura de personalidade que pareciam particularmente resistentes a ideias antidemocráticas e a esses é dada a devida atenção nos capítulos seguintes.

Se um indivíduo potencialmente fascista existe, como ele se parece precisamente? O que suscita o pensamento antidemocrático? Quais são as forças organizadoras dentro da pessoa? Se tal pessoa existe, quão comumente ela existe em nossa sociedade? E se tal pessoa existe, quais foram os determinantes e o decurso do seu desenvolvimento?

Foi sobre essas questões que a presente pesquisa pretendeu lançar alguma luz. Embora a noção de que o indivíduo potencialmente antidemocrático é uma totalidade possa ser aceita como uma hipótese plausível, ela demanda desde já alguma análise. Na maioria das abordagens do problema dos tipos políticos, duas concepções essenciais podem ser distinguidas: a concepção da ideologia e a concepção das necessidades subjacentes na pessoa. Embora as duas possam ser pensadas como formando um todo organizado dentro do indivíduo, elas podem, não obstante, ser estudadas separadamente. As mesmas tendências ideológicas podem, em diferentes indivíduos, ter fontes diferentes, e as mesmas necessidades pessoais podem expressar-se em diferentes tendências ideológicas.

O termo "ideologia" é usado neste livro, como é comum na literatura atual, para representar uma organização de opiniões, atitudes e valores – um modo de pensar sobre o homem e a sociedade. Podemos falar de uma ideologia total do indivíduo ou de sua ideologia a respeito de diferentes áreas da vida social: política, economia, religião, grupos de minorias e assim
151 por diante. // As ideologias têm uma existência independente de qualquer indivíduo singular; e aquelas que existem em uma época particular são resultados tanto de processos históricos quanto de eventos sociais contemporâneos. Essas ideologias têm diferentes graus de apelo para diferentes indivíduos – uma

questão que depende das necessidades do indivíduo e do grau com que essas necessidades são satisfeitas ou frustradas.

Há certamente indivíduos que adotam para si ideias de mais de um sistema ideológico existente e as costuram em padrões que são mais ou menos unicamente seus. Pode-se assumir, no entanto, que quando as opiniões, atitudes e valores de vários indivíduos são examinados, padrões comuns são descobertos. Esses padrões podem não corresponder em todos os casos às ideologias familiares, atuais, mas atenderão à definição de ideologia dada e, em cada caso, terão uma função dentro do ajustamento geral do indivíduo.

A presente pesquisa sobre a natureza do indivíduo potencialmente fascista começou tendo o antissemitismo como foco de atenção. Os autores, como a maioria dos cientistas sociais, são da visão de que o antissemitismo é baseado em maior medida em fatores relativos ao sujeito e à sua situação total do que nas características efetivas dos judeus e de que o local para se buscar os determinantes das opiniões e atitudes antissemitas é dentro das pessoas que as expressam. Uma vez que essa ênfase na personalidade requereu que se focasse a atenção na psicologia em vez de na sociologia ou na história – embora, em última análise, apenas artificialmente as três possam ser separadas –, não pôde haver qualquer tentativa de abordar a existência de ideias antissemitas em nossa sociedade. A questão, antes, era a seguinte: por que certos indivíduos aceitam essas ideias enquanto outros não as aceitam? E, já que desde o começo a pesquisa foi orientada pelas hipóteses apresentadas anteriormente, supôs-se que (1) o antissemitismo provavelmente não é um fenômeno específico ou isolado, mas parte de um quadro ideológico mais amplo, e que (2) a suscetibilidade de um indivíduo a essa ideologia depende primeiramente de suas necessidades psicológicas.

As ideias e hipóteses relativas ao indivíduo antidemocrático,
152 presentes em nosso clima cultural geral, // precisam ser sustentadas por observação meticulosa e, em muitas instâncias, por quantificação, antes de poderem ser tomadas por conclusivas. Como alguém pode dizer com segurança que as numerosas opiniões, atitudes e valores expressos por um indivíduo de fato constituem um padrão consistente ou uma totalidade organizada? Uma investigação mais exaustiva desse indivíduo parece ser necessária. Como se pode dizer que opiniões, atitudes e valores encontrados em grupos de pessoas se associam para formar padrões, alguns sendo mais comuns que outros? Não há outro modo adequado de proceder senão de fato medindo, em populações, uma ampla variedade de conteúdos de pensamento e determinando, por meio de métodos estatísticos convencionais, quais deles se associam.

Para muitos psicólogos sociais, o estudo científico da ideologia, como esta foi definida, parece uma tarefa fadada ao fracasso. Medir de modo adequadamente preciso uma atitude singular, específica e isolada é um procedimento longo e penoso tanto para o sujeito quanto para o pesquisador. (Argumenta-se frequentemente que, a não ser que a atitude seja específica e isolada, ela não pode de modo algum ser propriamente medida.) Como podemos então esperar sondar [*survey*], dentro de um período de tempo razoável, as numerosas atitudes e ideias que constituem uma ideologia? Obviamente, alguma espécie de seleção é necessária. O pesquisador deve limitar-se àquilo que é mais significativo, e julgamentos de significância só podem ser feitos com base em teoria.

As teorias que guiaram a presente pesquisa serão apresentadas mais tarde em contextos adequados. Embora considerações teóricas tenham tido um papel em cada estágio do trabalho, foi preciso começar com o estudo objetivo das opiniões, atitudes e valores mais observáveis e relativamente específicos.

Opiniões, atitudes e valores, como os concebemos, são expressos mais ou menos abertamente em palavras. Psicologicamente, eles estão "na superfície". Deve-se reconhecer, no entanto, que quando se trata de questões carregadas de afetos, como aquelas relativas a grupos de minorias e assuntos políticos atuais, o grau de abertura com o qual uma pessoa fala dependerá da situação na qual ela se encontra. Pode haver uma discrepância entre o que ela diz em certa ocasião e o que ela "realmente pensa". Digamos que ela pode expressar o que real-
153 mente pensa // em uma discussão confidencial com pessoas íntimas. Essa parcela, que ainda é, em termos psicológicos, relativamente superficial, pode ser observada diretamente pelo psicólogo caso ele utilize técnicas apropriadas – foi isso que tentamos fazer.

Deve-se reconhecer, no entanto, que o indivíduo pode ter pensamentos "secretos" que, se puder evitá-lo, não revelará em nenhuma circunstância; ele pode ter pensamentos que não pode admitir para si mesmo e pode ter pensamentos que não expressa porque são tão vagos e mal formulados que não pode colocá-los em palavras. Ter acesso a essas tendências mais profundas é particularmente importante, pois é precisamente aqui que pode repousar o potencial do indivíduo para o pensamento e a ação democráticos ou antidemocráticos em situações cruciais.

O que as pessoas dizem e, em menor grau, o que realmente pensam depende em larga medida do clima de opinião no qual elas vivem; no entanto, quando esse clima muda, alguns indivíduos se adaptam muito mais rapidamente que outros. Se há um aumento marcante de propaganda antidemocrática, devemos esperar que algumas pessoas a aceitem e a repitam imediatamente, que outras o façam quando parecer que "todo mundo acredita nela", enquanto outras nunca a aceitarão. Em outras palavras, os indivíduos variam em sua *suscetibilidade* à propaganda antidemocrática, em sua prontidão em exibir tendências antidemocráticas. Parece necessário estudar a ideologia nesse "nível de prontidão" a fim de estimar o potencial para o fascismo neste país [os Estados Unidos]. Observadores têm notado que a quantidade de antissemitismo declarado na Alemanha pré-Hitler era menor do que neste país no momento presente; pode-se esperar que a potencialidade seja menor neste país, mas isso só pode ser conhecido por meio da pesquisa intensiva, do *survey* detalhado sobre o que está na superfície e da investigação minuciosa do que repousa abaixo dela.

Pode-se formular a questão sobre qual é o grau de relação entre ideologia e ação. Se um indivíduo está fazendo propaganda antidemocrática ou engajando-se em ataques explícitos a membros de grupos de minorias, assume-se frequentemente que suas opiniões, atitudes e valores são congruentes com sua ação; mas, às vezes, é confortável pensar que, apesar de outro
154 indivíduo expressar verbalmente ideias antidemocráticas, // ele não as coloca – e talvez não as colocará – em ação explícita. Aqui, uma vez mais, há uma questão de potencialidades. A ação explícita, assim como a expressão verbal aberta, depende em grande medida da situação do momento – algo que é mais bem descrito em termos socioeconômicos e políticos –, mas os

indivíduos diferem consideravelmente a respeito de sua prontidão a serem levados à ação. O estudo desse potencial é uma parte do estudo da ideologia geral do indivíduo; saber quais tipos e intensidades de crença, atitude e valor provavelmente levam à ação e saber quais forças dentro do indivíduo inibem a ação são temas da maior importância prática.

Parece haver poucos motivos para duvidar de que a ideologia-em-prontidão (receptividade ideológica) e a ideologia-em-palavras e em-ação são essencialmente a mesma coisa. A descrição da ideologia total de um indivíduo deve retratar não apenas a organização em cada nível, mas também a organização entre os níveis. O que o indivíduo consistentemente diz em público; o que ele diz quando se sente a salvo de críticas; o que ele pensa, mas não dirá de modo algum; o que ele pensa, mas não admitirá para si mesmo; o que ele está disposto a pensar ou a fazer quando diferentes tipos de apelo são feitos a ele – todos esses fenômenos podem ser concebidos como constituindo uma estrutura singular. A estrutura pode não estar integrada, ela pode conter contradições tanto quanto consistências, mas ela está *organizada* no sentido de que as partes constituintes estão relacionadas de forma psicologicamente significativa.

A fim de entender tal estrutura, uma teoria da personalidade total é necessária. De acordo com a teoria que guia a presente pesquisa, a personalidade é uma organização de forças mais ou menos duradoura no interior do indivíduo. Essas forças persistentes da personalidade ajudam a determinar a resposta em várias situações e, portanto, é em grande medida a elas que se deve atribuir a consistência do comportamento – seja verbal ou físico. Mas o comportamento, mesmo quando consisten-

te, não é a mesma coisa que a personalidade; a personalidade permanece *por detrás* do comportamento e *dentro* do indivíduo. As forças de personalidade não são respostas, mas *prontidão para resposta*; se uma prontidão irá ou não produzir uma expressão
155 explícita depende não apenas da situação do momento, // mas de quais outras prontidões colocam-se em oposição a ela. As forças de personalidade que se encontram inibidas estão em um nível mais profundo do que aquelas que imediata e consistentemente se expressam em comportamento explícito.

O que são as forças de personalidade e quais são os processos a partir dos quais elas são organizadas? Para uma teoria da estrutura de personalidade, apoiamo-nos mais fortemente em Freud, enquanto para uma formulação mais ou menos sistemática dos aspectos de personalidade mais diretamente observáveis e mensuráveis, guiamo-nos primordialmente pela psicologia acadêmica. As forças de personalidade são primeiramente *necessidades* (pulsões, desejos, impulsos emocionais) que variam de um indivíduo para outro em sua qualidade, intensidade, modo de gratificação e objetos de sua fixação e que interagem com outras necessidades em padrões harmônicos ou conflitivos. Há necessidades emocionais primitivas, há necessidades de se evitar a punição e conservar a boa vontade do grupo social, há necessidades de se manter a harmonia e a integração dentro de si [*self*].

Uma vez reconhecido que opiniões, atitudes e valores dependem de necessidades humanas e uma vez que a personalidade é essencialmente uma organização de necessidades, então a personalidade pode ser encarada como um *determinante* de preferências ideológicas. A personalidade não deve, entretanto, ser hipostasiada como a determinante última. Longe de ser uma

coisa dada desde o começo, que permanece fixa e age sobre o mundo circundante, a personalidade se desenvolve sob o impacto do ambiente social e nunca pode ser isolada da totalidade social dentro da qual ela existe. De acordo com a presente teoria, os efeitos das forças do ambiente na moldagem da personalidade são, em geral, mais profundos quanto mais cedo na vida do indivíduo elas são mobilizadas. As maiores influências sobre o desenvolvimento da personalidade surgem no decurso da formação da criança, como levada a cabo na configuração da vida familiar. O que ocorre aqui é profundamente influenciado por fatores econômicos e sociais. Não se trata apenas de como cada família, ao tentar criar suas crianças, procede de acordo com os comportamentos dos grupos sociais, étnicos e religiosos aos quais ela se associa, mas de fatores econômicos brutos afetando diretamente o comportamento dos pais em relação à
156 criança. // Isso significa que mudanças abrangentes nas condições sociais e nas instituições terão uma influência direta sobre as categorias de personalidade que se desenvolvem dentro de uma sociedade.

A presente pesquisa busca descobrir correlações entre a ideologia e fatores sociológicos operantes no passado do indivíduo – estes continuando ou não a operar em seu presente. Ao tentar explicar essas correlações, as relações entre personalidade e ideologia são postas em cena, a abordagem geral sendo a de considerar a personalidade como uma agência [*agency*] através da qual são mediadas as influências sociológicas sobre a ideologia. Se se pode deixar claro o papel da personalidade, torna-se possível entender melhor quais fatores sociológicos são os mais cruciais e por quais caminhos eles logram seus efeitos.

Embora a personalidade seja um produto do ambiente social do passado, ela não é, uma vez desenvolvida, um mero objeto do ambiente contemporâneo. O que se desenvolveu foi uma *estrutura* dentro do indivíduo, algo que é capaz de uma ação autoiniciada sobre o ambiente social e de uma seleção diante de variados estímulos que se chocam – algo que, embora sempre modificável, é normalmente muito resistente a mudanças fundamentais. Essa concepção é necessária para explicar a consistência de comportamento em situações bastante variáveis, para explicar a persistência de tendências ideológicas diante de fatos contraditórios e condições sociais radicalmente alteradas, para explicar por que pessoas em uma mesma situação sociológica têm visões diferentes ou mesmo conflitantes sobre temas sociais e por que pessoas cujo comportamento foi modificado por meio de manipulação psicológica recaem em seus antigos modos tão logo as agências [*agencies*] de manipulação são eliminadas.

A concepção de estrutura de personalidade é a melhor salvaguarda contra a inclinação a atribuir as tendências persistentes no indivíduo a algo "inato" ou "básico" ou "racial" dentro dele. A alegação nazista de que traços naturais, biológicos, definem o ser total de uma pessoa não teria sido um dispositivo político tão exitoso se não tivesse sido possível apontar para numerosas instâncias de relativa fixidez no comportamento humano, desafiando aqueles que pensavam ser possível explicá-las a partir
157 de outra // base que não a biológica. Sem a concepção de estrutura de personalidade, escritores cujas abordagens apoiam-se sobre o pressuposto das infinitas flexibilidade humana e capacidade de resposta à situação social do momento em nada contribuem ao se referirem às tendências persistentes que eles não

podem aprovar como "confusão" ou "psicose", ou como o mal sob um nome ou outro. Há, decerto, alguma base para descrever como "patológicos" padrões de comportamento que não se conformam às mais comuns, e aparentemente mais regulares, respostas a estímulos momentâneos. Mas assim se utiliza o termo "patológico" no sentido bastante limitado de um desvio da média encontrada em um contexto particular e, o que é pior, para sugerir que tudo na estrutura de personalidade deve ser posto sob essa rubrica. Na verdade, a personalidade abarca variáveis que existem abundantemente na população e têm relações regulares umas com as outras. Padrões de personalidade que foram desprezados como "patológicos", pois não estão de acordo com as tendências manifestas mais comuns ou com os ideais dominantes de uma sociedade, revelam-se, a partir de uma investigação mais precisa, nada mais que exageros daquilo que era quase universal sob a superfície daquela sociedade. O que é "patológico" hoje pode, com a mudança das condições sociais, tornar-se a tendência dominante amanhã.

Parece claro, pois, que uma abordagem adequada dos problemas que estão diante de nós deve levar em conta tanto a fixidez quanto a flexibilidade; ela deve encarar ambas não como categorias mutuamente exclusivas, mas como os extremos de um mesmo *continuum* ao longo do qual características humanas podem ser situadas e deve oferecer uma base para entender as condições que favorecem um extremo ou o outro. A personalidade é um conceito que lida com a relativa permanência. Mas deve-se enfatizar novamente que a personalidade é principalmente um potencial; é uma prontidão para o comportamento, em vez de ser o próprio comportamento; embora ela consista em disposições para comportar-se de certas formas, o comportamento que de fato ocorrerá dependerá sempre da situação objetiva. Onde a preocupação se volta às tendências antidemocráticas, um delineamento das condições para sua expressão individual requer uma compreensão da organização total da sociedade.

158 Foi afirmado que a estrutura de personalidade deve ser tal // que torne o indivíduo suscetível à propaganda antidemocrática. Pode-se perguntar agora quais são as condições sob as quais tal propaganda aumentaria em entonação e volume e viria a dominar na imprensa escrita e no rádio chegando à exclusão de estímulos ideológicos contrários, de forma que o que agora é potencial se tornaria efetivamente manifesto. A resposta deve ser buscada não em qualquer personalidade singular nem em fatores de personalidade encontrados na massa de pessoas, mas em processos atuantes na sociedade ela mesma. Parece hoje bem entendido que depende, em primeiro lugar, da situação dos interesses econômicos mais poderosos se a propaganda antidemocrática deverá ou não se tornar uma força dominante neste país – se eles farão uso, de forma consciente ou não, desse dispositivo a fim de manter seu *status* dominante. Esse é um tema sobre o qual a grande maioria das pessoas teria pouco a dizer.

A presente pesquisa, limitada tal como é aos até agora amplamente negligenciados aspectos psicológicos do fascismo, não se interessa pela produção da propaganda. Ela foca sua atenção, antes, sobre o consumidor, o indivíduo para quem a propaganda é formulada. Assim fazendo, ela pretende levar em conta não apenas a estrutura psicológica do indivíduo, mas a situação total objetiva na qual ele vive. Ela assume que as pessoas em geral tendem a aceitar programas políticos e sociais que elas acreditam que servirão a seus interesses econômicos. Quais são esses interesses depende em cada caso da posição do indivíduo na sociedade, definida em termos econômicos e sociológicos. Uma parte importante da presente pesquisa consistiu, portanto, na tentativa de descobrir quais padrões de fatores socioeconômicos estão associados à receptividade, e à resistência, à propaganda antidemocrática.

Ao mesmo tempo, no entanto, considerou-se que os motivos econômicos nos indivíduos podem não ter o papel dominante e crucial que frequentemente se atribui a eles. Se o autointeresse econômico fosse o único determinante da opinião, deveríamos esperar que pessoas do mesmo *status* socioeconômico tivessem opiniões muito similares e deveríamos esperar que as opiniões variassem de modo significativo de um agrupamento socioeconômico para outro. A pesquisa não cor-
159 roborou de modo consistente essas expectativas. // Há apenas uma similaridade de opinião muito geral entre pessoas de um mesmo *status* socioeconômico, e as exceções são gritantes; já as variações de um grupo socioeconômico para outro raramente são simples e nítidas. Para explicar por que pessoas de um mesmo *status* socioeconômico tão frequentemente têm ideologias diferentes, enquanto pessoas de diferentes *status* muitas vezes têm ideologias muito similares, devemos levar em conta outras necessidades além das puramente econômicas.

Ademais, tem-se tornado cada vez mais claro que as pessoas muito frequentemente não se comportam de modo a promover seus interesses materiais, mesmo quando está claro para elas quais são esses interesses. A resistência dos trabalhadores de colarinho branco à organização não se deve à crença de que a união não os ajudará economicamente; a tendência do peque-

no homem de negócios a alinhar-se com o grande negócio na maioria dos temas econômicos e políticos não se deve inteiramente à crença de que essa é a forma de garantir sua independência econômica. Em casos como esses, o indivíduo parece não apenas não considerar seus interesses materiais, mas até ir contra eles. É como se ele estivesse pensando em termos de uma identificação com um grupo maior, como se seu ponto de vista fosse determinado mais pela sua necessidade de apoiar esse grupo e de suprimir grupos opostos do que pela consideração racional de seus próprios interesses. De fato, é com certa sensação de alívio que hoje se assegura que um conflito de grupos é meramente um choque de interesses econômicos – de que cada lado busca apenas "bater" o outro – e não uma luta na qual pulsões emocionais profundas correm soltas. Quando se trata das formas pelas quais as pessoas analisam o mundo social, as tendências irracionais sobressaem gritantemente. Pode-se conceber um profissional que se opõe à imigração de refugiados judeus baseado no fato de que isso aumentará a concorrência com a qual ele tem de lidar e que assim sua renda diminuirá. Por mais antidemocrático que isso possa ser, é pelo menos racional em um sentido limitado. Mas que esse homem avance para além disso, como faz a maioria das pessoas que se opõem aos judeus por motivos profissionais, e aceite uma grande variedade de opiniões, muitas das quais contraditórias, sobre os judeus em geral, e atribua variados males do mundo a eles, isso é claramente ilógico. E é tão ilógico quanto exaltar
160 todos os judeus de acordo com um "bom" // estereótipo deles. A hostilidade contra grupos baseada em frustação real, provocada por membros daquele grupo, sem dúvida existe, mas tais experiências frustrantes dificilmente dão conta do fato de que

o preconceito pode ser generalizado. Evidências do presente estudo confirmam aquilo que é frequentemente indicado: que um homem que é hostil em relação a um grupo de minorias tem grande probabilidade de ser hostil contra uma grande variedade de outros grupos. Não há qualquer base racional concebível para tal generalização; e, o que é ainda mais notável, o preconceito contra (ou a aceitação totalmente acrítica de) um grupo particular frequentemente existe na ausência de qualquer experiência com membros daquele grupo. A situação objetiva do indivíduo parece ser uma fonte improvável para tal irracionalidade; antes, deveríamos buscá-la onde a psicologia já encontrou as fontes dos sonhos, das fantasias e das interpretações errôneas do mundo – isto é, nas necessidades profundas da personalidade.

Outro aspecto da situação do indivíduo que podemos esperar que afete sua receptividade ideológica é sua associação a grupo sociais – profissionais, fraternais, religiosos e similares. Por razões históricas e sociológicas, esses grupos favorecem e disseminam, oficialmente ou não, diferentes padrões de ideias. Há razões para acreditar que os indivíduos, a partir de suas necessidades de se conformar, pertencer e acreditar, e por meio de dispositivos como a imitação e o condicionamento, muitas vezes assumam de forma mais ou menos pronta opiniões, atitudes e valores que são característicos dos grupos aos quais eles se associam. Na medida em que as ideias que prevalecem em um tal grupo são implícita ou explicitamente antidemocráticas, espera-se que o membro individual do grupo seja receptivo à propaganda com a mesma direção geral. Consequentemente, a presente pesquisa investiga uma variedade de associações a grupos com vista a determinar quais tendências gerais de pensamento podem ser encontradas em cada uma delas e qual a sua variabilidade.

Reconhece-se, no entanto, que a correlação entre associação a grupos e ideologia pode dever-se a diferentes espécies de determinação em diferentes indivíduos. Em alguns casos, pode ser que o indivíduo apenas repita opiniões que são dadas como
161 óbvias em seu meio social e que ele não tenha motivo // para questioná-las; em outros casos, pode ser que o indivíduo escolheu aderir a um grupo particular porque este defende ideais com os quais ele já simpatizava. Na sociedade moderna, a despeito da enorme comunalidade na cultura básica, é raro que uma pessoa esteja sujeita a apenas um padrão de ideias, desde que tenha idade suficiente para que as ideias tenham algum sentido para ela. Alguma seleção é normalmente feita, de acordo, pressupõe-se, com as necessidades de sua personalidade. Mesmo quando os indivíduos são expostos, durante seus anos de formação, exclusivamente a um único e bem amarrado padrão de ideias políticas, econômicas, sociais e religiosas, verifica-se que alguns se conformam enquanto outros se rebelam – e parece correto questionar se fatores da personalidade não fariam a diferença. A abordagem mais segura, assim pareceria, é considerar que na determinação da ideologia, como na determinação de qualquer comportamento, há um fator situacional e um fator de personalidade e que uma ponderação cuidadosa do papel de cada um produziria uma previsão mais acurada.

Fatores situacionais, especialmente a condição econômica e a associação a grupos sociais, foram intensamente estudados em recentes pesquisas sobre opiniões e atitudes, ao passo que os fatores mais interiores, mais individuais, não têm recebido a atenção que merecem. Além disso, há ainda outra razão para

que o presente estudo coloque particular ênfase sobre a personalidade. O fascismo, a fim de ser bem-sucedido como um movimento político, precisa ter uma massa como base. Ele precisa assegurar não apenas a submissão temerosa, mas a cooperação ativa da grande maioria das pessoas. Uma vez que, por sua natureza mesma, ele favorece poucos à custa de muitos, não tem como demonstrar que irá melhorar a situação da maioria das pessoas a ponto de seus interesses serem atendidos. Ele precisa, portanto, fazer apelo, acima de tudo, não ao autointeresse racional, mas às necessidades emocionais – frequentemente aos medos e desejos mais primitivos e irracionais. Caso se argumente que a propaganda fascista engana as pessoas fazendo-as acreditar que sua situação irá melhorar, então surge a questão: por que elas são tão facilmente enganadas? Por causa, pode-se supor, de suas estruturas de personalidade; por causa de padrões de expectativas e aspirações, medos e angústias há muito estabelecidos que as dispõem a certas crenças e as tornam
162 resistentes a // outras. A tarefa da propaganda fascista, em outras palavras, torna-se mais fácil dependendo do grau em que potenciais antidemocráticos já existem na grande massa de pessoas. Pode-se admitir que, na Alemanha, as transformações e os conflitos econômicos dentro da sociedade foram tais que, apenas por essa razão, o triunfo do fascismo era cedo ou tarde inevitável; mas os líderes nazistas não agiram como se eles acreditassem nisso; pelo contrário, eles agiram como se fosse necessário a todo momento levar em conta a psicologia das pessoas – ativando cada grama de seu potencial antidemocrático, ajustando-se a elas, eliminando a mais tênue centelha de rebelião. Parece evidente que qualquer tentativa de estimar as chances de triunfo do fascismo na América deve considerar o

potencial existente no caráter das pessoas. Aqui repousa não apenas a suscetibilidade à propaganda antidemocrática, mas também as fontes mais confiáveis de resistência a ela.

Os escritores deste livro acreditam que depende das pessoas decidirem se este país se tornará ou não fascista. Pressupõe-se que o conhecimento sobre a natureza e a abrangência dos potenciais antidemocráticos indicará programas para a ação democrática. Esses programas não deveriam estar limitados a dispositivos de manipulação das pessoas para que elas ajam democraticamente, mas deveriam estar voltados a aumentar aquele tipo de autoconsciência e de autodeterminação que torna qualquer tipo de manipulação impossível. Há uma explicação para a existência da ideologia de um indivíduo que até agora não foi considerada: ela seria a visão de mundo que um homem razoável, com algum entendimento do papel de determinantes como aqueles anteriormente discutidos e com pleno acesso aos fatos necessários, organizará para si mesmo. Essa concepção, embora tenha sido deixada para o final, é de crucial importância para uma abordagem correta da ideologia. Sem ela, teríamos que compartilhar da visão destrutiva, que tem ganhado alguma aceitação no mundo moderno, de que uma vez que todas as ideologias, todas as filosofias, derivam de fontes não racionais, não haveria base para dizer que uma tem mais mérito que outra.

Mas o sistema racional de um homem objetivo e ponderado
163 não é algo separado da personalidade. Tal sistema é também // motivado. O que é distinto em suas fontes é principalmente a *espécie de organização de personalidade* da qual surge. Pode-se dizer que uma personalidade madura (se podemos por ora usar esse termo sem defini-lo) estará mais perto de alcançar um sistema racional de pensamento do que uma personalidade imatu-

ra; mas uma personalidade não é menos dinâmica ou menos organizada por ser madura, e a tarefa de descrever a estrutura dessa personalidade não é de espécie diferente da tarefa de descrever qualquer outra personalidade. De acordo com a teoria, as variáveis de personalidade que mais têm a ver com a determinação da objetividade e da racionalidade de uma ideologia são aquelas que pertencem ao eu [*ego*], aquela parte da personalidade que analisa a realidade, que integra as outras partes e opera com a consciência mais desperta.

É o eu que se torna ciente das forças não racionais que operam no interior da personalidade e assume responsabilidade por elas. Essa é a base para nossa crença de que devem-se conhecer quais são os determinantes psicológicos da ideologia porque os homens podem tornar-se mais razoáveis. Não se pressupõe, é claro, que isso irá eliminar as diferenças de opinião. O mundo é suficientemente complexo e difícil de conhecer, os homens têm suficientes interesses reais que estão em conflito com os interesses reais de outros homens e existem suficientes diferenças de personalidade aceitas pelo eu para assegurar que discussões sobre política, economia e religião nunca cessarão. O conhecimento dos determinantes psicológicos da ideologia não nos pode dizer qual é a ideologia *mais verdadeira*; ele pode apenas remover algumas barreiras no caminho de sua busca.

B. Metodologia

1. *Características gerais do método*

Para enfrentar os problemas que acabamos de conceitualizar, requereram-se métodos para a descrição e a mensuração

de tendências ideológicas e métodos para a exposição da personalidade, da situação contemporânea e do contexto social. Um desafio metodológico particular impôs-se pela concepção
164 da existência de *níveis* na pessoa; isso tornou // necessário elaborar técnicas que sondassem opiniões, atitudes e valores que estavam na superfície, que revelassem tendências ideológicas que estavam mais ou menos inibidas e que chegavam à superfície apenas por manifestações indiretas e que trouxessem à luz as forças de personalidade que repousam no inconsciente do sujeito. E, uma vez que a preocupação maior foi com os *padrões* de fatores dinamicamente relacionados – algo que requer o estudo do indivíduo como um todo –, pareceu que a abordagem adequada seria por meio de intensivos estudos clínicos. A significância e a importância prática de tais estudos não poderiam ser aferidas, no entanto, até que se conhecesse quanto era possível generalizar a partir deles. Logo, foi necessário realizar estudos tanto de grupo quanto individuais e encontrar caminhos e meios de integrar os dois.

Os indivíduos foram estudados por meio de entrevistas e técnicas clínicas especiais para revelar desejos, medos e defesas subjacentes; os grupos foram estudados por meio de questionários. Não se esperava que os estudos clínicos fossem tão completos ou profundos quanto alguns que já foram realizados, especialmente por psicanalistas, nem que os questionários fossem mais acurados do que qualquer outro hoje empregado por psicólogos sociais. Esperava-se, no entanto – de fato, isso era necessário para os nossos objetivos –, que o material clínico pudesse ser conceitualizado de forma a permitir que ele fosse quantificado e estendido para os estudos de grupo e que os questionários pudessem ser feitos de modo a intervir em áreas de resposta normalmente reservadas ao estudo clínico. Foi feita a tentativa, em outras palavras, de colocar os métodos da psicologia social tradicional a serviço das teorias e conceitos da mais nova teoria dinâmica da personalidade e, ao assim fazer, tornar os fenômenos "psicológicos profundos" mais suscetíveis ao tratamento estatístico de larga escala e tornar os *surveys* quantitativos de atitudes e opiniões mais significativos psicologicamente.

No intuito de integrar os estudos clínicos e de grupo, ambos foram realizados em estreita articulação. Quando o foco de atenção estava no indivíduo, os objetivos eram o de descrever em detalhes seu padrão de opiniões, atitudes e valores e o de entender os fatores dinâmicos subjacentes a ele, formulando
165 // questões significativas para o uso com grupos de sujeitos a partir dessa base. Quando o foco da atenção estava no grupo, o objetivo era o de descobrir quais opiniões, atitudes e valores comumente andam juntos e quais padrões de fatores nas histórias de vida e nas situações contemporâneas dos sujeitos estavam comumente associados com cada constelação ideológica; isso forneceu uma base para selecionar indivíduos para o estudo mais intensivo: mereceram maior atenção aqueles que exemplificavam os padrões comuns e nos quais se poderia supor que os fatores correlatos estavam dinamicamente relacionados.

A fim de estudar indivíduos potencialmente antidemocráticos, foi necessário primeiro identificá-los. Por isso, começou-se formulando um questionário e entregando-o a um grande grupo de pessoas para um preenchimento anônimo. Esse questionário continha, para além de numerosas questões factuais sobre a vida passada e presente do sujeito, uma variedade de afirmações antidemocráticas diante das quais os sujeitos eram convidados a concordar ou discordar. Os indivíduos que apresentavam as mais altas taxas de concordância com essas afirmações – e, por contraste, alguns que apresentavam as mais altas taxas de discordância com elas ou, em alguns casos, que foram mais neutros – eram então estudados por meio de entrevistas e outras técnicas clínicas. Com base nesses estudos individuais, o questionário era revisado e todo o procedimento repetido.

A entrevista foi usada em parte para checar a *validade* do questionário, isto é, ela forneceu uma base para julgar se as pessoas que obtiveram as mais altas pontuações antidemocráticas no questionário seriam aquelas que, em uma relação confidencial com outra pessoa, frequentemente expressavam sentimentos antidemocráticos com maior intensidade. Mais importante, no entanto, foi que os estudos clínicos deram acesso aos fatores de personalidade mais profundos por trás da ideologia antidemocrática e sugeriram os meios para seu estudo em larga escala. Com o conhecimento crescente das tendências subjacentes das quais o preconceito era uma expressão, houve uma maior familiaridade com vários outros sinais ou manifestações pelos quais essas tendências podiam ser reconhecidas. A tarefa então foi a de traduzir essas manifestações em itens de questionário para utilização no estudo de grupo
166 // seguinte. O progresso estava em encontrar indicações mais e mais confiáveis das forças centrais de personalidade e em revelar com crescente clareza as relações dessas forças com a expressão ideológica antidemocrática.

2. *As técnicas*

Os questionários e as técnicas clínicas empregados no estudo podem ser descritos resumidamente da seguinte forma:

a. O MÉTODO DOS QUESTIONÁRIOS. Os questionários foram sempre apresentados em formato mimeografado e preenchidos anonimamente por sujeitos em grupos. Cada questionário incluía (1) questões factuais, (2) escalas de opinião-atitude e (3) questões "projetivas" (de resposta aberta).

1. As *questões factuais* tinham a ver principalmente com a associação passada e presente a grupos: preferência de igreja e assiduidade, partido político, profissão, renda e assim por diante. Pressupôs-se que as respostas podiam ser tomadas por seu valor de face. Ao selecionar as questões, fomos guiados desde o começo por hipóteses referentes aos correlatos sociológicos da ideologia; à medida que o estudo progredia, dependemos mais e mais da experiência com os entrevistados.

2. As escalas de *opinião-atitude* foram usadas desde o começo para obter estimativas quantitativas de certas tendências ideológicas superficiais: antissemitismo, etnocentrismo, conservadorismo político-econômico. Mais tarde, uma escala foi desenvolvida para a mensuração de tendências antidemocráticas na própria personalidade.

Cada escala era um conjunto de afirmações em relação às quais foi solicitado ao sujeito que expressasse seu grau de concordância ou discordância. Cada afirmação dizia respeito a alguma opinião, atitude ou valor relativamente específico e a base para agrupá-las em uma escala particular era a concepção de que, tomadas em conjunto, elas expressavam uma única tendência geral.

As tendências gerais às quais pertenciam as escalas foram concebidas muito amplamente, como sistemas complexos de pensamento sobre extensas áreas da vida social. Para definir essas tendências empiricamente, foi necessário obter respostas

167 a muitas questões específicas // – o suficiente para "cobrir" a área mapeada conceitualmente – e mostrar que cada uma delas portava alguma relação com o todo.

Essa abordagem contrasta com as pesquisas de opinião pública: enquanto essas pesquisas se interessam primeiramente pela distribuição de opinião a respeito de uma questão particular, o interesse presente foi o de inquirir, sobre uma opinião particular, com quais outras opiniões e atitudes ela estava relacionada. O intuito foi o de determinar a existência de tendências ideológicas amplas, desenvolver instrumentos para sua mensuração e, então, inquirir sobre sua distribuição em populações maiores.

A abordagem de uma área ideológica estimou primeiro suas características mais grosseiras e depois suas características mais finas e específicas. O objetivo foi o de obter uma visão da "figura geral" na qual mais tarde características menores podiam ser inseridas, em vez de obter medidas altamente precisas de pequenos detalhes na expectativa de que estes pudessem ao fim se somar para formar algo significativo. Embora essa ênfase na amplitude e inclusividade tenha impedido que se obtivesse o mais alto grau de precisão na mensuração, com ela foi possível desenvolver cada escala até o ponto em que se atingiram os padrões estatísticos atualmente aceitos.

Uma vez que cada escala tinha de cobrir uma área ampla, sem alongar-se a ponto de testar a paciência dos sujeitos, foi necessário obter um alto grau de eficiência. A tarefa foi a de formular itens que cobrissem o máximo possível o fenômeno multifacetado em questão. Uma vez que cada uma das tendências a ser mensuradas foi concebida como tendo numerosos componentes ou aspectos, não poderia haver duplicação

de itens; em vez disso, requereu-se que cada item expressasse uma característica diferente – e, quando possível, várias características – do sistema total. O grau com que os itens dentro de uma escala "se combinarão" estatisticamente, e assim evidenciarão que um traço único, unificado, está sendo medido, depende primeiramente da similaridade de superfície entre os itens – o grau com que eles todos dizem a mesma coisa. Não se poderia esperar, obviamente, que os itens aqui presentes fossem coerentes dessa maneira; tudo o que se poderia requerer deles estatisticamente era que se correlacionassem, em um grau razoável, com a escala total. Concebivelmente, um único componente de um dos sistemas presentes poderia ser encarado,
168 ele próprio, como uma tendência relativamente geral, // cuja mensuração precisa requereria o uso de vários itens mais específicos. Como foi indicado, no entanto, essa preocupação com fatores altamente específicos, estatisticamente "puros", foi deixada de lado em favor da tentativa de obter uma estimativa confiável de um sistema geral que pudesse então ser relacionado a outros sistemas gerais em uma abordagem da totalidade das principais tendências dentro do indivíduo.

Alguém poderia indagar por que, se desejamos conhecer a intensidade de algum padrão ideológico – como o antissemitismo – no interior do indivíduo, não perguntamos isso diretamente a ele, após termos definido o seu significado. A resposta, em parte, é que o fenômeno a ser mensurado é tão complexo que uma resposta única não iria muito longe no sentido de revelar as importantes diferenças entre os indivíduos. Ademais, antissemitismo, etnocentrismo e radicalismo ou reacionarismo político-econômico são temas sobre os quais muitas pessoas não estão preparadas para falar com completa franqueza.

Logo, mesmo nesse nível ideológico superficial, foi necessário ser algo indireto. Aos sujeitos nunca foi dito qual era a preocupação específica do questionário, mas apenas que eles estavam participando de um "*survey* de opiniões sobre vários temas do cotidiano". Para corroborar essa visão dos procedimentos, itens pertencentes a uma escala particular foram intercalados com itens de outras escalas no questionário. Não foi possível, é claro, evitar afirmações preconceituosas contra grupos de minorias, mas tomou-se o cuidado em cada caso de permitir ao sujeito "uma saída", isto é, que fosse possível que ele concordasse com uma tal afirmação, mas mantendo, ainda assim, a crença de que ele não era "preconceituoso" ou "não democrático".

Enquanto as escalas para mensuração das tendências ideológicas superficiais conformam-se, no geral, com a prática corrente na pesquisa sociopsicológica, a escala para mensuração de tendências potencialmente antidemocráticas na personalidade representa um novo ponto de partida. O procedimento foi o de juntar em uma escala itens que, hipoteticamente ou por experiência clínica, poderiam "entregar" ["*giveaways*"] tendências que permaneciam relativamente profundas dentro da personalidade e que constituíam uma *disposição* para expressar espontaneamente (em uma ocasião adequada) ideias fascistas ou ser por elas influenciada.

169 // As afirmações nessa escala não eram, em sua forma, diferentes daquelas que constituíam as escalas de ideologia superficial; eram expressões diretas de opinião, atitudes ou valor a respeito de várias áreas da vida social – áreas, porém, normalmente não abordadas em apresentações sistemáticas de um ponto de vista político-socioeconômico. Sempre interca-

ladas com afirmações de outras escalas, elas revelavam ao sujeito pouco ou nada da natureza da real questão visada. Eram, no essencial, afirmações concebidas de tal forma a servir como racionalizações para tendências irracionais. Duas afirmações incluídas nessa escala foram as seguintes: (a) "Hoje em dia, com tantas espécies diferentes de pessoas indo de um lugar ao outro e se misturando tão livremente, temos de ser especialmente cuidadosos para nos proteger contra infecção e doença" e (b) "A homossexualidade é uma forma particularmente podre de delinquência e deveria ser punida com severidade". Dificilmente se pode explicar com base em qualquer relação lógica óbvia entre as afirmações o fato de que as pessoas que concordam com uma dessas afirmações demonstram uma tendência a concordar com a outra, e que pessoas que concordam com essas duas afirmações tendem a concordar com afirmações abertamente antidemocráticas – por exemplo, a de que membros de grupos de minorias são fundamentalmente inferiores. Parece necessário, antes, conceber alguma tendência central subjacente que se expressa dessas diferentes formas. Diferentes pessoas podem, é claro, dar a mesma resposta a afirmações como essas apresentadas por diferentes razões; uma vez que foi necessário dar às afirmações pelo menos um verniz de racionalidade, era natural esperar que as respostas de algumas pessoas seriam determinadas quase inteiramente pelo aspecto racional, em vez de por alguma disposição emocional subjacente. Por essa razão, foi necessário incluir um grande número de itens de escala e ser guiado pela tendência geral de resposta, em vez de pela resposta a uma única afirmação; para uma pessoa ser considerada potencialmente antidemocrática em sua estrutura dinâmica subjacente, ela tinha de concordar com a maioria desses itens de escala.

O desenvolvimento da presente escala procedeu de duas formas: primeiro, descobrindo ou formulando itens que, embora não tivessem conexão manifesta com expressões abertamente
170 antidemocráticas, // estavam, não obstante, altamente correlacionados a elas; e, segundo, demonstrando que esses itens "indiretos" eram de fato expressões do potencial antidemocrático dentro da personalidade, como conhecido a partir do estudo clínico intensivo.

3. As *questões projetivas*, como a maioria das outras técnicas projetivas, apresentam ao sujeito um material com estímulos ambíguos e emocionalmente carregados. Esse material é produzido para permitir uma máxima variação de respostas entre um sujeito e outro e para fornecer canais pelos quais processos de personalidade relativamente profundos pudessem expressar-se. As questões não são ambíguas em sua estrutura formal, mas no sentido de que as respostas estão no nível da expressão emocional, em vez de no nível factual, e o sujeito não está ciente de suas implicações. As respostas têm sempre de ser interpretadas e sua significância é conhecida quando suas relações significativas com outros fatos psicológicos relativos ao sujeito são demonstradas. Uma questão projetiva era: "O que você faria se tivesse apenas seis meses de vida e pudesse fazer tudo que quisesse?". Uma resposta a essa questão não foi encarada como uma afirmação do que o sujeito provavelmente faria de fato, mas, antes, como uma expressão relativa a seus valores, conflitos e assim por diante. Nós nos perguntamos se essa expressão não estaria de acordo com aquelas suscitadas por outras questões projetivas e por afirmações na escala de personalidade.

Numerosas questões projetivas foram experimentadas nos estágios iniciais do estudo e, dentre elas, oito foram selecionadas para serem usadas com a maioria dos grupos mais amplos de sujeitos: essas eram as questões que, tomadas em conjunto, davam a visão mais ampla das tendências de personalidade do sujeito e mais se correlacionavam com padrões ideológicos superficiais.

b. Técnicas clínicas. 1. *A entrevista* foi dividida, *grosso modo*, em uma seção ideológica e uma seção clínico-genética. Na primeira seção, o objetivo foi o de induzir o sujeito a falar tão espontânea e livremente quanto possível sobre tópicos ideológicos variados e abrangentes: política, religião, grupos de minorias, renda e profissão. Enquanto no questionário o sujeito estava limitado aos tópicos ali apresentados e podia expres-
171 sar-se apenas // por meio do esquema de classificação oferecido, aqui era importante saber quais tópicos ele traria à tona por iniciativa própria e com qual intensidade de sentimentos ele espontaneamente se expressaria. Como foi antes indicado, esse material forneceu um meio para assegurar que o questionário, em suas formas revisadas, representasse de modo mais ou menos fiel "o que as pessoas estavam dizendo" – os tópicos que estavam em suas mentes e as formas de expressão que vinham espontaneamente a elas – e proporcionou um índice válido de tendências antidemocráticas. A entrevista cobria, é claro, uma variedade muito mais ampla de tópicos e possibilitava a expressão de opiniões, atitudes e valores mais elaborados e diferenciados do que permitia o questionário. Enquanto se tentou destilar do material da entrevista o que parecia ser de maior significância e organizá-lo para a inclusão no questio-

nário, certo material foi deixado para ser explorado por meio de estudos de caso individuais, análises qualitativas e estudos meramente quantitativos do próprio material da entrevista.

A seção clínico-genética da entrevista buscou obter, primeiro, mais material factual sobre a situação atual do sujeito e sobre seu passado do que poderia ser alcançado com o questionário; segundo, a mais livre expressão possível de sentimentos pessoais, crenças, desejos e medos a respeito de si mesmo e de sua situação e referentes a temas tais como pais, irmãos, amigos e relações sexuais; e, terceiro, as concepções do sujeito sobre seu ambiente infantil e seu *self* infantil.

A entrevista foi conduzida de tal forma que o material obtido com ela permitiria inferências sobre as camadas mais profundas da personalidade do sujeito. A técnica de entrevista será descrita em detalhes mais tarde. Basta aqui dizer que ela seguiu o padrão geral de uma entrevista psiquiátrica inspirada por uma teoria dinâmica da personalidade. O entrevistador era ajudado por um roteiro abrangente que foi submetido a várias revisões no decurso do estudo, à medida que a experiência ensinava quais eram as questões subjacentes mais significativas e quais eram os meios mais eficientes para evocar o material suscitado por elas.

172 // O material da entrevista foi usado para estimar certas variáveis comuns que permaneciam dentro do quadro teórico do estudo, mas não eram acessíveis às outras técnicas. O material da entrevista também forneceu a principal base para estudos de caso individuais, apoiados nas inter-relações entre todos os fatores relevantes operando no interior do indivíduo antidemocrático.

2. O *teste de apercepção temática* é uma conhecida técnica projetiva na qual o sujeito é apresentado a uma série de imagens dramáticas e solicitado a contar uma história sobre cada uma delas. O material que ele produz pode, quando interpretado, revelar muito sobre seus desejos, conflitos e mecanismos de defesa subjacentes. A técnica foi ligeiramente modificada a fim de adequar-se aos propósitos presentes. O material foi analisado quantitativamente, em termos das variáveis psicológicas que são encontradas amplamente na população e que foram prontamente colocadas em relação com outras variáveis do estudo. Como uma parte do estudo de caso de um indivíduo, foi feita uma análise em termos de variáveis de personalidade mais singulares, tendo sido esse material aqui considerado em conjunção estreita com as descobertas da entrevista.

Embora concebidas para abordar diferentes aspectos da pessoa, as diversas técnicas de fato estavam estreitamente relacionadas umas com as outras. Todas elas permitiam quantificação e interpretação enquanto variáveis que pertencem a um sistema teórico unificado. Às vezes, duas técnicas geravam mensurações das mesmas variáveis e, outras vezes, diferentes técnicas estavam focadas em diferentes variáveis. No primeiro caso, uma técnica dava alguma indicação da validade da outra; no último caso, a adequação de uma técnica podia ser aferida por sua capacidade de produzir mensurações que estavam relacionadas significativamente com todas as outras. Embora certo número de repetições tenha sido necessário para garantir a validação, o objetivo principal foi o de preencher um quadro amplo e obter o maior escopo possível.

A abordagem teórica requereu, em cada caso, ou que uma nova técnica fosse concebida a partir do zero ou que uma já

existente fosse modificada para adequar-se a um propósito particular. No começo, havia uma concepção teórica do que deveria ser medido e de certas fontes – que serão descritas
173 mais tarde – das quais // se poderia fazer uso para elaboração do questionário original e do roteiro preliminar da entrevista. Cada técnica então se desenvolveu conforme o estudo progredia. Uma vez que as técnicas foram concebidas especificamente para este estudo, elas podiam ser modificadas à vontade conforme a compreensão aumentava e, uma vez que um objetivo importante do estudo foi o de desenvolver e testar instrumentos efetivos que diagnosticassem o fascismo potencial, não houve a obrigação de repetir sem alteração um procedimento apenas para acumular dados comparáveis. As técnicas estavam tão intimamente relacionadas que o que se aprendia com qualquer uma delas podia ser aplicado para o melhoramento de qualquer outra. Assim como as técnicas clínicas forneciam uma base para enriquecer várias partes do questionário, também o acúmulo de resultados quantitativos indicava no que a entrevista deveria concentrar-se; e, da mesma forma que a análise de dados da escala sugeria a existência de variáveis subjacentes que poderiam ser abordadas por meio de técnicas projetivas, também as respostas a técnicas projetivas sugeriam itens para a inclusão nas escalas.

A evolução das técnicas expressou-se tanto em expansão quanto em contração. A expansão foi exemplificada no intento de trazer mais e mais aspectos da ideologia antidemocrática ao quadro que se desenvolvia e no de explorar aspectos da personalidade potencialmente antidemocrática suficientes a ponto de se obter alguma compreensão da totalidade. A contração ocorreu continuamente nos procedimentos quantitativos à medida que a crescente clareza teórica permitiu reduções, de modo que as mesmas relações cruciais podiam então ser demonstradas com técnicas mais concisas.

C. Procedimentos de coleta de dados

1. *Os grupos estudados*

a. O COMEÇO COM ESTUDANTES UNIVERSITÁRIOS. Havia razões práticas suficientes para determinar que o presente estudo, que em seu começo tinha recursos e objetivos limitados, de-
174 vesse começar com estudantes universitários como // sujeitos pesquisados: eles estavam disponíveis para perguntas, tanto individualmente como em grupo, cooperavam de boa vontade e podiam ser contatados sem muita dificuldade para repetir o teste. Ao mesmo tempo, outras considerações favoreciam o uso de estudantes universitários em um estudo sobre a ideologia. Em primeiro lugar, o nível intelectual e educacional era alto o suficiente para que fosse necessária uma restrição relativamente pequena a respeito do número e da natureza dos temas que podiam ser levantados – uma questão muito importante em um estudo que enfatizava a amplitude e a inclusividade. Podia-se estar bastante seguro de que estudantes universitários *teriam* opiniões sobre a maioria dos tópicos considerados. Em segundo lugar, podia haver uma relativa certeza de que todos os sujeitos entendiam da mesma forma os termos das questões e que as mesmas respostas tinham significado uniforme. Em terceiro lugar, por maior que fosse a população que se pudesse testar, provavelmente se descobriria que a maioria de suas ge-

neralizações tinha, em todo caso, de limitar-se a várias subclassificações relativamente homogêneas do grupo total estudado; estudantes universitários formam um grupo que é relativamente bem homogêneo a respeito de fatores que, poder-se-ia esperar, influenciam a ideologia. E eles representam um importante setor da população, tanto por meio de suas conexões familiares quanto por sua prospectiva liderança na comunidade.

É óbvio, no entanto, que um estudo que utilizasse apenas estudantes universitários como sujeitos pesquisados estaria seriamente limitado em sua significância geral. De qual população mais ampla um grupo de estudantes de uma universidade estadual podia ser encarado como uma amostra adequada? As descobertas dessa amostra valem para todos os estudantes dessa universidade? Valem para os estudantes universitários em geral? Para as pessoas jovens de classe média? Isso depende do tipo de generalização que se pretende fazer. Generalizações sobre a distribuição de opiniões específicas ou sobre a média de concordância com essa ou aquela afirmação – o tipo de informação buscada em estudos de opinião pública – dificilmente poderiam ir além dos estudantes da universidade onde o *survey* foi feito. Os resultados obtidos em uma universidade da Costa Leste ou em uma instituição privada podem ser bem diferentes. A preocupação aqui, no entanto, não foi tanto com questões
175 de distribuição, // mas com questões de relação. Por exemplo, havia menos interesse em saber que percentagem da população geral concordaria que "os sindicatos se tornaram excessivamente poderosos" e que "há judeus demais nas agências do governo" do que se haveria ou não uma relação geral entre essas duas opiniões. Para o estudo de como opiniões, atitudes e valo-

res são organizados dentro do indivíduo, os estudantes universitários tinham muito a oferecer, particularmente nos estágios iniciais do trabalho, quando a ênfase estava em aprimorar as técnicas e obter as primeiras aproximações de relações gerais. Esse trabalho poderia avançar sem percalços contanto que os fatores a serem estudados estivessem presentes e variassem de forma suficientemente ampla de um indivíduo a outro. A esse respeito, as limitações da amostra de universitários eram o fato de o nível intelectual e educacional relativamente alto diminuir o número de indivíduos extremamente preconceituosos e o de alguns dos fatores que supostamente influenciam o preconceito raramente ou nunca estarem ali presentes.

Essas considerações tornaram necessário estudar vários outros grupos de sujeitos. Como se verificou, a *força* das várias tendências ideológicas variava amplamente de um grupo a outro, enquanto as *relações* encontradas no grupo universitário eram muito similares àquelas encontradas em outros lugares.

b. A POPULAÇÃO NÃO UNIVERSITÁRIA EM GERAL DA QUAL EXTRAÍMOS NOSSOS SUJEITOS. Quando se tornou possível, pelo aumento de recursos, expandir o escopo do estudo, deu-se início à tentativa de selecionar sujeitos a partir de uma ampla variedade de americanos adultos. O objetivo era o de examinar pessoas que possuíam, em diferentes graus, o maior número possível das variáveis sociológicas presumidamente relevantes para o estudo – variáveis políticas, religiosas, ocupacionais, de renda e de associações a grupos sociais. Uma lista de todos os grupos (universitários e não universitários) aos quais se aplicaram os questionários é dada na Tabela 1 (I).

176 // Tabela 1 (I) – Grupos dos quais se coletaram questionários[2]

		Nº de casos
I.	*Formulário* 78 (janeiro a maio de 1945)	
	Universidade da Califórnia – Turma de Oratória em Público – Mulheres	140
	Universidade da Califórnia – Turma de Oratória em Público – Homens	52
	Universidade da Califórnia – Turma de Extensão em Psicologia (mulheres adultas)	40
	Mulheres profissionais (professoras de escola pública, assistentes sociais, enfermeiras de hospitais públicos) (área de São Francisco)	63
	Total	295
II.	*Formulário* 60 (verão de 1945)	
	Universidade do Oregon – Estudantes mulheres	47
	Universidade do Oregon e Universidade da Califórnia – Estudantes mulheres	54
	Universidade do Oregon e Universidade da Califórnia – Estudantes homens	57
	Clube de Serviços do Oregon – Homens (Clubes Kiwanis, Lions e Rotary) (Questionário total)	68
	Clube de Serviços do Oregon – Homens (apenas formulário A)[3]	60
	Total	286

2 Na maioria dos casos, cada grupo que respondeu ao questionário – por exemplo, os Detentos da Prisão de San Quentin e os Homens da Clínica Psiquiátrica – foi tratado separadamente por razões estatísticas. No entanto, alguns grupos eram muito pequenos para tanto e foram, por isso, reunidos com outros grupos sociologicamente similares. Quando tal reunião ocorreu, a composição do grupo total é indicada na tabela. (N. A.)

3 O formulário A incluía a escala para mensuração das tendências potencialmente antidemocráticas na personalidade e metade da escala para a mensuração do conservadorismo político-econômico. (N. A.)

III. *Formulários 45 e 40* (novembro de 1945 a junho de 1946)		
A. *Formulário 45*		
Universidade da Califórnia – Turma de Extensão em Testes Psicológicos[4] (mulheres adultas)		59
Pacientes de Clínica Psiquiátrica (homens e mulheres) – Clínica Langley Porter da Universidade da Califórnia		121
Detentos da Prisão Estadual San Quentin (homens)		110
	Total	243[5]
B. *Formulários 45 e 40*		
Escola de Oficiais da Marinha Mercante de Alameda (homens)		343
Serviço de Emprego dos Veteranos dos EUA (homens)		106
	Total	449
177 // C. *Formulário 40*		
Mulheres de Classe Trabalhadora:		
Escola Profissionalizante da Califórnia		19
Sindicato dos Trabalhadores do Setor Elétrico (CIO)		8

4 No original *Extension Testing Class*. A explicação para a denominação desse grupo se encontra no Capítulo IV da obra, onde se lê: "Esta era uma aula noturna de adultos dada pela Divisão de Extensão da Universidade da Califórnia. Como era uma aula sobre testes psicológicos, provavelmente atraiu um grupo mais diversificado do que a turma adulta usual em psicologia". Ela se encontra na página 130 do texto original disponível em: <http://www.ajcarchives.org/main.php?GroupingId=6490> (último acesso em 30 de maio de 2019). (N. T.)

5 Nota-se que a soma feita pelos autores está errada. Na tradução, mantivemos o lapso. (N. T.)

Trabalhadores de escritório	11
Estivadores e Portuários (ILWU) (novos membros)	10
Trabalhadores do Projeto Federal de Habitação	5
	53
Homens de Classe Trabalhadora:	
Sindicato dos Trabalhadores do Setor Elétrico (CIO)	12
Escola Profissionalizante da Califórnia	15
Estivadores e Portuários (ILWU) (novos membros)	26
Associação dos Marinheiros [United Seamen's Service]	8
	61
Mulheres de Classe Média:	
Associação de Pais e Mestres	46
Escola Profissionalizante da Califórnia (membros de classe média)	11
Grupo da Igreja Suburbana	29
Grupo da Igreja Unitária	15
Liga das Mulheres Eleitoras	17
Associação de Mulheres de Classe Média-Alta	36
	154
Homens de Classe Média:	
Associação de Pais e Mestres	29
Grupo da Igreja Suburbana	31
Escola Profissionalizante da Califórnia (membros de classe média)	9
	69
Homens de Clubes de Serviços da Califórnia:	
Clube Kiwanis	40
Clube Rotary	23
	63

Universidade George Washington – Estudantes mulheres	132
Homens de Los Angeles (turmas da Universidade da Califórnia e da Universidade do Sul da Califórnia, grupos de fraternidade, turmas noturnas de adultos, pais de estudantes, grupos de roteiristas de rádio)	117
Mulheres de Los Angeles (mesmos grupos que acima)	130
Total	779
Total de formulários 45 e 40	1.518
Total geral de todos os formulários	2.099

O grupo que um sujeito estava frequentando no momento em que preencheu o questionário não era, é claro, necessariamente o mais importante ou representativo dos vários grupos aos quais ele pertencia. Confiou-se no próprio questionário
178 para // obter informações sobre as associações a grupos consideradas as mais relevantes para o estudo e os sujeitos podiam ser categorizados a partir dessa base, independentemente do grupo pelo qual se lhes aplicaram os questionários.

Toda a ênfase estava em obter diferentes *categorias* de sujeitos – o suficiente para assegurar uma ampla variedade de opiniões e atitudes e uma cobertura adequada dos fatores que supostamente influenciavam a ideologia. Esses sujeitos não são de modo algum uma amostra aleatória da população não universitária nem podiam ser encarados como uma amostra representativa dela, uma vez que não se pretendeu fazer uma análise sociológica da comunidade na qual eles viviam. O progresso do estudo não seguiu na direção de ampliar sua representatividade visando a generalizações sobre populações maiores, mas antes na direção da investigação mais intensiva de "grupos-chave", isto é, grupos que tinham as características mais cruciais para o problema em questão. Alguns grupos foram escolhidos porque seu estatuto sociológico era tal que se podia esperar que eles desempenhassem um papel vital em uma luta em torno da discriminação social, por exemplo, veteranos, clubes de serviços ou associações de mulheres. Outros grupos foram escolhidos para o estudo intensivo porque apresentavam manifestações extremas das variáveis de personalidade consideradas as mais cruciais para o indivíduo potencialmente antidemocrático, por exemplo, detentos e pacientes psiquiátricos.

Com a exceção de poucos grupos-chave, os sujeitos foram extraídos quase exclusivamente da classe média socioeconômica. Descobriu-se bastante cedo no estudo que a pesquisa de classes mais baixas requereria diferentes instrumentos e diferentes procedimentos em relação àqueles desenvolvidos por meio da pesquisa com estudantes universitários e, portanto, essa foi uma tarefa que se preferiu postergar.

Evitaram-se grupos nos quais havia uma preponderância de membros de minorias e quando aconteceu de membros de um grupo de minoria pertencerem a uma organização que cooperava com o estudo, seus questionários foram excluídos dos cálculos. Não que as tendências ideológicas em grupos de minorias tenham sido consideradas desimportantes, e sim porque seu exame envolvia problemas especiais que estavam fora do escopo do presente estudo.

179 A grande maioria dos sujeitos do estudo vivia // na área da Baía de São Francisco. Em relação a essa comunidade, deve-se dizer que sua população aumentou rapidamente durante a

década precedente à deflagração da Segunda Guerra Mundial, de modo que uma grande parcela sua era de recém-chegados de todas as partes da nação. Durante a guerra, quando a área viveu um *boom*, o influxo foi intensificado ainda mais e, portanto, é provável que muitos sujeitos do estudo fossem pessoas que tinham recentemente chegado de outros estados.

Foram selecionados dois grandes grupos na área de Los Angeles, vários menores em Oregon e um grupo em Washington, D.C.

A não ser que a pessoa tivesse pelo menos educação básica em gramática, seria muito difícil, senão impossível, que ela completasse adequadamente o questionário – que entendesse as questões apresentadas nas escalas e as instruções para assinalar os formulários. O nível educacional médio dos sujeitos do estudo é por volta da 12ª série, havendo aproximadamente o mesmo número de universitários graduados e de sujeitos que não completaram o ensino médio. É importante notar que pessoas mais jovens, a maioria das quais entre os 20 e os 35 anos, estão sobrerrepresentadas nas amostras presentes.

Ficará evidente que os sujeitos do estudo, tomados em conjunto, forneceriam uma base bastante inadequada para uma generalização sobre a população total deste país. Pode-se esperar que as descobertas do estudo sejam razoavelmente válidas para americanos não judeus, brancos, nativos e de classe média. Onde as mesmas relações apareceram repetidas vezes em diferentes grupos analisados – estudantes universitários, associações de mulheres, detentos, por exemplo –, puderam ser feitas generalizações com maior segurança. Quando estratos da população não amostrados no presente estudo tornarem-se sujeitos pesquisados, espera-se que a maioria das relações relatadas nos próximos capítulos ainda se sustente – e que se encontrem relações adicionais.

2. *A distribuição e coleta de questionários*

Ao se abordar um grupo ao qual seriam aplicados questio-
180 nários, o primeiro passo foi o de assegurar a cooperação da // liderança do grupo. Isso nunca foi difícil quando o líder era de perfil liberal; por exemplo, o instrutor de uma turma de oratória em público, o psicólogo de uma escola marítima ou o conselheiro de um clube de serviços masculino. Os objetivos e os procedimentos do estudo eram-lhe plenamente explicados e ele então apresentava para seu grupo a proposta de preencher os questionários. Quando a liderança do grupo era conservadora, o procedimento era mais difícil. Quando lhe era informado que o estudo tinha algo a ver com discriminação social, não era incomum que primeiro se expressasse um grande interesse por esse "importante problema" para que então um atraso seguisse outro até que a esperança de se obter respostas do grupo em questão tivesse de ser abandonada. Entre pessoas desse tipo, parecia haver uma convicção de que era melhor "não mexer com quem está quieto", que a melhor abordagem para o "problema da raça" era a de não "mexer em nada". Uma abordagem mais eficaz de líderes conservadores ocorreu quando se apresentou o projeto todo como um *survey* de opinião pública geral, "como uma pesquisa Gallup", levado a cabo por um grupo de cientistas da universidade, contando-se com a variedade e relativa suavidade dos itens de escala para evitar alarde desnecessário.

Ao coletarmos questionários de turmas de estudantes, seja em cursos regulares da universidade, seja em cursos de verão ou de extensão universitária, foi comum que o instrutor da turma dirigisse ele mesmo todo o processo. Em outros casos, frequentemente foi necessário combinar a administração do questionário com uma conversa com o grupo por parte de um membro da equipe do estudo. Ele dava as instruções para o preenchimento dos questionários, ajudava em sua coleta e então fazia uma apresentação sobre "Aferição da opinião pública", tocando nas reais questões do estudo apenas o quanto ele julgava possível sem que se levantassem resistências por parte do público.

Sendo o grupo considerado liberal ou não, o questionário foi sempre apresentado a ele como um inventário de opinião pública – não como um estudo do preconceito. As instruções dadas aos grupos são as que seguem:

181 // *Survey* de Opinião Pública Geral: Instruções

Estamos tentando descobrir o que o público em geral acha e pensa sobre diversas questões sociais importantes.

Temos certeza de que o *survey* anexo lhe parecerá interessante. Você encontrará nele muitas questões e temas sociais sobre os quais já pensou, leu em jornais e revistas e ouviu no rádio.

Este *não* é um *teste de inteligência* nem um teste de informações. Não há respostas "corretas" ou "erradas". A melhor resposta é a *sua opinião pessoal*. Você pode estar certo de que, seja qual for a sua opinião sobre certo tema, haverá muitas pessoas que concordam com ela e muitas que dela discordam. E isso é o que queremos descobrir: como a opinião pública está realmente dividida em cada um desses tópicos socialmente importantes?

Deve-se enfatizar que os promotores deste *survey* não necessariamente concordam com as afirmações nele contidas nem necessariamente discordam delas. *Tentamos cobrir grande variedade de pontos de vista.* Concordamos com algumas afirmações e discordamos de outras. Do mesmo modo, você provavelmente concordará fortemente com algumas afirmações, discordará também fortemente de outras e será talvez mais neutro em relação a outras mais.

Sabemos que as pessoas são muito ocupadas hoje em dia e não queremos tomar muito do seu tempo. Tudo o que pedimos é que você:

(a) Leia cada afirmação cuidadosamente e assinale de acordo com sua primeira reação. Não é necessário gastar muito tempo com qualquer uma das questões.

(b) *Responda a todas as questões.*

(c) *Dê o seu ponto de vista pessoal.* Não converse com ninguém sobre as questões até que tenha terminado.

(d) Seja o mais *sincero*, *preciso* e *completo* possível, dentro do limite de espaço e tempo.

Este *survey* funciona tal como uma Pesquisa Gallup ou uma eleição. Como em qualquer outra votação secreta, os "votantes" que o preenchem não precisam dar seus nomes.

A cooperação dos grupos, uma vez apresentados ao questionário, foi excelente, com pelo menos 90% dos presentes normalmente devolvendo os questionários completos. Alguns membros de cada grupo, é claro, estavam ausentes no dia em que o questionário foi administrado, mas, uma vez que nunca houve qualquer aviso prévio sobre essa parte do programa, não há razão para crer que as respostas desses faltantes teriam sido no geral diferentes daquelas do resto do grupo. Eram quase inteiramente de duas categorias os sujeitos que estavam presentes, mas que deixaram de entregar os questionários comple-

182 tos: // aqueles que não fizeram qualquer esforço para cooperar e aqueles que entregaram questionários incompletos. Deve-se suspeitar que os primeiros fossem mais antidemocráticos do que a média do seu grupo, ao passo que a lentidão ou o desleixo dos últimos provavelmente não é significativa para a ideologia.

Houve uma tentativa de coletar questionários por correio. Mais de duzentos questionários com instruções completas foram remetidos a professores e enfermeiros, junto a uma carta solicitando sua cooperação e cartas de apresentação para seus superiores. O retorno foi de decepcionantes 20% e essa amostra estava fortemente enviesada no sentido de baixas pontuações nas escalas de mensuração de tendências antidemocráticas.

3. *A seleção de sujeitos para o estudo clínico intensivo*

Com poucas exceções, os sujeitos de um dado grupo que foram entrevistados e a quem se aplicou o teste de apercepção temática foram escolhidos entre os 25% que obtiveram as pontuações mais altas e os 25% que obtiveram as mais baixas (quartis superior e inferior) na escala de Etnocentrismo. Essa escala, assim pareceu, daria a melhor medida inicial de tendências antidemocráticas.

Se o grupo do qual os sujeitos foram selecionados reunia-se regularmente, como era normalmente o caso, o procedimento foi o de coletar os questionários em um encontro, para obter a escala de pontuações e decidir sobre os entrevistados adequados, para, apenas então, no encontro seguinte, solicitar cooperação adicional. Nos poucos casos em que era impossível aproveitar um segundo encontro, a solicitação aos entrevistados foi feita no próprio momento de administração do questionário – pedindo àqueles interessados em ser entrevistados que indicassem como poderiam ser contatados. A fim de dissimular a base da seleção e o propósito do estudo clínico, foi dito aos grupos que se buscava realizar uma discussão de opiniões e ideias mais detalhadas com alguns deles – algo em torno de 10% – e que se solicitava que pessoas representando as várias categorias e graus de resposta encontrados no grupo fossem às entrevistas.

Se o sujeito assim o desejasse, o anonimato deveria ser assegurado tanto nas entrevistas como no *survey* de grupo. A fim de
183 garantir // isso, referia-se aos sujeitos escolhidos para o estudo individual por sua data de nascimento, por eles informada em seus questionários. Isso não podia ser feito, no entanto, naqueles casos em que se solicitava aos sujeitos que assinalassem, no momento em que preenchiam o questionário, se queriam ou não ser entrevistados. Esta pode ter sido uma das razões pelas quais a resposta nesses casos foi fraca. Mas havia outras razões pelas quais era difícil de entrevistar os sujeitos desses grupos e deve-se notar que a grande maioria daqueles encobertos sob o arranjo da data de nascimento não demonstrou qualquer preocupação sobre o anonimato quando suas entrevistas foram marcadas.

Foram pagos 3 dólares aos sujeitos pelas duas ou três horas que gastavam nas sessões clínicas. Ao se oferecer esse incentivo no momento em que lhes era solicitada a entrevista, ressaltou-se que essa era a única forma de assegurar que a equipe do estudo não ficasse com consciência pesada por tomar tanto do seu valioso tempo. O acordo, de fato, teve esse efeito, mas – o que foi mais importante – ajudou consideravelmente a garantir sujeitos apropriados: a maioria daqueles que pontuaram baixo na escala de Etnocentrismo teria cooperado de qualquer forma, sendo eles de algum modo interessados em psicologia e querendo oferecer seu tempo para uma "boa causa", mas muitos dos que pontuaram alto deixaram claro que o dinheiro era o motivo determinante.

Ao selecionar sujeitos para o estudo clínico, o objetivo foi o de examinar uma variedade de altos e baixos pontuadores. Uma variedade considerável foi garantida pelo sistema de selecionar sujeitos da maioria dos diferentes grupos estudados. Dentro de um dado grupo, foi possível obter maior variedade a respeito de associações a grupos e de pontuações nas outras escalas. Não se tentou, no entanto, fazer que a distribuição percentual dos sujeitos entrevistados de acordo com suas várias associações a grupos fosse a mesma que aquela existente no grupo do qual eles foram selecionados. A questão de quão bem os altos e baixos pontuadores entrevistados representam todos aqueles que pontuaram alto ou baixo na escala de Etnocentrismo será abordada no Capítulo IX.

Muito poucos sujeitos "médios" – os 50% cujas pontuações
184 ficaram // entre os quartis superior e inferior – foram entrevistados. Acreditamos que, para a compreensão das tendências antidemocráticas, o primeiro passo mais importante era o de determinar os fatores que mais claramente distinguiam um extremo do outro. A fim de comparar adequadamente dois grupos, é necessário ter um mínimo de trinta a quarenta sujeitos em cada grupo; uma vez que homens e mulheres, como se verificou, apresentavam problemas algo diferentes e tinham de ser tratados separadamente, o estudo dos homens com alta pontuação *versus* os com baixa pontuação e o estudo das mu-

lheres com alta pontuação *versus* as com baixa pontuação envolviam quatro grupos estatísticos que totalizavam 150 pessoas. Levar a cabo mais entrevistas que isso seria, por razões práticas, impossível. O estudo intensivo de pontuadores médios representativos deveria formar uma parte central de qualquer pesquisa futura na linha do presente estudo. Uma vez que eles são mais numerosos que ambos os extremos, é especialmente importante saber suas potencialidades democráticas e antidemocráticas. A impressão que se obteve das poucas entrevistas com pontuadores médios e do exame de muitos de seus questionários é que eles não são indiferentes ou ignorantes a respeito das questões presentes nas escalas, nem desprovidos das motivações ou dos traços de personalidade encontrados nos extremos. Em suma, eles não são em nenhum sentido categoricamente diferentes; eles são, por assim dizer, feitos do mesmo material, mas em combinações diferentes.

Parte I
A medida de tendências ideológicas

185 # // Capítulo VII A mensuração de tendências implicitamente antidemocráticas[I]

A. Introdução

Em certa etapa do estudo, após a realização de um considerável trabalho com as escalas AS [Antissemitismo] e E [Etnocentrismo], elaborou-se gradualmente um plano para a construção de uma escala com a finalidade de mensurar o preconceito sem que parecesse ter tal objetivo e sem que o nome de qualquer grupo de minorias fosse mencionado. Aparentemente, tal instrumento, se suficientemente correlacionado com as escalas AS e E, pode provar-se um substituto muito útil destas. Ele pode ser empregado em *survey* de opinião em grupos para os quais "questões raciais" poderiam ser muito "delicadas" ["*ticklish*"] para permitir que fosse introduzida uma escala AS ou E – caso, por exemplo, de um grupo que incluísse muitos membros de uma ou outra minoria étnica. O instrumento pode ser empregado para medir o preconceito entre os próprios

I Tradução de Francisco Toledo Corrêa. Consultor da tradução de termos da pesquisa quantitativa: Danilo Sales do Nascimento França.

membros de uma minoria. Mais importante, ao contornar algumas das defesas empregadas pelas pessoas quando perguntadas sobre como se expressam em relação a "questões raciais", ele pode fornecer uma medida mais válida do preconceito.

A escala PEC [Conservadorismo político-econômico] pode ser fiável como um índice de preconceito, mas suas correlações com as escalas AS e E não foram suficientemente altas. Além disso, os itens da escala PEC eram explicitamente ideológicos, isto é, poderiam ser facilmente associados ao preconceito de alguma maneira lógica ou automática. Era necessária uma coleção de itens, cada um deles correlacionado com AS e E, mas que não fosse originária de uma área normalmente coberta em
186 // discussões de assuntos políticos, econômicos e sociais. O lugar natural a se voltar era para o material clínico já coletado, no qual – particularmente nas discussões dos sujeitos de pesquisa sobre temas como o *self*, família, sexo, relações interpessoais, valores morais e pessoais – surgiram inúmeras tendências que, segundo pareceram, poderiam estar ligadas ao preconceito.

Com relação a esse ponto, o segundo – e maior – propósito da nova escala começou a tomar corpo. Não poderia tal escala produzir uma estimativa válida de tendências antidemocráticas no nível da personalidade? Na época em que a nova escala estava sendo planejada, ficou claro que o antissemitismo e o etnocentrismo não dizem respeito apenas a questões superficiais de opinião, mas a tendências gerais com origens, ao menos em parte, profundas dentro da estrutura da pessoa. Não seria possível construir uma escala que abordasse de maneira mais direta essas forças mais profundas, muitas vezes inconscientes? Se sim, e se a escala pudesse ser validada através de estudos clínicos posteriores, não teríamos daí uma melhor es-

timativa do *potencial* antidemocrático do que aquela que poderia ser obtida com as escalas que eram mais abertamente ideológicas? O prospecto era intrigante. E a experiência com técnicas clínicas e outras escalas dava-nos uma esperança considerável de sucesso. Ao tentar dar conta da generalidade de AS e de E, a fim de explicar o que fazia que diversos itens dessa escala se apresentassem em conjunto, fomos levados à formulação de disposições psicológicas persistentes na pessoa – estereotipia, convencionalismo, preocupação com poder e assim por diante. O estudo das discussões ideológicas dos indivíduos, de Mack e Larry por exemplo, chegou ao mesmo resultado: parecia haver disposições em cada indivíduo que se refletiam em sua discussão de cada área ideológica, tanto quanto na discussão deles sobre assuntos não considerados normalmente ideológicos. E quando o material clínico-genético foi examinado, parecia que tais disposições poderiam relacionar-se com frequência a necessidades profundas da personalidade. A tarefa então era a de formular itens de escala que, embora consistissem em afirmações de opiniões e atitudes e tivessem a mesma forma que aqueles itens que aparecem em questionários comuns de opinião e atitudes, na realidade "entregariam" ["*giveaways*"] tendências
187 antidemocráticas subjacentes à personalidade. // Isso possibilitaria transpor para os estudos em grupo as ideias e hipóteses derivadas da investigação clínica; testaria se seria possível estudar em uma escala de massa características normalmente consideradas individuais e qualitativas.

Esse segundo propósito – o de quantificar as tendências antidemocráticas no nível da personalidade – não substituiu o primeiro, que era o de mensurar o antissemitismo e o etnocentrismo sem que fosse feita menção a grupos de minorias ou questões político-econômicas atuais. Pelo contrário, parecia-nos que as duas coisas poderiam ser alcançadas conjuntamente. A noção era a de que AS e E se correlacionariam com a nova escala porque as respostas a AS e a E seriam fortemente influenciadas por tendências subjacentes que a nova escala buscava aferir através de uma abordagem diferente. De fato, se tal correlação pudesse ser obtida, ela poderia ser tomada como evidência de que o antissemitismo e o etnocentrismo não seriam atitudes isoladas ou específicas ou inteiramente superficiais, mas expressões de tendências persistentes na pessoa. Contudo, isso dependeria de quão bem-sucedida seria a tentativa de excluir da nova escala aqueles itens que poderiam ser tão frequente ou automaticamente associados ao antissemitismo e ao etnocentrismo que pudessem ser considerados como aspectos da mesma "linha" política. Entretanto, de todo modo, parecia que a descoberta de opiniões e atitudes associadas ao antissemitismo e ao etnocentrismo em outras áreas, para além da costumeira político-socioeconômica, ofereceria uma compreensão mais abrangente da visão preconceituosa sobre o mundo. O novo instrumento foi denominado "escala F" a fim de expressar sua preocupação com as tendências pré-fascistas implícitas.

Em termos teóricos, esperava-se que as correlações de F com AS e E não se aproximariam da unidade e que a escala F captasse parte do potencial antidemocrático que poderia não ser expresso quando os sujeitos respondessem a itens que lidavam diretamente com a hostilidade a grupos de minorias. É verdade que os itens das presentes escalas AS e E eram, em sua maior parte, formulados de modo a permitir que o sujeito expressasse preconceito, ao mesmo tempo que mantinha a impressão de que estava sendo democrático. No entanto, reconhecia-se que

um sujeito poderia pontuar relativamente baixo em AS ou E
188 e, ainda assim, a entrevista, // na qual seria estabelecida uma relação de confiança e o entrevistador seria muito permissivo, poderia revelar que ele era preconceituoso. Mais do que isso, deve-se admitir que um sujeito pode se recusar completamente a expressar hostilidade contra grupos de minorias e ainda assim revelar características – por exemplo, uma tendência a pensar em tais grupos de maneira estereotipada ou uma tendência moralista a rejeitar outros grupos sociais que não os étnicos – que teriam que ser consideradas como relacionadas à suscetibilidade à propaganda antidemocrática. Se a escala F fosse considerada como uma medida do potencial antidemocrático – algo que poderia ou não ser expresso em hostilidade aberta contra *outgroups* –, então ela poderia não estar perfeitamente correlacionada com as escalas AS ou E. Em vez disso, o que se esperava dela era que destacasse indivíduos que, no estudo clínico intensivo, se mostraram receptivos à propaganda antidemocrática. Embora não tenha sido possível, no âmbito do estudo, utilizar apenas a escala F como base para a seleção de entrevistados, foi possível relacionar a pontuação da escala F a vários outros índices de tendências de personalidade antidemocrática, os quais foram trazidos à luz por outras técnicas. Tais tendências, ao que parece, poderiam existir na ausência de altas pontuações em AS ou E.

Entretanto, a distinção entre potencial e manifesto não deve ser exagerada. Dadas as tendências antidemocráticas emocionalmente determinadas na pessoa, deveríamos esperar que, *em geral*, elas seriam evocadas tanto pelos itens da AS e E, que foram projetados apenas para tal propósito, quanto pela escala F e por outros métodos indiretos. A pessoa que pontuasse alto na escala F, mas não nas escalas AS ou E, seria a exceção, cuja inibição na expressão do preconceito contra as minorias exigiria uma explicação especial.

B. Construção da escala de fascismo (F)

1. A teoria subjacente

Os 38 itens da escala F original estão expostos na Tabela I (VII), numerados na ordem em que aparecem no formulário 78. Se o leitor considerar que a maior parte do que se discutiu
189 antes neste // volume era conhecida ou pensada antes do início da construção da escala F, ficará evidente que, ao planejar a escala, não procedemos de maneira estritamente empírica. Não consideramos começar com centenas de itens escolhidos mais ou menos ao acaso para depois ver por tentativa e erro quais poderiam estar associados com AS e E. Para cada item havia uma hipótese, algumas vezes várias hipóteses, declarando qual poderia ser a natureza da conexão deles com o preconceito.

191 // Tabela I (VII) – A escala F: formulário 78

2. Embora algumas pessoas possam zombar dela, poderá ainda ser demonstrado que a astrologia consegue explicar muitas coisas.

3. A América está ficando tão distante do verdadeiro *American way of life* que talvez seja necessária força para restaurá-lo.

6. É natural e correto que as mulheres sejam restringidas em certas áreas nas quais os homens possuem mais liberdade.

9. Muitas pessoas estão vivendo hoje de uma maneira não natural, suave; deveríamos retornar aos fundamentos, a um modo de vida mais enérgico e ativo.

10. É mais do que uma notável coincidência que tenha havido um terremoto no Japão no dia de Pearl Harbor, 7 de dezembro de 1944.

12. A Igreja moderna, com suas tantas regras e hipocrisias, não possui apelo para a pessoa profundamente religiosa; seu apelo dá-se principalmente sobre os que são infantis, inseguros e acríticos.

14. Depois de terminarmos o serviço com os alemães e os japas [*japs*], deveríamos nos concentrar em outros inimigos da raça humana, tais como ratos, cobras e germes.

17. A familiaridade gera desdém.

19. Deve-se evitar fazer em público coisas que parecem erradas aos outros, mesmo quando se sabe que não há problema algum com essas coisas.

20. Um dos principais valores da educação progressista é dar às crianças grande liberdade na expressão daqueles impulsos e desejos naturais tão frequentemente desprezados pela classe média convencional.

23. Quem não sente amor eterno, gratidão e respeito por seus pais é um sujeito realmente desprezível.

24. Hoje, tudo é instável; devemos nos preparar para um período de constante mudança, conflito e convulsão.

28. Romances ou histórias que contam sobre o que as pessoas pensam ou sentem são mais interessantes do que aqueles que contêm principalmente ação, romantismo e aventura.

30. Relatos de atrocidades na Europa têm sido em grande medida exagerados com a finalidade de fazer propaganda.

31. A homossexualidade é uma forma particularmente podre de delinquência e deveria ser punida com severidade.

32. É essencial, para o aprendizado e para o bom trabalho, que nossos professores ou chefes descrevam em detalhes o que tem de ser feito e como exatamente isso tem de ser feito.

35. Há algumas atividades tão flagrantemente não americanas [*un-American*] que, quando os funcionários responsáveis não tomarem as medidas necessárias, o cidadão consciente deve fazer justiça com as próprias mãos.

192 38. Há demasiada ênfase nas faculdades em // tópicos teóricos e intelectuais e ênfase insuficiente em assuntos práticos e nas virtudes simples da vida.

39. Toda pessoa deve ter uma fé profunda em alguma força sobrenatural acima de si, à qual ela é fiel e cujas decisões não questiona.

42. Não importa como ajam na aparência, os homens estão interessados nas mulheres por um único motivo.

43. Ciências como a química, física e medicina levaram o homem muito longe, mas há muitas coisas importantes que a mente humana possivelmente jamais conseguirá compreender.

46. As orgias sexuais dos antigos gregos e romanos são brincadeira de criança perto das coisas que acontecem neste país hoje, até mesmo em círculos nos quais as pessoas menos esperariam.

47. Nenhum insulto à nossa honra deverá jamais ficar sem punição.

50. Obediência e respeito pela autoridade são as virtudes mais importantes que as crianças deveriam aprender.

53. Algumas coisas são íntimas ou pessoais demais para se falar até mesmo com nossos amigos mais próximos.

55. Embora o lazer seja algo bom, é o trabalho árduo que faz a vida ser interessante e valer a pena.

56. Depois da guerra, devemos esperar uma onda de crimes; o controle de gângsteres e rufiões virará um dos maiores problemas sociais.

58. *O que* um homem faz não é tão importante desde que ele o faça bem.

59. Sendo a natureza humana o que é, sempre haverá guerra e conflito.

60. Quais dos seguintes itens são os mais importantes para uma pessoa ter ou ser? *Marque X nos três mais importantes.*

artística e sensível
personalidade boa, popular
pulsão [*drive*], determinação, força de vontade
visão social ampla, humanitária
asseio e boas maneiras
sensatez e compreensão
eficiência, senso prático, parcimônia
intelectual e sério
expressividade emocional, amabilidade [*warmth*], intimidade
gentileza e caridade

65. É inteiramente possível que esta série de guerras e conflitos seja encerrada de uma vez por todas por um terremoto, uma inundação ou outra catástrofe que destrua o mundo inteiro.

66. Livros e filmes não deveriam lidar tanto com o lado abjeto [*seamy*] e sórdido da vida; eles deveriam se concentrar em temas divertidos ou motivadores.

67. Se você pensar bem, é da natureza humana não fazer nada sem que
193 se tenha em vista o benefício próprio. //

70. Mais do que a maioria das pessoas percebe, nossas vidas são governadas por complôs feitos em segredo por políticos.

73. Hoje em dia, com tantas espécies diferentes de pessoas indo de um lugar ao outro e se misturando tão livremente, temos de ser especialmente cuidadosos para nos proteger contra infecção e doença.

74. O que este país precisa é de menos leis e agências e de mais líderes corajosos, incansáveis e devotados nos quais as pessoas possam depositar sua fé.

75. Crimes sexuais, tais como estupro e ataques a crianças, merecem mais do que o mero encarceramento; tais criminosos deveriam ser publicamente açoitados.

77. Nenhuma pessoa em sã consciência, normal e decente, jamais poderia pensar em ferir um amigo próximo ou parente.

---

189 // A principal fonte dessas hipóteses foi a pesquisa já realizada no presente estudo. Para tal propósito, o seguinte material foi disponibilizado: resultados, tais como os apresentados nos capítulos precedentes, das escalas AS, E e PEC; numerosos correlatos de E derivados de estudos de questionários, isto é, de respostas a perguntas factuais e discursivas relativas a temas como religião, guerra, sociedade ideal e assim por diante; resultados iniciais de questões projetivas; e, por fim, e de longe o mais importante, o material das entrevistas e dos testes de apercepção temática. Outra fonte importante de itens foram

as pesquisas conduzidas em campos associados àquele aqui tratado, nas quais os presentes autores já haviam participado. Entre estas, destacam-se vários estudos realizados na Universidade da Califórnia sobre personalidade em relação à moral e ideologia da guerra[2] e pesquisas do Instituto de Pesquisa Social, tais como análises de conteúdo de discursos de agitadores antissemitas e um estudo sobre trabalhadores antisse-
190 mitas.[3] Por fim, tínhamos também a literatura geral sobre //

---

2 H. S. Conrad; R. N. Sanford, Scales for the Measurement of War--Optimism: I. Military Optimism. II. Optimism on the Consequences of the War, *The Journal of Psychology*, v.16, p.285-311, 1943; H. S. Conrad; R. N. Sanford, Some Specific War Attitudes of College Students, *The Journal of Psychology*, v.17, p.153-86, 1944; R. N. Sanford, American Conscience the Coming Peace, *Journal of Abnormal and Social Psychology*, v.38, p.158-65, 1943; R. N. Sanford; H. S. Conrad, High and Low Morale as Exemplified in Two Cases, *Character and Personality*, v.13, p.207-27, 1944, R. N. Sanford; H. S. Conrad; K. Franck, Psychological Determinants of Optimism Regarding the Consequences of the War, *The Journal of Psychology*, v.22, p.207-35, 1946; R. N. Sanford; H. S. Conrad, Some Personality Correlates of Morale, *Journal of Abnormal and Social Psychology*, v.38, p.3-20, 1943. (N. A.)

3 T. W. Adorno, Anti-Semitism and Fascist Propaganda, em E. Simmel (ed.), *Anti-Semitism*: A Social Disease, New York: International Universities Press, 1946; T. W. Adorno, The Psychological Technique of Martin Luther Thomas' Radio Speeches. (In the files of the Institute of Social Research, New York.) Institute of Social Research; M. Horkheimer (ed.), *Studien über Autorität und Familie*, Paris: Felix Alcan, 1936; Institute of Social Research; M. Horkheimer (ed.), *Studies in Philosophy and Social Science*, v.IX, 1941; Institute of Social Research, *Studies in Anti-Semitism*: A Report to the American Jewish Committee (4v., August 1944, unpublished); Institute of Social Research, *Anti--Semitism within American Labor*: A Report to the Jewish Labor Committee (4v., maio 1945, não publicado). (N. A.)

antissemitismo e fascismo, abrangendo estudos tanto empíricos quanto teóricos.

Há de se reconhecer que a interpretação do material do presente estudo foi guiada por uma orientação teórica presente já desde o início. Essa mesma orientação desempenhou o mais crucial dos papéis na elaboração da escala F. Uma vez formulada uma hipótese sobre a maneira pela qual alguma tendência profunda da personalidade poderia se expressar em alguma opinião ou atitude que estivesse dinamicamente, embora não logicamente, relacionada ao preconceito contra *outgroups*, um esboço preliminar de um item não se encontrava em geral muito longe de ser buscado: uma frase de jornal, uma declaração de um entrevistado, um fragmento de conversa corriqueira estavam geralmente disponíveis. (Como veremos, no entanto, a efetiva formulação de um item era um procedimento técnico ao qual se deveria dedicar considerável cuidado).

Quanto às categorias de tendências centrais da personalidade que poderíamos esperar que fossem as mais significativas, a principal guia, como já dito, foi a pesquisa feita anteriormente; foram as tendências que, como constructos hipotéticos, pareciam ser as melhores para explicar a consistência da resposta nas escalas anteriores e que emergiram da análise do material clínico como as prováveis fontes da coerência encontrada em casos individuais. A maioria dessas tendências foi mencionada anteriormente, em geral quando foi necessário fazê-lo para dar sentido aos resultados obtidos. Por exemplo, quando se descobriu que o indivíduo antissemita se opõe aos judeus alegando que eles violam valores morais convencionais, uma interpretação foi a de que esse indivíduo tinha uma particularmente forte e rígida adesão aos valores convencionais e

193 que essa disposição geral em sua // personalidade fornecia algumas das bases motivacionais para o antissemitismo, o qual, ao mesmo tempo, expressava-se de outras maneiras, por exemplo, em uma tendência geral de desprezar e punir aqueles que se acreditava estarem violando os valores convencionais. Essa interpretação foi sustentada pelos resultados das escalas E e PEC, que mostravam que itens expressivos de convencionalismo estavam associados a formas mais manifestas de preconceito. Nesse sentido, portanto, a *adesão aos valores convencionais* passou a ser pensada como uma *variável* na pessoa – algo que poderia ser abordado por meio de itens da escala F e apresentado como funcionalmente relacionado a várias manifestações de preconceito. Da mesma forma, uma consideração dos resultados da escala E sugeriu fortemente que, subjacente a várias das respostas preconceituosas, havia uma disposição geral diante de figuras autoritárias pertencentes ao *ingroup* de glorificá-las e de ser subserviente e permanecer acrítico em relação a elas, assumindo uma atitude punitiva diante de figuras do *outgroup* em nome de alguma autoridade moral. Assim, o *autoritarismo* assumiu as proporções de uma variável digna de ser investigada por si própria.

Muitas dessas variáveis foram derivadas e definidas do mesmo modo e, juntas, compuseram o conteúdo básico da escala F. Cada uma delas foi considerada uma tendência mais ou menos central na pessoa, que, de acordo com algum processo dinâmico, expressou etnocentrismo na superfície, bem como diversas opiniões e atitudes psicologicamente relacionadas. As variáveis em questão estão listadas a seguir, junto de uma breve definição de cada uma.

194 //

a. *Convencionalismo.* Adesão rígida a valores convencionais, de classe média.
b. *Submissão autoritária.* Atitude submissa, acrítica a autoridades morais idealizadas do *ingroup*.
c. *Agressão autoritária.* Tendência a vigiar e condenar, rejeitar e punir pessoas que violam os valores convencionais.
d. *Anti-intracepção.* Oposição ao subjetivo, ao imaginativo, a um espírito compassivo.
e. *Superstição e estereotipia.* A crença em determinantes místicos do destino individual; a disposição a pensar por meio de categorias rígidas.
f. *Poder e "dureza" [toughness].* Preocupação com a dimensão de dominação-submissão, forte-fraco, líder-seguidor; identificação com figuras de poder; ênfase excessiva nos atributos convencionalizados do eu; asserção exagerada de força e dureza.
g. *Destrutividade e cinismo.* Hostilidade generalizada, desprezo pelo humano.
h. *Projetividade.* A disposição para acreditar que coisas tresloucadas [*wild*] e perigosas acontecem no mundo; a projeção para fora de impulsos emocionais inconscientes.
i. *Sexo.* Preocupação exagerada com "eventos" sexuais.

Essas variáveis foram pensadas, no caso de se apresentarem juntas, como formando uma mesma síndrome, uma estrutura mais ou menos duradoura, que torna a pessoa receptiva à propaganda antidemocrática. Pode-se dizer, portanto, que a escala F tenta mensurar a personalidade potencialmente antidemocrática. Isso não implica que *todas* as características desse padrão de personalidade sejam citadas na escala, mas apenas que a escala abranja uma amostra não desprezível das maneiras pelas quais esse padrão se expressa caracteristicamente. De fato, à medida que o estudo prosseguia, numerosas características adicionais do padrão, bem como variações dentro do padrão global, insinuaram-se – e lamentou-se que uma segunda escala F não pudesse ter sido construída a fim de se realizar uma exploração mais aprofundada dessas questões. Falar de personalidade aqui, enfatizamos, só é possível se a coerência dos itens da escala puder ser mais bem explicada, preferencialmente com base em uma estrutura interna e não por associação externa.

As variáveis da escala podem ser discutidas mais detalhadamente, com ênfase em sua organização e na natureza de suas
195 // relações com o etnocentrismo. À medida que cada variável é introduzida, os itens da escala considerados expressivos são apresentados. Será notado que, como as variáveis são tomadas uma de cada vez, o mesmo item pode aparecer sob mais de uma rubrica. Isso decorre da nossa abordagem de construção da escala. A fim de cobrir eficazmente uma ampla área, foi necessário formular itens que fossem ricos ao máximo, isto é, o mais pertinentes possível à teoria subjacente – portanto, um único item às vezes era usado para representar duas, às vezes mais, ideias diferentes. Notaremos também que diferentes variáveis são representadas por diferentes números de itens. Isso porque a escala foi projetada com atenção primária à totalidade do padrão no qual as variáveis se encaixam, algumas com papéis mais importantes do que outras.

a. *Convencionalismo*

12. A Igreja moderna, com suas tantas regras e hipocrisias, não atrai a pessoa profundamente religiosa; ela atrai principalmente os que são infantis, inseguros e acríticos.

19. Deve-se evitar fazer em público coisas que parecem erradas aos outros, mesmo quando se sabe que não há problema algum com essas coisas.
38. Há demasiada ênfase nas faculdades em tópicos teóricos e intelectuais e ênfase insuficiente em assuntos práticos e nas virtudes simples da vida.
55. Embora o lazer seja algo bom, é o trabalho árduo que faz a vida interessante e valer a pena.
58. *O que* um homem faz não é tão importante desde que ele o faça bem.
60. Quais dos seguintes itens são os mais importantes para uma pessoa ter ou ser? *Marque X nos três mais importantes.*

    artística e sensível
    personalidade boa, popular
    pulsão [*drive*], determinação, força de vontade
    visão social ampla, humanitária
    asseio e boas maneiras
    sensatez e compreensão
    eficiência, senso prático, parcimônia
    intelectual e sério
    expressividade emocional, amabilidade [*warmth*], intimidade
    gentileza e caridade

Trata-se de uma hipótese bem conhecida a de que a susceti-bilidade ao fascismo é mais caracteristicamente um fenômeno
196 de classe média, que está // "na cultura" e que, portanto, aqueles que mais se ajustam a essa cultura serão os mais preconceituosos. Itens referentes à manutenção de valores convencionais foram incluídos a fim de coletar dados sobre tal hipótese. Mui-

tas das primeiras descobertas do presente estudo, no entanto, evidenciaram que o assunto não era tão simples. A correlação entre valores convencionais e preconceitos parecia ser positiva, mas não muito alta; se as pessoas não convencionais tendem a ser livres de preconceitos, ficou claro que algumas pessoas convencionais eram preconceituosas enquanto outras não o eram. Parecia que, entre o grupo convencional, o que poderia fazer a diferença era a fonte mais profunda do convencionalismo, ou melhor, o tipo de estrutura de personalidade mais ampla dentro da qual o convencionalismo tinha um papel funcional. Se a adesão aos valores convencionais fosse expressão de uma consciência individual plenamente estabelecida, então não deveríamos esperar nenhuma conexão necessária entre esses valores e o potencial antidemocrático. Os mesmos padrões que tornam o indivíduo facilmente ofendido pelo que ele concebe ser o comportamento moralmente permissivo de membros de grupos de minorias não assimilados ou de pessoas de "classe baixa" – se estivessem bem internalizados – levá-lo-iam a resistir à violência e à delinquência que caracteriza os estágios avançados do fascismo. Se, por outro lado, a adesão aos valores convencionais for determinada pela pressão social externa contemporânea, se ela for baseada na adesão do indivíduo aos padrões dos poderes coletivos com os quais ele, no momento, está identificado, então devemos esperar uma estreita associação com a receptividade antidemocrática. É este último estado de coisas que gostaríamos de chamar de convencionalismo – e de distinguir da mera aceitação de valores convencionais. O indivíduo convencionalista poderia, com consciência tranquila, seguir os ditames da agência [*agency*] externa aonde quer que eles o levassem e, além disso, seria capaz de trocar totalmente um conjunto de padrões por outro bastante diferente – como na conversão do comunismo oficial ao catolicismo.

Os itens de escala listados sob a rubrica *Convencionalismo* oferecem ao sujeito uma oportunidade de revelar se a adesão aos valores convencionais advém ou não do caráter rígido, absolu-
197 tista que acabamos // de descrever. Por exemplo, isso parece ser indicado por uma marca de +3 no item "Obediência e respeito pela autoridade são as virtudes mais importantes que as crianças deveriam aprender". No entanto, uma decisão segura sobre esse assunto dependeria das respostas do indivíduo a itens de outros tipos. Por exemplo, o convencionalismo extremo, com uma forte inclinação para punir aqueles que violam os valores convencionais, é algo diferente dos valores convencionais associados à filosofia de "viver e deixar viver". Em outras palavras, o significado de uma pontuação alta nessa variável, como em qualquer uma das outras, deverá ser pensado a partir do contexto mais amplo dentro do qual ela ocorre.

b. *Submissão autoritária*

20. Um dos principais valores da educação progressista é dar às crianças grande liberdade na expressão daqueles impulsos e desejos naturais tão frequentemente desprezados pela classe média convencional.
23. Quem não sente amor eterno, gratidão e respeito por seus pais é um sujeito realmente desprezível.
32. É essencial, para o aprendizado e para o bom trabalho, que nossos professores ou chefes descrevam em detalhes o que tem de ser feito e como exatamente isso tem de ser feito.

39. Toda pessoa deve ter uma fé profunda em alguma força sobrenatural acima de si, à qual ela é fiel e cujas decisões não questiona.
43. Ciências como a química, física e medicina levaram o homem muito longe, mas há muitas coisas importantes que a mente humana possivelmente jamais conseguirá compreender.
50. Obediência e respeito pela autoridade são as virtudes mais importantes que as crianças deveriam aprender.
74. O que este país precisa é de menos leis e agências e de mais líderes corajosos, incansáveis e devotados nos quais as pessoas possam depositar sua fé.
77. Nenhuma pessoa em sã consciência, normal e decente, jamais poderia pensar em ferir um amigo próximo ou parente.

A submissão à autoridade, o desejo de um líder forte, a subserviência do indivíduo ao Estado, e assim por diante, têm sido tão frequente e, como parece a nós, corretamente apresentados como aspectos importantes do credo nazista que uma busca por correlatos do preconceito teria naturalmente de levar essas
198 atitudes em conta.[4] // Essas atitudes de fato foram tão regularmente mencionadas em associação com o antissemitismo que foi particularmente difícil formular itens que expressassem a

---

4 Erich Fromm (*Escape from Freedom*, New York: Farrar & Rinehart, Inc., 1941), Erick H. Erikson (Hitler's Imagery and German Youth, *Psychiatry*, v.5, p.475-93, 1942), Arthur H. Maslow (The Authoritarian Character Structure, *The Journal of Social Psychology*, v.18, p.401-11, 1943), George B. Chisholm (The Reestablishment of Peacetime Society, *Psychiatry*, v.9, p.3-21, 1946), e Wilhelm Reich (*The Mass Psychology of Fascism*, trans. Theodore P. Wolfe, New York: Orgone Institute Press, 1946) estão entre os escritores cujo pensamento sobre autoritarismo influenciou o nosso. (N. A.)

tendência subjacente e ainda assim fossem suficientemente livres de relações lógicas ou diretas com o preconceito – e não podemos afirmar que obtivemos sucesso total. Referências diretas a ditaduras e figuras políticas foram evitadas em sua maior parte e a ênfase principal foi dada para as atitudes de obediência, respeito, rebelião e as relações diante da autoridade em geral. A submissão autoritária foi concebida como uma atitude muito geral que seria evocada em relação a uma variedade de figuras de autoridade – pais, pessoas mais velhas, líderes, poder sobrenatural e assim por diante.

Tentou-se formular os itens de tal maneira que a concordância com eles indicaria não apenas um respeito realista e equilibrado por uma autoridade válida, mas uma necessidade emocional exagerada e generalizada de submeter-se. Isto seria indicado, ao que parece, pela concordância de que a obediência e o respeito pela autoridade eram as virtudes *mais importantes* que as crianças deveriam aprender, que uma pessoa deveria *obedecer sem questionar* as decisões de um poder sobrenatural e assim por diante. Considerou-se aqui, como no caso do convencionalismo, que a subserviência a agências externas era provavelmente devida a alguma falha no desenvolvimento de uma autoridade interna, ou seja, da consciência. Outra hipótese foi a de que a submissão autoritária era uma maneira comum de lidar com sentimentos ambivalentes em relação a figuras de autoridade: impulsos hostis e rebeldes subjacentes, controlados por medo, levavam o sujeito a exagerar na direção do respeito, da obediência, da gratidão e coisas similares.

Parece claro que a submissão autoritária por si só contribui em grande parte para o potencial antidemocrático ao tornar
199 o indivíduo particularmente receptivo à manipulação pelos //

poderes externos mais fortes. A conexão imediata dessa atitude com o etnocentrismo foi sugerida nos capítulos anteriores: a hostilidade contra as autoridades do *ingroup*, originalmente os pais, teve de ser reprimida; os aspectos "ruins" dessas figuras – que eles sejam injustos, egoístas, dominadores – são então vistos como existindo nos *outgroups*, que são acusados de ditadura, plutocracia, desejo de controle e assim por diante. E esse deslocamento de imaginários negativos não é a única maneira pela qual a hostilidade reprimida é manejada; frequentemente, ela parece encontrar expressão na agressão autoritária.

c. *Agressão autoritária*

6. É natural e correto que as mulheres sejam restringidas em certas áreas nas quais os homens possuem mais liberdade.
23. Quem não sente amor eterno, gratidão e respeito por seus pais é um sujeito realmente desprezível.
31. A homossexualidade é uma forma particularmente podre de delinquência e deveria ser punida com severidade.
47. Nenhum insulto à nossa honra deverá jamais ficar sem punição.
75. Crimes sexuais, tais como estupro e ataques a crianças, merecem mais do que o mero encarceramento; tais criminosos deveriam ser publicamente açoitados.

O indivíduo que foi forçado a renunciar aos prazeres elementares e a viver sob um sistema de rígidas restrições, e que, portanto, se sente sobrecarregado provavelmente não apenas buscará um objeto sobre o qual possa "descarregar", mas também fica particularmente irritado com a ideia de que outra pessoa está "se safando de algo". Assim, pode-se dizer que a

presente variável representa o componente sádico do autoritarismo, assim como a imediatamente anterior representa seu componente masoquista. É de se esperar, portanto, que o convencionalista que não consegue fazer qualquer crítica real à autoridade aceita tenha o desejo de condenar, rejeitar e punir aqueles que violam esses valores. Como a vida emocional que essa pessoa considera adequada e parte de si mesma é provavelmente muito limitada, os impulsos, especialmente os sexuais e os agressivos, que permanecem inconscientes e alienados do eu [*ego-alien*], provavelmente serão fortes e turbulentos. Uma vez que, nessa circunstância, uma ampla variedade de estímulos pode tentar o indivíduo e assim despertar sua angústia (medo de punição), a lista de traços, padrões de comportamento,
200 // indivíduos e grupos que ele deve condenar de fato cresce muito. Já foi sugerido que esse mecanismo poderia estar por trás da rejeição etnocêntrica de grupos tais como *zootsuiters*,[5] estrangeiros e outras nações; supomos aqui que essa característica do etnocentrismo seja apenas parte de uma tendência

5 *Zootsuit* era uma vestimenta bastante popular entre os músicos de jazz nos Estados Unidos nos anos 1930 e 1940. O corte das calças é de cintura alta, pernas largas, de boca apertada, os casacos são longos com lapelas largas e ombros acolchoados, além de contar com um chapéu de abas grandes. Esse estilo de vestuário tornou-se popular nas comunidades afro-americanas, seguidas das latinas, italianas e filipinas. Isso fez que aqueles que portassem tais roupas fossem identificados como *zootsuiters*, sendo considerados, de forma racista, como bandidos, membros de gangues e delinquentes juvenis. Durante a Segunda Guerra Mundial, foram vistos como "desertores" das Forças Armadas, havendo diversos *riots* de ataques de *marines* a *zootsuiters*. Especialmente em Los Angeles, em 1943, multidões de militares norte-americanos foram às ruas e começaram a atacá-los e despi-los, deixando-os ensanguentados e seminus pelo caminho. (N. T.)

mais geral de punir os violadores dos valores convencionais: homossexuais, criminosos sexuais, pessoas com maus modos etc. Uma vez que o indivíduo tenha se convencido de que há pessoas que deveriam ser punidas, a ele é provido um canal por meio do qual seus mais profundos impulsos agressivos podem ser expressos, mesmo enquanto ele pensa em si mesmo como completamente moral. Se suas autoridades externas, ou a multidão, concederem aprovação a essa forma de agressão, então ela pode assumir as formas mais violentas e pode até persistir depois que os valores convencionais, em nome dos quais ela fora levada a cabo, tenham sido perdidos de vista.

Pode-se dizer que, na agressão autoritária, a hostilidade que fora originariamente despertada e dirigida a autoridades do *ingroup é deslocada* para os *outgroups*. Esse mecanismo é superficialmente semelhante, mas essencialmente diferente, de um processo que tem sido frequentemente chamado de "bode expiatório". De acordo com esta última concepção, a agressividade do indivíduo é despertada pela frustração, geralmente de suas necessidades econômicas; então, incapaz de apontar as verdadeiras causas de sua dificuldade, devido à confusão intelectual, ele parte para o ataque, por assim dizer, despejando sua fúria sobre qualquer objeto que esteja disponível e que muito provavelmente não revidará. Embora se admita que esse processo desempenha um papel na hostilidade contra grupos de minorias, deve-se enfatizar que, de acordo com a presente teoria do deslocamento, o autoritário, devido a uma necessidade interna, *deve* voltar sua agressão contra *outgroups*. Ele deve fazê-lo porque é psicologicamente incapaz de atacar as autoridades de seu próprio *ingroup* e não por causa da confusão intelectual em relação à fonte de sua frustração. Se tal teoria estiver correta, então a agressão autoritária e a submissão autoritária devem revelar-se altamente correlacionadas. Além disso, essa teoria ajuda a explicar por que a agressão é tão regularmente justificada em termos moralistas, por que ela pode se tornar tão violenta e perder toda a conexão com o estímulo que originalmente a desencadeou.

201 // A prontidão em condenar outras pessoas a partir de bases morais pode ainda ter outra origem: não somente ocorre que o autoritário deva condenar a permissividade moral que vê nos outros, mas ele é realmente levado a ver atributos imorais nestes últimos, tenha isso fundamento ou não. Este é mais um dispositivo para combater suas próprias tendências inibidas; ele diz para si mesmo, por assim dizer: "Eu não sou mau e merecedor de punição; ele é". Em outras palavras, os próprios impulsos inaceitáveis do indivíduo são *projetados* em outros indivíduos e grupos, que são então rejeitados. A projeção como uma variável será tratada mais detalhadamente depois.

Tanto o convencionalismo quanto a submissão autoritária e a agressão autoritária têm a ver com o aspecto moral da vida – com padrões de conduta, com as autoridades que impõem esses padrões, com os infratores destes que merecem ser punidos. Devemos esperar que, em geral, os sujeitos que pontuam alto em uma dessas variáveis tenham pontuação alta também nas outras, ao passo que todas as três podem ser entendidas como expressões de uma categoria particular de estrutura dentro da personalidade. A característica mais essencial dessa estrutura é a falta de integração entre as agências [*agencies*] morais através das quais o sujeito vive e o resto de sua personalidade. Pode-se dizer que a consciência ou o supereu [*superego*] está incompletamente integrado ao *self* ou ao eu, sendo o eu aqui concebido como abrangendo as várias funções autocontroladoras e autoexpressivas do indivíduo. É o eu que governa as relações entre o *self* e o mundo exterior e o *self* e as camadas mais profundas da personalidade; o eu se esforça para regular os impulsos de uma maneira que permita a gratificação sem provocar demasiada punição pelo supereu e procura, em geral, levar a cabo as atividades do indivíduo de acordo com as exigências da realidade. É uma função do eu fazer as pazes com a consciência, criar uma síntese maior dentro da qual a consciência, os impulsos emocionais e o *self* operem em relativa harmonia. Quando essa síntese não é alcançada, o supereu tem, de certa forma, o papel de um corpo estranho dentro da personalidade e exibe aqueles aspectos rígidos, automáticos e instáveis antes discutidos.

Há alguma razão para acreditar que uma falha na internali-
202 zação do supereu // se deva à fraqueza do eu, à sua incapacidade de realizar a síntese necessária, ou seja, integrar o supereu consigo mesmo. Quer seja esse o caso ou não, a fraqueza do eu pareceria ser concomitante ao convencionalismo e ao autoritarismo. A fraqueza no eu se expressa na incapacidade de construir um conjunto consistente e duradouro de valores morais no interior da personalidade; e é esse estado de coisas, aparentemente, que torna necessário ao indivíduo buscar alguma agência [*agency*] organizadora e coordenadora fora de si. Na medida em que se depende de tais agências exteriores para a tomada de decisões morais, pode-se dizer que a consciência está exteriorizada.

Embora o convencionalismo e o autoritarismo pudessem, desse modo, ser considerados sinais de fraqueza do eu, pareceu valer a pena buscar outros meios mais diretos para estimar essa tendência na personalidade e correlacioná-la com outras.

Ao que parece, a fraqueza do eu seria expressa de maneira bastante direta em fenômenos como a oposição à introspecção, a superstição e estereotipia, além da ênfase exagerada no eu e em sua suposta força. As três variáveis seguintes lidam com esses fenômenos.

d. *Anti-intracepção*

28. Romances ou histórias que contam sobre o que as pessoas pensam ou sentem são mais interessantes do que aqueles que contêm principalmente ação, romantismo e aventura.
38. Há demasiada ênfase nas faculdades em tópicos teóricos e intelectuais e ênfase insuficiente em assuntos práticos e nas virtudes simples da vida.
53. Algumas coisas são íntimas ou pessoais demais para se falar até mesmo com nossos amigos mais próximos.
55. Embora o lazer seja algo bom, é o trabalho árduo que faz a vida interessante e valer a pena.
58. *O que* um homem faz não é tão importante desde que ele o faça bem.
66. Livros e filmes não deveriam lidar tanto com o lado abjeto [*seamy*] e sórdido da vida; eles deveriam se concentrar em temas divertidos ou motivadores.

Intracepção é um termo introduzido por Murray[6] para exprimir "a predominância de sentimentos, fantasias, espe-
203 culações, aspirações – // um perfil humano imaginativo e subjetivo". O oposto da intracepção é extracepção, "um termo que

6 H. A. Murray et al., *Explorations in Personality*, New York: Oxford University Press, 1938. (N. A.)

descreve a tendência a ser determinado por condições físicas concretas, claramente observáveis (fatos tangíveis e objetivos)". As relações da intracepção/extracepção com a fraqueza do eu e com o preconceito são provavelmente altamente complexas, este não sendo o lugar para considerá-las em detalhes. Parece bastante claro, no entanto, que a *anti*-intracepção, uma atitude de impaciência e oposição ao subjetivo e ao espírito compassivo, pode muito bem ser uma marca do eu fraco. O indivíduo extremamente anti-intraceptivo tem medo de pensar sobre os fenômenos humanos porque poderia, por assim dizer, pensar os pensamentos errados; ele tem medo de sentimentos genuínos porque suas emoções podem ficar fora de controle. Fora de contato com grandes áreas de sua própria vida interior, ele tem medo do que poderia ser revelado se ele se observasse, ou outros o observassem, atentamente. Ele é, portanto, contra a "intromissão", contra a preocupação com o que as pessoas pensam e sentem, contra "conversas" desnecessárias; em vez disso, ele se manteria ocupado, dedicando-se a atividades práticas e, em vez de examinar um conflito interior, voltaria seus pensamentos para algo alegre. Uma característica importante do programa nazista, deve-se lembrar, foi a difamação de tudo que tendia a tornar o indivíduo consciente de si mesmo e de seus problemas; não só a psicanálise "judia" foi rapidamente eliminada, mas todo tipo de psicologia, exceto o teste de aptidão, foi atacado. Essa atitude geral leva facilmente a uma desvalorização do humano e a uma sobrevalorização do objeto físico; quando é extrema, os seres humanos são vistos como se fossem objetos físicos a serem friamente manipulados – mesmo quando objetos físicos, agora investidos de apelo emocional, são tratados com um cuidado amoroso.

e. *Superstição e estereotipia*

2. Embora algumas pessoas possam zombar dela, poderá ainda ser demonstrado que a astrologia consegue explicar muitas coisas.

10. É mais do que uma notável coincidência que tenha havido um terremoto no Japão no dia de Pearl Harbor, 7 de dezembro de 1944.

39. Toda pessoa deve ter uma fé profunda em alguma força sobrenatural acima de si, à qual ela é fiel e cujas decisões não questiona.

204 43. Ciências como a química, física e medicina levaram // o homem muito longe, mas há muitas coisas importantes que a mente humana possivelmente jamais conseguirá compreender.

65. É inteiramente possível que esta série de guerras e conflitos seja encerrada de uma vez por todas por um terremoto, uma inundação ou outra catástrofe que destrua o mundo inteiro.

A supersticiosidade, a crença em determinantes externos místicos ou fantásticos do destino individual, e a estereotipia,[7] a disposição a pensar por meio de categorias rígidas, foram mencionadas com tanta frequência nos capítulos anteriores e estão tão obviamente relacionadas ao etnocentrismo que demandam pouca discussão aqui. Uma questão que deve ser formulada diz respeito às relações dessas tendências com a

7 Embora não apareçam itens especificamente pertinentes à estereotipia no formulário 78 da escala F, vários desses itens encontram lugar em formulários posteriores; portanto, parece bom introduzir esse conceito a esta altura da discussão. (N. A.)

inteligência geral – e as relações da inteligência com o etnocentrismo. Provavelmente, a superstição e a estereotipia tendam a acompanhar a pouca inteligência, mas a pouca inteligência parece estar correlacionada com o etnocentrismo apenas em um grau pequeno (Capítulo VIII). Parece provável que a superstição e a estereotipia abranjam, para além e acima da mera falta de inteligência no sentido comum, certas disposições do pensamento que são afins ao preconceito, mesmo que não possam prejudicar o desempenho inteligente na esfera extraceptiva. Essas disposições podem ser entendidas, pelo menos em parte, como expressões da fraqueza do eu. A estereotipia é uma forma de obtusidade particularmente em questões psicológicas e sociais. Pode-se supor que uma das razões pelas quais as pessoas na sociedade moderna – mesmo aquelas que são "inteligentes" ou "informadas" – recorram a explicações primitivas e excessivamente simplificadas dos acontecimentos humanos é que muitas das ideias e observações necessárias para uma avaliação adequada não são permitidas nessa apreciação: por serem carregadas de afeto e potencialmente produtoras de angústia, o eu fraco não pode incluí-las em seu esquema das coisas. Mais do que isso, aquelas forças mais profundas no interior da personalidade que o eu não pode integrar consigo provavelmente
205 serão projetadas no mundo exterior; esta é uma // fonte de ideias bizarras sobre o comportamento de outras pessoas e sobre as causas dos eventos na natureza.

A supersticiosidade indica uma tendência a transferir a responsabilidade do interior do indivíduo para forças externas situadas para além de seu controle; indica que o eu já teria "desistido", isto é, renunciado à ideia de que determinaria o destino do indivíduo através da superação das forças externas.

Deve-se, é claro, reconhecer que, na sociedade industrial moderna, a capacidade do indivíduo de determinar o que acontece consigo mesmo *realmente* diminuiu, de modo que os itens referentes à causação externa podem ser facilmente realistas e, portanto, sem relevância para a personalidade. Pareceu necessário, então, selecionar itens que expressassem a fraqueza do eu de um modo não realista, tornando o destino do indivíduo dependente de fatores mais ou menos fantásticos.

f. *Poder e "dureza"*

9. Muitas pessoas estão vivendo hoje de uma maneira não natural, suave; deveríamos retornar aos fundamentos, a um modo de vida mais enérgico e ativo.
35. Há algumas atividades tão flagrantemente não americanas [*un-American*] que, quando os funcionários responsáveis não tomarem as medidas necessárias, o cidadão consciente deve fazer justiça com as próprias mãos.
47. Nenhum insulto à nossa honra deverá jamais ficar sem punição.
70. Mais do que a maioria das pessoas percebe, nossas vidas são governadas por complôs feitos em segredo por políticos.
74. O que este país precisa é de menos leis e agências e de mais líderes corajosos, incansáveis e devotados nos quais as pessoas possam depositar sua fé.

Essa variável se refere, em primeiro lugar, à ênfase excessiva nos atributos convencionalizados do eu. A hipótese subjacente é a de que a superexibição de dureza pode refletir não apenas a fraqueza do eu, mas também a magnitude da tarefa que o eu deve desempenhar, isto é, a força de certos tipos de necessidades que são proscritos na cultura do sujeito. As relações entre o eu e o impulso, portanto, são pelo menos tão próximas quanto as relações entre o eu e a consciência. No entanto, elas podem ser separadas para fins de análise, e outras variáveis da escala F se referem aos estratos mais profundos da vida emocional do indivíduo.

206 // Intimamente relacionado ao fenômeno da dureza exagerada está algo que pode ser descrito como um "complexo do poder". A mais evidente de suas manifestações é a ênfase exagerada no tema do poder nas relações humanas; existe uma disposição a ver todas as relações entre as pessoas em termos de categorias como forte-fraco, dominante-submisso, líder-seguidor, "martelo-bigorna". E é difícil dizer com quais desses papéis o sujeito está mais completamente identificado. Parece que ele quer conseguir poder, tê-lo e não o perder, e ao mesmo tempo tem medo de conquistá-lo e exercê-lo. Parece que também admira o poder nos outros e está inclinado a se submeter a ele – e ao mesmo tempo tem medo da fraqueza nisso implicada. O indivíduo que esperávamos que pontuasse alto nesse *cluster* identifica-se prontamente com os "peixes pequenos" ou "a média", mas ele aparentemente o faz com pouca ou nenhuma humildade, de forma que parece realmente pensar em si como forte ou crer que poderia de alguma forma assim tornar-se. Em suma, o complexo do poder contém elementos que são essencialmente contraditórios e devemos esperar que às vezes uma característica, às vezes outra, predomine no nível superficial. Devemos esperar que tanto os líderes quanto os seguidores pontuem alto nessa variável, uma vez que o papel real do indivíduo parece ser menos importante do que seu interesse nas relações líder-seguidor. Uma solução que tal indivíduo frequentemente encontra é a de alinhamento com figuras de poder, um arranjo pelo qual ele é capaz de satisfazer tanto sua necessidade de poder quanto sua necessidade de se submeter. Ele espera que, ao se submeter ao poder, possa participar dele. Por exemplo, um homem que relata que a experiência mais inspiradora para ele teria sido a de "apertar a mão do Presidente" provavelmente encontra sua gratificação não apenas na submissão, mas na ideia de que parte do poder do grande homem, por assim dizer, impregnou-se nele, de modo que ele é uma pessoa mais importante por ter "apertado a mão dele" ou por "tê-lo conhecido" ou por ter "estado lá". O mesmo padrão de gratificação pode ser obtido ao atuar no papel de "lugar-tenente" ou ao desempenhar uma função em uma posição intermediária em alguma hierarquia claramente estruturada, na qual sempre há alguém acima e alguém abaixo.

207 O complexo do poder tem relações imediatas com certos // aspectos do etnocentrismo. Um indivíduo que pensa na maioria das relações humanas a partir de termos tais como forte *versus* fraco provavelmente aplica essas categorias em seu pensamento sobre *ingroups* e *outgroups*, por exemplo para conceber raças "superiores" e "inferiores". E um dos dispositivos psicologicamente menos custosos para alcançar um senso de superioridade é reivindicá-la com base na associação a uma "raça" particular.

g. *Destrutividade e cinismo*

3. A América está ficando tão distante do verdadeiro *American way of life* que talvez seja necessária força para restaurá-lo.
9. Muitas pessoas estão vivendo hoje de uma maneira não natural, suave; deveríamos retornar aos fundamentos, a um modo de vida mais enérgico e ativo.

14. Depois de terminarmos o serviço com os alemães e os japas [*japs*], deveríamos nos concentrar em outros inimigos da raça humana, tais como ratos, cobras e germes.
17. A familiaridade gera desdém.
24. Hoje, tudo é instável; devemos nos preparar para um período de constante mudança, conflito e convulsão.
30. Relatos de atrocidades na Europa têm sido em grande medida exagerados com a finalidade de fazer propaganda.
35. Há algumas atividades tão flagrantemente não americanas [*un-American*] que, quando os funcionários responsáveis não tomarem as medidas necessárias, o cidadão consciente deve fazer justiça com as próprias mãos.
42. Não importa como ajam na aparência, os homens estão interessados nas mulheres por um único motivo.
56. Depois da guerra, devemos esperar uma onda de crimes; o controle de gângsteres e rufiões virará um dos maiores problemas sociais.
59. Sendo a natureza humana o que é, sempre haverá guerra e conflito.
67. Se você pensar bem, é da natureza humana não fazer nada sem que se tenha em vista o benefício próprio.

De acordo com a presente teoria, o indivíduo antidemocrático, por ter tido que aceitar numerosas restrições impostas externamente sobre a satisfação de suas necessidades, abriga fortes impulsos agressivos subjacentes. Como vimos, uma saída para essa agressividade é através do deslocamento em direção a *outgroups*, o que leva à indignação moral e à agressão autoritária. Indubitavelmente, este é um dispositivo muito útil

para o indivíduo; no entanto, a forte agressividade subjacente parece, ao mesmo tempo, expressar-se de outra maneira – de
208 uma maneira não moralizada. // Presumiu-se, é claro, que os impulsos agressivos primitivos raramente são expressos com total franqueza pelos adultos, mas devem, em vez disso, ser suficientemente modificados, ou pelo menos justificados, para que sejam aceitáveis para o eu.

Assim, a presente variável refere-se à agressividade racionalizada, aceita pelo eu, não moralizada. A suposição foi a de que um sujeito poderia expressar essa tendência ao concordar com afirmações que, embora completamente agressivas, foram dispostas em termos tais que se evitasse a sua censura moral. Assim, alguns itens ofereciam justificativas para a agressividade e foram formulados de tal maneira que uma forte concordância indicaria que o sujeito necessitaria apenas de uma pequena justificativa para estar pronto para a agressão irrestrita. Outros itens lidaram com o desprezo pela humanidade, sendo a nossa teoria a de que aqui a hostilidade é tão generalizada, tão livre de direcionamento contra qualquer objeto particular, que o indivíduo não necessita se sentir responsável por ela. Outra concepção orientadora foi a de que uma pessoa pode expressar agressividade mais livremente quando crê que todos estão fazendo o mesmo e, portanto, se ela quer ser agressiva, dispõe-se a acreditar que todos *estão* fazendo o mesmo, por exemplo, que é da "natureza humana" explorar e fazer guerra contra seus vizinhos. Não é necessário dizer que tal agressividade indiferenciada poderia, por meio de propaganda, ser facilmente dirigida contra grupos de minoria ou contra qualquer grupo cuja perseguição fosse politicamente vantajosa.

h. *Projetividade*

46. As orgias sexuais dos antigos gregos e romanos são brincadeira de criança perto das coisas que acontecem neste país hoje, até mesmo em lugares nos quais as pessoas menos esperariam.
56. Depois da guerra, devemos esperar uma onda de crimes; o controle de gângsteres e rufiões virará um dos maiores problemas sociais.
65. É inteiramente possível que esta série de guerras e conflitos seja encerrada de uma vez por todas por um terremoto, uma inundação ou outra catástrofe que destrua o mundo inteiro.
70. Mais do que a maioria das pessoas percebe, nossas vidas são governadas por complôs feitos em segredo por políticos.
73. Hoje em dia, com tantas espécies diferentes de pessoas indo de um lugar ao outro e se misturando tão livremente, temos de ser especialmente cuidadosos para nos proteger contra infecção e doença.

O mecanismo de projeção foi mencionado em conexão com
209 // a agressão autoritária: os impulsos suprimidos do caráter autoritário tendem a ser projetados em outras pessoas que são, então, culpadas sem que nem se pense a respeito. A projeção é, portanto, um dispositivo para manter as pulsões do isso [*id*] alheias ao eu [*ego-alien*] e pode ser tomada como um sinal da inadequação do eu no desempenho de sua função. De fato, em certo sentido, a maioria dos itens da escala F é projetiva: eles envolvem o pressuposto de que julgamentos e interpretações de fatos são distorcidos por anseios [*urges*] psicológicos. A tendência do sujeito a projetar é utilizada, no presente grupo de itens, na tentativa de obter acesso a algumas das tendências

mais profundas de sua personalidade. Se o indivíduo antidemocrático está disposto a ver no mundo exterior impulsos que são suprimidos nele próprio e se desejamos saber quais são esses impulsos, então pode-se aprender algo observando quais atributos ele mais prontamente, embora irrealisticamente, atribui ao mundo ao seu redor. Se um indivíduo insiste que alguém tem desígnios hostis sobre ele e não podemos encontrar nenhuma evidência de que isso seja verdade, temos uma boa razão para suspeitar que nosso sujeito tem intenções agressivas e está buscando justificá-las por meio de projeções. Um exemplo notório é o do padre Coughlin referindo-se ao antissemitismo como um "mecanismo de defesa", isto é, uma proteção dos gentios contra os supostos desígnios agressivos dos judeus. Igualmente, pareceu que, quanto maior a preocupação de um sujeito com as "forças do mal" no mundo – como mostrado por sua prontidão para pensar e acreditar na existência de fenômenos como excessos eróticos selvagens, complôs e conspirações e o perigo de catástrofes naturais –, mais fortes seriam seus próprios anseios [*urges*] inconscientes de sexualidade e destrutividade.

i. *Sexo*

31. A homossexualidade é uma forma particularmente podre de delinquência e deveria ser punida com severidade.
42. Não importa como ajam na aparência, os homens estão interessados nas mulheres por um único motivo.
46. As orgias sexuais dos antigos gregos e romanos são brincadeira de criança perto das coisas que acontecem neste país hoje, até mesmo em lugares nos quais as pessoas menos esperariam.

75. Crimes sexuais, tais como estupro e ataques a crianças, merecem mais do que o mero encarceramento; tais criminosos deveriam ser publicamente açoitados.

210 // A preocupação com a sexualidade desprendida está representada na escala F por quatro itens, dois dos quais apareceram em conexão com a agressão autoritária e um outro como uma expressão de projetividade. Esse é um exemplo da interação estreita de todas as variáveis presentes; uma vez que, tomadas em conjunto, elas constituem uma totalidade, seguindo-se que uma única questão pode pertencer a dois ou mais aspectos do todo. Para fins de análise, o sexo pode ser abstraído da totalidade, bem como qualquer das outras variáveis. Quais dessas variáveis são mais básicas é algo que deve ser determinado por estudo clínico. Em todo caso, pareceu-nos que o contrainvestimento [*countercathexis*] (repressão, formação reativa, projeção) de desejos sexuais qualificava-se para um estudo especial.

A presente variável é concebida como uma sexualidade alheia ao eu. Uma forte inclinação a punir transgressores dos costumes sexuais (homossexuais, criminosos sexuais) pode ser expressão de uma atitude punitiva geral baseada na identificação com autoridades do *ingroup*, mas também sugere que os próprios desejos sexuais são reprimidos e correm o risco de sair do controle. Uma prontidão em acreditar em "orgias sexuais" pode ser um indicativo de uma tendência geral a distorcer a realidade por meio da projeção, mas o conteúdo sexual dificilmente seria projetado a menos que o sujeito tivesse impulsos dessa mesma espécie que estariam inconscientes e fortemente ativos. Os três itens referentes à punição de homossexuais, de criminosos sexuais e à existência de orgias sexuais podem, portanto, dar alguma indicação da força das pulsões sexuais inconscientes do sujeito.

2. *A formulação dos itens da escala*

As considerações que guiaram a formulação dos itens nas escalas descritas nos capítulos anteriores valem também para a escala F. Vários princípios, embora fizessem parte de nossa abordagem geral para a construção de escala, ganharam um significado particular para a presente escala. Em primeiro lugar, o item deveria ser o mais *indireto* possível, no sentido de que não deveria se aproximar da superfície do preconceito explícito e deveria parecer estar o mais distante possível de nosso real in-
211 teresse. Desse ponto de vista, itens como o 2 // (Astrologia) e o 65 (Inundação) foram considerados superiores a itens como o 74 (Líderes incansáveis) e o 3 (Força para restaurar). Os dois últimos itens, é certo, podiam muito bem expressar certos aspectos de uma ideologia fascista explícita; não obstante, como antes indicado, as afirmações que abordam a ideia de um líder e a ideia de força foram definitivamente requisitadas por razões teóricas. Mais que isso, havia a questão de saber se o objetivo de construir uma escala para correlacionar com E seria mais bem atendido servindo-se dos itens mais indiretos ou dos mais diretos, e, nessa primeira tentativa, pareceu mais sensato incluir alguns itens das duas categorias.

Uma segunda regra na formulação de itens foi a de que cada item deveria alcançar um equilíbrio adequado entre irracionalidade e verdade objetiva. Se uma afirmação fosse tão "tresloucada" [*wild*] que pouquíssimas pessoas concordariam com ela, ou se ela contivesse um elemento de verdade tão grande que quase todos concordariam com ela, então obviamente não se poderia distinguir entre sujeitos preconceituosos e não preconceituosos; portanto, o item em questão não teria valor. Cada item deveria ter algum grau de apelo racional, mas tinha que ser formulado de tal maneira que o aspecto racional não fosse o principal fator para se concordar com ele ou dele discordar. Isso, em muitos casos, era uma questão altamente sutil; por exemplo, é concebível que historiadores sociais concordem que o item 46 (Orgias sexuais) seja provavelmente verdadeiro, embora tenha sido aqui considerado como um possível índice de sexualidade projetada, dado que a maioria dos sujeitos não teria base para julgar sua veracidade e responderia de acordo com suas percepções. Uma vez que cada item continha um elemento de verdade objetiva ou justificativa racional, a resposta de um indivíduo a um item em particular poderia ser determinada por esse fato apenas. Logo, nenhum item poderia ser tomado por si como diagnóstico de fascismo em potencial. O valor do item para a escala teria que ser julgado principalmente em termos de seu poder de discriminação[8] e o significado da

8 Poder de discriminação, ou PD, diz respeito a uma técnica estatística empregada pelos autores para avaliar a importância de cada item para a composição da escala e sua consistência com a pontuação total da escala. Obtém-se o índice do "poder de discriminação" por meio do cálculo da diferença entre os altos e baixos pontuadores em suas pontuações médias de cada item. Um alto "poder de discriminação" indica que a pontuação gerada pelo item é coerente com a pontuação total da escala. O valor máximo que o índice do "poder de discriminação" pode atingir é o valor máximo da pontuação de cada item. (N. T.).

resposta de um indivíduo a ele deveria ser inferido de seu padrão total de resposta. Se um homem marca +3 no item 46 (Orgias sexuais), mas marca –3 ou –2 nos itens 31 (Homossexualidade) e 75 (Crimes sexuais), pode-se concluir que ele é um homem com conhecimento e sofisticação; mas um +3
212 no item 46 acompanhado da concordância // com os itens 31
e 75 poderia parecer ser indicador suficientemente bom de preocupação com a sexualidade.

Por fim, exigiu-se de cada item que contribuísse para a unidade estrutural da escala como um todo. Cada um deles tinha que fazer sua parte na cobertura das diversas tendências de personalidade que integravam o amplo padrão que a escala pretendia medir. Embora fosse admitido que indivíduos diferentes pudessem dar a mesma resposta a um determinado item por diferentes razões – e isso para além da questão da verdade objetiva –, era necessário que o item fosse suficientemente significativo para que qualquer resposta a ele pudesse, quando conhecidas as respostas a todos os itens, ser interpretada à luz da nossa teoria geral.

C. Resultados com sucessivos formulários da escala F

1. Propriedades estatísticas da escala preliminar (formulário 78)

A escala F preliminar, composta pelos 38 itens listados anteriormente, foi administrada como uma parte do formulário 78 do questionário para quatro grupos de sujeitos na primavera de 1945. Esses grupos foram descritos no Capítulo III e estão listados na Tabela 11 (III).[9]

A pontuação da escala seguiu os procedimentos usados nas escalas AS, E e PEC. Exceto no caso de itens negativos, uma nota +3 foi pontuada como 7, +2 foi pontuada como 6 e assim por diante. Os itens 12, 20 e 28 são negativos (eles enunciam a posição não preconceituosa) e aqui, é claro, uma nota +3 foi pontuada como 1, e assim por diante. A Tabela 2 (VII) apresenta os coeficientes de confiabilidade,[10] pontuações médias por item e os desvios padrão para esses quatro grupos. A confiabilidade média de 0,74 está dentro da amplitude normalmente considerada adequada para comparações entre grupos, mas bem abaixo do que é exigido de um instrumento verdadeiramente preciso. Pode-se dizer que, considerando a diversidade
213 de elementos que entraram // na escala F, o grau de consistência indicado pelo cálculo atual é tudo o que se poderia esperar dessa forma preliminar da escala. A questão era se, por meio de uma revisão da escala, seria possível atingir o grau de confiabilidade que caracteriza a escala E, ou se estaríamos lidando aqui – como parecia ser o caso na escala PEC – com áreas de resposta nas quais as pessoas simplesmente não são muito consistentes.

---

9 Os quatro grupos em que esses dados se baseiam são: *grupo A:* Mulheres da Turma de Oratória em Público da Universidade da Califórnia (N = 140); *grupo B:* Homens da Turma de Oratória em Público da Universidade da Califórnia (N = 52); *grupo C:* Mulheres da Turma de Extensão em Psicologia da Universidade da Califórnia (N = 40); *grupo D:* Mulheres Profissionais (enfermeiras, professoras, assistentes sociais (N = 63). (N. T.)

10 Na pesquisa, os autores estimam a confiabilidade das escalas a partir do cálculo do coeficiente de correlação [r] entre as pontuações dos diversos itens das escalas. Ou seja, a confiabilidade da escala é dada pelo grau de correlação estatística entre seus itens. (N. T.)

Tabela 2 (VII) – Confiabilidade da escala F (formulário 78)[a]

Propriedade	Grupo				Total[b]
	A	B	C	D	
Confiabilidade	0,78	0,56	0,72	0,88	0,74
Média (total)	3,94	3,72	3,75	3,43	3,71
Média (metade ímpar)	3,80	3,59	3,60	3,22	3,55
Média (metade par)	4,08	3,87	3,91	3,64	3,88
Desvio padrão (total)	0,71	0,57	0,70	0,86	0,71
Desvio padrão (metade ímpar)	0,87	0,71	0,85	0,94	0,84
Desvio padrão (metade par)	0,69	0,65	0,76	0,84	0,74
N	140	52	40	63	295
Amplitude	2,12–5,26	2,55–4,87	2,39–5,05	1,68–5,63	1,68–5,63

a. Os quatro grupos nos quais estes dados estão baseados são:
Grupo A: Mulheres da Turma de Oratória em Público da Universidade da Califórnia.
Grupo B: Homens da Turma de Oratória em Público da Universidade da Califórnia.
Grupo C: Mulheres da Turma de Extensão em Psicologia da Universidade da Califórnia.
Grupo D: Mulheres Profissionais.
b. Ao se obter as médias totais, as médias individuais de cada grupo não foram ponderadas por N.

Pode-se notar que as Mulheres Profissionais apresentam consistência consideravelmente maior do que os demais grupos de sujeitos, sendo seu coeficiente de confiabilidade de 0,88, acercando-se daquele normalmente obtido com a escala E. Como essas mulheres são em média consideravelmente mais velhas do que nossos outros sujeitos, pode-se sugerir que a maior confiabilidade se deve à sua maior consistência de personalidade.

Parece não haver nenhuma explicação pronta para a baixa confiabilidade encontrada no caso dos Homens da Turma de
214 Oratória em Público. Pode-se // notar que o desvio padrão e a amplitude para esse grupo também foram inusitadamente pequenos. Uma explicação adequada exigiria dados de uma amostra maior de homens e uma escala F aprimorada.

O exame da Tabela 2 (VII) mostra que não há pontuações extremamente altas nem extremamente baixas em nenhum dos grupos e que as médias obtidas estão próximas do ponto neutro. A distribuição relativamente circunscrita das pontuações – circunscrita em comparação com as obtidas nas outras escalas – pode ser em parte resultado da falta de consistência dentro da escala: a menos que os itens sejam realmente expressivos da mesma tendência geral, dificilmente poderíamos esperar que um indivíduo responda à grande maioria deles com concordância ou discordância consistentes. Por outro lado, é possível que a amostra atual não contenha sujeitos realmente extremados em relação ao padrão que a escala F foi pensada para medir. Essa circunstância (baixa "amplitude de talentos" [*range of talents*]) tenderia a diminuir os coeficientes de confiabilidade.

A escala F obteve correlação de 0,53 com AS e 0,65 com E no formulário 78.

2. *Análise de item e revisão da escala preliminar*

Os dados obtidos dos quatro grupos iniciais de sujeitos foram usados na tentativa de aprimorar a escala F – para aumentar sua confiabilidade e encurtá-la um pouco, sem perda em sua abrangência ou significância. Tal como acontece com as outras escalas, o poder de discriminação de um item forneceu a base estatística principal para julgar seu valor. Como se pretendia que a escala F não só tivesse consistência interna, mas também se correlacionasse altamente com o preconceito explícito, foi dada atenção tanto à relação do item com o total da escala F quanto à sua capacidade de discriminar entre os que pontuaram alto e baixo na escala AS. O poder de discriminação de um item em termos de AS (PD_{AS}) é simplesmente a diferença entre a pontuação média do quartil superior de AS naquele item e a pontuação média do quartil inferior de AS no mesmo item. A Tabela 3 (VII) fornece para cada item a pontuação média, o poder de discriminação em termos de pontuações altas *vs.* baixas em F (PD_F), a ordem de importância do
215 PD_F, o PD_{AS}, // a ordem de importância deste último e, por fim, a classificação do item em uma distribuição das somas do PD_F mais o PD_{AS}. Essa ordem de classificação final forneceu um índice conveniente da "boa qualidade" estatística do item para o nosso propósito geral.

A média PD_F de 1,80 é consideravelmente inferior àquela encontrada no caso das escalas AS ou E. No entanto, ela indica que, em termos gerais, os itens produzem diferenças estatisticamente significativas entre os quartis superior e inferior. Dezesseis PDs estão acima de 2, dezoito se posicionam no intervalo entre 1 e 2 e apenas quatro estão abaixo de 1. As médias são, em geral, bastante satisfatórias; elas têm uma média de 3,71, o que está perto do ponto neutro de 4,0, e apenas nove são definitivamente muito extremas, ou seja, acima de 5,0 ou abaixo de 3,0. Como é de se esperar, apenas dois dos itens com médias extremas produzem PDs tão altos quanto ou maiores que 2,0.

Os PDs em termos de AS são, obviamente, muito mais baixos; há, todavia, dezessete itens que parecem estar significativamente relacionados com AS, isto é, têm um PD_{AS} superior a 1,0. Como é com o padrão F total que esperamos correlacionar AS e E, não é necessário que cada item individual de F seja significativamente relacionado ao último. Em geral, itens que são mais discriminantes em termos de F tendem a discriminar melhor em termos de AS, embora haja algumas exceções notáveis. Ao decidir se se deve manter ou não um determinado item para uso em uma escala revisada, a maior parte do peso foi dada ao PD_F e aos princípios gerais que orientam a construção da nossa escala; sendo esses iguais, quanto maior o PD_{AS} de um item, maiores as chances de ele ser incluído na escala revisada.

Podemos agora indagar o que distingue os itens que obtiveram um bom desempenho estatístico daqueles que não o conseguiram. Pode-se fazer alguma afirmação geral sobre cada um desses dois grupos de itens que sirva como guia para a formulação de novos itens? A primeira questão diz respeito aos nove grupos de itens escolhidos para representar as variáveis que entraram na conceituação de F. A maioria dos itens com PDs altos pertencem a poucas das variáveis? Existem algumas variáveis que simplesmente não pertencem ao padrão que estamos considerando? Três dos *clusters*, Sexo, Agressão autoritária e Submissão autoritária, obtiveram médias de PD acima de

 // Tabela 3 (VII) – Médias e poder de discriminação dos itens da escala F (formulário 78)[a]

Item	Média	PD_F[b]	Classificação PD_F	PD_{AS}[c]	Classificação PD_{AS}	Classificação Final[d] ($PD_F + PD_{AS}$)
2. (Astrologia)	2,60	1,74	(22)	1,24	(11)	(18)
3. (Força para restaurar)	3,04	1,98	(18)	1,05	(17)	(15)
6. (Mulheres restringidas)	2,93	1,75	(21)	0,41	(32)	(26)
9. (Vida enérgica)	3,99	2,04	(15)	–0,08	(35)	(29)
10. (Dia de Pearl Harbor)	2,22	2,20	(9)	1,37	(6)	(8)
12. (Igreja moderna)	4,67	0,19	(38)	–1,18	(38)	(38)
14. (Ratos... Germes)	4,44	1,60	(26,5)	0,85	(24)	(23,5)
17. (Familiaridade)	3,33	1,86	(19)	1,56	(4)	(10)

a. Os quatro grupos nos quais esses dados se baseiam são: *Grupo A*: Mulheres da Turma de Oratória em Público da Universidade da Califórnia (N = 140); *Grupo B*: Homens da Turma de Oratória em Público da Universidade da Califórnia (N = 52); *Grupo C*: Mulheres da Turma de Extensão em Psicologia da Universidade da Califórnia (N = 40); *Grupo D*: Mulheres Profissionais (N = 63). Ao se obter as médias totais, as médias individuais de cada grupo não foram ponderadas por N.

b. O PD_F baseia-se na diferença entre o quartil superior e o quartil inferior na distribuição da escala F.

c. O PD_{AS} baseia-se na diferença entre o quartil superior e o quartil inferior na distribuição da escala AS. Por exemplo, o PD_{AS} de 1,24 para o item 2 indica que a média do quartil inferior de AS foi 1,24 ponto mais baixa que a média do quartil superior de AS.

d. Para cada item, obteve-se a soma de PD_F e PD_{AS}. A classificação final de um item é a classificação dessa soma na distribuição de somas da escala inteira.

Tabela 3 (VII) – *Continuação*

Item	Média	PD_F	Classificação PD_F	PD_{AS}	Classificação PD_{AS}	Classificação Final ($PD_F + PD_{AS}$)
19. (Deve-se evitar)	3,63	0,76	(36)	0,70	(27)	(35)
20. (Educação progressista)	3,28	1,07	(33)	–0,25	(37)	(37)
23. (Amor eterno)	3,62	2,61	(4)	1,17	(13)	(5)
24. (Tudo instável)	5,01	0,79	(35)	0,88	(22)	(33)
28. (Romances ou histórias)	3,02	1,29	(30)	0,76	(26)	(27)
30. (Relatos de atrocidades)	4,20	0,43	(37)	0,66	(28)	(36)
31. (Homossexuais)	3,22	2,16	(10)	1,18	(12)	(13)
32. (Essencial para o aprendizado)	3,31	1,67	(24)	1,10	(16)	(20)
35. (Justiça com as próprias mãos)	2,50	1,42	(29)	0,62	(29,5)	(28)
38. (Ênfase nas faculdades)	3,91	1,20	(31)	1,14	(15)	(25)
39. (Força sobrenatural)	3,97	2,54	(6)	1,26	(9,5)	(4)
42. (Por um motivo)	2,06	1,05	(34)	0,59	(31)	(34)
43. (Ciências como a química)	4,35	2,79	(3)	0,97	(18)	(6)
46. (Orgias sexuais)	3,64	2,11	(12,5)	0,93	(20)	(14)
47. (Honra)	3,00	2,09	(14)	1,65	(3)	(7)

Tabela 3 (VII) – *Continuação*

Item	Média	PD_F	Classificação PD_F	PD_{AS}	Classificação PD_{AS}	Classificação Final ($PD_F + PD_{AS}$)
217 // 50. (Obediência e respeito)	3,72	3,09	(1)	1,55	(5)	(2)
53. (Coisas íntimas demais)	4,82	1,99	(17)	–0,23	(36)	(32)
55. (Lazer)	5,20	2,11	(12,5)	1,26	(9,5)	(11)
56. (Onda de crimes)	4,60	1,16	(32)	0,62	(29,5)	(31)
58. (O que um homem faz)	3,48	1,70	(23)	0,87	(23)	(22)
59. (Sempre guerra)	4,26	2,59	(5)	1,91	(2)	(3)
60. (Valores importantes)	4,17	1,60	(26,5)	0,31	(34)	(30)
65. (Catástrofe mundial)	2,58	1,55	(28)	0,90	(21)	(23,5)
66. (Livros e filmes)	4,10	2,48	(7)	0,38	(33)	(19)
67. (Visar benefício próprio)	3,71	2,21	(8)	0,78	(25)	(17)
70. (Complôs de políticos)	3,27	1,85	(20)	1,15	(14)	(16)
73. (Infecção e doença)	4,79	2,02	(16)	1,34	(8)	(12)
74. (Líderes incansáveis)	5,00	1,66	(25)	0,94	(19)	(21)
75. (Crimes sexuais)	3,26	2,81	(2)	2,07	(1)	(1)
77. (Ninguém em sã consciência)	4,12	2,12	(11)	1,36	(7)	(9)
Média/Pessoa/Item	3,71	1,80		0,89		

2,0, tendo os demais *clusters* obtido médias de PD no intervalo de 1,26 a 1,80. Projetividade (1,70), Destrutividade e cinismo (1,56) e Convencionalismo (1,26) foram os itens menos satisfatórios. No entanto, é notável que cada *cluster* tenha em seu interior ao menos um item com um PD acima de 2,0. Nesse estágio, portanto, parecia melhor não eliminar nenhuma das variáveis, mas dar atenção à melhoria ou substituição dos itens menos satisfatórios encontrados em cada *cluster*.

Voltando à consideração de itens que provaram ter excepcional desempenho no sentido estatístico, notamos que o item 75 (Crimes sexuais) lidera os demais, isto é, tem a maior soma de PD_F mais PD_{AS}. Esse item representa muito bem o ideal a que aspiramos na formulação de itens da escala F. Não apenas há uma ampla distribuição de respostas, com uma média razoavelmente próxima do ponto neutro, mas também o item combina, de maneira aparentemente muito eficaz, várias ideias que, segundo a teoria, desempenham papéis cruciais no preconceito: o interesse subjacente nos aspectos mais primitivos do sexo, a prontidão para a agressão física generalizada, a justificativa da agressão por um apelo a valores moralistas. Mais do que isso, o item parece estar suficientemente livre de qualquer conexão lógica ou automática com o preconceito explícito. Que o melhor item na sequência, o 50 (Obediência e respeito), seja excepcionalmente discriminante, não é algo surpreendente, uma
218 vez // que esse tipo de autoritarismo constitui um aspecto bem conhecido do perfil fascista. O dispositivo de colocar o autoritarismo em um contexto de formação das crianças parece retirá-lo da superfície do etnocentrismo; mas, sendo isso verdadeiro ou não, o item se refere a um aspecto da filosofia fascista que não poderia ser desconsiderado de modo nenhum.

Em terceiro lugar na ordem de desempenho está o item 59: "Sendo a natureza humana o que é, sempre haverá guerra e conflito". Esse item, do *cluster* Destrutividade e cinismo, expressa várias ideias que são particularmente importantes na síndrome F. Além de um elemento de opinião expressamente antipacifista, há um desprezo pelos homens e a aceitação da ideia de "sobrevivência do mais apto" como racionalização da agressividade. O item seguinte, o 39 (Força sobrenatural), parece expressar muito bem a tendência de transferir a responsabilidade para forças externas, situadas para além do próprio controle. Essa é uma manifestação daquilo que foi denominado de fraqueza do eu; esse item também foi colocado no *cluster* Submissão autoritária porque a fé em uma força sobrenatural está relacionada à fé nas autoridades do *ingroup*. Não se esperava que a presença do sentimento e crença religiosos fosse por si só significativa para o preconceito; o objetivo da elaboração do presente item foi o de compor uma afirmação que fosse tão extrema que poucos sujeitos concordariam com ela, e que colocasse suficiente ênfase na "lealdade total" e na obediência "sem questionamentos", de modo que pudesse ser distinguida a pessoa acriticamente submissa. A média de 3,97 e o PD_F de 2,54 indicam que esse objetivo foi em grande medida alcançado. O item 23 (Amor eterno), que ficou em quinto lugar em ordem de desempenho, expressa um convencionalismo moral extremo e sentimento de pertencimento ao *ingroup* relacionado à família. Ele se encontra tanto no *cluster* Submissão autoritária quanto no *cluster* Agressão autoritária, pois ele inclui tanto a fidelidade ao *ingroup* quanto uma atitude punitiva ("Sujeito realmente desprezível") em direção àqueles que violam esse valor. A afirmação é tão exagerada, tão expressiva, ao que parece, da atitude de "protestar demais", que podemos nos perguntar se uma forte concordância com ela não mascararia uma hostilidade rebelde, subjacente porém inibida, contra os pais e as figuras paternas.

219 // Com relação a todos esses cinco itens, pode-se dizer que eles são altamente diversos em seu conteúdo superficial, que são pertinentes a vários aspectos da teoria subjacente – supereu, eu e isso são expressos – e que, com a possível exceção do item 50 (Obediência e respeito), são altamente indiretos no sentido próprio do termo aqui empregado. De fato, na medida em que se examina o ranqueamento dos itens em termos de seus poderes de discriminação – (Ciências como a química), (Honra), (Dia de Pearl Harbor), (Ninguém em sã consciência), (Familiaridade), (Lazer), (Infecção e doença) –, é possível notar que, em geral, os melhores itens no sentido estatístico são aqueles que parecem ser os melhores em sua formulação e em termos de nossa teoria geral e método de abordagem.

Itens que se revelaram ruins no sentido estatístico são, em retrospectiva, fáceis de criticar. Em alguns casos, houve alguma falha na formulação: a afirmação era tão obscura ou ambígua que, aparentemente, muitos dos sujeitos tiraram dela implicações diferentes daquelas pretendidas. Isso parece ter sido particularmente verdadeiro em relação aos itens 12 (Igreja moderna) e 20 (Educação progressista). Em outros casos, por exemplo, nos itens 24 (Tudo instável), 74 (Líderes incansáveis) e 58 (Onda de crimes),[11] as afirmações continham

11 Os autores cometeram um equívoco aqui. O item 58 corresponde a "O que um homem faz", o 56 sendo "Onda de crimes". No caso, pensamos que o correto seria a referência ao item 56 (Onda de crimes), uma vez que a sua classificação final (PD_F + PD_{AS}) é mais baixa (31). (N. T.)

um elemento de verdade ou justificativa racional muito grande e, portanto, mostraram ter apelo, como se evidencia pelas altas pontuações médias, tanto a altos como a baixos pontuadores. Novamente, alguns dos itens eram muito rudimentares ou abertamente agressivos, de modo que a maioria dos altos pontuadores, bem como os baixos, tendia a deles discordar. Por exemplo, os itens 42 (Por um motivo) e 35 (Justiça com as próprias mãos) têm médias baixas e PDs baixos.

3. *A segunda escala F: formulário 60*

Ao preparar o novo formato de questionário, as escalas E e PEC foram tão drasticamente encurtadas que uma escala F comparativamente longa (34 itens) pôde ainda ser usada sem que se permitisse que o número total de itens de escala ultrapassasse 60. Como ainda estávamos diante da tarefa de produzir uma escala F confiável sem que fossem sacrificadas sua abrangência ou significância, pareceu mais sábio não a encurtar muito nesse estágio.

220 // Tabela 4 (VII) – A escala F: formulário 60

a. *Convencionalismo*: Adesão rígida aos valores convencionais, de classe média.

1. Obediência e respeito pela autoridade são as virtudes mais importantes que as crianças deveriam aprender.

6. Uma pessoa que tem maus modos, maus hábitos e é malcriada dificilmente pode esperar ser querida e aceita por gente decente.

53. Um dos principais problemas de hoje é que as pessoas falam demais e trabalham de menos.

---

b. *Submissão autoritária*: Atitude submissa e acrítica em relação às autoridades morais do *ingroup*.

1. Obediência e respeito pela autoridade são as virtudes mais importantes que as crianças deveriam aprender.

7. A ciência levou o homem muito longe, mas há muitas coisas importantes que possivelmente jamais serão entendidas pela mente humana.

11. Toda pessoa deve ter uma fé total em alguma força sobrenatural cujas decisões ela obedece sem questionar.

23. Jovens às vezes têm ideias rebeldes, mas ao crescer eles devem superá-las e sossegar.

29. Nenhuma pessoa em sã consciência, normal e decente, jamais poderia pensar em ferir um amigo próximo ou parente.

32. O que este país mais precisa, mais do que leis e programas políticos, é de alguns poucos líderes corajosos, incansáveis, devotados, nos quais as pessoas possam depositar sua fé.

44. A fim de fazermos um bom trabalho, é necessário que nossos chefes descrevam cuidadosamente o que tem de ser feito e como exatamente isso tem de ser feito.

---

c. *Agressão autoritária*: Tendência a vigiar e condenar, rejeitar e punir pessoas que violam os valores convencionais.

6. Uma pessoa que tem maus modos, maus hábitos e é malcriada dificilmente pode esperar ser querida e aceita por gente decente.

17. Um insulto à nossa honra deverá sempre ser punido.

19. O que a juventude mais precisa é de disciplina estrita, determinação severa e a vontade de trabalhar e lutar pela família e pelo país.

22. O problema em deixar todos darem uma opinião sobre como deve ser conduzido o governo é que muita gente é simplesmente estúpida ou cheia de ideias tresloucadas [*wild*].

34. Crimes sexuais, tais como estupro e ataques a crianças, merecem mais do que o mero encarceramento; tais criminosos devem ser publi-
221 camente açoitados ou pior. //

39. Dificilmente há algo mais baixo do que uma pessoa que não tem um grande amor, gratidão e respeito por seus pais.

49. A maioria de nossos problemas sociais seria resolvida se pudéssemos de algum jeito nos livrar das pessoas imorais, desonestas e de mente fraca [*feebleminded*].

53. Um dos principais problemas de hoje é que as pessoas falam demais e trabalham de menos.

58. Homossexuais não são senão degenerados e deveriam ser punidos com severidade.

---

d. *Anti-intracepção*: Oposição ao subjetivo, ao imaginativo, ao compassivo [*tender-minded*].

16. Quando uma pessoa tem um problema ou preocupação, é melhor que ela não pense nisso, mas que se ocupe com coisas mais alegres.

30. Alguns casos de fraqueza mental [*feeblemindedness*] são causados por excesso de estudo.

45. Hoje em dia, mais e mais pessoas se intrometem em assuntos que deveriam ser pessoais e privados.

53. Um dos principais problemas de hoje é que as pessoas falam demais e trabalham de menos.

---

e. *Superstição e estereotipia*: A crença em determinantes místicos do destino individual; a disposição a pensar por meio de categorias rígidas.

7. A ciência levou o homem muito longe, mas há muitas coisas importantes que possivelmente jamais serão entendidas pela mente humana.

11. Toda pessoa deve ter uma fé total em alguma força sobrenatural cujas decisões ela obedece sem questionar.

18. É mais do que uma mera coincidência que tenha havido um terremoto no Japão no dia de Pearl Harbor, 7 de dezembro de 1944.

24. Algumas pessoas nascem com a ânsia [*urge*] de pular de lugares altos.

30. Alguns casos de fraqueza mental [*feeblemindedness*] são causados por excesso de estudo.

35. As pessoas podem ser divididas em duas categorias distintas: os fortes e os fracos.

40. Algum dia provavelmente será demonstrado que a astrologia consegue explicar um monte de coisas.

46. É possível que guerras e problemas sociais acabem de uma vez por todas por um terremoto ou inundação que destruirá o mundo inteiro.

50. É um erro confiar em alguém que não te olha nos olhos.

f. *Poder e "dureza"*: Preocupação com a dimensão de dominação--submissão, forte-fraco, líder-seguidor; identificação com figuras de poder; ênfase excessiva nos atributos convencionalizados do eu; asserção exagerada de força e dureza.

222 //

2. Nenhuma fraqueza ou dificuldade pode nos impedir de algo se tivermos suficiente força de vontade.

5. Qualquer americano que tenha sangue nas veias lutará para defender sua propriedade.

17. Um insulto à nossa honra deverá sempre ser punido.

19. O que a juventude mais precisa é de disciplina estrita, determinação severa e a vontade de trabalhar e lutar pela família e pelo país.

32. O que este país mais precisa, mais do que leis e programas políticos, é de alguns poucos líderes corajosos, incansáveis, devotados, nos quais as pessoas possam depositar sua fé.

35. As pessoas podem ser divididas em duas categorias distintas: os fortes e os fracos.

57. A maioria das pessoas não percebe o quanto nossas vidas são controladas por complôs feitos em segredo por políticos.

g. *Destrutividade e cinismo*: Hostilidade generalizada, desprezo pelo humano.

10. Sendo a natureza humana o que é, sempre haverá guerra e conflito.

25. A familiaridade gera desdém.

41. O verdadeiro *American way of life* está desaparecendo tão rapidamente que pode ser necessário força para preservá-lo.

h. *Projetividade*: A disposição para acreditar que coisas tresloucadas [*wild*] e perigosas ocorrem no mundo; a projeção para fora de impulsos emocionais inconscientes.

36. Hoje em dia, com tantas espécies diferentes de pessoas indo de um lugar ao outro e se misturando tão livremente, temos de ser especialmente cuidadosos para nos proteger contra infecção e doença.

45. Hoje em dia, mais e mais pessoas se intrometem em assuntos que deveriam ser pessoais e privados.

46. É possível que guerras e problemas sociais acabem de uma vez por todas por um terremoto ou inundação que destruirá o mundo inteiro.

52. A selvagem [*wild*] vida sexual dos antigos gregos e romanos era contida perto de algumas coisas que acontecem neste país, mesmo em lugares nos quais as pessoas menos esperariam.

57. A maioria das pessoas não percebe o quanto nossas vidas são controladas por complôs feitos em segredo por políticos.

---

i. *Sexo*: Preocupação exagerada com "eventos" sexuais.

34. Crimes sexuais, tais como estupro e ataques a crianças, merecem mais do que o mero encarceramento; tais criminosos devem ser publicamente açoitados ou pior.

52. A selvagem [*wild*] vida sexual dos antigos gregos e romanos era
223 contida // perto de algumas coisas que acontecem neste país, mesmo em lugares nos quais as pessoas menos esperariam.

58. Homossexuais não são senão degenerados e deveriam ser punidos com severidade.

Os dezenove itens da escala F (formulário 78) que obtiveram a classificação mais alta em ordem de desempenho foram mantidos da mesma forma ou ligeiramente revisados na nova escala. Assim, o poder de diferenciação estatística do item constituiu a base principal para a seleção. Como foi dito, entretanto, os itens que se saíram melhor estatisticamente foram, em geral, aqueles que pareciam melhores do ponto de vista da teoria, de modo que, ao mantê-los, não se comprometeu o propósito original da escala. Desses itens, cinco não foram modificados de forma nenhuma; a revisão dos demais envolveu mudança na escrita, mas não no significado essencial, sendo o objetivo evitar demasiada uniformidade de concordância ou discordância e, portanto, produzir pontuações médias as mais próximas possíveis do ponto neutro.

Dados os dezenove itens de conhecida confiabilidade, a tarefa foi a de formular quinze itens adicionais que, individualmente, atenderiam aos requisitos de desempenho e que,

considerados conjuntamente, cobririam a área mapeada de acordo com a nossa teoria. Aqui, outros critérios além dos estatísticos desempenharam um papel importante. Visando a obter uma formulação a mais *indireta* possível, não apenas eliminamos itens muito abertamente agressivos (os quais, de todo modo, tinham baixos PDs), mas mantivemos, de forma ligeiramente revisada, o item 65 (Catástrofe mundial), apesar de seu PD relativamente baixo (ordem de classificação 23,5), visto que ele expressava uma ideia teoricamente importante e superficialmente parecia estar completamente distanciado do preconceito "racial" e do fascismo. Em nome da abrangência, o item 67 (Visar benefício próprio), cujo PD não era baixo (ordem de classificação 21),[12] foi eliminado devido à grande similaridade com o altamente discriminante item 59 (Sempre guerra). A fim de cobrir uma grande variedade de ideias da maneira mais eficiente possível, dois ou mais deles foram combinados na mesma afirmação, por exemplo, "Qualquer *americano que tenha sangue nas veias lutará* para defender sua *propriedade*" ou "[...] as pessoas *pensam* demais e *trabalham* de menos".[13] Atentos a tais critérios, à *significância*, à *contribuição para a unidade estrutural da escala* e ao grau apropriado de *justificativa racional*, quatro
224 itens da escala F (formulário 78) cuja // ordem de classificação do PD foi mais baixa do que o 19º lugar foram revisados e onze novos itens foram elaborados para completar o novo

12 Há outro equívoco cometido no original da obra. A ordem de classificação do item 67 é 17, não 21. (N. T.)

13 Há uma pequena mudança nesse trecho: na Tabela 4, o item 53 dizia que as "pessoas falam demais", ao passo que no presente trecho lemos que as "pessoas *pensam* demais". (N. T.)

formulário. Os 34 itens, agrupados de acordo com as variáveis que deveriam representar, são apresentados na Tabela 4 (VII).

A confiabilidade da escala, a pontuação média por item, o desvio padrão e a amplitude das pontuações de cada um dos cinco grupos a partir dos quais a escala F (formulário 60) foi feita são apresentados na Tabela 5 (VII). A confiabilidade da escala sofreu um aprimoramento considerável em relação àquela obtida com o formulário 78 (0,87 comparada a 0,74); ela é tão alta quanto a da escala E abreviada (0,87 comparada a 0,86) e muito melhor que a confiabilidade de 0,70 da escala PEC abreviada. As pontuações médias não são tão próximas do ponto neutro como no caso do formulário 78 (média geral de 3,5 comparada a 3,7); a amplitude e a variabilidade, no entanto, são um pouco maiores.[14]

---

14 Pode ser relatado aqui que, no caso das Mulheres Estudantes da Uni-
225 versidade do Oregon, // o formulário 60 do questionário foi administrado em duas partes: a Parte A continha a escala F e uma metade da escala PEC, e a parte B, administrada um dia depois, continha a escala E e a outra metade da escala PEC. O propósito desse procedimento foi o de testar se as respostas aos itens de uma escala seriam afetadas pela presença dentro do mesmo questionário de itens de outras escalas. Aparentemente, essa variação na maneira de administração fez pouca ou nenhuma diferença. Quando os resultados para as Mulheres Estudantes da Universidade do Oregon (Grupo I) são comparados com aqueles das Mulheres Estudantes da Universidade do Oregon e da Universidade da Califórnia (Grupo II) – um grupo bastante similar –, as diferenças em confiabilidade, pontuação média e desvio padrão parecem ser insignificantes. O mesmo é verdadeiro no caso das escalas E e PEC, e referências à Tabela 14 (IV) e à Tabela 5 (V) demonstrarão isso. A média para o grupo de Homens do Clube de Serviços do Oregon (Grupo V) que recebeu apenas a parte A do formulário 60 de fato parece ser algo menor do que aquela do outro

225 // A inspeção dos poderes de discriminação dos itens, como apresentados na Tabela 6 (VII), mostra mais uma vez um aprimoramento considerável em relação ao formulário 78. A média de PD_F é agora de 2,15 comparada a 1,80 do formulário 78. Três PDs estão acima de 3,0, dezoito situam-se na amplitude de 2,0 a 3,0, doze na amplitude de 1,0 a 2,0 e apenas um abaixo de 1,0. A média de PD em termos de E, 1,53, é notavelmente maior que a média de PD_{AS}, 0,89, encontrada no formulário 78. Há 28 itens com uma média de PD_E maior que 1,0; esses itens de F estão significativamente relacionados ao etnocentrismo em um nível de confiança de 5% ou melhor. Cada uma das variáveis que entraram na escala F – Convencionalismo, Superstição etc. – está representada por itens que são satisfatoriamente diferenciadores.

A correlação entre a escala F (formulário 60) e E é, em média, de 0,69. Trata-se de uma melhora considerável em relação aos resultados obtidos através do formulário 78, no qual F correlacionou-se em 0,53 com AS e 0,65 com E, embora essa correlação não seja ainda tão alta quanto suas funções visadas requerem.

---

grupo de Homens do Clube de Serviços do Oregon. Tal diferença, entretanto, não pode ser atribuída à diferença na forma do questionário. Mais importante, provavelmente, é o fato de que o Grupo V, em contraste com o outro grupo, tenha recebido o questionário *depois* de ter ouvido uma palestra sobre "O que fazer com a Alemanha". Havia pelo menos uma conexão implícita entre o conteúdo da palestra e o conteúdo da escala F; como um dos sujeitos que percebeu essa conexão disse depois a um membro da nossa equipe: "vocês deveriam ter dado o questionário antes da palestra". (N. A.)

 // Tabela 5 (VII) – Confiabilidade da escala F (formulário 60)[a]

Propriedade	Grupo					Total[b]
	I	II	III	IV	V	
Confiabilidade	0,86	0,91	0,89	0,87	0,81	0,87
Média (total)	3,32	3,39	3,82	3,74	3,25	3,50
Média (metade ímpar)	3,41	3,42	4,09	3,78	3,19	3,58
Média (metade par)	3,24	3,36	3,56	3,73	3,28	3,43
Desvio padrão (total)	0,86	0,96	0,93	0,81	0,71	0,85
Desvio padrão (metade ímpar)	0,97	1,03	0,99	0,77	0,83	0,92
Desvio padrão (metade par)	0,75	0,96	0,97	0,93	0,76	0,87
N	47	54	57	68	60	286
Amplitude	1,00–5,50	1,24–5,50	1,82–4,38	2,24–5,62	1,97–5,35	1,82–5,62

a. Os cinco grupos nos quais esses dados se baseiam são:
Grupo I: Mulheres Estudantes da Universidade do Oregon.
Grupo II: Mulheres Estudantes das Universidades do Oregon e da Califórnia.
Grupo III: Homens Estudantes das Universidades do Oregon e da Califórnia.
Grupo IV: Homens de Clube de Serviços do Oregon.
Grupo V: Homens de Clube de Serviços do Oregon (somente Parte A).
b. Ao se obter as médias totais, as médias individuais de cada grupo não foram ponderadas por N.

226 // Tabela 6 (VII) – Médias e poderes de discriminação dos itens da escala F (formulário 60)[a]

Item	Média	PD_F[b]	Classificação PD_F	PD_E[c]	Classificação PD_E	Classificação final[d] ($PD_F + PD_E$)
1. (Obediência e respeito)	4,86	2,39	(14)	1,52	(17)	(13)
2. (Força de vontade)	4,44	2,50	(11)	1,46	(19)	(12)
5. (Americano com sangue nas veias)	5,49	1,46	(29,5)	1,18	(25,5)	(27)
6. (Maus modos)	5,30	1,80	(23)	1,56	(13,5)	(22)
7. (Ciência)	4,98	1,71	(24)	1,32	(23)	(25)
10. (Guerra e conflito)	4,46	1,67	(26)	1,70	(10)	(21)
11. (Força sobrenatural)	3,60	2,91	(4)	1,38	(21)	(10)
12. (Alemães e japas)	3,71	3,16	(3)	2,83	(1)	(1)

a. Os quatro grupos nos quais esses dados se baseiam são:
Grupo I: Mulheres Estudantes da Universidade do Oregon (N = 47).
Grupo II: Mulheres Estudantes da Universidade do Oregon e da Universidade da Califórnia. (N = 54).
Grupo III: Homens Estudantes da Universidade do Oregon e da Universidade da Califórnia. (N = 57).
Grupo IV: Homens de Clube de Serviços do Oregon (N = 68).
Ao se obter as médias totais, as médias individuais de cada grupo não foram ponderadas por N.

b. PD_F baseia-se na diferença entre quartil superior e quartil inferior da distribuição da escala F.

c. PD_E baseia-se na diferença entre quartil superior e quartil inferior da escala E. Por exemplo, o PD_E de 1,52 no item 1 indica que a média do quartil inferior em E foi 1,52 ponto inferior à média do quartil superior em E.

d. Para cada item, obteve-se a soma de PD_F e PD_E. A classificação final de um item é a classificação dessa soma na distribuição de somas da escala inteira.

Tabela 6 (VII) – *Continuação*

Item	Média	PD_F	Classificação PD_F	PD_E	Classificação PD_E	Classificação final ($PD_F + PD_E$)
16. (Coisas alegres)	3,15	2,08	(20,5)	1,18	(25,5)	(23)
17. (Honra)	3,14	2,46	(12)	2,34	(4)	(7)
18. (Dia de Pearl Harbor)	2,19	2,51	(10)	1,83	(9)	(9)
19. (Disciplina e determinação)	3,68	3,17	(2)	2,28	(6,5)	(3)
22. (Nem todos no governo)	2,74	1,46	(29,5)	1,17	(27)	(28)
23. (Ideias rebeldes)	4,30	2,70	(7)	2,29	(5)	(5)
24. (Nascido com ânsia)	2,87	2,60	(8)	2,28	(6,5)	(6)
25. (Familiaridade)	3,30	2,08	(20,5)	1,33	(22)	(20)
29. (Ninguém em sã consciência)	3,55	2,82	(6)	1,95	(8)	(8)
30. (Fraqueza mental)	1,84	1,43	(32,5)	0,91	(30)	(30)
32. (Líderes devotados)	4,49	2,42	(13)	1,43	(20)	(15)
227 // 34. (Crime sexual)	3,43	2,83	(5)	2,52	(3)	(4)
35. (Duas categorias)	1,44	0,73	(34)	0,38	(34)	(34)
36. (Infecção e doença)	4,80	1,68	(25)	1,03	(28)	(26)
39. (Amor pelos pais)	3,16	3,28	(1)	2,56	(2)	(2)
40. (Astrologia)	2,56	2,15	(17)	1,66	(11)	(16)

Tabela 6 (VII) – *Continuação*

Item	Média	PD_F	Classificação PD_F	PD_E	Classificação PD_E	Classificação final ($PD_F + PD_E$)
41. (Força para preservar)	2,48	2,31	(15)	1,56	(13,5)	(14)
44. (Chefes devem descrever)	2,46	1,50	(27)	0,50	(33)	(33)
45. (Intrometer-se)	3,48	2,52	(9)	1,56	(13,5)	(11)
46. (Inundação)	2,15	1,43	(32,5)	0,94	(29)	(29)
49. (Livrar-se de gente imoral)	2,74	2,12	(19)	1,56	(13,5)	(18)
50. (Erro confiar)	2,12	1,45	(31)	0,84	(31)	(31)
52. (Vida sexual)	3,18	2,13	(18)	1,50	(18)	(19)
53. (Falar demais)	3,87	1,33	(22)	1,24	(24)	(24)
57. (Complôs)	4,24	1,55	(28)	0,63	(32)	(32)
58. (Homossexuais)	2,29	2,20	(16)	1,54	(16)	(17)
Média/Pessoa/Item	3,42	2,15		1,53		

4. A terceira escala F: formulários 45 e 40

Embora a escala F (formulário 60) possa ser descrita como um instrumento bastante adequado, ela ainda apresentava algumas falhas óbvias e esperava-se que estas fossem removidas antes que a escala fosse usada com vários grupos de sujeitos. Ela ainda continha alguns itens estatisticamente tão pobres que contribuíam pouco para o propósito da escala. Além disso, havia dois itens (os de número 12 e 18) que, apesar de suas respectivas classificações 1 e 9 em ordem de desempenho, tiveram de ser abandonados no começo do segundo semestre de 1945 porque haviam perdido a atualidade do período de guerra. Mais do que isso, a experiência mostrou que, quando se tratava de trabalhar com grupos altamente diversificados fora da universidade, era desejável um questionário muito mais breve do que o formulário 60. Tendo as outras escalas já sido reduzidas a um mínimo absoluto, a escala F tinha agora de ser podada. No entanto, tal poda tinha de ser extremamente criteriosa, para que a escala não perdesse em abrangência e, tal como era esperado, tivesse um incremento em sua confiabilidade e correlação com E. Foram trinta os itens escolhidos.

A revisão consistiu principalmente em descartar sete itens e adicionar três novos. Dois excelentes itens foram descartados porque, como foi visto, tinham deixado de ser oportunos.
228 Cinco itens // foram retirados porque tinham PDs relativamente muito baixos e porque outros itens pareciam cumprir melhor as mesmas funções: 44 (Chefes devem descrever, ordem de classificação 33), 50 (Erro confiar, ordem de classificação 31), 30 (Fraqueza mental, ordem de classificação 30),

22 (Nem todos no governo, ordem de classificação 28) e 5 (Americano com sangue nas veias, ordem de classificação 27). Vários itens mal classificados em termos de PD foram cuidadosamente revisados e mantidos na nova escala: 35 (Duas categorias, ordem de classificação 34), 57 (Complôs, ordem de classificação 32) e 46 (Inundação, ordem de classificação 29).

Um dos três novos itens foi o seguinte: "O homem de negócios e o industriário são muito mais importantes para a sociedade do que o artista e o professor". Essa é uma versão ligeiramente revisada de um item que apareceu nas formas anteriores da escala PEC, na qual se mostrou discriminante tanto em termos de PEC quanto em termos de E. Já que esse item expressa bastante bem tanto o convencionalismo quanto a anti-intracepção, pareceu-nos um acréscimo promissor à escala F.

Um segundo novo item foi: "O melhor é empregar algumas autoridades do pré-guerra na Alemanha para manter a ordem e evitar o caos". Na época em que esse item foi formulado – meados de 1945 –, o general Patton foi acusado de empregar alemães nazistas e figurões extremamente conservadores para ajudar a levar a cabo certas fases da ocupação. Seus críticos argumentaram que essa era uma maneira ruim de assegurar a cooperação de elementos democráticos na Alemanha; seus defensores apontaram a necessidade de promover a eficiência e prevenir o caos. A questão era candente; e parecia que um item sobre ela poderia dar a um alto pontuador a chance de expressar sua admiração pela autoridade militar, sua atenção com os meios, sua preocupação com ordem *versus* caos. (O fato de o item não ter funcionado muito bem é provavelmente devido a sua formulação inadequada: não ousamos ser suficientemente explícitos sobre *quais* autoridades pré-guerra deveriam ser empregadas, de modo que "pré-guerra" podia ser entendido como "pré-nazista").

"Ninguém jamais aprendeu nada importante exceto através do sofrimento" foi o terceiro dos novos itens. Aqui, a tentação – constantemente presente durante cada revisão da escala F – de testar uma nova hipótese, ou melhor, de obter dados quantitativos sobre um fenômeno que no estudo clínico havia aparecido em relação ao padrão geral do fascismo em potencial,
229 // tornou-se muito forte. O item foi extraído de um editorial de uma importante revista de fotografia, no qual apareceu em um contexto de reação política. Parecia bem adequado para
232 trazer // à tona a temática sadomasoquista que se acredita ser proeminente no alto pontuador: ele crê que *sofreu* e que, portanto, sabe das coisas importantes e que aqueles que não foram bem-sucedidos em elevar seu *status* – por exemplo, os menos privilegiados – devem sofrer mais caso esperem melhorar sua vida. O item não funcionou muito bem, sua classificação por ordem de desempenho foi 29 para homens. (Entretanto, seu PD 1,70 ainda é significativo no nível de 5%.) Parece que isso foi em parte devido ao fato de que muitos sujeitos o consideraram irracional (a média foi de 2,54) e em parte porque, onde houve concordância, ele provavelmente tinha apelo a diferentes sujeitos por diferentes razões: se, por um lado, explorava as estruturas sadomasoquistas subjacentes de alguns altos pontuadores, também apelava, por outro, ao masoquismo superficial, e talvez para a intracepção, de alguns baixos pontuadores.

Os itens finais de F, agrupados de acordo com as variáveis a que pertencem, estão apresentados na Tabela 7 (VII).

229 // Tabela 7 (VII) – *Clusters* da escala F: formulários 45 e 40

a. *Convencionalismo*: Adesão rígida aos valores convencionais, de classe média.

1. Obediência e respeito pela autoridade são as virtudes mais importantes que as crianças deveriam aprender.

12. Uma pessoa que tem maus modos, maus hábitos e é malcriada dificilmente pode esperar ser querida e aceita por gente decente.

37. Se as pessoas falassem menos e trabalhassem mais, seria melhor para todo mundo.

41. O homem de negócios e o industriário são mais importantes para a sociedade do que o artista e o professor.

b. *Submissão autoritária*: Atitude submissa e acrítica em relação às autoridades morais do *ingroup*.

1. Obediência e respeito pela autoridade são as virtudes mais importantes que as crianças deveriam aprender.

4. A ciência tem o seu lugar, mas há muitas coisas importantes que possivelmente a mente humana jamais entenderá.

8. Toda pessoa deve ter uma fé total em alguma força sobrenatural cujas decisões ela obedece sem questionar.

21. Jovens às vezes têm ideias rebeldes, mas ao crescer eles devem superá-las e sossegar.

23. O que este país mais precisa, mais do que leis e programas políticos, é de alguns poucos líderes corajosos, incansáveis, devotados, nos quais as pessoas possam depositar sua fé.

42. Nenhuma pessoa em sã consciência, normal e decente, jamais poderia pensar em ferir um amigo próximo ou parente.

44. Ninguém jamais aprendeu nada importante a não ser através do sofrimento.

c. *Agressão autoritária*: Tendência a vigiar e condenar, rejeitar e punir pessoas que violam os valores convencionais.

12. Uma pessoa que tem maus modos, maus hábitos e é malcriada dificilmente pode esperar ser querida e aceita por gente decente.

13. O que a juventude mais precisa é de disciplina estrita, determinação severa e a vontade de trabalhar e lutar pela família e pelo país.

19. Um insulto à nossa honra deverá sempre ser punido.

230 // 25. Crimes sexuais, tais como estupro e ataque a crianças, merecem mais do que o mero encarceramento; tais criminosos deveriam ser publicamente açoitados ou pior.

27. Dificilmente há algo mais baixo do que uma pessoa que não tem um grande amor, gratidão e respeito por seus pais.

34. A maioria de nossos problemas sociais seria resolvida se pudéssemos de algum jeito nos livrar das pessoas imorais, desonestas e de mente fraca [*feebleminded*].

37. Se as pessoas falassem menos e trabalhassem mais, seria melhor para todo mundo.

39. Homossexuais não são muito melhores do que criminosos e deveriam ser punidos com severidade.

---

d. *Anti-intracepção*: Oposição ao subjetivo, ao imaginativo, ao compassivo [*tender-minded*].

9. Quando uma pessoa tem um problema ou preocupação, é melhor que ela não pense nisso, mas se ocupe com coisas mais alegres.

31. Hoje em dia, mais e mais pessoas se intrometem em assuntos que deveriam ser pessoais e privados.

37. Se as pessoas falassem menos e trabalhassem mais, seria melhor para todo mundo.

41. O homem de negócios e o industriário são muito mais importantes para a sociedade do que o artista e o professor.

---

e. *Superstição e estereotipia*: A crença em determinantes místicos do destino individual; a disposição a pensar por meio de categorias rígidas.

4. A ciência tem o seu lugar, mas há muitas coisas importantes que possivelmente a mente humana jamais entenderá.

8. Toda pessoa deve ter uma fé total em alguma força sobrenatural cujas decisões ela obedece sem questionar.

16. Algumas pessoas nascem com a ânsia [*urge*] de pular de lugares altos.

26. As pessoas podem ser divididas em duas categorias distintas: os fortes e os fracos.

29. Algum dia provavelmente será mostrado que a astrologia consegue explicar um monte de coisas.

33. Guerras e problemas sociais talvez acabem por causa de um terremoto ou inundação que destruirá o mundo inteiro.

f. *Poder e "dureza"*: Preocupação com a dimensão de dominação-submissão, forte-fraco, líder-seguidor; identificação com figuras de poder; ênfase excessiva nos atributos convencionalizados do eu; asserção exagerada de força e dureza.

2. Nenhuma fraqueza ou dificuldade pode nos impedir de algo se tivermos suficiente força de vontade.

231 // 13. O que a juventude mais precisa é de disciplina estrita, determinação severa e a vontade de trabalhar e lutar pela família e pelo país.

19. Um insulto à nossa honra deverá ser sempre punido.

22. O melhor é empregar algumas autoridades do pré-guerra na Alemanha para manter a ordem e evitar o caos.

23. O que este país mais precisa, mais do que leis e programas políticos, é de alguns poucos líderes corajosos, incansáveis, devotados, nos quais as pessoas possam depositar sua fé.

26. As pessoas podem ser divididas em duas categorias distintas: os fracos e os fortes.

38. A maioria das pessoas não percebe o quanto nossas vidas são controladas por complôs feitos em lugares secretos.

g. *Destrutividade e cinismo*: Hostilidade generalizada, desprezo pelo humano.

6. Sendo a natureza humana o que é, sempre haverá guerra e conflito.

43. A familiaridade gera desdém.

h. *Projetividade*: A disposição para acreditar que coisas tresloucadas [*wild*] e perigosas ocorrem no mundo; a projeção para fora de impulsos emocionais inconscientes.

18. Hoje em dia, com tantas espécies diferentes de pessoas indo de um lugar ao outro e se misturando tão livremente, temos de ser especialmente cuidadosos para nos proteger contra infecção e doença.

31. Hoje em dia, mais e mais pessoas se intrometem em assuntos que deveriam ser pessoais e privados.

33. Guerras e problemas sociais talvez acabem por causa de um terremoto ou inundação que destruirá o mundo inteiro.

35. A selvagem [*wild*] vida sexual dos antigos gregos e romanos era contida perto de algumas coisas que acontecem neste país, mesmo em lugares nos quais as pessoas menos esperariam.

38. A maioria das pessoas não percebe o quanto nossas vidas são controladas por complôs feitos em lugares secretos.

i. *Sexo*: Preocupação exagerada com "eventos" sexuais.

25. Crimes sexuais, tais como estupro e ataques a crianças, merecem mais do que o mero encarceramento; tais criminosos devem ser publicamente açoitados ou pior.

35. A selvagem [*wild*] vida sexual dos antigos gregos e romanos era contida perto de algumas coisas que acontecem neste país, mesmo em lugares nos quais as pessoas menos esperariam.

39. Homossexuais não são muito melhores do que criminosos e deveriam ser punidos com severidade.

232 // A confiabilidade da escala, a pontuação média por item, o desvio padrão e a amplitude de cada um dos catorze grupos (N total = 1.518) aos quais se aplicou os formulários 40 e/ou 45 são fornecidos na Tabela 8 (VII). A média dos coeficientes de confiabilidade é de 0,90 e sua amplitude de 0,81 a 0,97. Não só existe uma ligeira melhora na confiabilidade em relação ao formulário 60 (*r* médio[15] = 0,87) e uma melhora muito pronunciada em relação ao formulário original 78 (*r* médio = 0,74), mas também a escala foi aprimorada a ponto de cumprir rigorosos requisitos estatísticos. Uma confiabilidade de 0,90 pode ser interpretada como significando que a escala pode situar indivíduos ao longo de uma dimensão – nesse caso, uma ampla e complexa dimensão – com pequena margem de erro. Em outras palavras, pode-se confiar na pontuação ob-

15 "*Average r*" diz respeito à confiabilidade média medida a partir da correlação estatística *r* entre os itens da escala. (N. T.)

tida por um indivíduo no sentido de que as chances de erros de mensuração foram minimizadas, de modo que, no caso de uma repetição da escala, feita em um momento em que as condições político-socioeconômicas sejam no geral as mesmas de antes, sua nova pontuação seria igual à primeira ou se situaria no interior de estreitas margens acima ou abaixo dela. O grau de confiabilidade obtido aqui está dentro da amplitude que caracteriza os testes de inteligência aceitáveis.

233 // Tabela 8 (VII) – Confiabilidade da escala F (formulários 40 e 45)

Grupo	N	Confiabilidade	Média	Desvio padrão	Amplitude
Formulário 40:					
Mulheres da Univ. George Washington	132	0,84	3,51	0,90	1,2–5,4
Homens de Clube de Serviços da Califórnia	63	0,94	4,08	1,03	1,8–7,0
Homens de Classe Média	69	0,92	3,69	1,22	1,3–6,7
Mulheres de Classe Média	154	0,93	3,62	1,26	1,1–6,7
Homens de Classe Trabalhadora	61	0,88	4,19	1,18	1,8–6,9
Mulheres de Classe Trabalhadora	53	0,97	3,86	1,67	1,3–6,6
Homens de Los Angeles	117	0,92	3,68	1,17	1,1–6,0

Tabela 8 (VII) – *Continuação*

Grupo	N	Confiabilidade	Média	Desvio padrão	Amplitude
Mulheres de Los Angeles	130	0,91	3,49	1,13	1,2–5,8
Média[a]	779	0,91	3,76	1,20	1,3–6,4
		Formulário 45:			
Mulheres da Turma de Testes Psicológicos	59	0,89	3,62	0,99	1,3–5,9
Homens Detentos de San Quentin	110	0,87	4,73	0,86	2,0–6,8
Mulheres da Clínica Psiquiátrica[b]	71	0,94	3,69	1,30	1,0–6,3
Homens da Clínica Psiquiátrica[b]	50	0,89	3,82	1,01	1,7–5,9
Média	290	0,90	3,96	1,04	1,5–6,2
		Formulários 40 e 45:			
Homens do Serviço de Emprego dos Veteranos	106	0,89	3,74	1,04	1,2–5,8
Homens da Escola Marítima	343	0,81	4,06	0,77	1,6–6,1
Média[a]	449	0,85	3,90	0,90	1,4–5,9
Média geral	1518	0,90	3,84	1,10	1,4–6,3

a. Ao se obter as médias combinadas dos grupos, as médias individuais de cada grupo não foram ponderadas por N.

b. Devido a uma substituição de formulários, a escala F aplicada aos sujeitos da Clínica Psiquiátrica continha apenas 28 itens.

Embora as médias variem de um grupo para outro (uma questão a ser discutida mais adiante), elas são, em geral, bastante próximas do ponto neutro. Como seria de se esperar na aplicação da escala para uma grande variedade de sujeitos, a amplitude e o desvio padrão são maiores do que nos formulários anteriores. Embora não tenham sido feitas curvas de distribuição, os diagramas de dispersão indicam que elas seriam razoavelmente normais em sua forma (simétricas, porém de curva ligeiramente platicúrtica).

a. Consistência interna. Os poderes de discriminação dos itens da escala, como apresentados na Tabela 9 (VII), têm
234 médias consideravelmente maiores // (2,85) do que no caso do formulário 60 (2,15). Todos os itens discriminam significativamente entre os quartis superior e inferior. Deve-se notar que vários itens tomados sem alterações do formulário 60 funcionam muito melhor aqui do que naquele lugar. Isso se deve provavelmente, em parte, ao fato de que os diversos grupos aos quais foram aplicados os formulários 45-40 incluíam mais pontuadores extremos e, também em parte, pelo aprimoramento da escala como um todo: um bom item diferencia mais nitidamente os quartis superior e inferior quanto mais bem-sucedida for a escala total ao distinguir os indivíduos que são de fato extremos no que se refere às tendências mensuradas.

O fato de os PDs serem um pouco mais altos, em média, no caso das mulheres do que no dos homens é algo que merece comentário. O fenômeno parece estar ligado ao fato de que havia três grupos de homens – o da Escola Marítima, o dos Detentos de San Quentin e o dos Homens de Classe Trabalhadora –, nos quais a confiabilidade da escala era relativamente baixa (0,81 a 0,88). Uma vez que esses grupos de homens eram menos instruídos do que a maioria de nossos sujeitos, há considerável probabilidade de que eles não tenham conseguido compreender alguns dos itens da escala, uma circunstância que atuaria contra os altos valores de PDs, bem como contra a confiabilidade. Além disso, esses são os três grupos que, dentre todos os estudados, obtiveram as maiores pontuações médias. Pode-se inferir a partir disso que houve demasiada concordância geral com alguns itens, algo que, como vimos, tende a diminuir o PD. Isso leva à questão de saber se não encontramos nesses grupos não apenas manifestações mais extremas de fascismo em potencial do que havia sido previsto, mas também padrões de tendências de personalidade pré-fascista que a escala F não cobria adequadamente. A maior parte do trabalho empregado na construção e revisão da escala foi realizada com grupos de indivíduos nos quais os altos pontuadores eram, em sua maioria, altamente convencionais. O procedimento de manter itens que melhor diferenciavam no interior desses grupos provavelmente não foi a melhor escolha para construir um instrumento que funcionasse com máxima eficiência em grupos nos quais as tendências à psicopatia e à delinquência eram muito mais pronunciadas. Esse é um assunto a ser discutido em mais detalhes posteriormente.

235 Apesar das diferenças absolutas nos PDs entre homens // e mulheres, os itens que funcionam bem para um sexo tendem, em geral, a funcionar bem para o outro. A correlação entre as ordens de classificação de PD para os homens e para as mulheres é de 0,84. Essa é uma justificativa suficiente para calcular

236 // Tabela 9 (VII) – Médias e poderes de discriminação dos itens da escala F (formulários 40 e 45)[a]

Item	Grupos de homens				Grupos de mulheres				Grupos de homens e mulheres combinados			
	Média	Classificação	PD	Classificação	Média	Classificação	PD	Classificação	Média	Classificação	PD	Classificação
(Obediência e respeito)	5,41	(1)	2,70	(15)	4,67	(4)	3,91	(4)	5,04	(2)	3,31	(6,5)
(Força de vontade)	5,16	(4)	2,48	(20,5)	4,94	(1)	2,67	(23)	5,05	(1)	2,58	(22)
(Ciência)	4,20	(15)	2,55	(16)	4,32	(6)	2,89	(19)	4,26	(11)	2,72	(17)
(Guerra e conflito)	4,69	(7)	2,32	(22,5)	4,26	(8)	2,98	(16)	4,48	(6)	2,65	(19)
8. (Força sobrenatural)	3,47	(22)	3,19	(5)	3,43	(18)	3,92	(3)	3,45	(20)	3,56	(4)
9. (Coisas alegres)	3,80	(18)	2,52	(19)	3,71	(15)	3,14	(12)	3,76	(17)	2,83	(16)
12. (Maus modos)	5,22	(2)	1,77	(27)	4,80	(3)	2,60	(24)	5,01	(3,5)	2,19	(26.5)
13. (Disciplina e determinação)	4,59	(8)	3,60	(3)	4,03	(11)	4,03	(2)	4,31	(10)	3,82	(2)
16. (Nascidos com ânsia)	3,75	(19)	2,54	(17,5)	3,25	(19)	2,47	(26)	3,50	(19)	2,51	(24)
18. (Infecção e doença)	4,53	(10)	2,82	(12)	4,13	(10)	3,52	(7)	4,33	(9)	3,17	(8,5)
19. (Honra)	3,50	(21)	2,74	(14)	3,11	(25)	3,12	(13)	3,31	(22)	2,93	(14)
21. (Ideias rebeldes)	4,71	(6)	3,04	(7)	4,14	(9)	3,72	(5)	4,43	(7)	3,38	(5)

a. Esses dados baseiam-se em todos os catorze grupos aos quais foram administrados os formulários 40 e 45 (ver Tabela 8 (VII)).

Tabela 9 (VII) – *Continuação*

Item	Grupos de homens				Grupos de mulheres				Grupos de homens e mulheres combinados			
	Média	Classificação	PD	Classificação	Média	Classificação	PD	Classificação	Média	Classificação	PD	Classificação
22. (Alemanha[16])	4,26	(14)	1,98	(24)	3,74	(14)	2,40	(27)	4,00	(14,5)	2,19	(26,5)
23. (Líderes devotados)	5,18	(3)	2,32	(22,5)	4,84	(2)	2,87	(20)	5,01	(3,5)	2,60	(21)
25/24. (Crimes sexuais)	4,54	(9)	3,68	(2)	4,29	(7)	4,32	(1)	4,41	(8)	4,00	(1)
26/25. (Forte e fraco)	3,05	(26)	2,94	(9)	2,48	(29)	3,39	(8)	2,77	(26)	3,17	(8,5)
// 27/26 (Amor eterno)	4,09	(16)	3,76	(1)	3,21	(20)	3,66	(6)	3,65	(18)	3,71	(3)
29/27. (Astrologia)	3,31	(24)	2,79	(13)	3,16	(22,5)	3,33	(10)	3,24	(24)	3,06	(11)
30/28. (Força para preservar)	2,92	(27)	2,54	(17,5)	2,47	(27,5)	2,73	(22)	2,70	(27)	2,64	(20)
31/29. (Intrometer-se)	4,34	(12)	2,98	(8)	3,66	(16)	3,02	(15)	4,00	(14,5)	3,00	(12)

16 Vários dos nomes abreviados dos itens sofreram modificações nesta tabela: o item 22 aparece denominado simplesmente como "Alemanha" em vez de "Alemães e japas"; o item 26 está grafado como "Fraco e forte" em vez de "Duas categorias"; o item 27 retomou a denominação de "Amor eterno" em vez de "Amor pelos pais"; o item 33 aparece agora como "Terremoto" e não como "Inundação"; o item 34 aparece aqui como "Pessoas imorais" em vez de "Livrar-se de gente imoral"; o item 35 está como "Vida sexual selvagem" e não apenas como "Vida sexual"; e, finalmente, o item 37 aparece como "Falar menos" em vez de "Falar demais". (N. T.)

Tabela 9 (VII) – *Continuação*

Item	Grupos de homens				Grupos de mulheres				Grupos de homens e mulheres combinados			
	Média	Classificação	PD	Classificação	Média	Classificação	PD	Classificação	Média	Classificação	PD	Classificação
33/30. (Terremoto)	2,58	(28)	1,76	(28)	2,59	(26)	2,19	(29)	2,59	(28)	1,98	(29)
34/31. (Pessoais imorais)	3,38	(23)	2,90	(10)	3,16	(22,5)	2,85	(21)	3,27	(23)	2,88	(15)
35/32. (Vida sexual selvagem)	4,04	(17)	2,48	(20,5)	3,60	(17)	2,93	(17)	3,82	(16)	2,71	(18)
37/33. (Falar menos)	4,88	(5)	2,84	(11)	4,59	(5)	3,10	(14)	4,74	(5)	2,97	(13)
38/34. (Complôs)	4,32	(13)	1,97	(26)	3,99	(12)	2,54	(25)	4,16	(12)	2,26	(25)
39/35. (Homossexuais)	3,10	(25)	3,25	(4)	2,67	(24)	3,36	(9)	2,89	(25)	3,31	(6,5)
41/36. (Artistas – homens de negócio)	2,36	(30)	1,58	(30)	1,88	(30)	1,88	(30)	2,12	(30)	1,73	(30)
42/37. (Ninguém em sã consciência)	4,42	(11)	3,13	(6)	3,85	(13)	3,18	(11)	4,14	(13)	3,16	(10)
43/38. (Familiaridade)	3,56	(20)	2,20	(25)	3,20	(21)	2,90	(18)	3,38	(21)	2,55	(23)
44/39. (Sofrimento)	2,54	(29)	1,70	(29)	2,47	(27,5)	2,29	(28)	2,51	(29)	2,00	28
Média/pessoa/item	4,00		2,64		3,63		3,08		3,81		2,85	

235 // a média dos PDs dos dois grupos a fim de se obter uma "ordem de desempenho" geral para cada item. Uma vez que as diferenças entre homens e mulheres são, no presente contexto, provavelmente tão grandes quanto as diferenças entre dois grupos quaisquer do mesmo sexo na presente amostra, é altamente provável que uma correlação entre a classificação de PD de quaisquer desses dois grupos fosse próxima de 0,84. Parece não haver diferenças gerais ou sistemáticas entre os itens que funcionam melhor para os homens e aqueles que funcionam melhor para as mulheres.

As pontuações médias dos grupos de homens são um pouco mais altas que as pontuações médias dos grupos de mulheres. Esse fenômeno parece dever-se principalmente aos três grupos de homens antes discutidos, cujas pontuações são particularmente elevadas. Se homens e mulheres da mesma classe socioeconômica são comparados, as médias não são significativamente diferentes. Além disso, os itens que têm mais apelo entre homens são os mesmos que têm mais apelo entre as mulheres, sendo de 0,95 a correlação de ordens de classificação entre as médias dos homens e das mulheres.

b. Análise correlacional. Como parte de uma pesquisa independente, as escalas E, PEC e F (dos formulários 40 e 45) foram aplicadas a novecentos alunos de uma turma de Psicologia Elementar da Universidade da Califórnia. Decidiu-se por não incluir os dados desse novo grupo universitário entre os resultados gerais do presente estudo porque pessoas jovens e relativamente bem educadas já estavam sobrerrepresentadas na amostra total de indivíduos. Entretanto, as 517 mulheres dessa turma de Psicologia constituem o único grupo no qual as escalas foram submetidas a uma análise correlacional item por item.[17] Os resultados dessa análise serão resumidos aqui.

Cada item da escala F foi correlacionado com todos os ou-
238 tros itens. // A média dos 435 coeficientes foi de 0,13, com amplitude de –0,05 a 0,44.[18] Além disso, cada item foi correlacionado com o restante da escala, sendo o *r* médio[19] de 0,33 e a amplitude de 0,15 a 0,52. No caso da escala E, o *r* médio interitem foi de 0,42 e o coeficiente *r* médio de cada item com relação ao total dos itens foi de 0,59. Enquanto a escala E possui aproximadamente o mesmo grau de unidimensionalidade que os testes de inteligência aceitáveis (no caso da Revisão de Stanford-Binet de 1937, o *r* médio interitem é de aproximadamente 0,38 e o coeficiente *r* médio de cada item com relação ao total dos itens é de 0,61), a escala F apresenta um resultado consideravelmente mais baixo nesse aspecto. Apesar da relativa falta de homogeneidade aparente da escala, sentimo-nos justificados em falar de um padrão ou síndrome F, pois os itens "se combinam" no sentido de que cada um é significativamente correlacionado com a escala como um todo. A esse respeito, lembremos que, na construção da escala F, dois propósitos foram levados em conta: (a) buscar, em uma ampla área, respostas diversas pertencentes a uma única síndrome e

17 Esta análise foi possibilitada pelo financiamento do Social Science Research Council. (N. A.)

18 Empregou-se Zr de Fischer ao computar a correlação *r* média. (N. A.)

19 Em estatística, *r* é uma expressão padrão para designar o coeficiente de correlação. (N. T.)

(b) construir um instrumento que produzisse uma previsão confiável das pontuações em E. Está claro que o primeiro objetivo foi em grande parte alcançado, embora pudesse ser proveitoso continuar a busca por itens adicionais que ajudariam a caracterizar a síndrome F. O fato de os itens individuais em F se correlacionarem, na média, em 0,25 com a escala total E é um bom prenúncio do cumprimento do segundo propósito – uma questão para a qual retornaremos logo.

A prova de que as variáveis ou os grupos de itens utilizados para pensar a escala F não são *clusters* no sentido estatístico está contida nos dados do presente grupo de 517 mulheres. Embora os itens dentro de cada um dos *clusters*-F do formulário 45 tendam a se intercorrelacionar (0,11 a 0,24), os itens de um *cluster* qualquer não se correlacionam entre si mais do que o fazem com numerosos itens de outros *clusters*. Sentimo-nos justificados em usar esses *clusters*, portanto, apenas como auxiliares *a priori* para a discussão.

239 // D. Correlações da escala F com as escalas E e PEC

As correlações da escala F com as escalas E e PEC, baseadas nos três formulários de questionário e derivadas de todos os grupos envolvidos no estudo, são apresentadas na Tabela 10 (VII). O principal resultado expresso nessa tabela é que a correlação entre E e F aumentou com as sucessivas revisões da escala até que atingisse um patamar (cerca de 0,75 na média nos formulários 40 e 45) no qual as pontuações da primeira escala podiam ser previstas com razoável precisão a partir das pontuações da última.

240 // Tabela 10 (VII) – Correlação da escala F com as escalas AS, E e PEC nos diversos formulários do questionário

	N	F.AS.	F.E	F.PEC
Grupos aos quais se aplicou o formulário 78				
Mulheres da Turma de Oratória em Público	140	0,55	0,58	0,52
Homens da Turma de Oratória em Público	52	0,52	0,56	0,45
Mulheres da Turma de Extensão	40	0,49	0,74	0,54
Mulheres Profissionais	63	0,57	0,73	0,65
Total:[a] Formulário 78	295	0,53	0,65	0,54
Grupos aos quais se aplicou o formulário 60				
Mulheres Estudantes da Univ. do Oregon	47		0,72	0,29
Mulheres Estudantes da Univ. do Oregon e da Univ. da Califórnia	54		0,78	0,49
Homens Estudantes da Univ. do Oregon e da Univ. da Califórnia	57		0,58	0,43
Homens de Clube de Serviços do Oregon	68		0,69	0,29
Homens de Clube de Serviços do Oregon[b]	60			0,22
Total: Formulário 60	286		0,69	0,34
Grupos aos quais se aplicou o formulário 45				
Mulheres da Turma de Testes Psicológicos	59		0,79	0,54
Homens Detentos de San Quentin	110		0,59	0,23
Mulheres da Clínica Psiquiátrica	71		0,86	0,62[c]
Homens da Clínica Psiquiátrica	50		0,76	0,57[c]
Homens e Mulheres de Classe Trabalhadora	50		0,85	0,70
Homens do Serviço de Emprego dos Veteranos	51		0,67	0,62[d]
Homens da Escola Marítima	179		0,56	0,39[d]
Total: Formulário 45	570		0,73	0,52
241 *// Grupos aos quais se aplicou o formulário 40[e]*				
Mulheres da Univ. George Washington	132		0,69	0,53
Homens de Clube de Serviços da Califórnia	63		0,80	0,59
Homens de Classe Média	69		0,81	0,71

Tabela 10 (VII) – *Continuação*

	N	F.AS.	F.E	F.PEC
Homens de Classe Trabalhadora	61		0,76	0,60
Mulheres de Classe Média	154		0,83	0,70
Mulheres de Classe Trabalhadora	53		0,87	0,72
Homens de Los Angeles	117		0,82	0,58
Mulheres de Los Angeles	130		0,75	0,61
Homens do Serviço de Emprego dos Veteranos	55		0,72	0,62
Homens da Escola Marítima	165		0,62	0,39
Total: Formulário 40	999		0,77	0,61
Total: Todos os Formulários	2150	0,53	0,73	0,52

a. Ao se obter as médias totais, as médias individuais de cada grupo não foram ponderadas por N.
b. A este grupo de Homens de Clube de Serviços do Oregon foi aplicado um formulário de questionário abreviado, contendo apenas a escala F e metade da escala PEC.
c. Para as correlações de F com PEC nos grupos de clínica psiquiátrica, o número de mulheres foi 45 e o número de homens foi 29, devido a uma substituição de formulários.
d. Essas correlações F-PEC baseiam-se em ambos os formulários, 40 e 45. Já que se considerou altamente improvável que a presença ou falta de 5 itens E afetaria a correlação entre F e PEC, os dois formulários foram administrados em conjunto a fim de obter a vantagem de Ns maiores. O N total é de 106 para os Homens do Serviço de Emprego dos Veteranos e de 343 para os Homens da Escola Marítima.
e. No formulário 40, deve-se lembrar, foi empregada apenas a metade "A" da escala E de 10 itens.

A correlação entre F e E varia amplamente de um grupo para o outro, algo que parece depender principalmente da confiabilidade das próprias escalas.[20] Assim, no grupo de San Quentin,

20 A correlação entre E e F não parece depender de as duas escalas serem administradas em momentos diferentes ou ao mesmo tempo com

no qual a confiabilidade de F é 0,87 e a de E somente 0,65, a correlação entre as duas escalas é a menor, de 0,59; ao passo que, no caso do grupo das Mulheres de Classe Trabalhadora, no qual a confiabilidade de F sobe para 0,97,[21] a correlação é a maior, de 0,87. É óbvio, portanto, que, se as confiabilidades das escalas fossem aumentadas (o que pode ser feito aumentando-se o número de itens dentro de cada uma delas), a correlação entre E e F seria de fato muito alta.[22] Isso não quer dizer, entretanto, que E e F, para todos os efeitos práticos, mensurem a mesma coisa. Uma correlação de 0,775 significa que cerca de dois terços dos indivíduos que pontuam no quartil superior em uma escala pontuam no quartil superior na outra, e que praticamente não há inversões, ou seja, casos em que um sujeito pontua alto em uma escala, mas baixo em outra. Caso se desejasse usar somente a escala F para distinguir os sujeitos que decerto seriam etnocêntricos – isto é, que pontuam no quartil superior na presente escala E –, seria necessário limitar-se àqueles cuja pontuação estivesse no extremo mais alto

---

itens de uma escala intercalados com os de outra. A correlação obtida no caso das Mulheres Estudantes da Universidade do Oregon, a quem foi dado o formulário 60 em duas partes, não é apenas similar àquela obtida com o uso normal do formulário 60, como no caso das Mulheres Estudantes da Universidade do Oregon e da Universidade da Califórnia, mas é virtualmente a mesma correlação E.F média para todos os grupos de sujeitos. (N. A.)

21 A confiabilidade da metade "A" da escala E, que foi dada como parte do formulário 40 ao grupo em questão, não foi calculada. (N. A.)

22 Se as duas escalas fossem perfeitamente confiáveis, isto é, se a média *r* obtida fosse corrigida para atenuação, teoricamente, o resultado do coeficiente de correlação seria de aproximadamente 0,9. Isso indica uma correspondência muito forte, embora não uma completa identidade, daquilo que é mensurado pelas duas escalas. (N. A.)

de F, talvez entre os 10% mais altos. Como apontado anteriormente, há razões para que se espere uma discrepância entre as duas escalas. Decerto, há alguns indivíduos que possuem uma espécie de susceptibilidade à propaganda fascista à qual a escala F diz respeito, mas que, por uma razão ou outra, tendem a inibir suas expressões de hostilidade contra grupos de minorias (sujeitos que pontuam alto em F, mas baixo em E). E temos boas razões para acreditar que há pessoas que repetem livremente os clichês do etnocentrismo – talvez de acordo com o clima de opinião em que estão vivendo – sem que isso expresse tendências profundas de suas personalidades (sujeitos que pontuam alto em E, mas baixo em F). Tais "exceções" serão posteriormente retomadas mais detalhadamente.

É de se notar que a correlação entre F e E é em média ligeiramente superior para os grupos aos quais o formulário 40 foi administrado do que para os grupos aos quais foi aplicado o formulário 45. Isso significa que F se correlaciona ligeiramente melhor com a metade A da escala E do que com a escala E
242 completa e que a correlação deve ser ainda // menor no caso da metade B da escala. Em vários grupos aos quais foi aplicado o formulário 45, foram calculadas as correlações de E_A e de E_B com F, além da correlação de E completa com F. Os resultados aparecem na Tabela 11 (VII). Em cada grupo, E_A.F é notavelmente maior que E_B.F e é aproximadamente a mesma correlação que se encontra em E_{A+B}.F. Pode-se recordar que a metade A da escala refere-se ao etnocentrismo altamente generalizado e não contém itens AS, ao passo que a metade B é composta de quatro itens AS e um item Negro. Ocorre que esse item Negro era relativamente pobre no sentido estatístico (quinto na ordem de classificação para homens e décimo para mulheres), mas isso não é suficiente para explicar a superioridade das cor-

relações $E_A.F$. Pelo contrário, parece que a síndrome F está na realidade mais relacionada com o etnocentrismo em geral do que com o antissemitismo. Isso está de acordo com a descoberta anteriormente relatada de que, no formulário 78, a escala F correlacionou-se mais com a escala E do que com a escala AS. Embora o antissemitismo deva ser entendido primariamente como um aspecto do etnocentrismo em geral, não pode haver dúvida de que ele possui algumas características próprias. Algumas dessas características são descritas no Capítulo XVI.

Tabela 11 (VII) – Correlações da escala F com cada metade e com a escala E completa

Grupo	N	Correlações		
		$E_A.F$	$E_B.F$	$E_{A+B}.F$
Homens Detentos em San Quentin	110	0,56	0,45	0,59
Homens do Serviço de Emprego dos Veteranos	51	0,66	0,61	0,67
Homens da Escola Marítima	179	0,61	0,40	0,56
Mulheres da Turma de Testes Psicológicos	59	0,77	0,66	0,79
Média		0,65	0,53	0,65

A síndrome F apresenta uma relação apenas moderadamente próxima com o conservadorismo político-econômico, sendo a correlação média nos formulários 45 e 40 de 0,57. Nossa interpretação é que altas pontuações na PEC podem advir tanto do conservadorismo genuíno quanto do pseudoconservadoris-
243 mo, e que o último é o que // mais bem expressa as tendências de personalidade mensuradas pela escala F. Isso está de acordo com a constatação de que E, que é intimamente relacionada à F, também mostra uma correlação apenas moderada com a PEC. A correlação E.PEC é aproximadamente a mesma da correlação

F.PEC. Parece que o etnocentrismo em geral, mensurado pelas presentes escalas, é principalmente uma expressão daquelas estruturas de personalidade que a escala F mensura; o conservadorismo político-econômico, embora possa advir da mesma fonte, pode ser mais dependente do que a escala E de fatores relativos à situação contemporânea do indivíduo.

E. Diferenças na pontuação média da escala F entre vários grupos

Podemos nos voltar agora para a consideração das pontuações médias da escala F dos diferentes grupos. Essas médias foram apresentadas na Tabela 12 (VII). É bom relembrar aqui o que foi dito anteriormente (Capítulo I, C), a saber que, já que nada foi feito a fim de assegurar que cada grupo estudado fosse de fato representativo de um segmento maior da população, não estamos em posição de fazer generalizações a partir dos presentes resultados das pontuações médias, por mais sugestivos que estes possam ser. (Seria necessário um estudo de comunidade em larga escala para produzir uma estimativa sólida das quantidades relativas de potencial fascista em diferentes setores da população. Valeria a pena, acreditamos, empregar a escala F em tal estudo, embora ela precisasse ser ligeiramente modificada para se adequar a grupos com pouca instrução). É bom também recordar que o fato de o sujeito ter preenchido o questionário com um grupo não designa necessariamente uma associação ao grupo significativa para o presente estudo. As diferenças com as quais nos preocupamos aqui não são muito grandes, ao passo que a variabilidade dentro de cada grupo é pronunciada. Apenas raramente a diferença entre dois grupos

é maior do que o desvio padrão. Do nosso ponto de vista, devemos encontrar grandes diferenças nas pontuações médias de
245 F dos grupos somente quando a associação a um // grupo for significativa psicologicamente, e isso não parece ser verdadeiro para a maioria dos presentes grupos. (Um estudo da relação da escala F com fatores de associação a grupos, tais como aqueles cobertos na página 1 do questionário – renda, religião etc. –, seria provavelmente profícuo. Tendo em vista a alta correlação entre F e E, devemos esperar resultados em geral similares àqueles encontrados no caso da última escala, mas discrepâncias seriam particularmente interessantes). Não obstante, são conhecidas algumas importantes diferenças sociológicas e psicológicas entre os presentes grupos – de fato, alguns desses grupos foram descritos como grupos-"chave" – e, se a escala F é válida, devemos esperar diferenças na pontuação média que são compreensíveis à luz de nossa teoria geral.

244 // Tabela 12 (VII) – Pontuações médias na escala F de grupos aos quais foram administrados diversos formulários do questionário

Grupo	N	Média	Desvio Padrão
Formulário 78:			
Mulheres da Turma de Oratória em Público	140	3,94	0,71
Homens da Turma de Oratória em Público	52	3,72	0,57
Mulheres da Turma de Extensão	40	3,75	0,70
Mulheres Profissionais	63	3,43	0,86
Média geral, formulário 78	295	3,71	0,71
Formulário 60:			
Mulheres Estudantes da Univ. do Oregon	47	3,32	0,86
Mulheres Estudantes da Univ. do Oregon e Univ. da Califórnia	54	3,39	0,96

Tabela 12 (VII) – *Continuação*

Grupo	N	Média	Desvio Padrão
Homens Estudantes da Univ. do Oregon e Univ. da Califórnia	57	3,82	0,93
Homens de Clube de Serviços do Oregon	68	3,74	0,81
Homens de Clube de Serviços do Oregon (Formulário A apenas)	60	3,25	0,71
Média geral, formulário 60	286	3,50	0,85
Formulário 45:			
Mulheres da Turma de Testes Psicológicos	59	3,62	0,99
Homens Detentos de San Quentin	110	4,73	0,86
Mulheres da Clínica Psiquiátrica	71	3,69	1,30
Homens da Clínica Psiquiátrica	50	3,82	1,01
Média geral, formulário 45	290	3,96	1,04
Formulário 40:			
Mulheres da Univ. George Washington	132	3,51	0,90
Homens de Clube de Serviços da Califórnia	63	4,08	1,03
Mulheres de Classe Média	154	3,62	1,26
Homens de Classe Média	69	3,69	1,22
Mulheres de Classe Trabalhadora	53	3,86	1,67
Homens de Classe Trabalhadora	61	4,19	1,18
Mulheres de Los Angeles	130	3,49	1,13
Homens de Los Angeles	117	3,68	1,17
Média geral, formulário 40	779	3,76	1,20
Formulários 40 e 45:			
Homens do Serviço de Emprego dos Veteranos	106	3,74	1,04
Homens da Escola Marítima	343	4,06	0,77
Média geral, formulários 40 e 45	449	3,90	0,90
Média geral, quatro formulários (78, 60, 45, 40)	2099	3,78	

245 // De todos os catorze grupos aos quais foi administrado o formulário 40-45, os Detentos de San Quentin obtiveram a pontuação média mais alta, 4,73. Essa média é significativamente diferente (CR[23] = 3,2) daquela do grupo seguinte em matéria de alta pontuação, os Homens de Classe Trabalhadora, cuja média é 4,19. Entre o grupo de San Quentin e o grupo de homens de mais baixa pontuação (Homens de Los Angeles, M [média] = 3,68), a diferença é bem acentuada (CR= 7,8). Tendo em conta tudo o que foi escrito sobre a estreita afinidade entre criminalidade e fascismo, esses resultados não devem surpreender. Já que as descobertas sobre o grupo-"chave" de San Quentin são analisadas em detalhes no Capítulo XXI, discussões adicionais são desnecessárias aqui.

Os Homens de Clube de Serviços e os Homens de Classe Trabalhadora não diferem significativamente na pontuação média em F. Isso será surpreendente apenas para aqueles que se acostumaram a explicar todas as diferenças importantes de atitudes sociais com base na associação a grupos socioeconômicos e que veem o trabalhador como o principal portador de ideias liberais. É verdade, decerto, enquanto fato econômico e social, que o papel crucial na luta contra a crescente concentração de poder econômico haverá de ser desempenhado pelos trabalhadores agindo de acordo com seus próprios interesses, mas é imprudente subestimar a suscetibilidade à propaganda fascista no interior dessas próprias massas. De nossa parte, não ve-

23 CR faz referência a *critical ratio*: normalmente é calculada pela divisão da diferença das médias de dois grupos de pontuações pelo erro padrão de sua diferença. Cf. John Schmid Jr., The Calculation of the Critical Ratio from Gross Scores, *The Journal of Educational Research*, v.40, n.3, p.219-20, 1946. Disponível em: <https://doi.org/10.1080/00220671.1946.10881510>. Acesso em 4 abr. 2019. (N. T.)

246 mos razões para supor que // as estruturas autoritárias com as quais nos ocupamos seriam menos desenvolvidas nos Homens de Classe Trabalhadora do que em outros segmentos da população. Caso se argumente que nossa amostra de Homens de Classe Trabalhadora seja excepcionalmente reacionária, a resposta é que aproximadamente metade dessa amostra vem do Sindicato dos Trabalhadores do Setor Elétrico (CIO), militantemente "liberal", ou das turmas da Escola Profissionalizante da Califórnia, e que não há razão alguma para supor que os Homens da Associação dos Marinheiros ou os novos membros do Sindicato dos Estivadores e Portuários – que constituem o restante da amostra – sejam mais conservadores que os trabalhadores em geral. Aliás, os Detentos de San Quentin, de pontuação extremamente alta, provêm em grande parte da classe trabalhadora e há boas razões para supor que seu perfil geral advenha tanto de sua extração social quanto da circunstância de estarem na prisão.

Ao que tudo indica, as diferenças entre esses grupos de homens dependem mais do fator do contato com organizações liberais e de pensamento liberal do que da associação a grupos socioeconômicos. Esta é a base a partir da qual explicamos as médias relativamente baixas dos Homens de Classe Média (3,69) e dos Homens de Los Angeles (3,68), ambas significativamente diferentes (acima do nível de 5%) daquelas dos Homens de Clube de Serviços (4,08). Os Homens de Classe Média e os Homens de Clube de Serviços são bastante semelhantes em relação ao *status* econômico e profissional; a diferença entre eles, refletida nas suas médias na escala F, é devida, muito provavelmente, a algo que predispõe os primeiros a participar de uma reunião da Associação de Pais e Mestres ou do grupo de leigos de uma igreja presbiteriana ou de aulas noturnas na Escola Profissionalizante da Califórnia, enquanto os últimos

participam de um almoço no Clube de Serviços. Isso, na nossa opinião, é primariamente uma questão psicológica; a diferença está no grau de algo que pode ser rotulado, por ora, como uma disposição em direção ao liberalismo, progressismo ou humanitarismo. Há de se lembrar que os Homens de Los Angeles foram recrutados sobretudo na Universidade e na comunidade do cinema. Logo, embora seu *status* socioeconômico decerto não fosse mais baixo que o dos Homens de Clube de Serviços da região de São Francisco, o ambiente no qual eles foram en-
247 contrados era de maior liberalismo. O grupo da Escola // Marítima, formado predominantemente por homens de origem na classe trabalhadora ou na classe média-baixa que buscam ascensão social, baseado em sua média (4,06), assemelha-se ao grupo dos Homens de Clube de Serviços e de Classe Trabalhadora, enquanto os Homens da Clínica Psiquiátrica (M = 3,82) e os do Serviço de Emprego dos Veteranos (M = 3,74), os quais provavelmente são mais heterogêneos no que diz respeito tanto à classe social como às associações liberais, estão em posições intermediárias na ordem de classificação das médias.

O fato de os homens em nossa amostra total possuírem uma média mais alta do que as mulheres deve-se sobretudo à presença, na amostra masculina, dos grupos de pontuação excepcionalmente alta que acabamos de considerar. Os presentes dados mostram que, onde a associação a grupos sociais é constante, as médias dos homens não são significativamente diferentes daquelas das mulheres. Assim, no caso das Mulheres de Classe Trabalhadora e dos Homens de Classe Trabalhadora, a CR é de apenas 1,22, enquanto as diferenças entre homens e mulheres nos grupos da Clínica Psiquiátrica, de Los Angeles e de Classe Média são praticamente insignificantes. Há de se notar, entretanto, que em todos os casos os homens possuem pontuações ligeiramente mais elevadas e que, numa amostra mais ampla, a diferença pode se tornar significativa.

Entre os grupos de mulheres, a única diferença que se aproxima de alguma significância é a existente entre as Mulheres de Classe Trabalhadora (M = 3,86), de um lado, e as Mulheres da Universidade George Washington (M = 3,51) e as Mulheres de Los Angeles (M = 3,49), de outro. Se há alguma diferença verdadeira, a explicação parece ser a mesma que aquela referida no caso de alguns grupos de homens: a de que os últimos grupos de mulheres tiveram mais contato com tendências liberais.

É de algum interesse considerar diferenças de grupo na pontuação média de F em relação à pontuação média de E nesses mesmos grupos. Em geral, grupos que pontuam mais alto em F tendem a pontuar mais alto também em E. As discrepâncias mais notáveis ocorrem nos casos das Mulheres da Universidade George Washington, que pontuam relativamente muito mais alto em E (M = 4,04) do que em F (M = 3,51), e no caso dos Homens de Classe Trabalhadora, com pontuações ligeiramente mais altas em F (M = 4,19) do que em E (M = 3,92). Parece provável que, no caso desse grupo de mulheres,
248 temos que lidar com uma diferença regional: muitos // observadores notaram que há mais preconceito no Leste do que no Oeste. Pode ser, portanto, que embora essas mulheres universitárias sejam relativamente liberais enquanto grupo, elas foram, devido ao clima de opinião dominante, levadas a pontuar um pouco alto em E. Isso vai ao encontro do fato de que a correlação entre F e E nesse grupo foi uma das menores obtidas.

O grupo de Homens de Classe Trabalhadora é o único no qual a pontuação média de E é mais baixa do que a pontuação média de F. Isso, provavelmente, se deve ao sucesso da doutrinação antidiscriminação que ocorre nos sindicatos "liberais" aos quais a maioria desses sujeitos pertence. Aparentemente, entretanto, essa doutrinação não foi tão longe a ponto de modificar as atitudes centradas em torno do autoritarismo, que são mais pronunciadas nesse grupo do que na maioria dos outros. Pode-se dizer que, se essa doutrinação fosse interrompida, ou se ocorresse a sua substituição por uma propaganda de direcionamento oposto, os resultados desse grupo se alinhariam com os de todos os outros.

Tem sido frequentemente sugerido que pessoas de classe trabalhadora seriam relativamente desinibidas em expressar seus preconceitos e que estes não são muito profundos, ao passo que pessoas de classe média seriam mais inibidas em manifestar o seu – frequentemente mais profundo – preconceito. Não há nada que corrobore essa formulação de acordo com o encontrado nos presentes dados, algo que pode ser devido sobretudo ao fato de que as nossas afirmações etnocêntricas foram, na sua maior parte, bastante contidas, isto é, formuladas de tal maneira que uma pessoa pseudodemocrática pudesse concordar com elas e ainda manter a ilusão de que ela própria não é preconceituosa.

F. Validação por estudos de caso: respostas de Mack e Larry à escala F

As respostas de Mack e Larry na escala F podem ser comparadas com seus comentários na entrevista. Na Tabela 13 (VII), são apresentadas as pontuações de Mack e Larry, a média do grupo, e o PD de cada um dos 38 itens da escala F (formulário 78), sendo que os itens foram agrupados de acordo com o esquema das variáveis da escala F.

250 // Tabela 13 (VII) – Respostas de Mack e Larry na escala F (formulário 78)

Item	Mack	Larry	Média do Grupo[a] (N = 295)	PD do Grupo[a]
Convencionalismo				
12. (Igreja moderna)	5	7	4,67	0,19
19. (Deve-se evitar)	2	1	3,63	0,76
38. (Ênfase nas faculdades)	5	2	3,91	1,20
55. (Lazer)	7	6	5,20	2,11
58. (O que um homem faz)	6	1	3,48	1,70
60. (Valores importantes)	5	5	4,17	1,60
Média do *cluster*	5,00	3,66	4,18	1,26
Submissão autoritária				
20. (Educação progressista)	3	1	3,28	1,07
23. (Amor eterno)	6	7	3,62	2,61
32. (Essencial para o aprendizado)	7	6	3,61	1,67
39. (Força sobrenatural)	1	1	3,97	2,54
43. (Ciências como a química)	1	2	4,35	2,79
50. (Obediência e respeito)	6	2	3,72	3,09
74. (Líderes incansáveis)	2	1	5,00	1,66
77. (Ninguém em sã consciência)	6	5	4,12	2,12
Média do *cluster*	4,00	3,13	3,96	2,19
Agressão autoritária				
6. (Mulheres restringidas)	2	1	2,93	1,75
23. (Amor eterno)	6	7	3,62	2,61
31. (Homossexuais)	6	6	3,22	2,16
47. (Honra)	5	2	3,00	2,09
75. (Crimes sexuais)	6	1	3,26	2,81
Média do *cluster*	5,00	3,40	3,21	2,28
Anti-intracepção				
28. (Romances ou histórias)	5	1	3,02	1,29
38. (Ênfase nas faculdades)	5	2	3,91	1,20

Tabela 13 (VII) – *Continuação*

Item	Mack	Larry	Média do Grupo[a] (N = 295)	PD do Grupo[a]
53. (Coisas íntimas demais)	3	5	4,82	1,99
55. (Lazer)	7	6	5,20	2,11
58. (O que um homem faz)	6	1	3,48	1,70
66. (Livros e filmes)	6	2	4,10	2,48
Média do *cluster*	5,33	2,83	4,09	1,80
251 // *Superstição*				
2. (Astrologia)	5	6	2,60	1,74
10. (Dia de Pearl Harbor)	1	1	2,22	2,20
39. (Força sobrenatural)	1	1	3,97	2,54
43. (Ciências como a química)	1	2	4,35	2,79
65. (Catástrofe mundial)	1	1	2,58	1,55
Média do *cluster*	1,80	2,20	3,78	1,70
Poder e "dureza"				
9. (Vida enérgica)	1	2	3,99	2,04
35. (Justiça com as próprias mãos)	1	1	2,50	1,42
47. (Honra)	5	2	3,00	2,09
70. (Complôs)	7	2	3,27	1,65
74. (Líderes incansáveis)	2	1	5,00	1,66
Média do *cluster*	3,20	1,60	3,55	1,77
Destrutividade e cinismo				
3. (Força para restaurar)	3	5	3,04	1,98
9. (Vida enérgica)[24]	1	2	3,99	2,04
14. (Ratos... germes)	6	5	4,44	1,60
17. (Familiaridade)	3	1	3,33	1,86
24. (Tudo instável)	5	5	5,01	0,79

24 Há um equívoco na presente parte da tabela: o item 9 do formulário 78 se refere à "Vida enérgica", tal como corrigimos na presente tradução, e não ao "*Return to fundamentals*", como aparece no original em inglês. (N. T.)

Tabela 13 (VII) – *Continuação*

Item	Mack	Larry	Média do Grupo[a] (N = 295)	PD do Grupo[a]
30. (Relatos de atrocidades)	6	5	4,20	0,43
35. (Justiça com as próprias mãos)	1	1	2,50	1,42
42. (Por um motivo)	1	1	2,06	1,05
56. (Onda de crimes)	5	5	4,60	1,16
59. (Sempre guerra)	7	1	4,26	2,59
67. (Visar benefício próprio)	7	3	3,71	2,21
Média do *cluster*	4,09	3,09	3,74	1,56
Projetividade				
46. (Orgias sexuais)	5	2	3,64	2,11
56. (Onda de crimes)	5	5	4,60	1,16
65. (Catástrofe mundial)	1	1	2,58	1,55
70. (Complôs)	7	2	3,27	1,65
73. (Infecção e doença)	5	1	4,79	2,02
Média do *cluster*	4,60	2,20	3,78	1,70
Sexo				
31. (Homossexuais[25])	6	6	3,22	2,16
42. (Por um único motivo)	1	1	2,06	1,05
252 // 46. (Orgias sexuais)	5	2	3,64	2,11
75. (Crimes sexuais)	6	1	3,26	2,81
Média do *cluster*	4,50	2,50	3,05	2,03
Média geral[b]	4,31	2,95	3,71	1,80

a. As médias e PDs do grupo baseiam-se em todos os quatro grupos aos quais se administrou o formulário 78 (ver Tabela 3 (VII), nota a).

b. As médias gerais baseiam-se na soma dos 38 itens individuais, sem sobreposição.

25 Este item aparece aqui como "Homosexuality" e não como "Homosexuals", como é descrito o item 31 no restante da tabela e nas demais citações do formulário 78. Em nossa tradução, resolvemos tornar todas as citações homogêneas, ajustando esse detalhe. Faremos o mesmo mais uma vez ainda neste capítulo. (N. T.)

249 // As pontuações médias da escala F dos dois homens parecem vir ao encontro das observações anteriores de que eles não representam os casos mais extremos encontrados no estudo. A pontuação média de Mack, 4,31, está situada por muito pouco no quartil superior do grupo de Homens da Turma de Oratória em Público, dentro do qual ele foi sondado; ela é apenas ligeiramente mais elevada do que a pontuação média dos Homens de Classe Trabalhadora (4,19) e muito abaixo da pontuação do grupo de San Quentin (4,73). A pontuação média de Larry, 2,95, é por pouco suficientemente baixa para ser incluída no quartil inferior dos Homens da Turma de Oratória em Público. Está, entretanto, muito abaixo de quaisquer médias do grupo obtidas no estudo.

Ao nos voltarmos às nove variáveis dentro da escala, pode-se notar que, em sete delas, a pontuação média de Mack está acima da média do grupo. Ele se distancia do grupo de maneira mais pronunciada no item Agressão autoritária. Isso é consistente com o que foi estabelecido como uma das características mais notáveis de sua entrevista, isto é, a sua tendência a culpar e condenar moralmente uma ampla variedade de indivíduos, grupos e agências – FDR, o New Deal, o OWI [Office of War Information], o Serviço Público, além de várias minorias étnicas. Que homossexuais, criminosos sexuais, aqueles que insultam a "nossa honra" e qualquer um que não tenha um amor eterno por seus pais deveriam ser considerados da mesma forma não é algo surpreendente. Deve-se notar, entretanto, que ele não concorda que "mulheres devam ser restringidas em certas áreas". Essa inconsistência pode ser interpretada à luz da seguinte citação da seção clínica de sua entrevista:[26]

26 Ao longo do livro, o relato da entrevista pelo entrevistador é dado em fonte menor. Aspas nesse material indicam uma transcrição literal das afirmações do sujeito. (N. A.)

"Eu espero me casar com a garota com a qual estou saindo no momento. Ela é uma companheira extremamente boa. A maioria das garotas está interessada somente em sair e quer homens com um montão de dinheiro para gastar. Eu não tinha dinheiro para lhes proporcionar momentos legais. A garota pela qual estou apaixonado no momento morava a nove milhas de mim. Ela fez o ensino médio em uma escola rival. Saí com ela uma vez no ensino médio. Quando voltei do Exército, trabalhei em uma madeireira. Essa moça tinha se formado na... e começou a lecionar. O tio dela é o vice-presidente do banco. Falei com ele sobre comprar um carro no qual ela estava interessada. Cuidei disso pra ela, já que eu sabia alguma coisa sobre carros, e disse a ela que ele estava em boas condições. Daí foi assim que começamos. Percebi que ela não estava
252 interessada em dinheiro, mas interessada em mim // a despeito de minha dispensa do Exército, minha saúde e perspectivas ruins. Ela é ótima – não é bonita, mas tem uma personalidade tremendamente legal. Ela é francesa com um pouco de irlandês. Tem uma boa fisionomia e é muito saudável. Quando nos casaremos é algo que dependerá das circunstâncias. É uma grande responsabilidade. Ela quer se casar agora; ela está dando aulas em... e eu sou beneficiário da *GI Bill*.[27] Se eu conseguir a bolsa de quatro anos para a faculdade, é possível que me case nessa primavera. Combinamos bem; sei que ela está interessada em mim, pois tenho muito pouco a oferecer. Nós dois estamos na idade apropriada. Tenho a intenção de trabalhar meio período. Não gosto da ideia de ela dar aulas; eu gosto de bancar minha esposa. Eu sempre tive essa ideia.

27 O *GI Bill* era um programa de benefícios destinado a veteranos da Segunda Guerra Mundial que incluía, entre outros, hipotecas de baixo custo, empréstimos a juros baixos para começar um negócio, pagamentos dedicados a mensalidades e despesas de moradia para aprimoramento educacional. (N. T.)

> Mas, talvez, nestas circunstâncias, isso não será totalmente possível. Ela é uma boa cozinheira e isso conta como um ativo [*asset*] dela, ainda mais com meu problema de estômago. Quando eu contar a ela que você aprova nosso casamento, ela ficará feliz, mas, é claro, sou sempre um homem que toma suas próprias decisões."

Parece que Mack realmente acredita que "o lugar de uma mulher é em casa", mas ele evitou dizer isso em seu questionário pela lógica de sua situação à época.

Sexo, Anti-intracepção, Convencionalismo e Projetividade, nessa ordem, são as outras variáveis nas quais Mack pontua bem acima da média do grupo. Sexo não foi mencionado no protocolo de entrevista fornecido no Capítulo II. A seguinte citação da parte clínica da entrevista de Mack pode, entretanto, lançar alguma luz sobre suas respostas aos itens referentes a Sexo na escala:

> (Onde você obteve sua educação sexual?) "Nunca tive qualquer uma de meus pais, embora tenha recebido algumas sugestões de minha tia; nenhuma educação real. O que eu sei, foi através de leitura. Escutava homens falando, mas aceitava pouco disso; ponderei à luz do que lia."
>
> 253 // (Qual foi sua primeira experiência sexual?) "Foi em 1940-1941, depois de uma festa de Ano Novo em Washington. Tinha álcool. Eu sempre fui um garoto atrasado."

De acordo com teoria bem fundamentada, é precisamente essa espécie de inibição sexual e "atraso" aqui descrita, e expressa no extremo convencionalismo da passagem sobre os planos para o casamento, que está por trás da atitude moralista e punitiva em relação à suposta sexualidade de outras pessoas, que é tema principal dos itens sobre Sexo na escala. A inconsistência observada na discordância de Mack da afirmação de que "os homens se interessam por mulheres por um único motivo" pode ser explicada da mesma forma que sua resposta ao item 6 (Mulheres restringidas): uma concordância iria contradizer muito nitidamente os fatos da sua atual situação. É de se notar, entretanto, que o item (Por um motivo) possui uma média de grupo muito baixa e um PD baixo.

A entrevista de Mack poderia servir como um modelo de Anti-intracepção. Sua ênfase na praticidade, eficiência e diligência como fins em si mesmos, sua tendência a ignorar os determinantes sociais e psicológicos das características humanas e acontecimentos humanos, sua incapacidade de levar em conta possíveis fontes internas de suas opiniões, as discrepâncias entre os valores por ele expressos e os que parecem ser seus reais motivos, foram características marcantes de sua entrevista. Os vários itens Anti-intracepção da escala F parecem ter-lhe proporcionado uma excelente oportunidade para expressar essas mesmas tendências. Uma discrepância interessante ocorre no caso do item 53 (Coisas íntimas demais), no qual sua pontuação de 3 está bem abaixo da média do grupo. Essa resposta não é muito coerente com o padrão de valores que ele apresenta em sua entrevista, mas parece bastante consistente com o que ele *faz* na entrevista: como a passagem na qual ele discute sua abordagem sobre o casamento ilustra bem, ele é capaz de, dentro do período de uma hora, chegar a discutir bastante livremente sobre certos assuntos íntimos com um estranho. É verdade que seu comportamento em geral deferente na entrevista é provavelmente um aspecto de sua Submissão autoritá-

ria, mas, mais do que isso, há uma forte indicação de que, por
254 mais que Mack possa afirmar a sua independência, ele é um // jovem bastante solitário e perturbado que gostaria de conversar com alguém que o entendesse.

Alguém familiarizado com a entrevista de Mack poderia ter esperado que ele pontuasse alto em Convencionalismo. Uma de suas principais razões para rejeitar tantos grupos é a de que eles violam valores convencionais e suas avaliações positivas de *ingroups* são colocadas nos mesmos termos – honestidade, caridade, parcimônia, diligência etc. Suas ideias sobre trabalho, amor e casamento parecem ser totalmente convencionais. É verdade que sua pontuação média em Convencionalismo é tão alta quanto em qualquer outra variável, com exceção da Anti-intracepção, e uma razão pela qual ele não se destaca de maneira ainda mais nítida do grupo é o fato de a própria média do grupo ser alta – mais alta do que para qualquer outra variável. Além do mais, os itens do Convencionalismo, quando agrupados, não eram muito discriminantes, sendo a média de PD, 1,26, a mais baixa daquelas obtidas entre tantas variáveis. O item 19 (Deve-se evitar), no qual a pontuação de Mack está abaixo da média do grupo, não discrimina entre os quartis superior e inferior; que ele não concorde com isso parece consistente com a sua expressa valoração da independência. É interessante que, apesar de sua rejeição à religião na entrevista, ele se recuse a criticar a Igreja moderna quando convidado a fazê-lo no item 12. Seu convencionalismo não lhe permitiria atacar uma instituição tão bem estabelecida.

Da entrevista de Mack (Capítulo II) inferimos que uma das razões pelas quais ele acusa vários grupos e agências de desejarem estabelecer um *ingroup* fortemente coeso e egoisticamente

explorador era a de que ele desejava fazer o mesmo; incapaz de justificar tais desejos antissociais, ele os vê como existindo não nele próprio, mas no mundo ao seu redor. Trata-se de projetividade em uma forma bastante extrema e se Mack não tivesse superado a média do grupo nessa variável em suas respostas à escala, deveríamos então concluir que havia algo radicalmente errado com ela. Sua pontuação 7 no item 70 (Complô) parece perfeitamente de acordo com o que ele tinha a dizer sobre política em sua entrevista. Suas respostas aos itens 46 (Orgias sexuais) e 73 (Infecção e doença) são consistentes com
255 o quadro de // inibição sexual fornecido. O fato de ele estar bem abaixo da média do grupo no item 65 (Catástrofe mundial) parece ser atribuível à valorização da cientificidade obstinada, que ele expressa tanto em sua entrevista como em sua resposta a itens da rubrica Superstição. É digno de nota que seu "realismo" científico não garante que ele mantenha os pés no chão quando se trata de interpretar acontecimentos sociais. (Na realidade, parece ter o efeito oposto e pode-se perguntar se isso não é uma verdade geral).

Mack fica apenas pouco acima da média do grupo em Destrutividade e cinismo. Este é um alerta para o fato de que sua entrevista deixa a impressão de ser um caso "relativamente moderado"; ele não faz afirmações raivosas, nem demonstra qualquer gosto pela violência. Ao se atentar para os itens do grupo Destrutividade e cinismo individualmente, revela-se que é nos itens que dizem respeito à agressividade aberta ou generalizada que ele pontua na média ou abaixo dela, ao passo que pontua bem acima da média nos itens relacionados primariamente ao cinismo. É interessante recordar, nesse contexto, a sua pontuação excepcionalmente elevada na Agressão autoritária. Pode-se dizer que Mack não consegue expressar agressividade diretamente, a menos que seja em nome de alguma autoridade moral ou contra algum grupo que seja rejeitado a partir de fundamentos morais.

Pode-se sugerir que outra maneira a partir da qual Mack lida com a agressão é por meio do cinismo. Certamente não faltou cinismo em sua entrevista – os burocratas tomam o poder, os funcionários públicos pensam apenas em si mesmos, Roosevelt busca um quarto mandato de maneira egoísta etc. – e ele obtém as pontuações mais altas nos itens mais expressivos dessa tendência: 30 (Relatos de atrocidades), 59 (Sempre guerra), 67 (Visar benefício próprio). Isso, é claro, tendo em vista a hipótese de que Mack tem tendências agressivas inconscientes que são projetadas na natureza humana e no mundo. Algo como um ápice de cinismo é alcançado por Mack quando ele concorda, enfaticamente, tanto com o item 30 (Relatos de atrocidades são exagerados) quanto com o item 48 (Os alemães e japas têm de ser eliminados) da escala E: ao concordar com o primeiro, ele está dizendo que os alemães não eram tão ruins quanto foram retratados; ao concordar com o último, ele
256 está dizendo que, // não obstante, devemos eliminar o maior número possível deles.

Tendo em conta a entrevista de Mack, deveríamos esperar que ele obtivesse uma das maiores pontuações médias em Submissão autoritária. A glorificação de autoridades do *ingroup* tais como o general Marshall, o Departamento de Guerra, os grandes capitalistas e Deus como "estritamente um homem" foi uma das características destacadas da entrevista. No entanto, a pontuação da sua escala nessa variável (4,0) está na média do grupo. A consideração dos itens que pertencem a essa variável pode levar a alguma reconciliação entre a escala e a entrevista, mas também revela certas fraquezas da escala no formulário 78. Os itens nos quais Mack pontua bem acima da média – 23 (Amor eterno), 32 (Essencial para o aprendizado), 50 (Obediência e respeito) e 77 (Ninguém em sã consciência) – são aqueles que expressam a Submissão autoritária em sua forma mais pura: três deles têm a ver com lealdade familiar, e o terceiro, com educação autoritária. Quando, no entanto, se trata dos itens relacionados à religião – 39 (Força sobrenatural) e 43 (Ciências como a química) – e dos itens nos quais ideias e sentimentos que seriam supostamente experienciados primeiramente na relação com os pais são representados agora em um plano cósmico, sua valorização do científico-objetivo vem à tona e suas pontuações são as mais baixas possíveis. Pode-se dizer que as tendências submissas de Mack foram insuficientemente sublimadas para permitir sua expressão em termos religiosos abstratos; as forças que ele considera importantes são mais tangíveis; elas têm existência concreta nos homens ou em objetos físicos. Sob essa luz, é surpreendente que ele não concorde com o item 74 (Líderes incansáveis). Esse item, deve-se notar, tem uma média de grupo muito alta e um poder de discriminação relativamente baixo. Parece provável que, para alguns sujeitos verdadeiramente submissos, como Mack, o item é muito explícito, pisa no calo, de modo que, ao respondê-lo, eles vão contra os seus sentimentos mais fortes, ao passo que a maioria dos sujeitos, os quais não estavam emocionalmente envolvidos com o item, respondeu de acordo com o elemento de verdade objetiva da afirmação. A reescrita do item em questão em formulários posteriores parece tê-lo aprimorado ao minimizar seu aspecto racional e enfatizar mais dire-

257 tamente a questão da liderança. Outro // item fraco, ao que parece, é o 20 (Educação progressista). Liberais e fascistas em potencial, muito provavelmente, são igualmente atraídos pela palavra "progressista". Que Mack não seja nenhum apoiador real da educação progressista é algo atestado por seu entusiasmado endosso ao item 32 (Essencial para o aprendizado), que é a mais clara afirmação de reacionarismo educacional que se pôde encontrar.

Mack está abaixo da média do grupo dentro do *cluster* bastante insatisfatório Poder e "dureza". Todos os itens desse *cluster* já foram discutidos. A correspondência entre a entrevista e a escala reside no fato de que em lugar nenhum ele demonstra uma forte inclinação para ser um sujeito durão [*tough*] e agressivo. É em sua admiração pelo poder e em sua disposição a se submeter a ele, e não em um desejo qualquer de ser um líder agressivo, que reside sua potencialidade para o fascismo.

Já foi dito o suficiente sobre o perfil extraceptivo de Mack, como visto tanto em sua entrevista como nas respostas à escala discutidas, de modo que sua pontuação muito baixa em Superstição era esperada. O que surpreende, talvez, é que ele concorde com o item 2 (Astrologia), enquanto a maioria dos sujeitos não o faz. A sua concordância aqui sugere que sua relativa falta de superstição não é baseada em uma identificação genuína com a ciência como um modo de vida, mas sim em sua necessidade geral de parecer cabeça dura e realista, difícil de ser "sacaneado".

De maneira geral, há uma correspondência bastante próxima entre a entrevista de Mack e suas respostas na escala. As discrepâncias aparecem sobretudo quando a escala, que se concentra em coisas consideradas significantes em geral, falha em capturar algo que é relativamente específico e único e, mais comumente, quando o item específico da escala é deficiente e falha em discriminar entre pontuadores altos e baixos. Há razões para acreditar que a última dificuldade foi em grande parte superada nas revisões da escala.

Ao nos voltarmos à consideração do caso de Larry, pode-se notar primeiro que ele pontua abaixo da média do grupo em todas as variáveis da escala F, exceto em uma, na Agressão autoritária. Ele se desvia mais amplamente da média, em direção para baixo, em Poder e "dureza", em Projetividade e em Anti-
258 -intracepção; na sequência, vêm // Superstição e Submissão autoritária; e ele chega perto da média em Destrutividade e cinismo, em Sexo e em Convencionalismo.

Menos pode ser dito sobre a relativa falta dessas tendências em Larry do que sobre sua incidência em Mack. Larry não concorda com nenhuma das afirmações do *cluster* Poder e "dureza" e isso está de acordo com sua imagem de um jovem bem simpático e agradável da entrevista. Ele concorda com apenas uma das afirmações de Projetividade, o item 56 (Onda de crimes), e mesmo aqui sua pontuação está apenas um pouco acima da média do grupo em um item estatisticamente ruim. A falta dessa tendência nele foi comentada na discussão de sua entrevista, em que foi notada sua disposição em admitir suas não muito elevadas motivações e sua inclinação a descobrir as origens de suas próprias visões. Era de se esperar, certamente, uma pontuação baixa em Anti-intracepção por parte de um homem que dá atenção considerável a seus próprios sentimentos, valoriza positivamente o prazer, diz que gosta de "filosofar" e discute os determinantes psicológicos do preconceito – como Larry fez em sua entrevista. Inconsistências aparecem no caso dos itens 55 (Lazer) e 53 (Coisas íntimas demais), nos quais ele fica um pouco acima da média; o primeiro pode ser tomado como uma expressão de seu convencionalismo, enquanto o último parece estar ligado ao seu peculiar problema – "aquela doença" (tuberculose) que ele tinha.

Não havia nada na entrevista de Larry que sugerisse que ele fosse supersticioso e, portanto, era de se esperar que ele obtivesse uma pontuação baixa na variável Superstição. Por que ele concordaria com o item Astrologia é uma questão. Talvez não seja surpreendente encontrar um elemento de misticismo nesse caráter fraco e bastante passivo. A Submissão autoritária foi bastante proeminente na entrevista de Larry. Ele deixou claro que tem um grande respeito por sua família e que teve pouca oportunidade de se rebelar contra eles, seja em ação ou em pensamento. O fato de ainda estar abaixo da média deixa claro que, para estar no topo dessa variável, é necessário algo para além do respeito comum pela autoridade apropriada: a submissão deve ser exagerada ou excessiva e deve ser generalizada a ponto
259 de incluir outros objetos para além dos membros da família. // Dois dos três itens nos quais Larry está acima da média – 23 (Amor eterno) e 77 (Ninguém em sã consciência) – referem-se especificamente aos sentimentos de *ingroup* em relação à família; o terceiro, 32 (Essencial para o aprendizado), dá a ele a oportunidade de expressar seu convencionalismo.

Larry está abaixo da média do grupo em Destrutividade e cinismo, mas o otimismo ingênuo e a amistosidade em relação ao mundo que demonstrou em sua entrevista são suficientes para suscitar a questão acerca do motivo de sua média não ser ainda mais baixa. Algo a se notar é que os itens nos quais ele pontua acima da média têm, em geral, médias altas no grupo e valores baixos de PDs. Ao que parece, esses itens chegam tão próximos de serem clichês que a maioria das pessoas concorda com eles e Larry é conformista o suficiente para acompanhá-los.

Em conexão com a pontuação de Larry em Sexo, que é de 0,55, abaixo da média do grupo, a seguinte citação da seção clínica de sua entrevista é esclarecedora.

> (Sexo?) "Nenhum grande problema. Eu pensava em garotas o tempo todo, como qualquer rapaz, e olhava pra elas. Comecei com elas aos 15 anos. Gostava bastante delas e ficava junto delas na escola e na vizinhança. Você sabe, você tem os desejos sexuais normais, mas você não os deixa te incomodarem."
>
> (Moral sexual?) "Acho que uma garota tem de permanecer virgem até os 21 ou 22 anos mesmo. Se ela espera se casar logo depois disso, ela então deve esperar até o casamento, mas se ela é uma garota com uma carreira ou não quer se casar, então um caso com um homem não casado é ok se eles mantiverem silêncio e segredo sobre isso, para que os padrões morais dos outros não sejam rebaixados. Ela deve escolher um cara pra ter uma relação sexual, não tê-la com vários."
>
> (Você?) "Não foi antes de eu sair do hospital, quando eu tinha 23 ou 24 anos. Desde então eu tive vários casos, durando algumas semanas ou um mês. Não me casarei até que eu tenha mais segurança. Ela tem de ser quase uma virgem, embora não necessariamente. Perdi o respeito pelas mulheres com as quais dormi. Sei que é egoísta, mas acho que é assim que a maioria dos caras é."

Embora seja bastante convencional – "é assim que a maioria dos caras é", nas palavras de Larry –, isso não indica o tipo de inibição que pensamos estar por trás das altas pontuações

nos itens sobre Sexo. Na realidade, a pontuação de Larry nessa variável teria sido muito baixa, não fosse pela sua pontuação 6 no item 31 (Homossexuais). É possível que ele não esteja li-
260 vre de preocupações nessa // área, mas essa é uma questão que deve ser deixada de lado até que seja o momento de discutir o material clínico em si.

Já foi dito o suficiente sobre o convencionalismo de Larry para que pareça razoável que ele esteja próximo da média nessa variável. Um problema se apresenta no fato de ele estar acima da média em Agressão autoritária. É verdade que sua pontuação ainda é muito inferior à de Mack, mas a entrevista de Larry deu a impressão de um jovem que dificilmente quereria punir alguém, e pode-se criticar a escala pelo fato de ela falhar em confirmar essa impressão. Os dois itens que aumentam sua pontuação são 31 (Homossexuais), conforme discutido antes, e 23 (Amor eterno). Esse último item, embora tenha nele um elemento de punição, também expressa Submissão autoritária, e a resposta de Larry provavelmente deve ser explicada com base em sua lealdade à família. A média do grupo e os PDs dos itens de Agressão autoritária são, relativamente, bastante satisfatórios. Parece que, em relação à variável presente, a escala F não foi um instrumento suficientemente refinado para retratar de maneira verdadeira o caso de Larry.

As diferenças entre Larry e Mack parecem se refletir razoavelmente bem em suas respostas na escala F. Mack pontua mais alto que Larry em todas as variáveis, exceto uma, Superstição. Mack está mais de 2 pontos acima em Anti-intracepção, Projetividade e Sexo, mais de 1 ponto acima em Poder e "dureza", Agressão autoritária e Convencionalismo e 1,00 e 0,87 acima em Destrutividade e cinismo e em Submissão autoritária, respectivamente. É particularmente interessante que as variáveis que são mais diferenciadoras, isto é, Anti-intracepção, Projetividade e Sexo, sejam aquelas que parecem estar mais distantes do conteúdo explícito da ideologia fascista. São variáveis que parecem ter suas fontes profundas dentro da personalidade e ser relativamente impermeáveis a mudanças superficiais da situação externa. Restará aos próximos capítulos mostrar que, à medida que vamos mais fundo na pessoa, a diferenciação entre os que pontuam alto e baixo torna-se mais clara e confiável.

261 // G. Conclusão

A tentativa de construir uma escala que mensurasse o preconceito sem que parecesse ter esse objetivo e sem que se mencionasse o nome de qualquer grupo de minorias parece ter sido bem-sucedida. A correlação de 0,75 entre as escalas E e F significa que as pontuações na primeira podem ser previstas com razoável precisão a partir das pontuações na segunda. O fato de termos atingido o segundo propósito subjacente à escala F – o de construir um instrumento que fornecesse uma estimativa da receptividade fascista no nível da personalidade – ainda precisa ser demonstrado.

Numerosas variáveis em áreas não comumente cobertas por estudos de ideologia política, econômica e social foram abordadas diretamente; e descobriu-se que elas formam uma síndrome e tendem a correlacionar-se significativamente com as tendências antidemocráticas nas áreas cobertas pelas escalas AS, E e PEC. Isso significa, no mínimo, que a concepção de um padrão potencialmente fascista pode ser consideravelmente ampliada e que a hipótese da existência de disposições centrais da personalidade que dão origem a esse padrão está consideravelmente bem amparada. Resta, no entanto, mostrar conclusivamente que as variáveis às quais a escala F diz respeito são, na realidade, variáveis de personalidade. Se é verdade que elas assim o são, então serão expostas diretamente ao considerarmos as descobertas feitas a partir dos procedimentos especialmente projetados para a investigação da personalidade e nos quais é permitido ao indivíduo expressar-se espontaneamente. Se nossa hipótese principal estiver correta, então as investigações clínicas a serem relatadas em breve não devem apenas conferir substância às descobertas do presente capítulo, mas também conceder um entendimento mais profundo do padrão potencialmente fascista e de seu desenvolvimento no interior do indivíduo.

Parte IV
Estudos qualitativos de ideologia

262 // Observações introdutórias[1]

O presente volume até agora ofereceu descobertas de nossa pesquisa que incluem desde a ideologia superficial até traços psicológicos amplamente inconscientes de nossos sujeitos. A direção da pesquisa e a ordem de apresentação foram sugeridas pela natureza dos próprios dados ideológicos; eles não poderiam ser derivados apenas de fatores externos, como *status* econômico, associação a grupos ou religião, pois evidências apontam inequivocamente para o papel desempenhado por forças motivacionais na personalidade. No entanto, o estudo não passou mecanicamente do ideológico para o psicológico; em vez disso, estávamos constantemente atentos à unidade estrutural dos dois. Assim, parece admissível que agora revertamos o procedimento e perguntemos: qual é o significado das opiniões manifestas e atitudes dos sujeitos nas áreas cobertas pelas escalas AS, E e PEC quando estas são consideradas à luz de nossas descobertas psicológicas, particularmente daquelas derivadas da escala F e das seções clínicas das entrevistas? Ao

1 Tradução de Virginia Helena Ferreira da Costa.

responder a essa questão, podemos nos aproximar de uma integração dos vários aspectos de um estudo que é centrado no problema da relação entre ideologia e personalidade.

Como era natural, o material para essa tarefa foi principalmente retirado de partes não clínicas das entrevistas. Não somente esses dados prometiam fornecer evidência adicional no tocante aos principais problemas discutidos até agora, mas a riqueza de afirmações detalhadas e elaboradas que nossos sujeitos formularam espontaneamente e a seu próprio modo ofereceu inúmeras pistas psicológicas. Há boas razões para acreditar que as seções não clínicas das entrevistas constituam, por meio de sua estrutura inerente, um elo entre ideologia e personalidade. No entanto, nossa atenção não se limitou a essa inter-relação; ao mesmo tempo, tentou-se obter uma imagem
263 mais vívida // das várias ideologias do que teria sido possível
enquanto nos limitávamos aos questionários padrão.

Uma vez que os dados do questionário e do teste de apercepção temática e as partes clínicas das entrevistas foram submetidos a um tratamento estatístico minucioso, a quantificação do presente material, embora desejável, não pareceu necessária. O objetivo, em vez disso, foi desenvolver para as áreas problematizadas em consideração uma fenomenologia baseada em formulações teóricas e ilustrada por citações das entrevistas. Esse procedimento, esperávamos, forneceria não só mais informações sobre a estrutura específica das ideologias e a maneira como a personalidade é expressa nelas, mas também uma diferenciação adicional dos próprios conceitos teóricos orientadores.

As vantagens desse procedimento suplementar são várias. Ele nos permite explorar a riqueza e a concretude das entrevistas "ao vivo" em um grau que, de outra forma, seria dificilmente alcançável. O que se perde por falta de disciplina rigorosa na interpretação se pode ganhar pela flexibilidade e proximidade com o fenômeno. Afirmações raras ou mesmo únicas podem ser esclarecidas pela discussão. Tais afirmações, muitas vezes de natureza extrema, podem lançar considerável luz sobre potencialidades que se situam em áreas supostamente "normais", assim como a doença nos ajuda a entender a saúde. Ao mesmo tempo, a atenção à consistência da interpretação dessas afirmações em relação ao quadro geral proporciona uma proteção contra a arbitrariedade.

Um elemento subjetivo, ou o que se pode chamar de elemento especulativo, tem lugar nesse método, assim como acontece na psicanálise, de onde muitas das nossas categorias foram extraídas. Embora, em alguns lugares, a análise pareça tirar conclusões precipitadas, as interpretações devem ser consideradas como hipóteses para novas pesquisas e a interação contínua dos vários métodos do estudo deve ser lembrada: algumas das variáveis mensuradas discutidas em capítulos anteriores foram baseadas em especulações apresentadas nesta parte.

264 Em vista das discussões nos capítulos III e IV, não foi // considerada necessária a diferenciação entre AS e E no tratamento do material da entrevista. Embora a correlação geralmente estreita do antissemitismo e do etnocentrismo possa ser assumida com base em resultados anteriores, considerações mais específicas da natureza de sua inter-relação, bem como de certos desvios, foram incorporadas no primeiro capítulo da presente parte (Capítulo XVI).

O capítulo que discute várias síndromes encontradas em pontuadores altos e baixos (XIX) também está incluído nesta parte. Embora de um ponto de vista estritamente lógico ele possa não pertencer a esta parte, pareceu, no entanto, apropriado incluí-lo, uma vez que ele tem como base quase exclusivamente o material de entrevista e é focado na interconexão entre ideologia e personalidade. As síndromes desenvolvidas neste capítulo devem ser acompanhadas por investigação quantitativa.[2]

2 Não consideramos necessário estabelecer referências cruzadas entre as afirmações dos entrevistados aqui apresentadas – sob a forma de entrevistas numeradas – e aquelas fornecidas na Parte II sob a forma de códigos numéricos (Capítulo X). Portanto, algumas citações que aparecem aqui podem já ter sido fornecidas lá em uma conexão diferente. No entanto, como doze dos Detentos de San Quentin são tratados como um grupo especial em um capítulo posterior (XXI), uma chave ligando as entrevistas numeradas usadas aqui aos nomes fictícios atribuídos a elas foi inserida no final da Tabela I (XXI). (N. A.)

265

// Capítulo XVI Preconceito no material das entrevistas[I]

A. Introdução

Nosso estudo surgiu de investigações específicas sobre o antissemitismo. Conforme nosso trabalho avançou, no entanto, a ênfase mudou gradualmente. Chegamos a considerar como nossa principal tarefa não a de analisar o antissemitismo ou qualquer outro preconceito antiminorias como um fenômeno sociopsicológico *per se*, mas, em vez disso, a de examinar a relação do preconceito antiminorias com padrões ideológicos e caracterológicos mais amplos. Assim, o antissemitismo gradualmente quase desapareceu como um tópico do nosso questionário e, no nosso roteiro de entrevistas, era apenas um dos muitos tópicos a ser cobertos.

Outra investigação, realizada paralelamente à nossa pesquisa e em parte pelos mesmos membros do Instituto de Pesquisas Sociais, qual seja, o estudo sobre o antissemitismo entre os tra-

---

I Tradução de Virginia Helena Ferreira da Costa.

balhadores,[2] concentrou-se na questão do antissemitismo, mas ao mesmo tempo estava interessada em questões sociopsicológicas semelhantes às apresentadas no presente volume. Embora a maior parte do material a ser discutido neste capítulo tenha sido retirado da seção sobre preconceito das entrevistas de Berkeley, uma tentativa foi feita para utilizar, ao menos de forma suplementar, algumas das ideias do Estudo sobre os Trabalhadores enquanto hipóteses para investigações adicionais. Isso foi feito como parte do trabalho realizado em Los Angeles. Em colaboração com J. F. Brown e F. Pollock, elaboramos uma seção adicional do roteiro de entrevistas dedicada a questões específicas sobre judeus. Essas questões foram derivadas, em sua maior parte, do material coletado nas "*screened interviews*" do Estudo sobre os Trabalhadores. O objetivo dessa nova se-
266 ção do roteiro de entrevistas // era o de verificar se seria possível estabelecer certos padrões diferenciais dentro da estrutura geral do preconceito.

A lista de questões apresenta-se a seguir. Nem todas essas questões foram feitas para todos os sujeitos nem a formulação exata das questões foi sempre a mesma, mas a maior parte da área temática demarcada pelas questões foi coberta em cada caso.

Lista de questões relativas a judeus

Você acha que existe um problema judaico? Se sim, em qual sentido? Você se importa com isso?

---

2 Institute of Social Research, *Anti-Semitism within American Labor: A Report to the Jewish Labor Committee* (4v., maio 1945, não publicado). (N. A.)

Você já teve alguma experiência com judeus? De que espécie? Você lembra nomes de pessoas envolvidas e outros dados específicos?

Se não, em que se baseia sua opinião?

Você teve alguma experiência diversa (ou ouviu sobre tais experiências) com indivíduos judeus?

Se você a tivesse tido – isso mudaria sua opinião? Se não, por que não?

Você pode distinguir um judeu de outras pessoas? Como?

O que você sabe sobre a religião judaica?

Existem cristãos que são tão maus quanto os judeus? Sua percentagem é igual ou mais alta do que a percentagem de judeus maus?

Como os judeus se comportam no trabalho? E o que você diria sobre a pretensa diligência judaica?

É verdade que os judeus têm uma influência indevida em filmes, na rádio, na literatura e em universidades?

Se sim – o que há de particularmente ruim em relação a isso? O que deve ser feito sobre isso?

É verdade que os judeus têm uma influência indevida nos negócios, na política, no trabalho etc.?

Se sim – qual a espécie de influência? Alguma coisa deve ser feita para refreá-la?

O que os nazistas fizeram aos judeus alemães? O que você acha disso?

Existe tal problema aqui? O que você faria para resolvê-lo?

Do que você os culpa mais? Eles são: agressivos, mal-educados; controlam os bancos; negociantes do mercado negro; traidores; assassinos de Cristo; sectários [*clannish*]; comunistas; corruptores; sujos; insubmissos [*draft dodgers*];[3] exploradores; escondem sua identidade; demasiado intelectuais; internacionalistas; tomam todos os empregos; preguiçosos; controlam os filmes; gananciosos; barulhentos; superassimiladores; arrogantes; supersexuados; buscam privilégios; briguentos; dirigem o país; demasiado inteligentes; estragam bons bairros; possuem lojas demais; indisciplinados; antiéticos contra os gentios; arrivistas; evitam trabalho manual duro; integram uma conspiração mundial?

Você é favor de discriminação social ou legislação especial?

Um judeu deve ser tratado como um indivíduo ou como membro de um grupo?

267 // Como suas sugestões se conciliam com os direitos constitucionais?

Você se opõe a contatos pessoais com indivíduos judeus?

Você considera os judeus mais como um incômodo ou mais como uma ameaça?

Você poderia se imaginar casando com um judeu?

Você gosta de discutir a questão judaica?

O que você faria se fosse judeu?

Um judeu pode se tornar um verdadeiro americano?

O material adicional da entrevista nos ensinou mais sobre os padrões abertamente prevalecentes de antissemitismo do que sobre sua dinâmica interna. É provável que seja justo di-

---

3 Expressão que se refere às pessoas que agem ilegalmente ao não se apresentarem para cumprir serviço das Forças Armadas quando convocadas; também empregada em outros contextos. Traduzimos por "insubmissos", tal qual o termo aparece no direito militar penal brasileiro. (N. T.)

zer que as perguntas detalhadas se mostraram mais úteis na compreensão dos fenômenos do *conflito* psicológico no preconceito – os problemas caracterizados no Capítulo V como "pseudodemocratismo". Outra observação significativa tem a ver com as reações de nossos entrevistados à lista de "maus traços judaicos" que lhes foi apresentada. A maioria das respostas a essa lista é "inclui todos", quer dizer, ocorre uma diferenciação muito pequena. Os sujeitos preconceituosos tendem a subscrever qualquer reprovação contra os judeus, desde que não tenham que produzir eles mesmos essas objeções, mas as encontrem preestabelecidas, como se elas fossem comumente aceitas. Essa observação pode ser interpretada de diferentes maneiras. Pode ser um indicativo da "consistência interna" da ideologia antissemita ou pode testemunhar a rigidez mental de nossos altos pontuadores, e isso para além do fato de que o método de múltipla escolha pode por si mesmo levar a reações automáticas. Embora nossos estudos de questionários tenham evidenciado uma consistência marcante no interior da ideologia antissemita, dificilmente isso seria suficiente para explicar o fato de as respostas incluírem todos os itens. Ao que parece, deve-se pensar em termos de automatização, embora seja impossível dizer de forma conclusiva se isso se deve à mentalidade "altamente pontuadora" ou às deficiências de nosso procedimento. Talvez a apresentação de afirmações antissemitas extremas como se não fossem mais condenáveis, mas algo que poderia ser razoavelmente discutido, funcione como uma espécie de antídoto para o supereu e possa estimular a imitação mesmo nos casos em que as "próprias" reações dos indivíduos
268 seriam menos violentas. // Essa consideração pode lançar alguma luz sobre o fenômeno da tolerância de todo o povo alemão

às medidas antissemitas mais extremas, embora seja altamente duvidoso que os indivíduos fossem mais antissemitas do que nossos sujeitos de alta pontuação. Uma inferência pragmática a ser feita a partir dessa hipótese seria a de que, na medida do possível, as discussões pseudorracionais do antissemitismo deveriam ser evitadas. Podem-se refutar afirmações antissemitas factuais ou explicar a dinâmica responsável pelo antissemitismo, mas não se deve entrar na esfera do "problema judaico". Como as coisas se encontram agora, o reconhecimento de um "problema judaico", após o genocídio europeu, sugere, mesmo que sutilmente, que deve ter havido alguma justificativa para o que os nazistas fizeram.

Todo o material sobre ideologia foi retirado de 63 entrevistas de Los Angeles, além das seções pertinentes daquelas coletadas em Berkeley (Capítulo IX).

Deve-se mais uma vez salientar que o aspecto *subjetivo* está em primeiro plano. A seleção de nossa amostra excluiu uma investigação sobre o papel desempenhado pelo "objeto" – isto é, os judeus – na formação do preconceito. Não negamos que o objeto desempenha um papel, mas dedicamos nossa atenção às formas de reação direcionadas ao judeu, não à base dessas reações no "objeto". Isto é devido a uma hipótese a partir da qual começamos e que recebeu uma forte sustentação no Capítulo III, a saber, que o preconceito antissemita tem pouco a ver com as qualidades daqueles contra quem é dirigido. Nosso interesse é centrado nos sujeitos de alta pontuação.

Ao organizar o presente capítulo, começamos com o pressuposto geral de que a hostilidade – largamente inconsciente – resultante da frustração e da repressão e socialmente desviada do seu verdadeiro objeto *precisa* de um objeto substituto a partir

do qual ela possa obter um aspecto realista e assim se esquivar, por assim dizer, das manifestações mais radicais de bloqueio da
269 relação do sujeito // com a realidade, por exemplo, da psicose. Esse "objeto" de destrutividade inconsciente, longe de ser um "bode expiatório" superficial, deve ter certas características para cumprir seu papel. Deve ser suficientemente tangível, e ainda assim não tangível *demais* para que não seja destruído pelo seu próprio realismo. Deve ter uma sustentação histórica suficiente e aparecer como um elemento indiscutível de tradição. Deve ser definido por estereótipos rígidos e bem conhecidos. Finalmente, o objeto deve possuir características, ou ao menos ser capaz de ser percebido e interpretado por meio de características que se harmonizem com as tendências destrutivas do sujeito preconceituoso. Algumas dessas características, como a qualidade "sectária", ajudam a racionalização; outras, como a expressão de fraqueza ou masoquismo, fornecem estímulos psicologicamente adequados para a destrutividade. Não há dúvida de que todos esses requisitos são cumpridos pelo fenômeno do judeu. Isso não quer dizer que os judeus *devam* atrair o ódio sobre si mesmos, ou que exista uma necessidade histórica absoluta que os torne, em vez de outros, o alvo ideal da agressividade social. Basta dizer que eles *podem* desempenhar essa função nas constituições psicológicas de muitas pessoas. O problema da "singularidade" do fenômeno judeu, e portanto do antissemitismo, só poderia ser abordado por meio do recurso a uma teoria que está além do escopo deste estudo. Essa teoria não enumeraria uma diversidade de "fatores", nem destacaria uma causa específica como "a" causa, mas, em vez disso, desenvolveria um quadro unificado dentro do qual todos os "elementos" estariam rela-

cionados consistentemente. Isso equivaleria a nada menos do que uma teoria da sociedade moderna como um todo.

Devemos primeiro mostrar evidências do caráter "funcional" do antissemitismo, isto é, sua relativa independência do objeto. Então, devemos apontar o problema do *cui bono*: o antissemitismo como um dispositivo para uma "orientação" sem esforço em um mundo frio, alienado e em grande parte incompreensível. Paralelamente à nossa análise das ideologias políticas e econômicas, será demonstrado que essa "orientação" é realizada pela estereotipia. O hiato entre essa estereotipia, por um lado, e a experiência real e os padrões ainda aceitos de democracia, por outro, leva a uma situação de *conflito*, algo que é
270 claramente // mostrado em várias das nossas entrevistas. Em seguida, assumimos o que parece ser a resolução desse conflito: o antissemitismo subjacente ao nosso clima cultural, chave para os próprios desejos inconscientes ou pré-conscientes da pessoa preconceituosa, prova ser, nos casos mais extremos, mais forte do que a consciência ou do que os valores democráticos oficiais. Isso leva à evidência do caráter destrutivo das reações antissemitas. Como resquícios do conflito, restam vestígios de empatia por, ou melhor, "apreciação" de certos traços judaicos que, no entanto, quando vistos mais de perto, também mostram implicações negativas.

Serão acrescentadas algumas observações mais específicas sobre a estrutura do preconceito antijudaico. Seu ponto focal é a diferenciação do antissemitismo de acordo com as próprias identificações sociais do sujeito. Este *survey* de características e dinâmicas antissemitas será então complementado com algumas observações sobre as atitudes dos sujeitos de baixa pontuação. Finalmente, devemos oferecer algumas evidências do significado social mais amplo do antissemitismo: sua negação intrínseca dos princípios da democracia americana.

B. O caráter "funcional" do antissemitismo

Os dinamismos psicológicos que "pedem" pela saída antissemita – essencialmente, acreditamos, a ambivalência das tendências autoritária e rebelde – foram analisados em detalhes em outras seções deste livro. Aqui nos limitamos a algumas evidências extremas, porém concretas, do fato de que o antissemitismo não é tão dependente da natureza do objeto quanto o é dos desejos e das necessidades psicológicas do próprio sujeito.

Há uma série de casos nos quais o caráter "funcional" do preconceito é óbvio. Aqui encontramos sujeitos que são preconceituosos *per se*, sendo relativamente acidental contra qual grupo o seu preconceito é dirigido. Nós nos contentamos com dois exemplos. *5051* é um homem de alta pontuação, um dos poucos líderes de escoteiros. Ele tem tendências fascistas fortes, mas inconscientes. Embora antissemita, tenta mitigar seu preconceito com certas qualificações semirracionais. Aqui, ele faz a seguinte afirmação:

271 // "Às vezes, ouvimos que o judeu médio é mais inteligente nos negócios do que o homem branco médio. Eu não acredito nisso. Eu odiaria acreditar nisso. O que os judeus deveriam aprender é educar seus indivíduos maus para serem mais cooperativos e agradáveis. Na verdade, há mais inescrupulosos entre os armênios do que entre os judeus, mas os armênios não são tão notáveis e ruidosos. Saiba que conheci alguns judeus que eu considero meus iguais em todos os sentidos e dos quais eu gosto muito."

Isso se assemelha à famosa história de Poe sobre o duplo assassinato na rua Morgue, onde os gritos selvagens de um orangotango são confundidos por espectadores com palavras de todos os tipos de diferentes línguas estrangeiras, isto é, línguas particularmente estranhas a cada um dos ouvintes que eram eles mesmos estrangeiros. A reação hostil primária é dirigida contra estrangeiros *per se*, que são percebidos como "inquietantes" ["*uncanny*"]. Esse medo infantil do estranho é apenas posteriormente "preenchido" com a imagem de um grupo específico, estereotipado e útil para esse propósito. Os judeus são os substitutos favoritos para o "homem mau" da criança. A transferência do medo inconsciente para o objeto particular, no entanto, este último sendo de natureza apenas secundária, tem sempre um aspecto acidental. Assim, tão logo outros fatores interfiram, a agressão pode ser desviada, ao menos em parte, dos judeus para outro grupo, de preferência para um de distância social ainda maior. A ideologia pseudodemocrática e o desejo declarado de promover militarmente o que ele entende que sejam os ideais americanos são acentuados em nosso líder dos escoteiros, 5051, e ele não se considera um conservador, mas "predominantemente liberal"; ele matiza, portanto, seu antissemitismo e racismo antinegro ao se referir a um terceiro grupo. Cita os armênios para provar que não é "preconceituoso", mas ao mesmo tempo sua formulação é tal que os estereótipos antissemitas comuns podem ser facilmente mantidos. Mesmo a sua complacência em relação à suposta "inteligência" dos judeus é na verdade um dispositivo de glorificação do *ingroup*: ele odeia pensar que "nós somos menos inteligentes do que eles". Enquanto o antissemitismo é funcional em relação à escolha do objeto em um nível mais superficial, seus determinantes mais profundos ainda parecem ser muito mais rígidos.

Um caso extremo do que pode ser chamado de preconceito
272 "móvel" // é *M1225a*, do grupo da Escola Marítima. Embora suas pontuações do questionário sejam apenas médias, a entrevista mostra fortes traços de um antissemita "manipulador". O início da seção sobre minorias de sua entrevista é o seguinte:

> (O que você acha do problema da minoria racial?) "Eu definitivamente acho que há um problema. Provavelmente seria preconceituoso aí. Como a situação dos negros. Eles poderiam agir mais humanamente... Seria um problema menor."

Sua agressão é absorvida pelos negros – de uma maneira "idiossincrática" que de resto pode ser observada entre os antissemitas extremos, para quem toda a agressão parece ser dirigida contra os judeus.

> "Eu não navegaria em um navio se eu tivesse que navegar com um negro. Para mim, eles têm um cheiro ofensivo. Claro, os chineses dizem que nós temos cheiro de ovelhas."

Pode-se mencionar que um sujeito do Estudo sobre os Trabalhadores, uma mulher negra, queixou-se do cheiro dos judeus. Esse sujeito concentra-se nos negros, isentando os judeus, embora de forma equívoca:

> (E quanto ao problema judaico?) "Eu não acredito que haja muito problema nisso. Eles são inteligentes demais para terem um problema. Bem, eles são bons homens de negócio." (Influên-

cia demasiada?) "Eu acredito que eles têm muita influência." (Em quais áreas?) "Bem, indústria cinematográfica." (Eles abusam disso?) "Bem, o que você ouve demais é 'ajude os judeus, ajude os judeus'. Mas você nunca ouve nada sobre ajudar outras raças ou nacionalidades." (Eles abusam de sua influência no cinema?) "Se o fazem, eles o fazem de maneira que não é ofensiva."

Mais uma vez, a estereotipia antissemita é mantida na descrição, ao passo que o deslocamento do ódio efetivo para os negros – que não pode ser explicado pelo rumo da entrevista – afeta os juízos sobrepostos de valor. A torção em relação ao termo "problema" deve ser notada. Ao negar a existência de um "problema judaico", ele conscientemente escolhe o lado da neutralidade. Ao interpretar a palavra, no entanto, como significando "ter dificuldades" e ao enfatizar que os judeus são "inteligentes demais para *terem* um problema", ele expressa involuntariamente a sua rejeição. De acordo com sua teoria da "inteligência", suas afirmações pró-judaicas têm um toque racionalista
273 claramente // indicativo da ambivalência do sujeito: todo o ódio racial é "inveja", mas não resta dúvida de que, em sua mente, há alguma razão para essa inveja, por exemplo, a aceitação do mito de que os judeus controlavam a indústria alemã.

Essa entrevista aponta para uma forma na qual a nossa imagem do etnocentrismo pode ser distinguida. Embora a correlação entre o antissemitismo e o racismo antinegro seja indubitavelmente alta – um fato que se destaca em nossas entrevistas, bem como em nossos estudos de questionários (Capítulo IV) –, isso não quer dizer que o preconceito seja uma única massa compacta. A prontidão para aceitar afirmações hostis sobre os grupos de minorias pode muito bem ser concebida como um traço mais ou menos unitário, mas quando, na situação da entrevista, os sujeitos podem se expressar espontaneamente, não é incomum que uma minoria mais do que outras apareça, pelo menos naquele momento, como objeto de um ódio especial. Esse fenômeno pode ser elucidado pela referência à mania de perseguição que, como tem sido frequentemente observado, tem muitas características estruturais em comum com o antissemitismo. Embora o paranoico seja assolado por um ódio geral, ele, não obstante, tende a "escolher" seu inimigo, a incomodar certos indivíduos que chamam a sua atenção: ele se apaixona, por assim dizer, negativamente. Algo semelhante pode valer para o caráter potencialmente fascista. Assim que alcança um contrainvestimento específico e concreto, que é indispensável para a sua fabricação de uma pseudorrealidade social, ele pode "canalizar" a agressividade, que estaria de outro modo flutuando livremente, deixando em paz outros objetos potenciais de perseguição. Naturalmente, esses processos ganham primazia na dialética da entrevista e não nas escalas, que dificilmente permitem ao sujeito se "expressar" livremente.

Pode-se acrescentar que os sujeitos da nossa amostra encontram inúmeros outros substitutos para os judeus, como os mexicanos e os gregos. Estes últimos, como os armênios, são generosamente dotados de traços que, não obstante, são associados à imagem do judeu.

Mais um aspecto do caráter "funcional" do antissemitismo deve ser mencionado. Encontramos com bastante frequência membros de outros grupos de minorias, com fortes tendên-
274 cias "conformistas", // que eram abertamente antissemitas. Praticamente não foram encontrados vestígios de solidarie-

dade entre os diferentes *outgroups*. O padrão é mais aquele de "repassar o ônus", de difamar outros grupos a fim de colocar o próprio *status* social em uma condição melhor. Um exemplo é *5023*, um "psiconeurótico em estado de angústia", mexicano de nascimento:

> Sendo um americano de ascendência mexicana, ele se identifica com a raça branca e acha que "somos pessoas superiores". Ele particularmente não gosta dos negros e despreza completamente os judeus. Acha que são todos iguais e quer lidar o mínimo possível com eles. Sendo cheio de contradições, não é surpreendente descobrir que esse sujeito se casaria com uma judia se realmente a amasse. Por outro lado, ele controlaria negros e judeus e "os manteria em seus lugares".

5068 é considerado pelo entrevistador como representando um "padrão provavelmente bastante frequente em americanos de segunda geração que se descrevem como ítalo-americanos". Seu preconceito é do tipo político-fascista, distintamente nuançado por fantasias paranoicas:

> Ele é de pura linhagem italiana e foi naturalizado aqui na época da Primeira Guerra Mundial. É muito orgulhoso dessa linhagem e, durante muito tempo, nos antigos dias de Mussolini, era ativo em organizações ítalo-americanas. Ainda acha que a guerra contra a Itália foi muito lamentável. Quanto às outras minorias, é bastante preconceituoso. Os mexicanos, ele acha, são bem parecidos com os italianos, de modo que, se fossem suficientemente educados, daria tudo certo. No momento, no entanto, acha que eles precisam de muita educação. Acredita que os japoneses da Califórnia

> foram mais do que corretamente tratados e que aqueles com os quais não houver problemas devem ser gradualmente autorizados a voltar. Descreveu a situação dos negros como difícil. Acredita que deve haver leis definidas especialmente no que se refere a casamentos inter-raciais e que uma linha de cor também deve ser desenhada "em relação ao local onde as pessoas podem viver". "Apesar do que dizem, os negros do Sul são realmente os mais felizes." "O problema com os judeus é que eles são todos comunistas e por isso perigosos." Suas próprias relações com eles não foram senão justas. Nas suas relações comerciais, diz que eles são "vigaristas" e "permanecem juntos". No que diz respeito a uma solução para esse problema, ele diz: "Os judeus devem realmente educar a si próprios. A maneira como os judeus permanecem juntos mostra que eles realmente têm mais preconceitos contra os gentios do que os gentios têm contra eles". Ele ilustra isso com uma longa história, que não consegui captar em detalhes, sobre
> 275 algum conhecido // que se casou com alguém de uma família judaica e não foi autorizado a comer os mesmos pratos que eles.

Podemos mencionar, além disso, 5052, um homem antissemita de ascendência hispano-negra com fortes tendências homossexuais. Ele é um *entertainer* de casas noturnas e o entrevistador resume sua impressão na afirmação de que esse homem quer dizer: "Eu não sou um negro, sou um *entertainer*". Aqui o elemento de identificação social como um marginalizado é claramente responsável por seu preconceito.

Finalmente, uma referência deve ser feita a uma curiosidade, a entrevista de um turco que não foi avaliada por causa de sua inteligência um tanto abaixo do normal. Ele se dedicou a uma crítica antissemita violenta até descobrirmos ao fim da entrevista que ele era judeu. Todo o complexo do antissemitismo entre os grupos de minorias, e entre os próprios judeus, coloca sérios problemas e merece um estudo próprio. Mesmo as observações ocasionais proporcionadas pela nossa amostra são suficientes para corroborar a suspeita de que aqueles que sofrem pressão social frequentemente tendem a transferir essa pressão para outros em vez de darem as mãos a seu próximo, que é vítima.

C. O inimigo imaginário

Nossos exemplos do caráter "funcional" do antissemitismo e da relativa facilidade pela qual o preconceito pode ser transferido de um objeto para outro apontam em uma direção: a hipótese de que o preconceito, de acordo com seu conteúdo intrínseco, não é relacionado senão superficialmente, talvez nem isso, com a natureza específica de seu objeto. Agora devemos sustentar mais diretamente essa hipótese, cuja relação com categorias clínicas como a estereotipia, a incapacidade de se ter "experiência", a projetividade e as fantasias de poder não é difícil de achar. Esse apoio é fornecido por afirmações que são claramente autocontraditórias ou incompatíveis com fatos e de caráter manifestamente imaginário. Uma vez que as "autocontradições" usuais do antissemita podem, no entanto, ser frequentemente explicadas por envolverem diferentes camadas
276 de realidade e diferentes // ânsias [*urges*] psicológicas que ainda são reconciliáveis com a *Weltanschauung* geral do antissemita, preocupamo-nos aqui principalmente com as evidências de constructos imaginários. As fantasias com as quais devemos lidar são tão conhecidas na vida cotidiana que seu significado

na estrutura do antissemitismo pode ser dado como certo. Elas são apenas sublinhadas por nossa pesquisa. Pode-se dizer que essas fantasias ocorrem toda vez que os estereótipos "correm soltos" ["*run wild*"], isto é, tornam-se completamente independentes da interação com a realidade. Quando esses estereótipos "emancipados" são forçosamente trazidos de volta à relação com a realidade, aparecem distorções flagrantes. O conteúdo dos exemplos de fantasia estereotipada que coletamos relacionam-se predominantemente com ideias de poder excessivo atribuídas ao inimigo escolhido. A desproporção entre a relativa fraqueza social do objeto e sua suposta onipotência sinistra é, por si só, evidência de que o mecanismo projetivo está em ação.

Devemos primeiro dar alguns exemplos de fantasias de onipotência projetadas sobre um grupo inteiro abstratamente, por assim dizer, e então mostrar como a aplicação de tais ideias na experiência factual se aproxima do delírio paranoico.

5054, uma mulher de meia-idade com pontuações bastante altas em todas as escalas, que é muito preocupada consigo mesma e é caracterizada por ter uma atitude "dominadora", afirma que sempre tentou "ver o outro lado" e até "combater o preconceito de todos os lados". Ela deriva seus sentimentos de tolerância do contraste com seu marido, que caracterizou como extremamente antijudeu (ele odeia todos os judeus sem exceção), enquanto ela está disposta a fazer exceções. Sua real atitude é descrita da seguinte maneira:

> Ela não poderia aderir a uma "teoria racista", mas não acha que os judeus mudarão muito, mas que tendem a se tornar "mais agressivos". Ela também acredita que "eles acabarão por dirigir o país, gostemos disso ou não".

O estereótipo usual da influência judaica indevida na política e economia aparece inflacionado mediante a asserção da dominação total ameaçadora. É fácil adivinhar que as contramedidas que esses sujeitos têm em mente não são menos to-
277 talitárias do que suas // ideias persecutórias, mesmo que não se atrevam a dizer isso em tantas palavras.

Similar a este é o caso *5061a*, escolhido como um caso misto (ela pontua médio-alto em E, mas baixo em F e PEC), mas sendo na verdade marcadamente etnocêntrica, como comprovado pela entrevista. Em sua afirmação, a vivacidade das fantasias sobre o judeu todo-poderoso parece se igualar à intensidade do seu revanchismo.

> "Minhas relações com os judeus foram tudo menos agradáveis." Quando solicitada a ser mais específica, foi-lhe impossível nomear incidentes individuais. Ela os descreveu, no entanto, como "mandões com todo mundo, agressivos, sectários, gananciosos... Os judeus estão praticamente tomando conta do país. Eles estão entrando em tudo. Não é que eles sejam mais inteligentes, mas eles trabalham muito duro para obter o controle. Eles são todos iguais". Quando perguntado se ela não achava que havia variações no temperamento judeu como em qualquer outro, ela disse: "Não, eu não acho. Eu acho que há algo que faz que todos eles fiquem juntos e tentem ter tudo. Eu tenho amigos judeus e tentei não os tratar de forma antagônica, mas, cedo ou tarde, eles também se tornaram agressivos e funestos... Acho que a percentagem de judeus muito maus é muito maior do que a percentagem de gentios maus... Meu marido acha exatamente o mesmo sobre todo esse problema. Na verdade, eu não vou tão longe quanto ele. Ele não gostou de muitas coisas em relação ao Hitler, mas ele

achou que o Hitler fez um bom trabalho com os judeus. Ele acha que chegaremos a um ponto neste país onde teremos de fazer alguma coisa em relação a isso".

Às vezes, o aspecto projetivo das fantasias da dominação judaica se revela abertamente. Aqueles cujos desejos semiconscientes culminam nas ideias de abolição da democracia e de domínio dos fortes chamam de antidemocráticas as pessoas cuja única esperança reside na manutenção dos direitos democráticos. *5018* é um ex-sargento de artilharia da Marinha de 32 anos que pontua alto em todas as escalas. O entrevistador suspeita que ele seja "algo paranoico". Sabe que "não se pode considerar os judeus uma raça, mas eles são todos iguais. Eles têm muito poder, mas acho que isso é por nossa culpa". Isto é seguido pela afirmação:

> Ele lidaria com os judeus proibindo-os de dominar os negócios. Pensa que todos os outros que sentem o mesmo que ele poderiam entrar nos negócios e competir com eles e talvez vencê-los, mas acrescenta: "seria melhor enviá-los para a Palestina e deixá-los enganarem uns aos outros. Tive algumas experiências
> 278 com eles e alguns // eram bons soldados, mas não muitos". O entrevistado passou a insinuar que métodos democráticos frouxos não podem resolver o problema porque "eles não irão cooperar em uma democracia".

Os sentimentos implicitamente antidemocráticos desse sujeito são evidenciados por falas depreciativas sobre métodos democráticos frouxos: culpar os judeus por falta de cooperação democrática é manifestamente uma racionalização.

Mais um aspecto da imagem irrealista do judeu deve ao menos ser mencionado. É a contestação de que os judeus "estão em toda parte". A onipresença às vezes desloca a onipotência, talvez porque não se pode fingir que exista de fato um "poder judaico", de modo que o sujeito guiado pela imagem precisa buscar uma saída diferente para sua fantasia de poder em ideias de ubiquidade misteriosa e perigosa. Isso se funde a outro elemento psicológico. Para o sujeito altamente preconceituoso, a ideia de dar direito total para o *ingroup*, e de este não tolerar nada que não seja estritamente "próprio", é disseminada. Isso é projetado nos judeus. Enquanto o alto pontuador aparentemente não suporta nenhum "intruso" – em última instância, nada que não seja estritamente parecido com ele –, ele vê essa totalidade de presença naqueles a quem odeia e a quem se sente justificado a exterminar porque, de outra forma, "não se conseguiria livrar-se deles". O exemplo seguinte mostra a ideia da onipresença judaica aplicada à experiência pessoal, revelando assim sua proximidade com o delírio.

6070, uma mulher de 40 anos, pontua médio-alto na escala E e é particularmente veemente sobre os judeus:

> "Eu não gosto de judeus. O judeu está sempre chorando. Eles estão tomando nosso país de nós. São agressivos. Sofrem de toda luxúria. No verão passado encontrei o famoso músico X e, antes que eu realmente o conhecesse, ele quis que eu assinasse uma declaração de apoio para ajudar a trazer sua família para este país. Finalmente, tive que recusar sem rodeios e disse-lhe que não quero mais judeus aqui. Roosevelt começou a trazer os judeus para o governo e essa é a causa principal de nossas dificuldades hoje. Os judeus deram um jeito para que fossem discriminados positiva-

mente no alistamento militar. Sou a favor de uma discriminação legislativa contra os judeus, segundo uma linha americana e não como a de Hitler. Todos sabem que os judeus estão por trás dos comunistas. Essa pessoa X quase me deixou louca. Eu cometi o erro de chamá-lo para ser meu convidado no *beach club*. Ele chegou com dez outros judeus que não foram convidados. Eles sempre causam problemas. Se um deles chegar em um lugar, ele traz mais dois e esses dois trazem mais dois."

279 // Essa citação é notável por mais razões do que a mera exemplificação do complexo "os judeus estão em toda parte". É a expressão da *fraqueza* judaica – que eles estão "sempre chorando" – que é pervertida em ubiquidade. O refugiado, forçado a sair de seu país, aparece como aquele que *quer* se intrometer e se espalhar por toda a Terra e seria dificilmente exagerado assumir que essa imagem é pelo menos parcialmente derivada do fato da perseguição em si. Além disso, a citação evidencia uma certa ambivalência do antissemita extremo que aponta na direção de "se apaixonar negativamente". Essa mulher havia *convidado* a celebridade para o seu clube, sem dúvida atraída pela sua fama, mas usou o contato, uma vez estabelecido, apenas para personalizar sua agressividade.

Outro exemplo da mistura de idiossincrasias semipsicóticas e tresloucados [*wild*] imaginários antijudaicos é uma mulher de 26 anos, *5004*. Ela pontua alto na escala F e médio-alto em E e PEC. Quando questionada sobre a religião judaica, dá uma resposta que comunga com a antiga imagem do "inquietante" [*"uncannyness"*]. "Eu conheço muito pouco sobre isso, mas teria medo de entrar em uma sinagoga." Isso deve ser avaliado em relação à afirmação dela sobre as atrocidades nazistas:

> "Eu particularmente não sinto muito pelo que os alemães fizeram aos judeus. Acho que judeus fariam o mesmo tipo de coisa comigo."

A fantasia de perseguição do que os judeus *poderiam* fazer com ela é usada, em autêntico estilo paranoico, como justificativa do genocídio cometido pelos nazistas.

Nossos dois últimos exemplos se referem às distorções que ocorrem quando a experiência é vista através da lente da estereotipia petrificada. *M732c*, do grupo dos Veteranos, que geralmente pontua alto nas escalas, mostra esse padrão de experiência distorcida em relação a negros e judeus. Quanto aos primeiros:

> "Vocês nunca veem um negro dirigindo (um carro comum dos quais o sujeito menciona vários exemplos), mas apenas um Cadillac ou um Packard... Eles sempre se vestem de forma espalhafatosa. Têm essa tendência de se mostrar... Pelo fato de o negro ter aquela sensação de que não está à altura, ele sempre está tentando se mostrar... Mesmo que não possa pagar, vai comprar um carro caro apenas para aparecer..." O sujeito menciona que a
> 280 garota mais brilhante em uma aula da escola dele é uma negra // e ele explica a excepcionalidade dela na aula em termos de uma sobrecompensação da negra pelo que ele parece sugerir ser a inferioridade inerente dela.

A afirmação sobre o Cadillac dos negros fala por si mesma. Quanto à história da aluna, isso indica em termos personalizados o aspecto da inescapabilidade inerente à estereotipia hostil. Para o preconceituoso, o negro é "tapado"; no entanto, se ele logra realizações excepcionais, supõe-se que isso seja uma mera sobrecompensação, a exceção que prova a regra. Não importa o que o negro é ou faz, ele está condenado.

Quanto ao "problema judaico":

> "Tudo o que eu tenho a dizer sobre *eles* é que eles são bons e astutos homens de negócios. São pessoas *brancas*, isso é uma coisa... Claro, têm o instinto judaico, seja lá o que isso for... Eu ouvi dizer que eles têm um faro para os negócios... Imagino que o povo judeu é mais *obsequioso*... Por exemplo, um barbeiro judeu irá atraí-lo *de algum jeito* para a *sua* cadeira." O sujeito elabora aqui uma fantasia definitiva de alguma influência misteriosa dos judeus... "Eles são homens de negócios poderosos e astutos e você não tem muita chance" (competindo com judeus).

A história sobre o barbeiro parece ser uma regressão aos primeiros padrões de pensamento infantis e mágicos.

F359, uma contadora de 48 anos em uma repartição pública, é, segundo o entrevistador, uma mulher cultivada e educada. Isso, no entanto, não a previne da narrativa paranoica tão logo se entra na zona crítica das relações raciais, que serve como uma espécie de vale-tudo. (Ela está no quartil mais alto em E, embora baixo em F e PEC.) Suas distorções se referem tanto aos negros quanto aos judeus:

> O sujeito considera isso um problema muito sério e ela acha que isso vai piorar. Os negros vão piorar. Ela experienciou um *riot*[4]

---

4 *Riot* designa uma manifestação social pública, tumultuada e violenta, praticada como forma de demonstração de revolta nos Estados Unidos há várias décadas. Resolvemos manter o original dada a especificidade do termo. (N. T.)

em Washington; houve tiros; as janelas dos bondes foram quebradas e quando um branco entrou na seção negra do bonde os tiros começaram. O homem branco teve que se deitar no chão. Ela não se atreveu a sair à noite. Um dia, os negros estavam fazendo um cortejo e alguns deles começaram a empurrá-la para fora da calçada. Quando ela pediu que eles não a empurrassem, eles pareciam tão insolentes que ela achou que eles iriam começar um *riot* e sua amiga disse: "Vamos sair daqui ou nós vamos começar um *riot*". Uma amiga dela disse que pediu para que a sua empregada trabalhasse na quinta-feira, // mas a empregada se recusou porque disse que era dia de "empurra-empurra" – o dia em que empurravam os brancos pra fora da calçada. Outro amigo dela em Los Angeles lhe disse para não permitir que sua empregada usasse seu aspirador de pó porque eles o manipulavam de forma a que ele rasgasse seus tapetes. Um dia ela pegou a empregada usando o manual de seu aspirador de pó e perguntou o que ela estava fazendo. A empregada respondeu: "Oh, eu só estou tentando consertar isso". Eles só querem se vingar dos brancos. Ainda não se pode dar a eles direitos iguais, eles não estão prontos para isso; teremos que educá-los primeiro. O sujeito não gostaria de se sentar ao lado de um negro em um teatro ou restaurante. Ela citou o caso de um farmacêutico que se dirigiu a um zelador negro, um faxineiro, como "senhor". Você simplesmente não pode fazer isso com eles ou eles vão dizer: "Eu[5] sou tão bom quanto os brancos". (Resultado?) "Eu acho que haverá confusão." Ela espera *riots* e derramamento de sangue.

(281 — margin page reference beside "lhasse na quinta-feira, //")

5 No original encontramos "Ah'm" em vez de "I am". Trata-se de uma forma depreciativa de se referir à fala de negros nos Estados Unidos. (N. T.)

> (Judeus?) "Bem, eles também são culpados, eu acho. Eles simplesmente não conseguem fazer negócios honestos, têm que ser trapaceiros – a verdade não significa nada para eles nos negócios." (Qual foi sua experiência pessoal?) Ela citou o caso de um amigo que é interessado em fotografia e comprou algumas câmeras de segunda mão de casas de penhor. Um dia, quando ele estava em uma delas, uma mulher entrou com um conjunto de dentes falsos. Foi-lhe dito que não valiam nada (havia algum ouro neles). Finalmente, o judeu lhe deu alguns dólares por eles. Assim que ela saiu, ele se virou para o homem e disse: "Ela não sabia disso, mas você vê essa platina aqui embaixo?". Em outras palavras, os dentes valiam muitas vezes o que ele deu por eles. O amigo desse sujeito não foi trapaceado porque os conhecia e pagou para ver o blefe deles.

Diz-se frequentemente que o melhor meio de se melhorar as relações interculturais seria estabelecer o maior número possível de contatos pessoais entre diferentes grupos. Embora o valor de tais contatos em alguns casos de antissemitismo seja reconhecido, o material apresentado nesta seção requer certas qualificações, pelo menos no caso dos padrões mais extremos de preconceito. Não existe um hiato simples entre a experiência e a estereotipia. A estereotipia é um dispositivo para se ver as coisas confortavelmente; uma vez que, no entanto, ela se alimenta de fontes inconscientes profundas, as distorções que ocorrem não podem ser corrigidas somente pelo olhar *real*. Em vez disso, a própria experiência é predeterminada pela estereotipia. As pessoas cujas entrevistas sobre minorias acabaram de ser discutidas compartilham um traço decisivo. Mesmo quando colocadas lado a lado com membros de grupos de minorias tão

destoantes quanto possível do estereótipo, elas os perceberão
282 através das lentes da estereotipia e permanecerão contra // eles, não importando o que eles sejam e façam. Uma vez que essa tendência não se limita a pessoas que são realmente "alucinadas" ["*cranky*"] (antes, todo o complexo do judeu é uma espécie de zona reconhecida de distorções psicóticas legitimadas), essa inacessibilidade à experiência pode não se limitar às pessoas da categoria discutida aqui, mas pode valer para casos muito mais leves. Isso deve ser levado em consideração por qualquer política de defesa bem planejada. O otimismo em relação aos efeitos profiláticos de contatos pessoais deve ser descartado. Não se pode "corrigir" a estereotipia pela experiência; deve-se reconstituir a capacidade de *se ter* experiências para evitar o crescimento de ideias malignas no sentido mais clínico e literal possível.

D. Antissemitismo para quê?

É uma hipótese básica da psicanálise que os sintomas "fazem sentido" na medida em que cumprem uma função específica na economia psicológica do indivíduo – devem ser considerados, enquanto regra geral, como satisfações substitutivas de desejos de, ou como defesas contra, anseios [*urges*] reprimidos. Nossa discussão anterior mostrou o aspecto irracional das atitudes e opiniões antissemitas. Como seu conteúdo é irreconciliável com a realidade, certamente temos o direito de chamá-las de sintomas. Mas são sintomas que dificilmente podem ser explicados pelos mecanismos da neurose; e, ao mesmo tempo, o indivíduo antissemita enquanto tal, o caráter potencialmente fascista, certamente não é um psicótico. A explicação teórica definitiva de um sintoma inteiramente

irracional que, no entanto, não parece afetar a "normalidade" daqueles que apresentam o sintoma está para além do alcance da presente pesquisa. No entanto, sentimo-nos justificados em fazer a pergunta: *cui bono?* Quais propósitos nas vidas de nossos sujeitos são atendidos por modos antissemitas de pensar? Uma resposta final só poderia ser fornecida ao nos voltarmos às causas primárias do estabelecimento e da fixação de estereótipos. Uma abordagem de tal resposta foi apresentada em capítulos anteriores. Aqui, limitamo-nos a um nível mais
283 próximo da superfície do eu e perguntamos: o que o // antissemitismo "fornece" ao sujeito no interior das configurações concretas de sua experiência adulta?

Algumas das funções do preconceito podem sem dúvida ser chamadas de racionais. Não é necessário conjecturar motivações mais profundas para entender a atitude do fazendeiro que quer se apossar da propriedade de seu vizinho japonês. Pode-se também chamar de racional a atitude daqueles que visam a uma ditadura fascista e aceitam o preconceito como parte de uma plataforma geral, embora nesse caso a questão da racionalidade se torne complicada, já que nem o objetivo dessa ditadura parece ser racional em termos do interesse do indivíduo nem a aceitação automática em bloco de uma fórmula pré-fabricada pode também ser chamada de racional. O que nos interessa, no momento, contudo, é um problema de ordem diferente. O que de bom advém para o efetivo ajuste de pessoas, de resto "sensatas", quando elas apoiam ideias que não têm base na realidade e que normalmente associamos ao desajuste?

A fim de fornecer uma resposta provisória a essa questão podemos antecipar uma das conclusões da nossa observação sobre as seções política e econômica das entrevistas (Capítu-

lo XVII): a ignorância e a confusão generalizadas de nossos sujeitos quando se trata de questões sociais para além do alcance de suas experiências mais imediatas. A objetificação dos processos sociais, sua obediência a leis intrinsecamente supraindividuais, parece resultar em uma alienação intelectual do indivíduo em relação à sociedade. Essa alienação é experienciada pelo indivíduo como desorientação, concomitante ao medo e à incerteza. Como veremos, a estereotipia política e a personalização podem ser entendidas como dispositivos para superar esse desconfortável estado de coisas. As imagens do político e do burocrata podem ser entendidas como faróis de sinalização para orientação e como projeções dos medos criados pela desorientação. Funções semelhantes parecem ser desempenhadas pelo imaginário "irracional" a respeito do judeu. Este é, para o sujeito altamente preconceituoso, extremamente estereotipado; ao mesmo tempo, ele é mais personalizado do que qualquer outra criatura na medida em que não é definido
284 do por uma profissão ou por seu papel na // vida social, mas por sua existência humana enquanto tal. Por essas razões, bem como por razões históricas, ele é muito mais bem qualificado para a função psicológica do "homem mau" do que os burocratas ou políticos, que, aliás, são muitas vezes substitutos úteis para o verdadeiro objeto do ódio, o judeu. A alienação desse último parece fornecer a fórmula mais acessível para lidar com a alienação da sociedade. Culpar os judeus por todos os males existentes se assemelha a penetrar na escuridão da realidade como um holofote, permitindo uma orientação rápida e abrangente. Quanto menos o imaginário antijudaico estiver relacionado à experiência real e quanto mais ele for mantido "puro", por assim dizer, da contaminação pela realidade, me-

nos parecerá estar exposto à perturbação pela dialética da experiência, que ele mantém afastada pela sua própria rigidez. É a Grande Panaceia, proporcionando, a um só tempo, o equilíbrio intelectual, o contrainvestimento e uma canalização de desejos de "mudança".

Escritores e agitadores antissemitas, de Chamberlain até Rosenberg e Hitler, sempre defenderam que a existência dos judeus é a *chave* de tudo. Ao falar com indivíduos de tendências fascistas, podem-se aprender as implicações psicológicas dessa ideia-"chave". Suas insinuações mais ou menos enigmáticas frequentemente revelam uma espécie de orgulho sinistro; eles falam como se conhecessem e tivessem resolvido um enigma ainda não resolvido pela humanidade (não importa com que frequência sua solução já tenha sido expressa). Eles apontam literal ou figurativamente seu dedo indicador, às vezes com um sorriso de indulgência superior; sabem a resposta de tudo e apresentam aos seus parceiros de discussão a segurança absoluta daqueles que cortaram os contatos através dos quais qualquer modificação de sua fórmula poderia ocorrer. Provavelmente é essa segurança de tipo delirante que lança seu feitiço sobre aqueles que se sentem inseguros. Por sua própria ignorância, confusão ou semierudição, o antissemita pode muitas vezes conquistar a posição de um profundo mago. Quanto mais primitivas são as suas fórmulas drásticas, devido à sua estereotipia, simultaneamente mais atraentes elas são, uma vez que reduzem o complicado ao elementar, não importando como a lógica dessa redução possa funcionar. A superioridade assim obtida não se restringe ao nível intelectual.
285 Uma vez que o clichê continuamente torna o *outgroup* mau e // o *ingroup* bom, o padrão de orientação antissemita oferece gra-

tificações emocionais e narcísicas que tendem a botar abaixo as barreiras da autocrítica racional.

São esses os instrumentos psicológicos que os agitadores fascistas empregam incessantemente. Eles dificilmente o fariam se não houvesse uma suscetibilidade à orientação espúria entre seus ouvintes e leitores. Aqui estamos preocupados apenas com a evidência de tal suscetibilidade entre pessoas que não são abertamente adeptas do fascismo. Nós nos limitamos a três pontos nevrálgicos da atração pseudocognitiva do antissemitismo: a ideia de que os judeus são um "problema", a assertiva de que todos eles são iguais e a afirmação de que os judeus podem ser reconhecidos enquanto tais sem exceção.

A discussão segundo a qual os judeus, ou os negros, são um "problema" é regularmente encontrada em nossas entrevistas feitas com sujeitos preconceituosos. Podemos citar um exemplo escolhido aleatoriamente e depois discutir brevemente as implicações teóricas da ideia de "problema".

O aluno da escola preparatória para o curso de Direito, *105*, quando questionado: "E quanto a outros grupos?" afirma:

> "Bem, os judeus são um problema delicado [*ticklish*] – não toda a raça; há bons e maus. Mas há mais maus do que bons."

O termo "problema" é retirado da esfera da ciência e é usado para dar a impressão de pesquisa, de deliberação responsável. Ao se referir a um problema, reivindica-se implicitamente o afastamento pessoal do assunto em questão – uma espécie de desapego e maior objetividade. Isso, é claro, é uma excelente racionalização do preconceito. Serve para dar a impressão de que as atitudes de alguém não são motivadas subjetivamente, mas

resultaram de um pensamento difícil e uma experiência madura. O sujeito que faz uso desse dispositivo mantém uma atitude ponderada na entrevista; ele qualifica, quase empiricamente, o que tem a dizer e está pronto para admitir exceções. Contudo, essas qualificações e exceções apenas arranham a superfície. Assim que a existência de um "problema judeu" é admitida, o antissemitismo ganhou sua primeira vitória sub-reptícia. Isso é tornado possível pela natureza equívoca do próprio termo; pode ser tanto uma questão neutra de análise quanto, como indicado pelo uso diário do termo "problemático" em referência
286 a um caráter duvidoso, uma // entidade negativa. Não há dúvida de que as relações entre judeus e não judeus apresentam um problema no sentido objetivo do termo, mas quando "o problema judeu" é citado, a ênfase é sutilmente alterada. Enquanto o verniz da objetividade é mantido, a implicação é a de que os *judeus* são o problema, isto é, um problema para o resto da sociedade. Essa posição fica a um só passo da noção implícita de que esse problema deve ser tratado de acordo com seus próprios requisitos especiais, ou seja, a natureza problemática dos judeus, o que naturalmente levará para além dos limites do processo democrático. Além disso, o "problema" pede uma *solução*. Na medida em que os próprios judeus são carimbados como esse problema, eles são transformados em objetos, não apenas para os "juízes" dotados de uma percepção superior, mas também para os perpetradores de *uma ação*; longe de serem considerados sujeitos, são tratados como termos de uma equação matemática. Pedir por uma "solução do problema judaico" resulta em reduzi-los a um "material" para manipulação.

Deve-se acrescentar que a ideia de "problema", que fez avanços profundos na opinião pública por meio da propaganda nazista e do exemplo nazista, também pode ser encontrada nas entrevistas de sujeitos de baixa pontuação. Aqui, no entanto, assume regularmente o aspecto de um *protesto*. Os sujeitos não preconceituosos tentam restaurar o significado objetivo e "sociológico" do termo geralmente insistindo no fato de que o chamado "problema judeu" é realmente o problema dos não judeus. No entanto, o próprio uso do termo pode ser parcialmente indicativo, mesmo nas pessoas não preconceituosas, de certa ambivalência ou, pelo menos, indiferença, como no caso de 5047, que pontuou baixo na escala E, mas alto em F e PEC.

> "Sim, eu acho que há um assim chamado problema judeu e um problema negro, mas essencialmente acredito que é realmente um problema da maioria." Ele acha que haveria uma necessidade de mais educação das massas ignorantes e de melhorar as condições econômicas para que não houvesse necessidade de se buscar um bode expiatório. No geral, sua compreensão dos problemas pareceu bastante sensata e ele expressou desacordo com o antissemitismo e com a discriminação contra os negros. Entretanto, a maneira pela qual ele abordou o assunto e sua tendência a tratá-lo como um problema puramente acadêmico pareceu indicar que ele não estava completamente convencido de suas afirmações e que estava meramente usando clichês verbais.

287 // O próprio termo "problema" parece sugerir uma ideia muito ingênua de justiça no senso comum, seguindo o padrão de compromisso democrático em áreas onde as decisões deveriam ser tomadas somente de acordo com os méritos do caso. O homem que fala sobre o "problema" é facilmente tentado a dizer que há dois lados em todo problema, com a consequência confortável segundo a qual, já que foram exterminados, os judeus *devem* ter feito algo errado. Esse padrão de conformismo "sensato" presta-se muito facilmente à defesa de várias categorias de irracionalidade.

A afirmação de que os judeus são todos iguais não só dispensa todos os fatores perturbadores, mas também, por sua amplitude, dá ao juiz o ar grandioso de uma pessoa que vê o todo sem se deixar desviar por pequenos detalhes – um líder intelectual. Ao mesmo tempo, a ideia de "todos iguais" racionaliza o olhar para o caso individual como um mero espécime de alguma generalidade, que pode ser tratado por medidas gerais mais radicais, uma vez que não exigem exceções. Nós só daremos um exemplo de um caso em que os traços do "conhecer melhor" ainda sobrevivem, embora a ideia de "todos iguais" leve às fantasias mais tresloucadas [*wildest*]. *F116* é mediano na escala E, mas quando a questão dos judeus é levantada:

> (Judeus?) "É aí que eu realmente tenho um forte sentimento. Não sou muito orgulhoso disso. Não acho bom ser tão preconceituoso, mas não posso evitá-lo." (O que você não gosta em relação aos judeus?) "Tudo. Eu não posso dizer nenhuma coisa boa sobre eles." (Há exceções?) "Não, nunca conheci um único que fosse uma exceção. Eu tinha esperanças que conheceria. Não é agradável sentir como eu me sinto. Eu poderia ser tão bom e polido quanto possível, mas no fim daria no mesmo. Eles enganam, tiram proveito." (É possível que você conheça algumas pessoas judias e goste delas sem saber que elas são judias?) "Oh, não, eu não acho que nenhum judeu possa esconder isso. Eu sempre os reconheço." (Como é a aparência deles?) "Atraente. Muito bem vestidos. Como se eles soubessem exatamente o que eles querem." (Quão

> bem você conheceu judeus?) "Bem, nunca conheci nenhum na infância. Na verdade, nunca tinha conhecido um até nos mudarmos para São Francisco, há dez anos. Ele era o nosso locador. Foi terrível. Eu tinha uma adorável casa em Denver e odiei partir. E aqui estava preso em um apartamento feio e ele fazia de tudo para piorar. Se o aluguel vencia no domingo, ele estava lá logo cedo.
> 288 Depois disso, conheci muitos deles. Tinha chefes judeus. Há // judeus no banco. Eles estão em todos os lugares – sempre onde há dinheiro. Meu vizinho de porta é um judeu. Eu decidi ser polido. Afinal, não posso me mudar agora e eu também poderia praticar a boa vizinhança. Eles pegaram emprestado o nosso cortador de grama. Eles *disseram* que era porque não se pode comprar um durante a guerra. Mas, claro, cortadores de grama custam dinheiro. Nós demos uma festa na semana passada e eles chamaram a polícia. Eu liguei para ela no dia seguinte porque suspeitava que tinham sido eles. Ela disse que havia chamado a polícia e então perguntei se ela não achava que deveria ter me ligado primeiro. Ela disse que um homem estava cantando no quintal e acordou o bebê dela e ela ficou tão incomodada que chamou a polícia. Perguntei-lhe se ela percebeu que seu bebê berrou por três meses depois que ela o trouxe do hospital para casa. Desde então, ela está apenas me bajulando e odeio isso ainda mais."

"Conhecer melhor" é mencionado frequentemente por altos pontuadores: eles percebem que "não deveriam" pensar dessa maneira, mas se agarram ao preconceito sob uma espécie de compulsão que aparentemente é mais forte do que as agências morais e racionais contrárias [*counteragencies*] disponíveis a eles. Além desse fenômeno, dificilmente há qualquer aspecto da síndrome antissemita discutida neste capítulo que não possa ser ilustrada por essa citação de uma antissemita totalitária "absoluta". Ela não omite nada. Sua insaciabilidade é indicativa da tremenda energia libidinal que ela investiu em seu complexo judaico. Expressar [*acting-out*] o seu antissemitismo obviamente funciona para ela como uma satisfação de desejos, tanto no que diz respeito à agressividade quanto ao desejo de superioridade intelectual, como indicado por sua cooperação com o presente estudo "pelo interesse da ciência". Sua atitude pessoal participa desse desprezo sinistro demonstrado por aqueles que sentem "que sabem" de todos os tipos de segredos obscuros.

> Sua atitude mais característica é a do pessimismo – ela descarta muitos assuntos com um olhar para baixo, um encolher de ombros e um suspiro.

A ideia do "detectador de judeus" foi introduzida no Estudo sobre os Trabalhadores, no qual provou ser o item mais discriminante. Nós o usamos somente de forma complementar no trabalho com a amostra de Los Angeles, mas não há dúvida de que as pessoas que são extremas na escala AS regularmente alegarão que podem reconhecer os judeus à primeira vista. Essa é a expressão mais drástica do mecanismo de "orientação"
289 que vimos ser uma característica tão // essencial da perspectiva preconceituosa. Ao mesmo tempo, muitas vezes pode-se observar que a efetiva variedade de judeus, que dificilmente poderia escapar à observação, leva a uma grande imprecisão em relação aos critérios segundo os quais os judeus podem ser detectados; essa imprecisão, no entanto, não interfere na peremptória reivindicação do detectador. Um exemplo dessa configuração será suficiente. Ele é interessante por causa da estranha mistura de fantasia e observação real.

5039, um estudante de 27 anos da Universidade do Sul da Califórnia e um veterano de guerra, que pontua alto em E:

> "Sim, acho que posso... claro, nem sempre é possível. Mas geralmente eles têm características diferentes: nariz maior e eu acho que rostos de formatos diferentes, mais finos, e diferentes maneirismos... Mas principalmente eles falam demais e têm atitudes diferentes. Quase sempre responderão a uma pergunta com outra pergunta (ele dá exemplos da escola); são mais livres para criticar; tendem a falar com palavras difíceis e geralmente são mais agressivos – pelo menos eu noto isso imediatamente..."

E. Duas categorias de judeus

Os estereótipos que acabamos de discutir foram interpretados como meios para pseudo-orientação em um mundo estranho e, ao mesmo tempo, como dispositivos para a "dominação" desse mundo ao serem capazes de classificar completamente seus aspectos negativos em compartimentos. A atitude "problematizadora" coloca a pessoa ressentida na posição de alguém que produz discriminações racionalmente; a afirmação de que todos os judeus são iguais transpõe o "problema" para o domínio do conhecimento sistemático e completo, sem "lacuna", por assim dizer; a pretensão de ser capaz de infalivelmente reconhecer os judeus levanta a alegação de que o sujeito seria na verdade o juiz em assuntos cujo julgamento teria sido supostamente pronunciado de uma vez por todas. Além disso, há outro estereótipo de "orientação" que merece maior atenção porque mostra com maior clareza a função "topográfica" e porque surge espontaneamente com grande frequência no

material da entrevista. Ele é ainda mais indicativo do elemento "pseudorracional" no preconceito antissemita do que a maneira de falar sobre o // "problema judaico". Referimo-nos à
290 divisão padrão dos judeus em dois grupos, os bons e os maus, uma divisão frequentemente expressa em termos de os judeus "brancos" e os "*kikes*".[6] Pode-se objetar que essa divisão não pode ser tomada como um índice de atitudes subjetivas, uma vez que sua base se encontra no próprio objeto, ou seja, nos diferentes graus de assimilação judaica. Devemos ser capazes de demonstrar que essa objeção não é verdadeira e que lidamos com um padrão de atitude amplamente independente da estrutura do grupo de minoria ao qual é aplicada.

Foi demonstrado em capítulos anteriores que a mentalidade do sujeito preconceituoso caracteriza-se por pensar em termos de *ingroups* e *outgroups* rigidamente contrastantes. No estereótipo aqui em consideração, essa dicotomia é projetada nos próprios *outgroups*, ou pelo menos em um *outgroup* particular. Sem dúvida, isto é em parte devido à automatização do pensamento preto no branco que tende a "dividir em dois" tudo o que for considerado. É também devido ao desejo de manter um ar

6 Segundo o Jewish English Lexicon, "*kike*" é uma forma altamente depreciativa de se referir a judeus. Menos encontrada hoje, era de uso frequente entre os anos 1920 e 1960. Leo Rosten, em sua *Encyclopedia of Swearing: Social History of Oaths, Profanity, Foul Language, and Ethnic Slurs in the English Speaking World*, popularizou uma das versões sobre a origem da palavra. Para ele, "*kike*" viria do iídiche "*kaykl*", que significa "círculo". Seria justamente desenhando um círculo que alguns judeus não familiarizados com o alfabeto latino assinavam seus nomes na ocasião da entrada nos Estados Unidos no serviço de imigração desse país. Eles se recusavam a assinar com um X, como outros analfabetos faziam, justamente pela semelhança com uma cruz. (N. T.)

de objetividade ao expressar as hostilidades e talvez até a uma reserva mental da pessoa preconceituosa que não quer se entregar completamente às formas de pensar que ela ainda considera "proibidas". O estereótipo das "duas categorias" deve, portanto, ser visto como um compromisso entre as tendências antagônicas no interior da própria pessoa preconceituosa. Isso levaria à suposição de que as pessoas que fazem essa divisão raramente são pontuadores altos *extremos*; uma suposição que parece ser amplamente confirmada pelos nossos dados. Nos termos da nossa teoria de "orientação", devemos esperar que a ideia das "duas categorias" sirva como uma improvisação para superar o hiato entre a estereotipia geral e a experiência pessoal. Assim, os "bons" membros do *outgroup* seriam aqueles que o sujeito conhece pessoalmente, enquanto os "maus" seriam aqueles que se encontram em uma maior distância social – uma distinção obviamente relacionada às diferenças entre os setores assimilados e não assimilados do *outgroup*. Novamente, isso é pelo menos parcialmente corroborado, mas será visto que a ideia das "duas categorias" é, em muitos aspectos, tão vaga e abstrata que nem sequer coincide com a divisão entre o conhe-
291 cido e o desconhecido. Como um dispositivo // para superar a estereotipia, o conceito das "duas categorias" é espúrio porque é em si completamente estereotipado.

5007, que pontua alto em todas as escalas, comenta o seguinte:

> "A maioria dos judeus que conheci eram judeus brancos e eles são pessoas muito encantadoras. Os judeus são agressivos, sectários, abarrotam bons bairros e são gananciosos. Ao menos, os 'judeus não brancos' são assim. Minhas experiências foram de duas

categorias. Alguns judeus estão entre as pessoas mais encantadoras e educadas que conheço. Outras experiências foram menos amigáveis. Em geral, acho que não há problema com os judeus exercendo profissões, mas no comércio eles parecem ser bastante reprováveis."

Aqui, pode-se ver claramente como a estereotipia generalizante, como sugerido pela lista de "traços judaicos condenáveis", luta contra o estereótipo de uma dicotomia, que nesse caso representa a tendência mais humanitária. Pensa-se em termos de conhecidos *versus* outros, mas isso se torna mais complicado a partir de uma segunda divisão, aquela entre judeus "profissionais" (supostamente de educação e moralidade superiores) e judeus "negociantes", que são acusados de ser gananciosos e trapaceiros implacáveis.

Isso, no entanto, não é a forma clássica da ideia das "duas categorias". Esta última é expressa, antes, pelo líder dos escoteiros já mencionado, 5051, o homem que cita os armênios:

> "Agora tome os judeus. Há bons e maus entre todas as raças. Nós sabemos disso e sabemos que os judeus são uma religião, não uma raça; mas o problema é que existem dois tipos de judeus. Existem os judeus brancos e os *kikes*. A minha teoria predileta é que os judeus brancos odeiam os *kikes* tanto quanto nós os odiamos. Eu até conheci um bom judeu que dirigia uma loja e expulsava alguns *kikes*, chamando-os de *kikes* e dizendo que não queria nada com eles."

Uma pesquisa sobre o antissemitismo entre os judeus provavelmente corroboraria essa ideia "predileta". Ao menos na Alemanha, os judeus "autóctones" costumavam discriminar

fortemente os refugiados e imigrantes do leste e muitas vezes confortavam-se com a ideia de que as políticas nazistas eram dirigidas apenas contra os "*Ostjuden*". Distinções desse tipo parecem promover a perseguição gradual de judeus, grupo por grupo, com a ajuda sutil da racionalização segundo a qual devem ser excluídos só aqueles que não pertencem de nenhuma
292 forma. É um elemento estrutural // da perseguição antissemita que ela comece com objetivos limitados, mas continue seguindo adiante sem ser interrompida. É por meio dessa estrutura que o estereótipo das "duas categorias" assume seu aspecto sinistro. A divisão entre "brancos" e "*kikes*", arbitrária e injusta em si mesma, volta-se invariavelmente contra os chamados "brancos", que se tornam os "*kikes*" de amanhã.

A evidência da independência da divisão em relação a seu objeto é oferecida pelo alto pontuador extremo, *M1229m*, do grupo da Escola Marítima, que divide os judeus segundo a maneira empregada por outros sulistas em relação aos negros. Aqui parece existir certa ruptura entre o preconceito geral de raça e uma relativa liberdade de atitudes e experiências mais pessoais.

> (Problema judeu?) "Não é um problema enorme. Eu me dou bem com eles. Os judeus no Sul são diferentes daqueles do Norte. Não são tão gananciosos no Sul." (E se a sua filha se casasse com um judeu?) "Ok, sem problema. Há um grande número de famílias judaicas em Galveston. Não existe preconceito contra judeus no Texas."

Essa produção de exceções privadas é, às vezes, como no caso do roteirista de rádio sutilmente antissemita 5003, expresso da seguinte forma:

Ele não sabe o que dizer sobre os judeus. "Alguns dos meus melhores amigos são judeus." Apesar das inúmeras piadas tanto europeias quanto americanas sobre o clichê "alguns dos meus melhores amigos", ele sobrevive tenazmente. Aparentemente, ele combina convenientemente os méritos do "interesse humano" – experiência supostamente pessoal – com o curvar-se ao supereu, o que não impede seriamente a hostilidade subjacente.

Ocasionalmente, as concessões feitas a pessoas conhecidas são explicadas pela interposição de teorias raciais e, com isso, um toque sutilmente paranoico é adicionado. Um exemplo é a mulher que em geral pontua alto, *F109*:

Pai escocês-irlandês, mãe inglês-irlandesa. O sujeito não se identifica com nenhum deles. "Eu tenho um antigo sentimento contra os judeus e algum contra os negros. Os judeus se juntam, estão à procura de dinheiro; eles te trapaceiam. Os judeus estão em grandes negócios. Parece que eles irão dirigir o país em breve. Eu conheço algumas pessoas de ascendência judia que são muito agradáveis, mas elas não têm o sangue totalmente judeu. Judeus têm narizes grandes, são franzinos, pequenos judeus dissimulados. As mulheres têm cabelos escuros, olhos escuros, são meio ruidosas."

293 // Essa estudante, a propósito, para quem a ideia de "educação" é muito importante, está entre aqueles que mostram vestígios de consciência pesada.

O sujeito sabe que é preconceituoso; ela acha que ela também precisa ser educada, trabalhando com pessoas de diferentes raças.

A fraqueza intrínseca da ideia do "melhor amigo", que simula a experiência humana sem expressá-la verdadeiramente, mostra-se na seguinte citação, na qual a linha divisória entre o amigo e os "*kikes*" é desenhada de tal maneira que até mesmo o "amigo" não é totalmente aceito.

> (Judeus?) "Existem judeus e judeus. Tenho uma amiga muito próxima que é judia – isso nunca interfere em nosso relacionamento, exceto o fato de que ela está em uma sororidade[7] judaica." (Você a quer em sua sororidade?) "Bem... (pausa)... Eu não acho que teria qualquer objeção." (Você deixaria que todas as meninas judias entrassem?) "Não. Um judeu tudo bem, mas se você recebe uma multidão...!" (O que acontece?) "Eles entram em tudo e tomarão o controle – eles se agruparão a favor dos seus próprios interesses –, o judeu *kike* é o suprassumo da desonestidade. Encontre-os na rua Fillmore em São Francisco. Eu nunca tive nenhuma experiência com judeus *kike*. Acho que isso foi algo criado na minha família. O meu pai tem fortes sentimentos contra eles – não sei por quê." (Nazistas?) "Isso é desnecessário – eles têm o direito de existir –, não há nenhuma razão para excluí-los, desde que não tentem invadir os direitos dos outros. Conheci muitos judeus no ensino médio. Eles ficavam bastante entre eles mesmos. Não pense que só estou repetindo coisas. Eu gostaria dos judeus desde que eles não refletissem qualidades judaicas típicas. O nariz típico do judeu, a boca, a voz. A presença de um judeu dá uma sensação de tensão. A voz barulhenta, o nariz longo e pontiagu-

---

7 "Sorority" diz respeito a um tipo de organização social ou clube exclusivamente feminino muito frequente em universidades norte-americanas. (N. T.)

do. Eu não poderia nomear grupos antissemitas neste país, mas acho que eles existem."

Uma atenção especial deve ser dada à afirmação dessa garota, descrita pelo entrevistador como estando "muito nervosa", para quem a presença de um judeu gera a sensação de tensão. Há razões para acreditar que essa é uma experiência comum. Não seria suficiente atribuir essa intranquilidade apenas a sentimentos de culpa reprimidos, ou ao efeito de alguma "estranheza" enquanto tal. Ao menos os aspectos concretos dessa estranheza nos contatos sociais precisam de uma maior elucidação. Arriscamos uma hipótese de que isso é devido a um certo desconforto e intranquilidade da parte do próprio judeu quando na companhia de não judeus e a um certo antagonismo dos judeus, profundamente enraizado na história, contra a convivência "jovial" e o abandono inofensivo de si mesmo a
294 fim de // aproveitar o momento. Uma vez que esse pode ser um fator concreto na produção do antissemitismo, independente da estereotipia tradicional, o conjunto desse complexo deve ser acompanhado com mais cuidado em futuras pesquisas.

Quanto à evidência de nossa afirmação de que a ideia das "duas categorias" não está vinculada ao objeto, mas sim a um padrão psicológico estrutural, limitamo-nos a dois exemplos. A estudante de Enfermagem, *5013*, cujas pontuações são geralmente elevadas:

> Acha em relação aos japoneses, mexicanos e negros a mesma coisa que em relação aos judeus. Em todos esses casos, ela mantém uma espécie de teoria da bifurcação, isto é, de que há bons japoneses e que eles deveriam ter permissão para retornar à Cali-

fórnia, mas que há os maus e eles não deveriam tê-la. Os mexicanos também se dividem em dois grupos, assim como os negros. Quando é apontado para ela que as pessoas de sua própria linhagem provavelmente também se dividem em grupos bons e maus, ela admite isso, mas sente que a linha divisória entre o bom e o mau não é tão forte no seu caso. Ela acha que o problema dos negros provavelmente é maior do que o das outras minorias, mas disse que fala no hospital com enfermeiras e médicos de cor. Nesse ponto, ela relatou um longo caso em que cuidou de uma paciente negra que lhe havia dito que os negros procuravam problemas para si mesmos ao aspirarem à igualdade com os brancos. Ela acha que esta era uma negra muito sábia e concorda com ela.

No caso dos sulistas, a ideia das "duas categorias" é frequentemente aplicada aos negros, sendo os do Sul elogiados e aqueles que foram embora sendo denunciados por exigir uma igualdade a que não tinham direito. Na medida em que o "*nigger*[8] do homem branco" sulista é mais subserviente e um melhor objeto de exploração aos olhos desses sujeitos, essa atitude, com suas racionalizações patriarcais e feudalistas, pode ser chamada de semirrealista. Mas o constructo das "duas categorias de negros" geralmente resulta em uma conotação bastante diferente, como no caso *F340a*. Ela pontua alto em F e PEC e mediano em E.

"Os negros estão ficando tão arrogantes agora, eles vêm à agência de emprego e dizem que não gostam desse e daquele tipo de

8 Termo extremamente pejorativo e agressivo para se referir à população negra norte-americana. Comumente, evita-se a palavra ao se referir a ela como "a palavra com N": "the N word". (N. T.)

trabalho. No entanto, há alguns que trabalham na agência de emprego e são muito agradáveis e inteligentes. Existem os bons e os maus entre nós. Os negros que sempre moraram em Oakland são bons; eles tampouco sabem o que fazer com todos aqueles que es-
295 tão vindo do Sul. Eles todos carregam facas; se você fizer // algo que eles não gostam, eles 'darão o troco, eles vão esfaqueá-lo'."

Aqui, a ideia das "duas categorias" resulta em simples fantasias de perseguição.

F. O dilema do antissemita

Se o antissemitismo é um "sintoma" que preenche uma função "econômica" na psicologia do sujeito, é-se levado a postular que esse sintoma não está simplesmente "ali", como uma mera expressão do que o sujeito acaba sendo, mas é resultado de um conflito. Ele deve a sua própria irracionalidade às dinâmicas psicológicas que forçam o indivíduo, ao menos em certas áreas, a abandonar o princípio da realidade. A concepção do preconceito como um sintoma resultante de um conflito foi elucidada em capítulos anteriores. Aqui nos preocupamos não tanto com a evidência clínica dos determinantes do conflito quanto com os traços do conflito no fenômeno do antissemitismo em si. Algumas evidências que levam em conta esse ponto já foram apresentadas nas últimas seções. A ideia de "problema", bem como a dicotomia aplicada ao *outgroup*, representam uma espécie de compromisso entre os anseios [*urges*] subjacentes e os estereótipos hostis, por um lado, e as exigências da consciência e o peso da experiência concreta, por outro. O sujeito que "discute" os judeus geralmente quer manter algum senso de proporção, pelo menos formalmente, mesmo que o conteúdo de suas considerações racionais seja espúrio e sua suposta visão em si seja distorcida pelas mesmas ânsias instintivas [*instinctual urges*] que ele pretende controlar.

A forma padrão segundo a qual o conflito aparece nas afirmações de sujeitos de alta pontuação é, como indicada anteriormente, "eu não deveria, mas...". Essa fórmula é o resultado de um deslocamento notável. Foi apontado que o antissemita está dividido entre estereotipias negativas e experiências pessoais que contradizem essa estereotipia.[9] Assim que o sujeito reflete, no entanto, sobre sua própria atitude, a relação entre
296 estereotipia // e experiência aparece em sentido inverso. Ele considera a tolerância como a lei geral, como o estereótipo por assim dizer, e personaliza sua própria hostilidade estereotipada, apresentando-a como o resultado inescapável tanto da experiência quanto de idiossincrasias que são mais fortes do que ele mesmo. Isso pode ser explicado em parte pela ideologia democrática oficialmente prevalecente, que rotula o preconceito como algo errado. Também deve ser considerado que o supereu, sendo constituído como a agência [*agency*] psicológica da sociedade dentro do indivíduo, assume regularmente

9 A evidência mais drástica dessa hipótese é, claro, o hábito de diferenciar entre aqueles judeus com quem o sujeito está familiarizado, e que são "bons", e o resto deles, que são os "*kikes*". Em certos casos, essa contradição é tanto concretizada quanto esclarecida etiologicamente. Nós nos referimos aqui ao caso 5057, discutido em detalhes no Capítulo XIX, no qual o viés do sujeito é praticamente explicado por ele mesmo como o resultado do ressentimento despertado por uma experiência infantil com um homem judeu de uma *delicatessen*. (N. A.)

um aspecto de universalidade que facilmente aparece ao sujeito, impulsionado [*driven*] por desejos de gratificação instintiva, como uma "lei rígida". Isso, no entanto, dificilmente conta toda a história. A discrepância entre experiência e estereótipo é posta a serviço da atitude preconceituosa. O sujeito preconceituoso é vagamente consciente de que o conteúdo do estereótipo é imaginário e que sua própria experiência representa a verdade. Contudo, por razões psicológicas mais profundas, ele quer se ater ao estereótipo. Isso ele consegue transformando este último em uma expressão de sua personalidade e os elementos antiestereotipados em uma obrigação abstrata. Esse deslocamento é reforçado por sua convicção mais íntima de que os supostos estereótipos de tolerância não são tão fortes socialmente quanto ele faz parecer. Percebe que, enquanto parece se rebelar contra os *slogans* da democracia e da igualdade por razões estritamente pessoais, ele é realmente apoiado por tendências sociais poderosas. E, no entanto, afirmará, ao mesmo tempo, que age como uma pessoa sincera e independente que não se importa com o que os outros pensam. Além disso, baseia-se na ideia de que os próprios sentimentos são sempre mais fortes do que as convenções, que ele simplesmente deve segui-los e que seu preconceito é uma espécie de fatalidade que não pode ser alterada. Este parece ser um padrão comum pelo qual a situação de conflito antissemita é racionalizada de forma favorável ao preconceito.

297 // Esse padrão se manifesta objetivamente em uma contradição característica: aquela entre pretensões gerais de ser imparcial e afirmações preconceituosas tão logo questões específicas são levantadas. 5056, uma dona de casa de 29 anos, com pontuações altas em todas as escalas,

> Declarou que ela e seu marido não desgostam particularmente de *nenhum* grupo de pessoas. (Essa afirmação é interessante quando contrastada com a alta pontuação em E e com as afirmações que seguem). "O negro, no entanto, deve ser mantido com seu próprio povo. Eu não gostaria que minha sobrinha se casasse com um negro e não iria querer vizinhos negros." Para o sujeito, há um grande problema negro – "é provavelmente o problema de minorias mais importante". Ela prefere "o modo como as coisas estão no Sul; os negros parecem tão felizes lá. Na verdade, eles deveriam ter um estado separado. Isso não significa que devemos desprezá-los. O estado separado seria muito bom porque, embora devamos governá-los, eles mesmos poderiam dirigi-lo".

O conflito subjacente não pode ser expresso de forma mais autêntica do que na contradição contida na última afirmação. O sujeito procura mostrar uma atitude imparcial em relação aos judeus:

> É interessante notar que ela se opôs muito fortemente a discutir os judeus e os negros no mesmo contexto e protestou quando foram apresentados lado a lado na entrevista. "Eu preferiria ter judeus por perto – de fato, eu tenho alguns amigos judeus. Alguns são prepotentes, mas alguns gentios também o são."

Mas, assim que se chega à sua atitude "pessoal", ela recai no estereótipo e resolve o conflito com uma indiferença que equivale, em todos os aspectos práticos, a um endosso do antissemitismo:

> Quando questionada sobre os traços judaicos, ela mencionou primeiro "o nariz judeu". Além disso, ela acredita que os judeus

têm um certo conjunto de traços de personalidade próprios, que nunca mudarão. "Eles querem discutir o tempo todo; alguns são gananciosos (embora alguns não o sejam; de fato, alguns são generosos); eles falam com as mãos e são dramáticos em seus discursos." Ela acredita que a antipatia em relação aos judeus está aumentando, tendência à qual ela se opõe. "Acho que estamos sendo egoístas quando agimos dessa maneira, assim como acusamos os judeus de o serem." Ela não gosta de ouvir sobre ataques contra os judeus, mas não os defenderia com argumentos. Isso parece ser tanto uma função de sua antipatia por argumentação quanto uma certa atitude de não envolvimento ou desapego em relação a toda questão sobre o antissemitismo.

298 // O espelhamento subjetivo do conflito entre o estereótipo e a experiência em sentido inverso, resultando em rigidez da suposta experiência, é claramente exemplificado nas afirmações de *M1230a*, um pontuador médio do grupo da Escola Marítima:

> (O que você acha do problema das minorias raciais?) "Bem, para os estrangeiros que chegam, é uma pergunta e tanto. Isto deveria ser um caldeirão de culturas. Mas não deveríamos deixar muitos deles entrarem... E quanto ao problema dos negros... Eu tento ser liberal, mas fui criado em um estado dominado pelo Jim Crow... Não acho que jamais aceitaria dar direitos iguais aos negros em todos os aspectos... Já os estrangeiros, existe uma aversão natural a eles. No entanto, todos nós já fomos estrangeiros uma vez..."

O dilema do antissemita pode ser resumido citando textualmente as seguintes afirmações da estudante *5005*, que pontua alto nas escalas E e F, mas baixo em PEC.

"Eu não acho que deveria haver um problema judaico. As pessoas não deveriam sofrer discriminação, mas deveriam ser julgadas pelos seus méritos individuais. Eu não gosto que isso seja chamado de problema. Certamente sou contra o preconceito. Os judeus são agressivos, não têm boas maneiras, são sectários, intelectuais, limpos, superlotam bairros, são barulhentos e excessivamente sexualizados. Eu admito que minha opinião não é baseada em muito contato, entretanto, eu ouço essas coisas o tempo todo. Há pouquíssimos estudantes judeus na minha escola e já me referi à minha boa relação com a única judia."

Aqui, a contradição entre julgamento e experiência é tão marcante que a existência do preconceito só pode ser explicada por fortes anseios [*urges*] psicológicos.

G. Promotor como juiz

Em termos de ideologia, o conflito do antissemita é entre os estereótipos de preconceito correntes e culturalmente "aprovados" e os padrões oficialmente prevalecentes de democracia e igualdade humana. Visto psicologicamente, o conflito é entre certas tendências pré-conscientes ou tendências reprimidas do isso, de um lado, e o supereu, ou seu substituto convencional mais ou menos externalizado, de outro. É difícil prever ou até mesmo explicar satisfatoriamente, com base em nossos dados, de que maneira esse conflito será decidido em cada caso individual, embora possamos formular hipóteses de que, assim que é permitida a entrada do preconceito em qualquer quantidade
299 // nos modos manifestos de pensar de uma pessoa, a balança pesa fortemente em favor de uma expansão cada vez maior de

seu preconceito. Além disso, temos o direito de esperar esse resultado do conflito em todos os casos em que a síndrome da personalidade potencialmente fascista está estabelecida. Se o conflito dentro do indivíduo foi decidido *contra* os judeus, a decisão em si é quase sem exceção racionalizada de forma moral. É como se os poderes internos do preconceito, após a derrota das contratendências, consumassem sua vitória tomando a seu próprio serviço as energias oponentes que eles derrotaram. O supereu se torna o porta-voz do isso, por assim dizer – uma configuração dinâmica que, aliás, não é totalmente nova para a psicanálise. Podemos chamar, no interior da personalidade, os anseios [*urges*] que se expressam no antissemitismo de o promotor e a consciência de juiz e dizer que os dois estão fundidos. Os judeus têm que enfrentar, na personalidade preconceituosa, a paródia de um julgamento. Isso é parte da explicação psicológica de por que as chances de os judeus se defenderem de forma bem-sucedida contra a personalidade preconceituosa são tão pequenas. Pode-se notar que a prática judiciária na Alemanha nazista seguiu exatamente o mesmo padrão, já que os judeus nunca tiveram chance, no Terceiro Reich, de falar por causa própria, seja em processos de direito privado ou coletivamente. Será visto que a expropriação do supereu pelo caráter fascista, com subjacentes sentimentos de culpa inconsciente que devem ser violentamente silenciados a qualquer preço, contribui decisivamente para a transformação da "discriminação cultural" em uma atitude insaciavelmente hostil que se alimenta de anseios [*urges*] destrutivos.

Há um índice claro da conquista do supereu pela ideologia antissemita: a afirmação de que a responsabilidade por tudo o que os judeus têm que sofrer e, mais particularmente, pelo

genocídio cometido pelos nazistas recai sobre as vítimas e não sobre seus perseguidores. O antissemita se vale de um clichê que parece tornar essa ideia aceitável de uma vez por todas: o de que os judeus "trouxeram isso para si mesmos", não importa o que "isso" possa ser. *M107*, o jovem que marcou todas as questões na escala do questionário seja com +3 ou com −3,
300 mas // com média alta nas três escalas, é um bom exemplo desse padrão de racionalização, seguindo a lógica duvidosa de que "onde há fumaça há fogo":

> "Eu nunca entendi por que Hitler foi tão brutal com eles. Deve ter havido alguma razão para isso, algo para provocá-lo. Alguns dizem que ele tinha que mostrar sua autoridade, mas eu duvido disso. Eu suspeito que os judeus contribuíram muito para isso."

O modo como o constructo moralista da responsabilidade judaica leva a uma inversão completa entre vítima e assassino é notavelmente demonstrado por um sujeito, *5064*, outro líder dos escoteiros de Los Angeles e açougueiro de profissão. Ele pontua alto tanto na escala E quanto na F, embora mais baixo na PEC. Apesar de ainda oficialmente condenar as atrocidades alemãs, ele faz uma sugestão surpreendente:

> "Nenhum americano pode aprovar o que os nazistas fizeram aos judeus. Eu realmente espero que os judeus façam algo a respeito disso antes que cheguemos a essa condição aqui. A solução está na educação, particularmente da minoria."

Esse tipo de perversão mental parece utilizar uma ideia tirada da estante da sabedoria liberal tradicional: Deus ajuda aqueles que se ajudam. Os judeus estão em perigo; portanto, cabe aos judeus se virarem. Em um clima cultural em que o sucesso passou a ser uma importante medida de qualquer valor, a precária situação dos judeus funciona como um argumento contra eles. A afinidade dessa atitude com o bordão "sem piedade dos pobres", a ser discutido no capítulo sobre política, dificilmente pode ser negligenciada. A mesma linha de pensamento ocorre na entrevista de outro líder escoteiro, o *5044*, austríaco de nascimento e de alguma forma superamericanizado de 50 anos que pontua consistentemente alto em todas as escalas:

> "Os judeus deveriam tomar as rédeas no lugar dos gentios. Afinal, os judeus são aqueles que podem ter sérios problemas. Eles deveriam andar com as próprias pernas."

Enquanto os judeus "trazem isso para si mesmos", a política de extermínio dos nazistas é tanto justificada quanto considerada como um exagero judeu, apesar de todas as evidências do contrário. O homem de alta pontuação, *M359*, gerente de departamento de uma empresa de couro, é um dos que têm "um
301 grande número de // amigos judeus muito próximos". Apesar disso, ele pontua alto nas escalas E e PEC, embora mais baixo em F. Isso não evita o seguinte episódio de entrevista:

> (Tratamento nazista?) "Sou incapaz de me convencer de que o tratamento era limitado aos judeus. Isso me parece ser propaganda judaica para solicitar empatia e ajuda, superenfatizando suas dificuldades, embora eu não tenha nenhuma empatia pelo tratamento que os nazistas davam às *pessoas.*"

A impiedade que acompanha a atitude semiapologética em relação aos nazistas pode ser vista nas afirmações pseudorracionais desse sujeito sobre a Palestina: embora aparentemente deseje "dar aos judeus uma chance", ele exclui simultaneamente quaisquer perspectivas de sucesso ao se referir à suposta imutabilidade da má natureza dos judeus:

> (Solução?) "Enviá-los à Palestina é bobagem porque lá não é grande o suficiente. É uma boa ideia ter um país deles próprios, mas grande o suficiente para que possam prosseguir com suas atividades diárias de maneira normal, mas os judeus não seriam felizes. Eles só são felizes ao terem outros trabalhando para eles."

A ideia explicativa de que os "judeus trouxeram isso para si mesmos" é usada como uma racionalização para desejos destrutivos que de outra forma não seriam autorizados a passar pela censura do eu. Em alguns casos, isso é mascarado por uma afirmação de fato; por exemplo, por *5012*, um suboficial naval de 21 anos que pontua alto em todas as escalas:

> "Eu não quero nada com eles. Eles são um incômodo, mas não uma ameaça. Eles vão conseguir seja lá o que mereçam como resultado de seu comportamento."

A mulher de alta pontuação, *F103*, no entanto, que foi uma estudante de assistência social, mas que mudou para arte decorativa, deixou escapar o seguinte:

> "Eu não culpo os nazistas pelo que eles fizeram aos judeus. Isso soa terrível, eu sei, mas se os judeus agiram do jeito que eles

agem aqui, eu não os culpo. Eu nunca tive nenhuma experiência pessoal ruim com os judeus, é apenas a maneira como eles agem. Não ajude seus semelhantes; esse é o credo deles."

Aqui, a inter-relação entre o desejo de morte e a racionalização moralista se torna realmente aterrorizante. Particularmente notável é a ressalva do sujeito quanto à sua própria irraciona-
302 lidade, apesar de sua racionalização sobre a maldade inata // dos judeus. Sua confissão de que ela nunca teve experiências ruins com os judeus destaca um aspecto importante de todo o fenômeno do extremismo antissemita. É a desproporção fantástica entre a "culpa" judaica – mesmo que formulada pelo próprio antissemita – e o julgamento que é pronunciado. Nas seções anteriores, o papel desempenhado pelo tema da "troca" na mentalidade da pessoa preconceituosa foi discutido. Frequentemente, nossos sujeitos de alta pontuação reclamam que nunca obtêm toda a parte que lhes cabe, que estão sendo explorados por todos. Esse sentido de vitimização anda de mãos dadas com desejos possessivos e acumuladores subjacentes muito fortes. Assim, quando os sujeitos falam sobre a "justiça" a ser aplicada aos judeus, eles expressam seu próprio desejo por um estado de coisas injusto no qual a troca de equivalentes foi substituída pela distribuição segundo relações de poder imediatas e irracionais. Isso é expresso negativamente em relação aos judeus: eles deveriam receber *mais* castigos – infinitamente mais – do que "merecem". Normalmente, nunca passaria pela cabeça até mesmo de uma pessoa muito agressiva que alguém que é mal-educado ou mesmo trapaceiro deva ser punido com a morte. Entretanto, quando se trata de judeus, a transição de acusações, que são não apenas frágeis, mas que seriam pouco

significativas mesmo se fossem verdadeiras, às sugestões dos tipos mais severos de tratamento parece ocorrer de maneira bastante sutil. Isso é indicativo de um dos traços mais perniciosos do caráter potencialmente fascista.

A propriedade lógica dos estereótipos, isto é, sua abrangência total que não permite desvios, não só é bem adaptada para atender a certos requisitos da perspectiva preconceituosa; ela é, por si só, uma expressão de um traço psicológico que provavelmente só poderia ser plenamente entendido em conexão com a teoria da paranoia e do "sistema" paranoico que sempre tende a incluir tudo, a não tolerar nada que não possa ser identificado pela fórmula do sujeito. A pessoa extremamente preconceituosa tende ao "totalitarismo psicológico", algo que parece ser quase uma imagem microcósmica do estado totalitário ao qual ele visa. Nada pode ser deixado intocado, por assim dizer; tudo deve ser feito "igual" ao ideal do eu de um *ingroup* rigidamente
303 concebido e hipostasiado. // O *outgroup*, o inimigo escolhido, representa um desafio eterno. Enquanto algo diferente sobreviver, o caráter fascista se sente ameaçado, não importa quão fraco o outro possa ser. É como se o antissemita não pudesse dormir tranquilo até que tenha transformado o mundo inteiro no mesmo sistema paranoico pelo qual ele é tomado: os nazistas foram muito além de seu programa antissemita oficial. Esse mecanismo contribui para a completa desproporção entre "culpa" e punição. O antissemita extremo simplesmente não pode parar. Por uma lógica própria, que é de natureza arcaica muito mais próxima de transições associativas do que de inferências discursivas, ele chega, tendo começado com acusações relativamente brandas, às conclusões mais tresloucadas [*wildest*], equivalentes em última análise ao pronunciamento de senten-

ças de morte contra aqueles que ele literalmente "não suporta". Esse mecanismo foi encontrado nas entrevistas selecionadas do Estudo sobre os Trabalhadores no qual os sujeitos frequentemente "se persuadiram a aderir ao antissemitismo". Nosso roteiro de entrevistas, mais estritamente padronizado, impediu-nos de apreender esse último fenômeno. Contudo, temos o testemunho impressionante da desproporção entre culpa e punição em alguns dos nossos casos. É aqui que a "expropriação" do supereu pelo moralismo punitivo do antissemita ganha o seu significado pleno. Isso remove o último obstáculo ao totalitarismo psicológico. Não restaram inibições a partir das quais o *crescendo* associativo de ideias destrutivas poderia ser verificado. O ódio é reproduzido e aprimorado de uma maneira quase automatizada e compulsiva, totalmente separada da realidade do objeto e completamente estranha ao eu. Pode-se acrescentar que, vista sociologicamente, a desproporção entre culpa e punição mostra que, para o antissemita extremo, toda a ideia de direito racional tornou-se uma farsa, embora ele insista na ordem e em sutilezas legalistas. Ele está pronto para sacrificar sua própria ideologia de equivalentes assim que tiver o poder de obter a maior parcela para si mesmo. Psicologicamente, a ideia da eterna culpa judaica pode ser entendida como uma projeção dos sentimentos de culpa reprimidos da própria pessoa preconceituosa; ideologicamente, é um mero epifenômeno, uma racionalização no sentido mais estrito. No
304 caso extremo, o // ponto focal psicológico é o desejo de matar o objeto de seu ódio. É só depois que ele procura razões pelas quais os judeus "têm que" ser mortos e essas razões podem nunca ser suficientes para justificar suas fantasias de extermí-

nio. Isso, no entanto, não "cura" o antissemita, uma vez que ele conseguiu expropriar sua consciência. A desproporção entre a culpa e a punição o induz, em vez disso, a levar seu ódio para além de qualquer limite e assim provar a si mesmo e aos outros que ele *tem que* estar certo. Esta é a função última de ideias como "os judeus trouxeram isso para si mesmos" ou da fórmula mais generalizada "tem que haver alguma coisa que levou a isso". O antissemita extremo silencia os restos de sua própria consciência pelo extremismo de sua atitude. Ele parece se aterrorizar até mesmo quando aterroriza outros.

O falso julgamento por parte das racionalizações, simulado pela pessoa preconceituosa, às vezes faz uma espécie de defesa dos judeus. Mas essa defesa psicológica lembra muito a técnica dos tribunais nazistas. Ela só é permitida a fim de satisfazer o desejo formal e vago de legalidade, a superfície oca da consciência expropriada. A defesa deve sempre permanecer impotente. Qualquer coisa boa que seja dita sobre os judeus soa como uma variação irônica ou hipócrita de culpas padronizadas. Assim, faz-se frequentemente referência à mítica "boa vida familiar" dos judeus, um comentário que, por menor que seja, oculta a acusação de sectarismo conspiratório; e isso é acompanhado por falsas manifestações de inveja dessas qualidades judaicas, o que implica que o sujeito antissemita receberia o pior trato na vida porque sua nobre natureza o impede da prática da conivência. Ainda outro tipo de defesa simulada pode ser observado em nossas entrevistas. É a afirmação de que os judeus são muito inteligentes; de que eles são "mais espertos" do que os gentios e que é preciso admirá-los por isso. O mecanismo em funcionamento aqui envolve um conjunto duplo de

valores que se faz notar em toda a cultura contemporânea. Por um lado, há os "ideais" de magnanimidade, altruísmo, justiça e amor, os quais se deve sustentar da boca para fora. Por outro lado, existem os padrões de realização, sucesso e *status* que
305 devem ser seguidos na sua // vida real. Esse conjunto duplo de valores é aplicado aos judeus ao contrário, por assim dizer. Eles são elogiados por sua suposta ou real vivência de acordo com os padrões que o próprio antissemita realmente segue e, simultaneamente, são condenados por sua violação do mesmo código moral do qual ele se livrou com sucesso. A fraseologia da consciência é usada para recuperar o crédito moral dado ao inimigo escolhido a fim de se apaziguar a própria consciência. Até mesmo o elogio feito aos judeus é usado como evidência de sua culpa preestabelecida.

O ponto que está sendo desenvolvido aqui, assim como outras características da mentalidade preconceituosa, é ilustrado pelo seguinte relato de 5039, um estudante veterano de 27 anos, que pontua alto em E e médio nas outras escalas, descrito pelo entrevistador como uma "pessoa bastante egocêntrica".

> Ao se rebelar contra os ensinamentos de seu pai, ele se dissociou da Igreja, mas mesmo assim se identifica fortemente como um gentio em contraste com os judeus. Explicou isso com base no fato de ter crescido em um bairro... onde ele era o único gentio em uma comunidade judaica e onde o fizeram se sentir como um "*outsider*". Acha que há um conflito básico entre os ensinamentos religiosos e a criação dos cristãos e os dos judeus, o que é em grande parte responsável pela incompatibilidade dos dois grupos. Ele afirmou que a religião cristã enfatiza o ensino pacifista de "dar a outra face", fazendo que os jovens se tornem "desajustados e

submissos", enquanto a religião judaica induz a juventude ao sucesso e à agressão, baseada no fato de que "seus pais sofreram, portanto agora cabe a você se pôr à prova". Portanto, ele acha que um cristão verdadeiramente religioso está fadado a ser "superado" por judeus ambiciosos e agressivos... Não parecia consciente de que estava generalizando a partir de sua experiência e seu ambiente particulares.

Que a objetividade dessas reflexões sobre a educação supostamente realista instigada pelo judaísmo seja uma mera farsa e na verdade sirva como um pretexto para a hostilidade sem limites é algo demonstrado pela resposta desse sujeito à questão específica referente às atrocidades de Hitler:

"Bem, se eu estivesse na Alemanha, acho que teria feito o mesmo... Suponho que poderia ter sido nazista... Eu acho que disciplina é uma coisa boa..."

306 // Enquanto as afirmações desse sujeito sobre a esperteza judaica são abertamente hostis e limitadas às desvantagens imaginárias dos gentios na competição com os judeus, a ideia de inteligência é expressa às vezes com um ar de humildade fingida. Um exemplo é dado pelo homem de alta pontuação *M104*, um ex-estudante de Engenharia que passou para Direito:

Ele disse "você ouve que nosso país é governado por capitalistas judeus, que os capitalistas judeus exercem todo o poder aqui. Se isso for verdade, significa que nosso próprio povo não é inteligente o suficiente. Se o nosso povo sabe como os judeus são e não é capaz de fazer a mesma coisa, isso significa mais poder para os judeus. Se eles sabem como os judeus trabalham, eles devem ser capazes de fazê-lo também". Ele não "quer admitir que os outros não são tão espertos quanto os judeus; e que é isso que significaria se este país fosse governado por capitalistas judeus. Se eles são mais espertos do que nós, deixem que eles governem".

Mas o fim magnânimo da citação tem implicações sinistras. Uma pequena mudança de ênfase é suficiente para transformá-lo na ideia de que os judeus, por causa de sua inteligência sinistra, governam o país, que temos de nos livrar deles e que, uma vez que a inteligência judaica torna os procedimentos constitucionais ineficazes, isso só pode ser feito por meios violentos. Que a ideia da onipotência judaica por meio da esperteza seja uma mera projeção se torna mais claro no caso da mulher *F105*, de alta pontuação consistente. Ela é aleijada em consequência de uma paralisia infantil na primeira infância. Ela põe em prática a ideia da esperteza judaica – dos judeus "assumindo os negócios da nação" – a partir da expectativa de uma sangrenta revolta dos judeus, que é apenas uma projeção superficialmente velada de seu próprio desejo de *pogroms* antijudaicos:

"Os brancos decidiram que somos o grupo principal – o branco *vs.* o preto e o amarelo. Acho que vai haver uma revolta judaica depois da guerra. Não sou contra os judeus. Aqueles com quem tive contato foram muito agradáveis. Claro, eu também vi alguns de que não gostei." (O que você não gostou neles?) "Eles são barulhentos e parecem gostar de chamar atenção. Estão sempre tentando estar no topo de algo. Eu ouvi histórias sobre como eles esfaqueiam amigos pelas costas etc., mas ainda tenho que

ver para crer." (Revolta?) "Eu acho que haverá derramamento de sangue em relação a isso neste país." (Você acha que será justificado?) "Não há dúvida de que eles estão assumindo os negócios
307 da nação. Não acho certo que os refugiados sejam // cuidados do modo como são. Acho que deveriam cuidar dos seus próprios problemas."

É digno de nota que, ao manifestar a ideia do "derramamento de sangue", esse sujeito não afirme claramente qual sangue será derramado. Quanto à culpa pelos *riots*, ela deseja colocá-la em *rioters* judeus inexistentes, deixando claro que serão os judeus, afinal, aqueles que serão mortos. Entretanto, podem ocorrer mais coisas para levar a isso. Para os antissemitas extremos, a ideia de derramamento de sangue parece se tornar independente, um fim em si mesmo, por assim dizer. Em um nível mais profundo, eles não diferenciam muito estritamente entre sujeito e objeto. O anseio [*urge*] destrutivo subjacente se refere tanto ao inimigo quanto a si mesmo. A destrutividade é verdadeiramente "totalitária".

Como resumo da estrutura do extremismo antissemita abordada nesta seção, apresentamos com alguns detalhes os comentários sobre os judeus do único entrevistado que apoia abertamente a ideia de genocídio. Este é 5006, um estudante de odontologia e empreiteiro que pontua alto em todo o questionário. Ele sofre de daltonismo e de impotência sexual psicogênica, determinada, segundo o entrevistador, por um severo complexo de Édipo. Seus desejos radicais de extermínio dos judeus são provavelmente condicionados por traumas severos na primeira infância: projeções de seu próprio medo de castração. Sua identificação exagerada com o *ingroup* parece ser concomitante com um sentimento subjacente de fraqueza: ele simplesmente não quer se familiarizar com o que é diferente, aparentemente porque o considera perigoso.

> Ele é um americano de nascença e seu avô foi trazido para este país quando tinha 4 anos. Nunca saiu da América, nem quer sair. Uma vez foi para Tijuana e "isso foi o suficiente". Tem muito orgulho de ser americano.

Para ele, as minorias são caracterizadas acima de tudo por sua força potencial: "O problema dos judeus é que eles são fortes demais". A força dos *outgroups* é expressa em símbolos de potência – fertilidade e dinheiro:

> "É claro que há um problema. Os negros [se] reproduzem tão rapidamente que vão povoar o mundo, enquanto os judeus ficam com todo o dinheiro."

308 // Quanto à base do seu antissemitismo, ele tem a dizer o seguinte:

> "Eu nunca tive boas experiências com eles." (Isto é especificado em uma segunda entrevista onde ele se lembra de ter sido levado, quando era atleta universitário, em um iate privado para Catalina por judeus que eram "muito legais".) Eles invariavelmente tentaram enganar a ele e a sua família nos negócios e não têm qualquer consideração. Ele conta uma longa história, que eu não pude registrar *verbatim*, de quando foi comprar um casaco de pele como presente de Natal para sua mãe e o vendedor judeu leu o preço da etiqueta como sendo um preço cem dólares mais barato do que realmente era. Fecharam o negócio e ele insistiu em

levar o casaco depois que o erro do vendedor foi notado. Isso lhe deu considerável satisfação, e ele disse: "Esse foi um caso em que dei uma de judeu para cima de um judeu".[10]

Suas referências a experiências ruins são bastante vagas, exceto no caso em que ele "deu uma de judeu para cima de um judeu" – outra indicação do caráter projetivo do tema "esperteza". A qualificação em favor do judeu rico dono do iate mostra uma complicação do antissemitismo pela consciência de classe, particularmente em casos de tão forte mobilidade social ascendente como a encontrada neste sujeito. Os próprios nazistas levaram algum tempo para convencer a si mesmos, seus seguidores e os grupos judaicos mais abastados de que estes últimos deveriam compartilhar o mesmo destino dos negociantes de gado pobres e imigrantes da Europa oriental.

Os princípios do individualismo são alterados por esse sujeito da seguinte forma:

> "Eles devem ser tratados, suponho, como indivíduos; mas, afinal, eles são todos iguais."

Claro, "todo mundo pode reconhecer um judeu". A distinção entre *in* e *outgroups* ganha um peso quase metafísico: até a possibilidade imaginária do desaparecimento da dicotomia é excluída:

---

10 No original consta "I out-Jewed a Jew". O verbo "*jewed*" é uma gíria que significa enganar em um negócio, modo de estereotipar negativamente judeus como trapaceiros. (N. T.)

"Eu não poderia ser um judeu."

Quanto à relação entre culpa e punição e seu resultado, ele encontra uma fórmula que não pode ser superada:

> "Acho que o que Hitler fez com os judeus estava certo. Quando estava tendo problemas com um empreiteiro concorrente, eu pensava frequentemente: gostaria que o Hitler viesse aqui. Não, eu não sou a favor da discriminação pela legislação. Acho que chegará um momento em que teremos que matar estes desgraçados."

309

// H. O burguês desajustado

Nossa análise nos levou à consequência extrema do antissemitismo, o desejo declarado de extermínio dos judeus. O supereu do extremista foi transformado em uma agência [*agency*] extrapunitiva de agressão desenfreada. Vimos que essa consequência consuma a irracionalidade intrínseca do antissemitismo ao estabelecer uma desproporção completa entre a "culpa" e a punição da vítima escolhida. O antissemitismo, no entanto, não se esgota na antiga fórmula pela qual é caracterizado em *Natan, o sábio*, de Lessing, "*tut nichts, der Jude wird verbrannt*" – o judeu vai ser queimado de qualquer maneira, não importa como as coisas sejam ou o que poderia ser dito a seu favor. A condenação em bloco irracional e impiedosa é mantida viva pela manutenção de um pequeno número de acusações altamente estereotipadas dos judeus que, embora em si mesmas amplamente irracionais, dão uma falsa aparência de justificativa à sentença de morte. Ao construir a natureza do judeu como inalteravelmente má, como inatamente corrupta, qualquer possibilidade de mudança e reconciliação parece estar excluída. Quanto mais invariantes as qualidades negativas do judeu parecem ser, mais elas tendem a deixar aberto apenas um caminho de "solução": a erradicação daqueles que não podem melhorar. Esse padrão de incorrigibilidade *quase natural* é muito mais importante para os antissemitas do que o próprio conteúdo das acusações padronizadas, sendo estas últimas frequentemente inofensivas e essencialmente incompatíveis com as inferências às quais as pessoas que odeiam são levadas. Embora essas acusações sejam tão difundidas e bem conhecidas a ponto de serem desnecessárias evidências adicionais de sua frequência e intensidade, vale a pena acompanhar alguns de seus aspectos que emergiram claramente em nossas entrevistas e que parecem lançar alguma luz adicional sobre os fenômenos em questão.

É proveitoso examinar essas acusações de um ponto de vista sociológico. Nossa amostra, em contraste com a do Estu do sobre os Trabalhadores, era predominantemente de classe média. O grupo de San Quentin é a única exceção marcante, mas sua qualificação de *Lumpenproletariat*, bem como a situa-
310 ção prisional, com sua // ênfase intrínseca nos valores morais "oficiais", torna impossível comparar esse grupo com o resto da amostra quanto à identificação com a classe trabalhadora. Essa identificação geralmente não é muito forte até mesmo entre os trabalhadores dos Estados Unidos. O caráter geral de classe média de nossa amostra matiza a natureza específica das acusações decisivas feitas contra os judeus. Se a nossa hipótese básica concernente ao caráter amplamente projetivo do antissemitismo está correta, os judeus são culpados, em termos sociais, por aquelas propriedades cuja existência, por

mais sociologicamente ambíguo que isso possa ser, incide sobre pontos sensíveis da identidade de classe de diferentes grupos preconceituosos. Para o verdadeiro proletário, o judeu é principalmente o burguês. O trabalhador tende a enxergar o judeu, acima de tudo, como um agente intermediário da esfera econômica, como o executor das tendências capitalistas. O judeu é aquele que "apresenta a conta".

Para os membros antissemitas das classes médias, o imaginário sobre o judeu parece ter uma estrutura um pouco diferente. As próprias classes médias vivenciam, até certo ponto, as mesmas ameaças à base econômica de sua existência que pairam sobre as cabeças dos judeus. Elas estão na defensiva e lutam desesperadamente pela manutenção de seu *status*. Assim, acentuam exatamente o oposto do que os trabalhadores tendem a reclamar, a saber, que os judeus não são burgueses reais, que eles realmente não "pertencem". Ao construir uma imagem do judeu a partir de traços que fornecem significado às suas falhas na identificação como classe média, o membro da classe média pode subjetivamente elevar o *status* social de seu *ingroup*, que se encontra ameaçado por processos que não têm nada a ver com as relações *ingroup-outgroup*. Para o antissemita da classe média, o judeu tende a ser considerado como o burguês *desajustado*, por assim dizer, aquele que não conseguiu viver de acordo com os padrões da civilização americana de hoje e que é uma espécie de remanescente obsoleto e desconfortável do passado. O termo "desajustado" é de fato aplicado ao judeu por alguns de nossos sujeitos preconceituosos. Quanto menos o judeu se qualifica como um membro legítimo das classes médias, mais facilmente ele pode ser excluído de um grupo que, na esteira da monopo-
311 lização, // tende ao *numerus clausus* de qualquer maneira. Se o

complexo do usurpador a ser discutido na seção sobre política e economia realmente pertence a um padrão geral, o judeu funciona, para a mentalidade potencialmente fascista, como o usurpador por excelência. Ele é o mascate despudoradamente disfarçado de respeitável cidadão e homem de negócios.

Os comentários antijudaicos mais característicos que aparecem em nossas entrevistas se enquadram nesse esquema de pensamento, embora os motivos de um antissemitismo mais "proletário", como a ideia do explorador judeu ou dos judeus que escapam do trabalho manual pesado, não faltem. A divisão entre antissemitismo proletário e de classe média não deve ser exagerada. Os traços atribuídos aos judeus pelos trabalhadores frequentemente também ganham o aspecto do "burguês desajustado". O que parece ao trabalhador como sintomas da exploração capitalista pode ser facilmente transformado pelas classes médias em reprovação de desonestidade, uma violação flagrante da ética burguesa, da qual um dos principais preceitos é, afinal, o louvor do trabalho bom e honesto. Os estereótipos aqui em questão transcendem as fronteiras das classes; é apenas a função deles que muda e, portanto, a diferença de ênfase.

O constructo do "burguês desajustado" pode ser facilmente articulado segundo três grandes grupos de motivos: primeiro, o da fraqueza judaica e seus correlatos psicológicos; segundo, a identificação, feita pela classe média, dos judeus como uma sobrecompensação que falhou essencialmente; terceiro, a deslealdade intrínseca dos judeus em relação à classe com a qual eles tentam em vão se identificar, uma deslealdade que é vista como uma expressão de sua identificação fracassada e de sua natureza enquanto um *ingroup* contestável, isolado e "sectário". As duas primeiras dessas objeções podem ter alguma base na realidade. Há evidências consideráveis, como os estudos recentes de Anton Lourie sobre o masoquismo judaico e suas bases na psicologia religiosa. A terceira objeção parece ser predominantemente projetiva e uma das principais racionalizações do desejo de "se livrar de todo o bando".

A ideia de fraqueza judaica é sintetizada por *F114*, uma mulher que pontua consistentemente alto em todas as escalas, uma enfermeira cirúrgica de ascendência parcialmente judaica:

> 312 // "Eu tenho um primo que estava apaixonado por mim e queria se casar comigo. Ele era mais judeu que eu. Eu o amava, mas não me casaria com ele. Eu lhe disse o motivo – porque ele é judeu. Agora está casado com uma gentia e tem duas crianças. Ele é mais antissemita do que eu. Isso é uma característica de muitos judeus – como se fossem coxos ou corcundas. Eles odeiam isso ou disso se ressentem."

É talvez característico que tais afirmações expressas sobre a fraqueza judaica sejam feitas frequentemente por pessoas que se identificam elas próprias com os judeus ou – com um tom mais positivo – por sujeitos com baixa pontuação. O indivíduo preconceituoso, cujo ódio é estimulado pela fraqueza, tende a enfatizar superficialmente a força dos judeus que "exercem influência indevida" e "possuem tudo". Um exemplo da atitude de alguém com baixa pontuação em relação à fraqueza judaica é a afirmação de *5055*, um homem completamente liberal de 73 anos que pontuou baixo em todas as escalas. Ele acha

> "que essa filosofia protetora dos judeus levou a uma situação em que eles estimulam o antagonismo em outras pessoas."

Em casos de pessoas com pontuação extremamente baixa, a consciência da fraqueza judaica às vezes leva à identificação: eles assumem o papel dos próprios judeus conscientemente a fim de contrariar os conhecidos antissemitas, possivelmente inconscientemente a fim de expiar o antissemitismo sofrendo, pelo menos figurativamente, as mesmas humilhações que eles sabem que os judeus vivem. Aqui está o caso de um decorador de interiores um pouco neurótico de 20 anos de idade, *5028*, que está em franca rebelião contra seu pai, mas fortemente ligado à sua mãe:

> O sujeito e sua irmã são parecidos porque ambos admiram pessoas judias. Contou piadas que eles tinham feito para alguns parentes de seu pai que são extremamente antissemitas fingindo que um bisavô do lado materno era judeu. O sujeito explicou que muitas pessoas da família de sua mãe "parecem um pouco judias porque têm narizes longos". O primo paterno com quem eles conversavam "quase se suicidou" em pensamento. O sujeito fez o comentário de que talvez uma razão pela qual ele gosta dos judeus é que "nunca conheceu nenhum que fosse condenável".

Para a pessoa preconceituosa, a imagem da fraqueza judaica combinada desse modo com a racionalização da força às vezes atinge uma nota peculiar, significativa por causa de sua estreita
313 harmonia // com um dos temas padrão dos agitadores fascistas americanos. É a imagem do refugiado judeu que é retratado simultaneamente como forte ("Ele tira os empregos dos nossos meninos americanos") e como fraco ("Ele é um marginal sujo"). Há razão suficiente para acreditar que o segundo

motivo é o decisivo. O homem de alta pontuação *M105* faz a seguinte afirmação:

> "Muitos imigrantes judeus estão vindo para este país. Eles conseguem uma vida amena e dominam tudo. Não se pode lidar com eles e muitos deles são terrivelmente sujos, apesar de terem dinheiro."

A agressividade contra os refugiados vem à tona mesmo nos casos que são, de acordo com o entrevistador, apenas levemente antissemitas. *5036* é um músico de jazz, atualmente recebendo seguro-desemprego. Ele pontua alto em E e F, mas mais baixo em PEC.

> Embora negue quaisquer antagonismos em relação a *outgroups*, muitos deles estão implícitos e em nível superficial. Ele é muito veemente em sua crença de que os refugiados não devem conseguir cidadania e devem ser mandados para casa quando o tempo e as condições permitirem.

A determinação psicológica do ódio deste sujeito em relação aos concorrentes refugiados pode ser inferida com maior segurança quando ele reconhece que

> "Não há dúvida de que os judeus são talentosos na música."

Em oposição a isso, ele coloca apenas a vaga acusação padrão:

> "mas eles são tão sectários e agressivos e barulhentos que às vezes eu não os suporto". Em várias ocasiões, ele afirma que a agressividade e as exigências egoístas dos judeus em bandas menores que ele ten-

tou organizar causaram seu fracasso. "Esses judeus nunca tinham realmente um sentimento de orgulho na organização. Eles sempre podiam deixar você no minuto em que tivessem uma proposta melhor; e ao tentar cobrir as propostas que eles tinham, eu fui à falência duas vezes." Por outro lado, ele diz que alguns judeus são, sem dúvida, pessoas de cultura extraordinária.

Os refugiados, como aqueles que são objetivamente fracos, são regularmente acusados de ter uma atitude dominadora e uma pulsão por poder. Embora possa haver alguma base para a objeção de agressividade em certas formações reativas institucionalizadas entre os judeus, como o hábito judaico de "suplicar", esse estereótipo ajuda ao mesmo tempo a aliviar o desconforto do antissemita ao violar o princípio do asilo de-
314 mocrático: // não é ele, e sim os fugitivos que desconsideram as regras de hospitalidade. 5043, uma dona de casa de meia-idade com pontuações extremamente altas em todas as escalas, alega que os judeus

> são barulhentos e frequentemente agressivos. (Aqui ela deu um exemplo de mulheres no mercado que passam na frente das outras.) Ela distingue especificamente entre "refugiados" e outros judeus e sente que o "tipo que temos recebido ultimamente na vizinhança" é definitivamente sectário, não inteligente e geralmente indesejável.

O estereótipo da agressividade judaica mostra uma característica do pensamento antissemita que merece uma investigação mais detalhada. É a mistura, em alegações contra os judeus, de atos de agressão grosseiramente físicos com hipóteses de natureza mais psicológica. Assim como a ideia de "sangue judaico" varia desde o medo da "contaminação da raça", em que o termo sangue é usado apenas figurativamente, à histeria de "envenenamento" corporal infligido por doadores de sangue judeus, o imaginário da agressividade varia desde os judeus usando seus cotovelos quando estão em uma fila até suas práticas de negócios supostamente inescrupulosas. Isso sugere que haja uma característica regressiva "mitológica" de certo antissemitismo. As disposições mentais são traduzidas em realidade física tanto para aliviar o medo da incompreensível "mentalidade alienada" quanto para adicionar um sentido de realidade àquilo que é, na verdade, apenas projetivo. Essa retradução provavelmente lança alguma luz sobre a insistência geral do antissemita nas características físicas dos judeus.

5067 "é uma mulher corpulenta, de aparência bastante materna, que aparenta ter os seus 48 anos". Foi escolhida como um caso misto de pontuação alta em E e PEC. Ela não faz nenhuma diferenciação entre os aspectos físico e psicológico da "agressividade" judaica:

> "Eu não gosto da agressividade coercitiva deles nos negócios. Eles não são apenas agressivos, mas também deveriam ser segregados. Estão sempre empurrando as pessoas para o lado. Notei que, em quase todas as vezes durante a guerra, quando se furavam as inúmeras filas onde tínhamos de aguardar, foi um judeu que começou a fazê-lo. Eu sinto uma verdadeira repulsa em relação aos judeus."

Em outros casos, a ideia de agressividade é usada no sentido exclusivamente social de "intrusão". Às vezes, é possível
315 vislumbrar o mecanismo por trás dessa reprovação padrão. //
Provavelmente tem a ver com o sentimento onipresente de iso-

lamento social que é sobrecompensado em inumeráveis "atividades sociais" de classe média. Nesse contexto emocional, os judeus, como os agentes clássicos da circulação, são percebidos e provavelmente invejados como aqueles que não estão isolados, mas têm "contatos" em todos os lugares. Essa ideia está intimamente associada àquela do sectarismo, que também implica o imaginário de alguma espécie de união da qual os membros do verdadeiro *ingroup* fingem estar excluídos. O já mencionado *F105* encontra a fórmula:

> "Eles parecem conhecer todo mundo; mexem os pauzinhos; eles são como um clã, mais unidos do que qualquer raça. Têm amigos que podem fazer acontecer em todos os lugares."

Finalmente, deve ser mencionado que há alguma evidência em nosso material de que a base do estereótipo de "agressividade" está na sexualidade reprimida. Supõe-se que os judeus estejam desincumbidos dos padrões da moralidade puritana e quanto mais estritamente se adere a esses padrões, mais avidamente os supostos hábitos sexuais dos judeus são descritos como sórdidos. O que não é censurado no caso da "rica comida" judaica torna-se intolerável na esfera da sensualidade supostamente desinibida e, portanto, repulsiva. Alguma evidência sobre esse assunto é oferecida pela mulher de 42 anos, *F118*, uma enfermeira de saúde pública, cujo ódio pelo *outgroup* está focado no trabalho organizado e não em minorias, e que pontua médio em AS, enquanto pontua alto em PEC e F.

> Ela não podia imaginar se casando com um judeu. Então começou a relatar que, na verdade, já teve a oportunidade de se casar com um judeu. Uma vez, quando voltou para casa no verão

> depois de ficar em Nova York por um tempo, conheceu um advogado muito inteligente que trabalhava no mesmo escritório que seu irmão. Ele era muito bem-educado e falava outras línguas. Ela teve encontros com ele e o viu bastante por três semanas, até que um dia ele lhe disse: "Há uma coisa que eu quero dizer a você sobre mim. Você nunca conheceu minha família e eu não pretendia que você os conhecesse. No entanto, há uma coisa que quero lhe perguntar, que é se você se oporia a se casar com um judeu". Ela disse que foi como se tivesse sido atingida por um grande golpe. Ele não parecia judeu, seu nome não era judeu e ele até cantou no coro da igreja dela, de modo que ela nunca suspeitou que fosse ju-
> 316 deu. Ela apenas ficou sentada lá sem dizer uma palavra – e // essa foi a sua resposta. Ela então acrescentou que foi muito ruim para ele porque todas as meninas que estavam em sua pensão descobriram que ele era judeu e isso também ficou conhecido em seu local de trabalho e trouxe coisas ruins para ele por lá. O sujeito o viu novamente dez anos depois e achou que parecia mais judeu, mas acrescentou que talvez fosse porque ela agora sabia que ele era judeu. O que lhe parece ser mais impossível sobre a ideia de se casar com um judeu é a ideia de criar *crianças judias*.

É digno de nota que a resistência dessa mulher foi provocada apenas por seu conhecimento da ascendência judaica do homem, não por alguma das características dele. Não é muito difícil presumir que o estereótipo reencenou velhos tabus infantis contra a sexualidade e só depois eles foram direcionados ao judeu como indivíduo. A atração primária é a base da repulsão subsequente.

As estreitas relações entre a onipresente ideia de sectarismo e a reprovação da agressividade tornaram-se óbvias nos exemplos anteriores. É suficiente dizer aqui que o sectarismo aparece como a justificativa para a exclusão do "intruso" agressivo: ele sempre "permanece judeu" e quer enganar aqueles por quem ele deseja ser aceito. Ao mesmo tempo, a ideia do sectarismo consuma o imaginário da união judaica, de um aspecto do *out-group* tido como caloroso, familiar, arcaico e muito "*ingroup*", o que parece ser negado àqueles que são inteiramente formados na civilização americana e que obedecem às regras da racionalidade tecnológica.

A atratividade subjacente ao "clã" judaico é acentuada pela afirmação de *M102*, um sujeito que pontua alto em todas as escalas:

> "As crianças judias que eu conheci na escola eram os filhos e filhas dos proeminentes homens de negócios judeus e eles eram muito sectários. É difícil dizer o que deveria ser feito a respeito disso. Não parece incomodá-los o que as pessoas pensam. Essa é uma característica natural. Não adianta tentar excluí-los dos negócios porque alguns deles são os homens de negócios mais inteligentes que temos. A maioria deles já veio da Alemanha e suponho que eles voltarão. Alguns são muito habilidosos em se unir e progredir nos negócios, obtendo capital. As pessoas na Alemanha sentirão a necessidade de homens de negócios judeus e eles juntarão seu capital e recomeçarão por lá." (E quanto às mulhe-
> 317 res judias?) "Algumas delas são muito atraentes e // algumas são muito sectárias. Elas são dominadas pelos homens; tudo isso vem da crença deles."

A estrutura mais patriarcal da família judia, seja ela real ou imaginada, parece funcionar como um elemento de atração sexual. As mulheres judias devem "fazer tudo pelos homens" – exatamente o que se espera que a garota gentia americana não faça. Ao mesmo tempo, porém, a ideia de realização sexual tende a diminuir, na cultura americana, o valor social das mulheres que oferecem essa realização. Aqui, novamente, o elogio de uma qualidade judaica é propenso a pender para o seu oposto.

O modo como a ideia de sectarismo às vezes pode obter características de uma obsessão carregada de ressentimento violento é mostrado no caso de *F113*, uma jovem que pontua alto na escala E, mas um pouco mais baixo em F e PEC. É uma garota atraente, um tanto neurótica, de 26 anos, um sujeito do grupo da Turma de Extensão. Ela não gosta tanto dos nomes judaicos quanto daqueles que ousaram mudá-los. Quando fala sobre conhecidos judeus, ressalta que eles possuem "uma rede de casas burlescas", sendo ricos e também de certa má reputação. Em sua afirmação sobre a vida familiar judaica, é notável como algumas observações que têm um quê de verdade são costuradas com ideias algo paranoicas sobre o egoísmo que determina o comportamento judaico em questão e com uma severa avaliação disso enquanto "culpa":

> "A pior experiência que tive com eles foi quando era operadora de chamadas externas no Havaí há alguns anos. Eu tinha que monitorar todas as chamadas para Nova York, então escutei milhares de conversas. E 90% delas eram de judeus ricos ligando para suas famílias. Essa é a única coisa realmente boa que posso dizer sobre eles – sua devoção a suas famílias. Mas tudo era puramente egoísta. O dinheiro que gastavam – e o tempo – em ligações puramente egoístas." (Ligações de negócios?) "Bem, eu trabalhava principalmente à noite. Mas as outras garotas disseram que eram

as mesmas pessoas que faziam as ligações de negócios durante o dia." (Como vocês sabiam que eles eram judeus?) "Suas vozes e as coisas que diziam. Eram egoístas." (Poderia ter havido judeus que você não reconheceu?) "Eu acho que não. Uma vez que você aprende, você sempre reconhece uma voz judia."

318 // I. Observações sobre sujeitos de baixa pontuação

Ao longo deste capítulo, concentramo-nos no fenômeno do antissemitismo e suas interconexões estruturais. Nós nos abstivemos de uma discussão detalhada das atitudes minoritárias dos não antissemitas e dos antiantissemitas. Obviamente, é mais difícil e menos promissor analisar a ausência de opiniões e atitudes altamente específicas do que lidar com sua existência. Conseguimos, parece, no estudo como um todo, traçar um quadro bastante completo dos baixos pontuadores, partindo da ideologia superficial até os determinantes caracterológicos. Sua tendência geral a serem desinteressados em relação às chamadas questões raciais, no entanto, limita o fornecimento de informações pertinentes. Além disso, o aspecto pragmático do nosso estudo requer naturalmente um exame mais minucioso da zona de perigo do que das áreas que podem ser desconsideradas como um potencial para o fascismo. De modo geral, as atitudes dos altos pontuadores bastam para definir, *e contrario*, as atitudes dos "baixos" que, em muitos aspectos, colocam-se polemicamente contra o imaginário antissemita que prevalece em nosso clima cultural.

No entanto, pode-se permitir uma série de observações sobre os baixos pontuadores não apenas para completar o quadro, mas também porque os baixos pontuadores, em suas respostas às questões sobre minorias, vão além de uma simples negação das opiniões e atitudes da pessoa preconceituosa e lançam alguma luz adicional sobre o caráter não fascista.

Uma característica geral da atitude dos baixos pontuadores em relação aos judeus é a enfática racionalidade. Isso tem um duplo aspecto. Por um lado, a tendência geral à intracepção, tão característica dos baixos pontuadores, expressa-se especificamente no âmbito racial por meio da autorreflexão: o antissemitismo se apresenta aos baixos pontuadores como o problema do antissemita, não do judeu. Por outro lado, os problemas raciais e os traços das minorias são vistos dentro da perspectiva histórica e sociológica e, portanto, são percebidos como abertos a entendimento e transformação racionais, em vez de serem hipostasiados de uma maneira rigidamente irracional.

Um exemplo de autorreflexão em questões raciais é *M910*, um seminarista consistentemente baixo em todas as escalas
319 que tem fortes // inclinações intelectuais e, como a maioria dos baixos pontuadores, uma tendência à hesitação, à dúvida e a qualificações de suas próprias opiniões. Ele remete o preconceito, de uma maneira clara, embora um tanto primitiva, às dificuldades daqueles que odeiam as minorias, não ao objeto de seu ódio:

> (Quais você acha que são as causas do preconceito?) "Provavelmente, a maior razão é a insegurança ou o medo da insegurança que a própria pessoa tem. As pessoas da minha comunidade que falaram mais alto contra os japoneses são aquelas que assumiram (as propriedades deixadas pelos japoneses)... e elas têm medo

de que eles voltem... e elas têm medo deles como competidores porque eles trabalham mais..." (Você acha que se trata principalmente de um conflito econômico?) "Bem, não é completamente econômico e não acho que isso será resolvido em uma base econômica... Todas as pessoas têm alguma espécie de insegurança. Pode estar muito bem escondida, elas podem não saber o que é e pode não ter nada a ver com os japoneses, mas elas vão descontar neles. As pessoas são engraçadas (risos) e são cruéis." (O que deveria ser feito para combater o preconceito?) "Acho que uma coisa que poderia ser feita – um tipo de organização – é obter os fatos, ajudaria, embora não resolvesse o problema... por exemplo, não há necessidade de separar o sangue de negros e brancos nos bancos de sangue e há muitas pessoas que pensam que os japoneses são uma raça traiçoeira, que isso seria transmitido através da hereditariedade... Claro, muito disso é irracional."

Quanto à ênfase em fatores dinâmicos *versus* qualidades supostamente inatas, a ilustração mais notável é fornecida por *M203*, um professor completamente liberal, chefe do departamento de inglês em uma faculdade. Ele também pontua baixo em todas as escalas. Toda a sua filosofia é positivista, com um forte interesse em semântica, embora não "ache que eles deveriam fazer uma panaceia da semântica". Sua visão geral sobre os problemas das minorias é resumida por sua afirmação sobre os japoneses:

"Se os alemães foram transformados em uma geração pelos nazistas, então os japoneses podem ser transformados democraticamente em uma ou duas gerações. Qualquer um pode se tornar qualquer coisa sob as condições adequadas."

Consequentemente, ao discutir o antissemitismo, ele escolhe como explicação um elemento histórico, os nomes judaicos maliciosamente sobrepostos. A arbitrariedade da seleção desse fator específico provavelmente pode ser explicada pelo *hobby* semanticista do entrevistado:

320 // "O antissemitismo é um pouco diferente. Semitas não são tão facilmente identificados. Eu acho que o nome deles está entre as coisas principais. Por exemplo, a partir do seu nome suponho que você seja judeu, embora eu não o soubesse ao olhar para você. Você é?" (Sim.) (O sujeito é bastante aberto sobre essas coisas. O único sinal de inibição foi a sua dificuldade em usar a palavra "judeu", preferindo antes a palavra "semita", mas depois ele também usou a palavra "judeu").

A prontidão desse sujeito em discutir o judaísmo do entrevistador é significativa. Para ele, a palavra "judeu" não é uma palavra mágica, nem ser um judeu é uma desgraça: desse modo, ele não se sente inibido em mencioná-la em relação à pessoa com quem está falando. É difícil imaginar que um alto pontuador poderia discutir casualmente as origens de um entrevistador, exceto em ocasiões em que ele se sentisse na defensiva e quisesse machucar seu semelhante: "Você próprio é um judeu, não é?".

A racionalidade dos sujeitos sem preconceitos expressa-se, acima de tudo, em sua rejeição aos estereótipos antiminorias. Frequentemente, essa rejeição é de natureza consciente e articulada: eles levam a sério o conceito de individualidade. Referimo-nos novamente a *M910*. Seu enunciado mostra um inegável senso de proporção, inclusive em sua rejeição aos estereótipos:

ele não nega a existência de características raciais físicas, mas as considera como não essenciais:

> "Bem, eu não cometeria o erro de fazer uma afirmação sobre qualquer pessoa como se fosse um grupo. Eu gostei muito dos japoneses que conheci. Eu sei que há alguns japoneses que não são tão legais. Nós tivemos uma menina japonesa ao nosso lado no altar e uma menina chinesa também... em 1942 quando havia um clima bastante tenso." (Você acha que algum grupo racial tem certas características distintivas?) "Não, de forma nenhuma. Claro que você tem características biológicas, a altura do dorso do nariz ou a pigmentação."

Uma linha semelhante é seguida na entrevista de Los Angeles *5030* de um graduado de Stanford de 33 anos que serviu por quatro anos na Marinha, finalmente se tornando capitão-de-corveta. Suas pontuações em todas as escalas são baixas. Ele é julgado pelo entrevistador como um indivíduo extremamente astuto e bem-sucedido:

> "Os negros, judeus e todos os grupos de minorias estão passando por um momento muito difícil. Eu acho que muitas pessoas não gostam deles por causa de suas características físicas. Eles estão realmente em uma situação muito ruim. Coisas como o FEPC[11] ajudam muito e sou a favor tanto de leis estaduais quanto
> 321 nacionais // concernentes a essa questão. Muitas pessoas não

11 Em 1941, o presidente Franklin D. Roosevelt criou o Committee on Fair Employment Practices (FEPC) para investigar denúncias de discriminação e agir em casos confirmados. (N. T.)

estão dispostas a admitir que muitos negros são indivíduos inteligentes, superiores e capazes. Seus ambientes os restringiram como uma raça. Tive experiências boas e ruins com os membros dessas comunidades, mas nunca considerei as pessoas como pertencentes a uma determinada raça ou religião. Eu sempre as tomo pelo que elas valem como indivíduos. Ontem tive uma experiência boa. Tem uma garota em uma das minhas aulas que é parcialmente negra. Ela é um indivíduo muito superior e capaz e tenho certeza de que é o membro mais inteligente da classe. Sempre pensei que gostaria de bater um papo com ela, mas uma oportunidade adequada nunca tinha aparecido. Ontem, depois de muita hesitação e falta de jeito, eu a convidei para tomar um café comigo. Sua aceitação foi muito mais afável do que o meu convite e tivemos um bom papo. Acho que o motivo da minha hesitação foi simplesmente o medo do que as outras pessoas pudessem pensar. Certa vez tive um colega de quarto judeu e ele foi o melhor colega de quarto que já tive."

Um exemplo extremo de antiestereotipia consciente é *5046*, uma secretária executiva da indústria cinematográfica, com trinta e tantos anos, ativamente engajada no movimento sindical. Suas pontuações nos questionários são baixas em todas as escalas. Se algumas de suas formulações sugerem um "*ticket*[12]

---

12 Pensamento de *ticket* é um conceito que está presente em outras obras de Adorno, inclusive em *Dialética do Esclarecimento*, escrita com Horkheimer. Trata-se, *grosso modo*, de uma forma de categorização – percepção, organização e reflexão humanas – que unifica diferentes ideias em um único "bloco", modo de seguir padrões anteriormente formulados e recebidos prontos. Faz referência à votação por lista partidária em que votar em um candidato significa imediatamente apoiar a candidatura de outros nomes. O pensamento de *ticket* leva

baixo",[13] deve-se ter em mente que a rejeição da estereotipia a impede inclusive de criar automaticamente um estereótipo pró-judaico. Não é uma "amante de judeus" ["*Jew lover*"], mas parece realmente avaliar as pessoas como indivíduos. Aliás, ela acabou de terminar um relacionamento com um homem judeu:

> Quando o entrevistador começou a questionar o sujeito sobre o problema judaico, ficou imediatamente claro que ela "conhecia todas as respostas". Ela afirmou: "Sim, há um problema... mas não acho que devamos chamar isso de problema judaico; é realmente um problema cristão... é uma questão de educar os gentios que praticam o antissemitismo". Quando recebeu a lista, ela riu e disse: "É claro que não se pode generalizar... esses são os estereótipos usados pelos antissemitas para culpar os judeus por certos problemas... Eu não acho que alguém deva rotular qualquer grupo desta forma... é perigoso, especialmente em relação aos judeus, porque é preciso avaliar o indivíduo por seus próprios méritos". Nenhuma das outras perguntas trouxe nem mesmo um traço de antissemitismo e, em toda parte, suas respostas indicaram uma posição consistente, quase militante, contra o antissemitismo. Ela acha que o antissemitismo é uma das tendências mais perigosas do país e que a única solução deve ser buscada por meio da educação generalizada em linhas liberais e por um grande número de casamentos inter-raciais. Ela se sente bastante otimista em relação ao processo
> 322 de // assimilação, embora esteja muito alarmada com o aumento do antissemitismo nos últimos anos. A teoria racial de Hitler e a perseguição aos judeus devem ser combatidas em todas as frentes,

uma pessoa a acatar sem refletir diversas ideias que aparecem conectadas a uma única anteriormente aceita. (N. T.)

13 Ver o "Rígido de baixa pontuação" no Capítulo XIX. (N. A.)

> sob qualquer forma que possa aparecer. Ela afirmou: "Também conheci alguns judeus de quem decididamente não gostava e alguns deles eram bastante agressivos, mas eu nunca generalizaria dizendo, então, que 'todos os judeus' seriam agressivos... se pelo menos pudéssemos fazer as pessoas verem que *algumas* pessoas são agressivas por certas razões, geralmente por causa da insegurança, e que os judeus não são agressivos porque são judeus".

Como apontado detalhadamente nos capítulos sobre os aspectos da personalidade do material da entrevista, a racionalidade dos baixos pontuadores, sua rejeição ao imaginário projetivo e ao julgamento automatizado não envolve, em regra, frieza emocional e desapego. Embora sejam mais racionais do que os "altos", pelo fato de seu julgamento parecer menos determinado por fatores inconscientes reprimidos, eles são simultaneamente menos bloqueados em relação a investimentos positivos e à expressão deles. Isso se refere não somente à sua constituição psicológica geral, mas também às suas atitudes específicas em relação a minorias. A pessoa preconceituosa discute os judeus como um "objeto", enquanto ela realmente os odeia; a pessoa sem preconceitos demonstra empatia mesmo quando aparenta simplesmente julgar objetivamente. A ligação entre essa empatia e a racionalidade é a ideia de *justiça*, que chega a funcionar, em certas pessoas, espontaneamente, quase como se fosse instintiva. Para o baixo pontuador, a discriminação racial viola o princípio básico da igualdade de todos os homens. Em nome dos direitos humanos, ele tende a se identificar com aqueles que são discriminados e que, portanto, apelam para seu próprio sentimento espontâneo de solidariedade em relação aos oprimidos.

Aqui estão alguns exemplos dessa configuração específica. *M113*, um "baixo pontuador religioso" cuja escala F mostra tendências mais altas e cuja escala PEC era ainda mais alta:

> (Problema em relação a minorias?) "Em um discurso no outro dia em uma Fala Pública eu disse que a democracia é principalmente respeito pelos grupos de minorias." (Ideias vagas, mal verbalizadas.) "Eles conseguiram um acordo injusto, como ocorre com a maioria das minorias."

Da mesma forma, para *M320*, um estudante de arquitetura paisagística de baixa pontuação consistente, o protesto contra as
323 injustiças funciona como uma // "racionalização" para a identificação emocional que, de outra forma, não poderia ser expressa:

> "Eu mesmo sou muito pró-negro. Acho que sou a favor de quase qualquer minoria que seja discriminada injustamente..." (E sobre o problema judaico?) "Eu não vejo por que deveria ser um problema. Eu acho que na Europa os judeus deveriam ter permissão para viver e ter seus negócios etc., o mesmo que qualquer outra pessoa."

Ou a jovem *F129*, também baixa em todas as escalas, uma pessoa um pouco tensa que, de acordo com o entrevistador, é levada por qualquer assunto perturbador – inclusive preconceito racial – a lágrimas e rubores:

> (E como você se sente em relação aos judeus?) "Por quê? Eu não me sinto de nenhuma forma em relação a eles a não ser chateada com o modo como eles são tratados. Há bons e maus em todas as

> raças, mas estou inclinada a ser ainda mais tolerante em relação às falhas de pessoas que são sempre perseguidas e criticadas." (Você poderia se casar com um judeu?) "Por quê? Claro, se eu tivesse me apaixonado por um." (Por que você acha que os judeus são perseguidos?) "Eu não sei, exceto que algumas pessoas têm que odiar."

Há indícios de que o forte senso de justiça dos baixos pontuadores não seja uma mera ideologia superficial, ou um meio de gratificação narcisista em seu próprio humanitarismo, mas que tenha uma base real dentro da personalidade e que só depois seja apresentado, por assim dizer, em termos teóricos. A empatia pelo oprimido leva à ação, às tentativas de corrigir em situações concretas e individuais o que é sentido como injustiça geral. Um caso pertinente foi o *5030* (ver p.262). Damos mais um exemplo: *F126*, que pontua baixo em E e PEC e apenas um pouco mais alto em F. É uma jovem bonita, "muito articulada e caprichosa, com muito encanto e humor". Estuda jornalismo e diz que seu verdadeiro desejo é fazer "escrita criativa":

> "Eu me lembro de quando estava no ensino médio e havia apenas um menino judeu em nossa classe. Estávamos sempre tendo festas e coisas e ele era deixado de fora. No começo eu nem entendi o motivo. Ele era um garoto muito legal, inteligente e bonito, mas o deixavam de fora porque era judeu. Bem, eu tomei como minha tarefa ser a sua amiga especial; não apenas o convidei para minhas festas, mas dei uma atenção especial a ele. Essa foi uma vez em que foi muito bom ser uma das crianças líderes. Os outros começaram a tratá-lo da mesma maneira e a partir de então ele era apenas um entre todos. Nunca fui capaz de suportar ver
> 324 // alguém sendo mau com os outros. Estamos todos no mesmo barco. Sempre fiz questão de conhecer negros e judeus. Eles tam-

bém falavam comigo francamente e eu certamente descobri quais são alguns dos problemas deles. Sempre que podia, eu falava deles também. Não diretamente sobre preconceito racial, mas boas histórias sobre negros, por exemplo. As pessoas têm tantas ideias erradas. Às vezes acho que não há esperança."

A atitude geral dos baixos pontuadores em relação aos judeus afeta profundamente sua avaliação dos chamados traços judaicos. Foi dito antes (p.196) que os altos pontuadores percebem o judeu de uma forma totalmente diferente: sua constituição psicológica funciona como um esquema de referência, mesmo para suas experiências cotidianas supostamente "imediatas". Algo semelhante se aplica, inversamente, aos não preconceituosos. No entanto, a dispersão e a desarticulação dos "traços judaicos" objetivos, complexos como o são, refletem-se na atitude dos baixos pontuadores não menos que nas várias projeções dos altos pontuadores. Há empatia universal entre os sujeitos sem preconceitos, mas não há unanimidade. Às vezes, eles tentam *explicar* os traços judaicos; às vezes, simplesmente negam sua existência; às vezes, assumem uma posição enfaticamente positiva e admiradora em relação a esses traços.

O método explicativo é aplicado à ideia mais difundida de um traço judaico, a de sectarismo, por *M202*, um engenheiro de construção de 35 anos com a menor pontuação possível em E, mas com certos desvios da figura usual dos baixos pontuadores com relação à PEC e também à F – uma pessoa que, segundo a entrevistadora, "é conservadora, mas não fascista".

Em resposta a uma pergunta sobre como ele caracterizaria os judeus, o sujeito respondeu que eles eram uma família muito unida, com certas características inatas como qualquer outro grupo racial. Por exemplo, os alemães "têm que sempre estar certos", os ingleses – aqui a entrevistadora interrompeu, apontando que ela queria saber o que ele achava dos judeus. Ele respondeu que os judeus não tinham sido aceitos em uma determinada sociedade e que isso os levou a se tornarem uma família muito unida. A razão para isso é que eles têm certas características. Quando lhe foi solicitado que fosse mais específico, sua resposta foi que eles têm uma tendência a não ter escrúpulos nos negócios. É claro que ele não os culpa porque provavelmente faria o mesmo se tivesse a chance e se fosse esperto o suficiente.

325 // Nesse caso, o desejo de "explicar", frequentemente um instrumento de racionalização, parece fazer a mediação entre a mente aberta [*broad-mindedness*], por um lado, e os poderosos estereótipos antiminorias, que ainda estão lá subjacentes à superfície, por outro. De fato, as desculpas pró-judaicas do sujeito são seguidas por uma história bastante hostil sobre uma suposta conspiração entre três licitantes judeus por uma grande quantidade de ferro-velho. A suposição de que a atitude explicativa pode às vezes encobrir a ambivalência parece ser corroborada por *M310*, um gerente assistente de uma agência de publicidade que pontuou baixo em todas as escalas. Não obstante, sua teorização pressupõe a aceitação do estereótipo da ganância judaica:

(Traços judaicos característicos?) "Bem, acho que é verdade que os judeus, como um grupo, são mais preocupados com dinheiro... Talvez porque foram perseguidos por tanto tempo... É uma pequena segurança em uma economia monetária, quer dizer, uma cultura de dinheiro. Alguma segurança para poderem se defender com o dinheiro. Também acho que eles são melhores do que a média dos gentios em ganhar dinheiro porque foram forçados a ser usurários durante a Idade Média etc."

Os indivíduos cujas pontuações estão no extremo mais baixo tendem, muitas vezes, simplesmente a *negar* a existência de quaisquer características judaicas, às vezes com uma violência que parece ser devida mais ao impacto de sua própria consciência do que a uma avaliação objetiva dos membros das minorias. Aqui os traços "neuróticos", que são frequentemente encontrados em sujeitos extremamente não preconceituosos, podem facilmente entrar em cena. O meio pelo qual eles tentam justificar a ausência de traços judaicos é a percepção dos mecanismos de projeção e estereotipia, isto é, dos fatores subjetivos que geram o antissemitismo.

M112, um "segundanista calmo, reservado e bem-educado de 18 anos", cujas pontuações nas escalas são todas baixas, simplesmente concorda com a teoria da "inveja".

> (Judeus?) "Não é um problema educacional neste caso. São apenas pessoas preconceituosas. Que querem manter os judeus fora de boas posições etc. As pessoas inventam histórias tresloucadas [*wild*], como a de que os judeus teriam muito dinheiro, controlam o país etc.; é só para mantê-los para trás." (Seus contatos?) "Nenhum negro na minha escola. Judeus eram como qualquer outra pessoa. Eu nunca soube que eles eram judeus se não tivessem me dito."

326 *I/5041* (cujas pontuações nas escalas são todas baixas), uma dona de casa de 59 anos que estudou para ser pianista profissional, combina a negação de traços judaicos com a referência a eras passadas e com a rejeição de generalizações ressentidas:

> "Acho que há um problema judaico – mas não acho que eles sejam diferentes... não que haja algo inerente a eles para que devam ser separados ou tratados diferentemente... Existem razões históricas para a sua perseguição... não é culpa deles. Bem, você não pode aplicar nenhum desses traços aos judeus como um grupo. Os judeus não são uma raça... Esses termos podem ser aplicados a alguns indivíduos, tanto a cristãos quanto a judeus... você tem algumas pessoas agressivas, mas elas não são agressivas porque são judias... geralmente é algo que a outra pessoa não gosta... dizem que eles parecem ser mais intelectuais e alguns têm sucesso, superam outros, isso causa ressentimento e então são chamados de agressivos..."

Um extremo de negação é alcançado pelo baixo pontuador "Tranquilo" ["*Easy-going*"], *M1206a*, do grupo da Escola Marítima, que "é uma pessoa altamente introspectiva e mostra muita inibição contra a rejeição de outra pessoa ou grupo, mesmo com base em princípios fundados na realidade". Suas pontuações em todas as escalas são baixas:

> (Traços mais característicos dos negros?) "Bem, não acho que exista tal coisa. Eles têm os mesmos traços que os brancos têm... Não acredito que nenhuma nacionalidade tenha qualquer característica..."

Às vezes, as emoções intensas por trás da negação dos traços judaicos encontram uma expressão algo irracional. *F125* (que pontua baixo em E e F, mas alto em PEC) é uma estudante que gostaria de se tornar professora de teatro e que acha "os filmes muito estereotipados". Sua indignação foi despertada pelo nosso próprio estudo.

> "Fiquei furiosa com algumas perguntas do seu questionário, especialmente sobre a atmosfera judaica. O povo irlandês e outros grupos nacionais dão uma atmosfera para o lugar em que vivem, mas apenas a atmosfera judaica é rotulada como algo ruim. Não acho que os modos de vida dos judeus sejam diferentes de forma nenhuma."

Se os sujeitos preconceituosos, por razões de conformidade geral e a fim de obter "confirmação social", frequentemente enfatizam que praticamente todo mundo é antissemita, alguns baixos pontuadores chegam não somente a negar a existência de traços judaicos, mas negam até mesmo o antissemitismo. Um caso em questão é a pessoa um pouco confusa *M115*, ca-
327 racterizada como um típico // homem de fraternidade conservador e convencional que, no entanto, está dentro do quartil inferior na escala F, embora no quartil médio em E e no quartil superior em PEC:

> (E sobre o problema judaico?) "Não há muita perseguição agora nos Estados Unidos. Não deveria haver nenhuma. A única razão para se perseguir o judeu é que ele é mais esperto do que os outros, até onde eu posso ver."

Quanto à apreciação das qualidades específicas dos judeus e de outras minorias, contentamo-nos com dois exemplos que podem lançar alguma luz em áreas significativas. *F128* é uma garota de 17 anos, que pontua baixo em F e PEC, mas um pouco mais alto em E. Ela está estudando serviço social e é interessada no bem-estar infantil, mas não em "uma carreira profissional específica":

"Acho que tive uma educação melhor do que muitas pessoas. Recebemos negros em nossa casa desde que me lembro. Conheci todos os tipos de pessoas – muitas delas pessoas muito excêntricas – em grupos de música e arte. Os primeiros bons amigos que tive eram meninos e meninas judias. Não sei por que algumas pessoas odeiam negros e judeus. Em relação ao povo judeu talvez elas tenham um pouco de medo porque muitos judeus são mais espertos do que outras pessoas."

O elemento interessante dessa afirmação está contido na palavra "excêntrico". Refere-se ao que é "diferente", ao que é marcado como ligeiramente anormal por padrões de conformidade, mas que expressa individualização, o desenvolvimento de traços humanos que não foram pré-formados, por assim dizer, pela maquinaria social da civilização contemporânea. Para esse sujeito, a própria "estranheza" das minorias em relação aos padrões rígidos da sociedade de massa altamente organizada de hoje representa o humano, que ela de resto poderia achar que está faltando entre as "pessoas corretas". O "fracasso" dos judeus em se tornarem completamente absorvidos pelo clima cultural americano mostra-se como um mérito a esse sujeito, como um triunfo da autonomia e resistência contra o impacto nivelador do "caldeirão de culturas".

5050, um comentarista de notícias em uma rádio com afiliações políticas progressistas, que pontua baixo em todas as três escalas, nega a existência de traços judaicos, mas enfatiza um ponto raramente reconhecido: a paciência das minorias em face da perseguição. Seu elogio a essa atitude na verdade contém um elemento de crítica que pode, pela implicação da co-
328 vardia, ser indicativo de // alguma hostilidade oculta. Ele culpa

as minorias por razões políticas, já que elas não adotam uma posição mais enérgica contra a reação americana:

> Ele tenta sempre mostrar que não há os chamados "traços judaicos" e que pessoas como as descritas por Budd Schulberg em *O que faz Sammy correr?*[14] podem aparecer e de fato aparecem com frequência entre os gentios. Então ele geralmente aponta para um homem como Rankin ou Bilbo como um exemplo de um "gentio" desagradável. "Admiro o povo negro e o povo judeu por sua grande paciência em engolir a discriminação... se eu estivesse no lugar deles, começaria uma luta realmente militante contra os opressores". Ele ainda acha que muitos judeus e negros são muito apáticos e deixam a luta para outras pessoas... Acha que se os judeus estivessem mais alertas, Hitler poderia ter sido interrompido ou pelo menos impedido de perpetrar as atrocidades extremas. Afirmou repetidamente que todas as formas de discriminação podem e devem ser eliminadas por *ação política direta*.

Uma última característica da atitude dos não preconceituosos em relação às questões das minorias deve ser mencionada: a ausência de fatalismo. Não apenas sujeitos não preconceituosos, no âmbito de suas convicções conscientes, parecem ser contrários a ideias como as da inevitabilidade da maldade humana ou da natureza perene de quaisquer traços de caráter; em um nível mais profundo, como sugerido nos capítulos XIV e XV, eles parecem estar relativamente livres de ânsias [*urges*] destrutivas e fantasias punitivas. Olham para as coisas de uma ma-

14 Romance inspirado em fatos reais sobre a história de vida de um garoto judeu nascido em Nova York que decide sair do gueto e enriquecer por meio de enganações e traições. (N. T.)

neira histórica e sociológica, em vez de hipostasiar o existente como algo dado em definitivo. Esse ponto de vista se expressa também em sua noção das relações futuras entre maioria e minoria. *5008*, que pontua baixo em E, no quartil médio em F e alto em PEC, é uma mulher de meia-idade que trabalhou como *ghost writer*, depois como agente literária e agora está empregada como secretária de um programa de rádio. Em consonância com a rejeição dos estereótipos pelos baixos pontuadores, ela vê a solução do problema do antissemitismo, ainda que ingenuamente, no estabelecimento de contatos pessoais.

> **329** // Ela não deseja nada além de boas coisas aos imigrantes e refugiados inteligentes que vieram para cá recentemente, mas acha que muitos deles têm sido indesejados. Em relação aos negros, ela relata que, como republicana, acredita que a posição deles deveria ser muito melhor, mas diz que esse é um problema difícil. No que diz respeito aos judeus, diz: "Antes de ir trabalhar, eu provavelmente tinha um leve sentimento antijudaico", mas em vários cargos nos quais trabalhou com e para os judeus, achou-os pessoas muito encantadoras, inteligentes e interessantes. Acha que o problema racial que mais necessita de solução é o antissemitismo e acha que, se mais "antissemitas se misturassem com os judeus do jeito que eu fiz", isso poderia ser evitado. Ela acredita na FEPC e acha que a discriminação socioeconômica deve ser proibida. Quando foi apontado que essa é mais uma noção política típica do New Deal, ela simplesmente disse: "Bem, ele não pode ser de todo ruim".

Essa atitude que enfatiza a espontaneidade humana e a liberdade de ação em vez de leis da natureza rígidas e autoritárias não leva, no entanto, ao "otimismo oficial". A sensibilidade dos sujeitos sem preconceitos ao sofrimento dos seres humanos, sua compaixão, torna-os profundamente conscientes dos perigos da perseguição racial. É o alto pontuador que diria "Isso não pode acontecer aqui", aparentemente se desprendendo do curso "objetivo" da história com o qual ele realmente se identifica; o baixo pontuador sabe que isso pode acontecer, mas quer fazer algo a respeito.

5058, que pontua baixo em todas as três escalas, é um veterano de 29 anos de idade, pertencente à classe média-alta, cuja principal identificação é com os "liberais" e "intelectuais".

> Ele está muito preocupado com o problema dos grupos de minorias neste país. "Falo muito sobre isso – na esperança de reduzir o preconceito e encorajar a tolerância. Na verdade, eu me sinto tão preocupado com isso que estaria quase disposto a me estabelecer na *Pershing Square*.[15] Tentei fazer uma pequena cruzada na Marinha, mas sem muito sucesso." O sujeito é muito pessimista quanto à possibilidade de uma solução para o "problema das minorias", que parece resultar em grande parte de sua incapacidade de modificar as opiniões das pessoas com quem discutiu. Acha que a aversão aos judeus está aumentando porque ouviu mais coisas contra eles ultimamente. "Claro que isso pode ser porque estou mais exposto a isso ultimamente, tanto quando eu estava na Marinha quanto no meu trabalho atual". Não acha que os judeus tenham muita influência neste país nem acredita que os judeus sejam uma força política na América. Tem certeza que eles fizeram sua parte no esforço da guerra. Quando questionado sobre "traços judaicos bá-
> **330** sicos", ele não // foi capaz de responder, pois para ele esse termo não significa praticamente nada. "Os judeus são todos tão dife-

15 Praça de Los Angeles, onde, durante a Segunda Guerra Mundial, ocorriam manifestações, comícios e recrutamento de soldados. (N. T.)

rentes uns dos outros que não podemos falar de haver algo 'basicamente judeu' neles."

J. Conclusão

Já foi dito muitas vezes que o antissemitismo funciona como ponta de lança das forças antidemocráticas. A frase soa um pouco banal e apologética: a minoria mais imediatamente ameaçada parece fazer uma tentativa ávida de conseguir o apoio da maioria, alegando que é o interesse desta última, e não o seu, que realmente se encontra em perigo hoje. Olhando em retrospecto, no entanto, no material sondado neste e em outros capítulos, é preciso reconhecer que existe uma ligação entre o antissemitismo e o sentimento antidemocrático. É verdade que aqueles que desejam exterminar os judeus não desejam, como se afirma às vezes, exterminar consecutivamente os irlandeses ou os protestantes. Mas a limitação dos direitos humanos, que é consumada em suas ideias de um tratamento especial dos judeus, não apenas implica logicamente a abolição definitiva da forma democrática de governo e, portanto, da proteção legal do indivíduo, como é, com frequência, muito associada conscientemente, por entrevistados de alta pontuação, a ideias abertamente antidemocráticas. Concluímos este capítulo com dois exemplos do que parecem ser as inescapáveis consequências antidemocráticas do antissemitismo. *M106*, um homem que pontua alto nas escalas E, F e PEC, ainda finge ser democrático; mas não é difícil inferir o que se encontra no fundo de sua mente:

> "O plano de Hitler – bem, Hitler levou as coisas um pouco longe demais. Havia algumas justificativas – algumas são ruins,

> mas não todas. Mas Hitler seguiu a ideia de que uma maçã podre no cesto estragaria todo o resto delas." Ele não aprova a perseguição implacável. "Se Hitler tivesse lidado com os judeus como um grupo de minoria, se os tivesse segregado e definido certos padrões para eles viverem, haveria menos problemas para Hitler agora." (Há o mesmo problema neste país agora?) "Há o mesmo problema, mas é tratado de modo muito melhor porque nós somos um país democrático."

Embora a sugestão de que uma minoria seja segregada per-
331 maneça incompatível com os conceitos básicos do mesmo // "país democrático" do qual o sujeito professa ter orgulho, a metáfora da maçã podre no cesto evoca o imaginário dos "germes malignos" que é associado com regularidade assustadora ao sonho de um germicida eficaz.

A perversão de um assim chamado democrata se manifesta em *5019*, outro homem cujas pontuações nas escalas são todas altas. Ele é um trabalhador de 20 anos, caracterizado acima de tudo pela aceitação cega e autoritária de sua humilde posição na vida. Ao mesmo tempo, "não gosta de pessoas tímidas" e tem "grande admiração por verdadeiros líderes":

> O entrevistado acredita que as "leis da democracia deveriam favorecer as pessoas brancas e gentias", mas ele "não perseguiria os judeus abertamente da mesma forma como o programa de Hitler os tratou".

A reserva da segunda sentença é desautorizada pela veemência das condenações expressas na primeira.

332 # // Capítulo XVII
Política e economia no material das entrevistas[I]

A. Introdução

As descobertas do questionário sobre ideologia política e econômica foram analisadas no Capítulo V. Agora, é nossa tarefa estudar o material das entrevistas referente aos mesmos tópicos. O objetivo é, em primeiro lugar, concretizar nossa compreensão dessas ideologias. Se investigamos, no Capítulo V, as respostas de nossos sujeitos a uma série de ideias e *slogans* políticos e econômicos padronizados com os quais eles são confrontados diariamente, tentaremos agora formar uma imagem do que eles realmente pensam – com a qualificação de que também devemos descobrir se temos o direito de esperar opiniões autônomas e espontâneas da maioria deles. É óbvio que a resposta a tais problemas, a menos que estes sejam transformados no próprio núcleo da pesquisa, somente pode ser dada de maneira menos rigorosa do que no caso da análise quantitativa das respostas do questionário; ademais, os resultados são

I Tradução de Virginia Helena Ferreira da Costa.

de natureza mais aproximativa. Seu poder de convencimento está mais na consistência de interpretações específicas diante de fatos previamente estabelecidos do que em qualquer "prova" indiscutível de que um ou outro dos mecanismos ideológicos sob análise prevalece na maioria dos sujeitos ou no interior de certos grupos.

Mais uma vez, nossas interpretações da ideologia vão além do campo da opinião superficial e serão relacionadas aos resultados psicológicos deste estudo. Não é nosso objetivo apenas adicionar um pouco de substância aos dados. Como afirmado nas observações introdutórias a esta parte, preferimos compreender as ligações entre as opiniões ideológicas e os determinantes psicológicos. Não alegamos que a psicologia é a causa e a ideologia o efeito. Mas tentamos inter-relacionar ambas o
333 mais intimamente // possível, guiados pela suposição de que as irracionalidades ideológicas, assim como outras irracionalidades do comportamento humano explícito, são concomitantes com conflitos psicológicos inconscientes. Vasculhamos o material das entrevistas com especial atenção a tais irracionalidades e a afirmações que revelam algo sobre a dinâmica da personalidade. O estabelecimento de configurações plausíveis envolvendo tanto a motivação dinâmica quanto a racionalização ideológica nos parece ser o principal meio de alcançar essa consistência da qual a evidência das discussões a seguir depende em grande parte. Os dados discutidos até agora permitem ao menos a suposição de que a personalidade poderia ser considerada como *um* determinante da ideologia.

No entanto, é justamente a área com a qual estamos agora preocupados que proíbe fortemente qualquer redução simples aos termos da personalidade. Nosso constructo do "caráter potencialmente fascista" foi amplamente baseado na divisão entre pontuadores altos e baixos. Ao mesmo tempo que essa divisão mantém seu valor em numerosos tópicos de ideologia política e econômica e pode ser justificada, em um nível mais profundo, provavelmente para *todas* as questões ideológicas, parece estar em ação um outro determinante que, em numerosas questões, embaça a distinção entre pontuadores altos e baixos e que se recusa a ser delimitado inequivocamente em termos de personalidade. Esse determinante pode ser chamado de nosso clima cultural geral e, mais particularmente, da influência ideológica da maioria dos meios de comunicação sobre as pessoas para moldar a opinião pública. Se nosso clima cultural foi padronizado sob o impacto do controle social e da concentração tecnológica em uma extensão nunca antes conhecida, podemos esperar que os hábitos de pensamento dos indivíduos reflitam essa padronização, assim como ocorre com a dinâmica de suas próprias personalidades. Essas personalidades podem, de fato, ser o produto dessa mesma padronização em um grau muito mais alto do que um observador ingênuo é levado a acreditar. Em outras palavras, temos que supor uma espécie de "padrão geral" ideológico em nossos entrevistados que, embora não seja de modo algum indiferente à dicotomia dos pontuadores altos e baixos, transcenda seus limites. Nossos dados fornecem ampla evidência de que tal padrão ideológico geral existe de fato.

É uma questão importante para este capítulo se esse padrão ideológico geral – talvez até mais do que a suscetibilidade es-
334 pecífica // de nossos altos pontuadores à propaganda fascista – não implicaria um perigo de se ter seguidores em larga escala de movimentos antidemocráticos caso estes emerjam com apoio poderoso.

A importância desse diagnóstico, caso ele seja corroborado suficientemente por nossos dados, é autoevidente, sua implicação mais imediata sendo a de que a luta contra tal potencial geral não pode ser travada apenas pela educação, em um nível puramente psicológico, mas requer ao mesmo tempo mudanças decisivas daquele clima cultural que contribui para o padrão geral. Metodologicamente, a importância desse aspecto do nosso estudo reside no fato de que ele relativiza, de certa forma, a distinção entre os que pontuam alto e baixo; essa distinção, caso tomada como absoluta, pode facilmente levar a um viés "psicologizante" que negligenciaria as forças sociais supraindividuais objetivas que operam em nossa sociedade.

A introdução do conceito de um padrão geral justamente nesse campo ideológico pode parecer paradoxal à primeira vista. Como a maioria das questões políticas e econômicas é evidente e relativamente simples em referência à divisão contundente entre progressismo e reacionarismo, deve-se esperar que a diferença seja particularmente marcada aqui. Isso, no entanto, não é confirmado pelos fatos. É difícil escapar da impressão de que há muito mais uma real semelhança entre os pontuadores altos e baixos na seção política e econômica das entrevistas do que em partes mais remotas e complicadas. Decerto, há alguns tópicos que são tão claramente discriminantes como algumas das ideias antissemitas mais extremas discutidas no capítulo anterior. Mal se precisa fazer alguma pesquisa para estabelecer que os altos pontuadores tendem a ser anti-Roosevelt e os baixos pontuadores pró-Roosevelt, que os altos pontuadores mais frequentemente querem uma política externa "forte" e que os baixos pontuadores são a favor de uma reconciliação, que os altos pontuadores rejeitam com in-

dignação o comunismo e os baixos pontuadores tendem a discuti-lo em um plano mais argumentativo. No entanto, há um grande número daquilo que pode ser chamado de constituintes mais formais da ideologia política que parece permear todo o padrão ao contribuir, a partir de sua própria dinâmica, para as persuasões reacionárias e potencialmente fascistas. Aqui pertencem, como será discutido em detalhes, a ignorância geral
335 e a confusão em questões políticas, os hábitos de // "pensamento de *ticket*" e "personalização", o ressentimento contra os sindicatos, contra a interferência governamental nos negócios, contra as limitações de renda e uma série de outras tendências.

A existência de tal padrão geral na política não se mostra surpreendente quando se considera todo o contexto de nosso estudo. De fato, o problema em si é derivado de nossas descobertas quantitativas. Após a nossa aplicação da escala PEC, não se pode esperar uma relação próxima entre política e antissemitismo. O Capítulo V forneceu a evidência de que a correlação da PEC com o antissemitismo ou com o etnocentrismo nunca foi muito alta. Havia alguns sujeitos que pontuaram alto na PEC, mas baixo na E; outros, alto na E, mas mediano ou baixo na PEC. Isto significa que, nessa área particularmente, não podemos falar em termos categóricos de pontuadores altos *vs.* baixos. Veremos se isso será confirmado ao considerarmos as entrevistas: procuramos saber tanto o que o enfraquecimento de nossa distinção básica significa qualitativamente, quanto se, e como, ainda podemos fazer uma boa diferenciação nesse quesito.

Se uma tendência que diferencia estatisticamente os pontuadores altos e baixos em E – os "altos" pontuando mais alto nessa escala – aparece muito frequentemente nas entrevistas de todos os sujeitos, então devemos concluir que esta é uma tendência na própria cultura. Neste capítulo, estaremos particularmente preocupados com essas características marcantes. A evidência de que estas são potencialmente fascistas é o fato de que elas "se correlacionam" estatística e psicologicamente – e em todos os outros aspectos – com as pontuações altas da escala; se elas também aparecem com considerável frequência nas entrevistas dos baixos pontuadores, deve ser porque estamos vivendo em tempos potencialmente fascistas.

Se um sujeito pontua baixo em *todas* as escalas, mas ainda assim mostra tendências que parecem potencialmente fascistas, então pode-se dizer que as escalas e outras técnicas não cobrem tudo, que o fascismo potencial dessas tendências é hipotético dentro do alcance que a evidência estatística pode demonstrar, e que se pode realizar um estudo empírico para ver se isso realmente se correlaciona com o que sabemos do sujeito. Esperamos que nossa discussão ao menos lance alguma luz sobre esse problema metodológico.

No que se refere à diferenciação entre os que pontuam alto
336 e baixo, // é óbvio que um padrão geral necessitaria de caracterizações mais diferenciadas do que as anteriormente empregadas. Isso pode ser sugerido apenas ocasionalmente ao longo deste capítulo. Às vezes, os altos e baixos pontuadores são semelhantes no que eles dizem em termos político-econômicos, mas diferentes de uma maneira mais sutil; assim como às vezes eles são superficialmente diferentes, mas semelhantes em relação a tendências latentes.

Fatos políticos e econômicos estão sujeitos a mudanças rápidas. Isso é particularmente verdadeiro para os últimos anos. Quando o nosso material foi reunido, principalmente ao longo de 1945, a Rússia era uma aliada; hoje, a tensão entre este país e a União Soviética ofusca todas as outras questões. Tais mudanças tornam difícil e precária uma interpretação válida da ideologia política. Assim, pode muito bem ser que os sentimentos antirrussos, que em 1945 eram parte integrante de um padrão geral de reacionarismo em grande parte condicionado subjetivamente, sejam de natureza muito mais "realista" hoje, ou pelo menos eles se insiram em grande parte no interior do "padrão geral", sendo menos diferenciadores *per se* entre os pontuadores altos e os baixos. Além disso, provavelmente o típico alto pontuador se tornou ainda mais articulado em relação à Rússia. É difícil imaginar que Mack ainda afirmaria que "Joe" Stalin era bom. Nossa interpretação, é claro, teve que se ater à situação de 1945 para dar uma imagem adequada da relação entre ideologia e os fatores da personalidade. No entanto, deve ser enfatizado que a escala PEC, bem como seu desdobramento nas entrevistas, depende em um grau muito maior de eventos externos do que as outras escalas. É por isso que nunca esperamos que as correlações da PEC com E e F sejam muito altas e é bem possível que, sob as novas circunstâncias políticas, o direcionamento de algumas das relações mais superficiais possa ter mudado. A ideologia é tão sensível à dinâmica política que até mesmo algumas interpretações formuladas comparativamente mais tarde, quando a maior parte do capítulo foi escrita, deveriam ser contemporizadas na época da publicação. No entanto, podemos afirmar que a tendência geral dos eventos estava inteiramente de acordo com as formulações gerais abarcadas na discussão a seguir.

337 // No que diz respeito à organização do capítulo, trataremos primeiro dos constituintes mais formais da ideologia política

e econômica e posteriormente de uma série de questões políticas específicas. O problema do padrão cultural geral *versus* diferenciação psicológica ocorre em ambas as seções, embora as pressuposições do padrão geral pertençam principalmente à primeira.

B. Constituintes formais do pensamento político

1. *Ignorância e confusão*[2]

A avaliação das afirmações políticas contidas em nosso material das entrevistas deve ser considerada em sua relação com a ignorância e confusão generalizadas de nossos sujeitos em assuntos políticos, um fenômeno que pode muito bem superar o que até mesmo um observador cético poderia ter antecipado. Se as pessoas não sabem do que estão falando, o conceito de "opinião", que é básico para qualquer abordagem da ideologia, perde muito do seu significado. Isso não implica que o material se torne insignificante, mas sim que ele não pode ser interpretado por categorias factuais, devendo estar relacionado à estrutura sociopsicológica do sujeito investigado. Em outras palavras, o próprio material requer uma análise da personalidade que marca a estratégia geral de nossa pesquisa. É à luz dessa análise que a ideologia de nossos sujeitos deve agora ser reavaliada.

2 Após a conclusão do estudo, o autor deste capítulo tomou conhecimento do pertinente artigo de R. H. Gundlach, Confusion among Undergraduates in Political and Economic Ideas, *Journal of Abnormal and Social Psychology*, v.32, p.357-67, 1937. (N. A.)

Embora a ignorância e a confusão marquem as afirmações políticas de altos e baixos pontuadores, elas não são, de modo nenhum, "neutras" no que diz respeito ao problema da suscetibilidade à propaganda fascista. Nossa impressão geral é que a ignorância e a confusão são mais difundidas entre os altos
338 pontuadores do que entre os baixos. // Isso seria consistente
com as nossas observações anteriores sobre a atitude geral "anti-intelectual" dos altos pontuadores. Além disso, o otimismo oficial do alto pontuador tende a excluir aquele tipo de análise crítica das condições existentes da qual depende o julgamento político racional. Um homem que é propenso a se identificar *a priori* com o mundo tal como é tem pouco incentivo para penetrá-lo intelectualmente e distinguir entre essência e superfície. O viés "prático" dos altos pontuadores, seu distanciamento emocional de tudo o que está além de seu raio de ação bem definido, é outro fator que contribui para seu desinteresse e falta de conhecimento político. Seja como for, há razões para acreditar que a própria ignorância funciona em favor de tendências reacionárias gerais. Essa crença, baseada em observações consistentes particularmente em todas as áreas rurais atrasadas, foi resumida pelo velho ditado socialdemocrata alemão de que o antissemitismo é o "socialismo dos idiotas". Todos os movimentos fascistas modernos, incluindo as práticas dos demagogos americanos contemporâneos, visaram aos ignorantes; eles conscientemente manipularam os fatos de uma maneira que só poderia ser bem-sucedida com aqueles que não estavam familiarizados com os fatos. A ignorância em relação às complexidades da sociedade contemporânea contribui para um estado de incerteza geral e angústia, que é o terreno fértil ideal para o tipo

moderno de movimento de massa reacionário. Tais movimentos são sempre "populistas" e maliciosamente anti-intelectuais. Não é por acaso que o fascismo nunca desenvolveu uma teoria social consistente, mas denunciou persistentemente o pensamento e o conhecimento teóricos como "alienação das bases". A existência de tal ignorância e confusão como encontramos nas entrevistas dos sujeitos, particularmente quando consideramos o nível educacional relativamente alto que eles como grupo representam, deve ser considerada assustadora, não importando se os sujeitos em questão pontuam alto ou baixo em nossas escalas. A configuração da habilidade técnica e o "realismo" do "só cuidar de si mesmo", por um lado, e da recusa obstinada em penetrar intelectualmente a realidade, por outro, constitui o próprio clima no qual os movimentos fascistas po-
339 dem prosperar. Onde tal // perspectiva prevalece, uma situação crítica pode facilmente levar à aceitação geral de fórmulas que hoje ainda são consideradas prerrogativas do "lunático extremo" ["*lunatic fringe*"].

Às vezes a ignorância é explicitamente comentada pelos nossos entrevistadores. Mas, mesmo que não consideremos a impressão deles como uma prova suficiente, há evidências bastantes no material, seja porque as afirmações revelam uma surpreendente falta de informação, seja porque o entrevistado confessa seu desinteresse pela política ou sua falta de conhecimento. Essa última atitude, a propósito, é particularmente frequente nas mulheres e muitas vezes é acompanhada de afirmações autoacusatórias.

É difícil distinguir entre a simples ignorância e a confusão, quer dizer, entre o estado de simplesmente não conhecer os fatos e o estado que existe quando pessoas sem treinamento intelectual suficiente ficam confusas sob o incessante ataque de todos os tipos de comunicação de massa e propaganda e não sabem o que fazer com os fatos que se apresentam. É como se a confusão fosse o efeito da ignorância: como se aqueles que não sabem, mas que se sentem de alguma forma obrigados a ter opiniões políticas por causa de uma vaga ideia sobre as exigências da democracia, se servissem de modos de pensar grosseiros e às vezes de um blefe explícito [*forthright bluff*].

As poucas citações a seguir foram tomadas ao acaso como ilustrações de um fenômeno quase universal, a não ser pelos muito poucos casos excepcionais de pessoas que têm um interesse consciente e explícito pela política.

Um exemplo de ignorância, encoberto pela fraseologia pomposa, é a seguinte afirmação de *M117*, um homem de baixa pontuação do grupo de Extensão Universitária. É um marinheiro semieducado com passagem pelo ensino médio, que lê muito, mas é confuso no geral.

> (Cenário político americano?) "Temos uma boa base para o nosso sistema político. A maioria das pessoas não está interessada nem preparada o suficiente para entender de política, de modo que a maior parte da política dos EUA é governada pelo sistema capitalista."

Para esse homem, a existência ou inexistência do capitalismo neste país é simplesmente uma questão de "educação".

Um "falastrão" [*bluffer*] é o veterano *M732c*, um homem
340 que pontua alto, com // ensino médio concluído, que sempre começa a falar com frases que soam atualizadas, mas raramente as termina:

(O que ele pensa das tendências políticas de hoje?) "Eu diria que agora estamos em uma situação muito triste. Pior do que há dois anos – bem, a situação com a Rússia no Irã – e essas greves que estão surgindo – precisa-se de uma boa dose de estadismo para se consertar o mundo..."

As afirmações do sujeito estão repletas de qualificações e evasões:

"Eu acho que de alguma forma eles (isto é, os sindicatos) estão progredindo de certa forma, mas de outras formas não estão. Acho que todas as coisas vão dar certo. Mas eu realmente acho que eles não deveriam entrar na política... Não sou muito bem versado nisso..."

Quando questionado sobre as ameaças mais perigosas para a atual forma de governo:

"Bem, vamos ver... bem, podemos ter outra guerra nos EUA. Já que os EUA são um enorme caldeirão de culturas... Imagino que nos EUA há muitas pessoas que odiaram ver Hitler morrer e são pró-Alemanha – e talvez um desses grupos pequenos... se disseminará."

Um prisioneiro de San Quentin, *M621A*, que pontua baixo nas escalas E e PEC e médio em F, considera a Rússia a ameaça mais perigosa. Quando questionado sobre o que deve ser feito, ele responde:

"Bem, as pessoas deveriam limitar os partidos políticos para pelo menos dois grupos e não ter todos esses socialistas e comunistas etc." (O que fazer com socialistas e comunistas?) "Bem, eles ainda podem acreditar em seu próprio ideal... que eles tenham uma voz na eleição, mas não deve ser permitido que eles tenham algum poder." (Você quer dizer que eles não devem ser autorizados a apresentar candidatos?) "Não, a menos que eles obtenham uma maioria."

Um dos exemplos mais extremos é a mulher *F121*, que pontua alto, "nunca foi boa em atividades escolares" e aparentemente teve muito pouca educação geral.

> Não interessada, não informada. Pensa que Roosevelt tem sido bom e deveria nos resguardar durante a guerra. Sobre outras coisas não tem opiniões. Ela havia escrito ao lado do questionário, quando questionada sobre partidos políticos: "Não conheço esses partidos".

Mais uma vez, *5016*, uma dona de casa, ensino médio concluído, que pontua alto em F e E, mas médio em PEC, referida pelo entrevistador como "sendo de inteligência moderadamente alta", diz:

> "Ouvi dizer que comunistas e socialistas são ambos maus."

341 // Em contraste, *5052*, um *entertainer* negro-hispânico, que pontua alto em F e PEC, médio em E, tem sua própria opinião sobre o comunismo e aparentemente alguma empatia pelos comunistas, mas sua opinião não é menos surpreendente:

> "Todas as pessoas no mundo do entretenimento que são comunistas são boas pessoas."

Em outro questionamento, diz que, de acordo com sua opinião,

> "o comunismo parece ser uma espécie de clube social que realiza reuniões e arrecada dinheiro para causas dignas".

Algo excepcional é a afirmação da garota de programa que pontua moderadamente, *5035*, e que, antes de escolher a profissão de prostituta foi estudante da Universidade da Califórnia. Ela tem forte interesse em atividades sindicais e de fato perdeu seu antigo emprego como professora de dança por causa de tais atividades, mas se recusou a responder perguntas sobre grupos políticos no questionário, para o que ela dá a seguinte explicação:

> "Estou muito confusa sobre política porque eu falo muito sobre isso com nossos clientes aqui e todos eles têm opiniões diferentes. Foi uma luta para eu passar em economia na faculdade."

Em questões práticas, no entanto, suas opiniões são muito liberais e até radicais.

A atitude de autoacusação das mulheres em relação a questões políticas parece ser mais comum entre as médias e baixas pontuadoras; isso é consistente com a atitude introspectiva e autocrítica geral destas últimas.

Um exemplo é a estudante de 17 anos de serviço social, *F128*, que pontua médio em E e F, mas alto em PEC:

> "Eu estou um pouco envergonhada em relação a esse assunto. Odeio ser ignorante sobre qualquer coisa, mas francamente eu

não sei nada sobre política. Sou pró-Roosevelt, é claro, mas não acho que desenvolvi nenhuma ideia própria. Minha mãe e Jim falam sobre as coisas, mas é principalmente sobre agências de assistência social. Eu pretendo ler muito e pensar muito sobre as coisas porque acredito que todas as pessoas inteligentes devem ter ideias."

Interessante também é a baixa pontuadora *F517*, uma estudante caloura de 20 anos que está se especializando em música, que se acusa de ignorância e dependência, embora sua atitude
342 geral, particularmente // no que diz respeito a questões sobre minorias, mostra que ela é bastante articulada e sincera e que difere de seus pais.

> "Eu não sei muito sobre isso. Sou bastante dependente – tomo minhas opiniões do meu pai. Ele é um republicano teimoso. Ele não gostava de Roosevelt, mas eu acho que ele fez algumas coisas boas (como tornar as coisas melhores para os pobres)."

Seria ultrapassar o escopo do presente estudo tentar uma explicação completa da ignorância política, em tão impressionante contraste com o nível de informação em muitos outros assuntos e com a maneira altamente racional pela qual a maioria de nossos sujeitos decide sobre os meios e fins de suas próprias vidas. A razão última para essa ignorância pode muito bem ser a opacidade da situação social, econômica e política para todos aqueles que não estão no comando completo de todos os recursos do conhecimento acumulado e do pensamento teórico. Em sua fase atual, nosso sistema social tende objetiva e automaticamente a produzir "cortinas" que tornam im-

possível para a pessoa ingênua realmente ver o que acontece. Essas condições objetivas são reforçadas por poderosas forças econômicas e sociais que, proposital ou automaticamente, mantêm as pessoas ignorantes. O próprio fato de que nosso sistema social se encontre na defensiva, por assim dizer, que o capitalismo, em vez de se expandir da forma antiga e abrir inúmeras oportunidades para as pessoas, tem que se manter meio que precariamente e bloquear ideias críticas que eram consideradas "progressistas" cem anos atrás, mas que hoje são vistas como potencialmente perigosas, leva a uma apresentação unilateral dos fatos, a informações manipuladas e a certas mudanças de ênfase que tendem a deter o esclarecimento universal que, de outro modo, teria sido promovido pelo desenvolvimento tecnológico das comunicações. Mais uma vez, como na era da transição do feudalismo para a sociedade burguesa, saber demais assumiu um toque subversivo, por assim dizer. Essa tendência de alguma forma vai ao encontro do esquema mental "autoritário" de grandes setores da população. A transformação do nosso sistema social de algo dinâmico em algo conservador, um *status quo*, que luta por sua perpetuação, é refletida pelas atitudes e opiniões de todos aqueles que, por conta de interesses estabelecidos ou de condições psicológicas,
343 identificam-se com a configuração existente. // A fim de não minar seu próprio padrão de identificação, eles inconscientemente não *querem* saber demais e estão prontos para aceitar informações superficiais ou distorcidas, desde que confirmem o mundo no qual querem continuar vivendo. Seria errôneo atribuir o estado geral de ignorância e confusão em questões políticas à estupidez natural ou à "imaturidade" mitológica do povo. A estupidez pode ser devida a repressões psicológicas

mais do que a uma falta básica da capacidade de pensar. Só assim, parece, o baixo nível de inteligência política, mesmo entre nossa amostra universitária, pode ser compreendido. Eles acham difícil pensar e até mesmo aprender porque têm medo de ter pensamentos errados ou aprender coisas erradas. Pode-se acrescentar que esse medo, provavelmente amiúde devido à recusa do pai em contar à criança mais do que se supõe que ela é capaz de compreender, é continuamente reforçado por um sistema educacional que tende a desencorajar qualquer coisa supostamente "especulativa" ou que não possa ser corroborada por descobertas superficiais e apresentadas em termos de "fatos e números".

A discrepância causada pela ausência de formação política e pela abundância de notícias políticas com as quais a população é inundada e que pressupõem, real ou ficticiamente, tal formação é apenas um entre os muitos aspectos dessa condição geral. Em referência ao foco específico de nossa pesquisa, dois aspectos da ignorância política podem ser enfatizados. Um é que ser "inteligente" hoje significa, em grande parte, cuidar de si mesmo, cuidar de suas vantagens, ao passo que, para usar as palavras de Veblen, "a curiosidade ociosa" é desencorajada. Uma vez que a pertinência das questões econômicas e políticas para a existência privada, no entanto, ainda é largamente obscura para a população, as pessoas não se importam com coisas que aparentemente têm pouca influência em seu destino e sobre as quais não têm – e disso são vagamente conscientes – muita influência.

O segundo aspecto da ignorância que deve ser enfatizado aqui é de natureza mais psicológica. Notícias e comentários políticos, como todas as outras informações veiculadas pelo rá-

dio, imprensa e noticiários, são geralmente absorvidos nos momentos de lazer e se encontram, de certa forma, enquadrados
344 como // "entretenimento". A política é vista da mesma maneira que o esporte ou o cinema, não como algo diretamente ligado com a própria participação no processo de produção. Visto dentro desse esquema de referência, no entanto, a política é necessariamente "decepcionante". Ela aparece para as pessoas, condicionadas por uma cultura industrial e seus tipos específicos de "valores de entretenimento", como monótona, fria, seca – como chata. Isso pode ser reforçado por aquela corrente subjacente à tradição americana que considera a política de alguma forma como um negócio sujo com o qual uma pessoa respeitável deve ter pouca relação. O desapontamento com a política como uma atividade de lazer que não gera retornos rápidos provavelmente produz indiferença e é bem possível que a ignorância predominante se deva não apenas à falta de familiaridade com os fatos, mas também a uma espécie de resistência contra o que deveria servir como um passatempo e que em geral tende a ser desagradável. Um padrão mais frequentemente observado, talvez, entre as mulheres, qual seja, pular as seções políticas dos jornais onde a informação está disponível e ir imediatamente para as colunas de fofoca, histórias policiais, para o caderno da mulher e assim por diante, pode ser uma expressão extrema de algo mais geral.

Resumindo, a ignorância política parece ser especificamente determinada pelo fato de que o conhecimento político, em regra, não ajuda a promover primordialmente objetivos individuais na realidade, ao passo que, por outro lado, tampouco ajuda o indivíduo a se evadir da realidade.

2. *O pensamento de* ticket *e a personalização na política*

O esquema mental concomitante com a ignorância e a confusão pode ser chamado de falta de experiência política, no sentido de que toda a esfera da política e da economia está "alheia" ao sujeito, de que ele não a alcança com inervações, ideias e reações concretas, mas tem que lidar com ela de maneira indireta e alienada. Contudo, a política e a economia, por mais alienadas que estejam da vida individual e em grande medida além do alcance da decisão e da ação individuais, afetam decisivamente o destino do indivíduo. Em nossa sociedade atual, na era da organização social englobante e da guerra total, até mesmo a
345 pessoa // mais ingênua toma consciência do impacto da esfera político-econômica. A isso pertence, é claro, principalmente a situação de guerra, na qual, literalmente, a vida e a morte do indivíduo dependem de uma dinâmica política aparentemente distante. Mas também questões como o papel do sindicalismo na economia americana, as greves, o desenvolvimento da livre iniciativa em direção ao monopólio e, com isso, a questão do controle estatal, fazem-se sentir visivelmente nas esferas mais privadas e íntimas do indivíduo.

Isso, contra o pano de fundo de ignorância e confusão, faz que a angústia no nível do eu se relacione muito fortemente às angústias infantis. O indivíduo tem que lidar com problemas que ele realmente não entende e desenvolver certas técnicas de orientação, por mais toscas e falaciosas que sejam, que o ajudem a encontrar seu caminho através da escuridão, por assim dizer.[3]

---

3 Isso foi ressaltado em relação ao imaginário sobre os judeus. Ver Capítulo XVI, p.265-6. (N. A.)

Esses meios cumprem uma dupla função: por um lado, fornecem ao indivíduo um tipo de conhecimento, ou substitutos para o conhecimento, que lhe tornam possível assumir uma posição que é esperada dele, embora não esteja de fato apto a fazê-lo. Por outro lado, eles por si sós aliviam psicologicamente o sentimento de angústia e incerteza e proporcionam ao indivíduo a ilusão de algum tipo de segurança intelectual, de algo a que ele pode se ater, mesmo que perceba, no fundo, a inadequação de suas opiniões.

A tarefa de como compreender o "não compreensível", paradoxal em si, conduz a uma solução paradoxal, isto é, os sujeitos tendem a empregar dois dispositivos que se contradizem, uma contradição que expressa o impasse em que muitas pessoas se encontram. Esses dois dispositivos são a *estereotipia* e a *personalização*. É fácil ver que esses "dispositivos" são repetições de padrões infantis. A interação específica entre estereotipia e preconceito foi discutida em detalhes no capítulo anterior. Pode ser apropriado agora rever a estereotipia ideológica e sua contrapartida, a personalização, em um contexto mais amplo
346 e relacioná-las a princípios // mais fundamentais estabelecidos há tempos pela psicologia. Dicotomias rígidas, como aquela entre "bom e mau", "nós e os outros", "eu e o mundo", datam de nossas primeiras fases de desenvolvimento. Embora sirvam como constructos necessários que nos permitem lidar, por antecipação mental e organização grosseira, com uma realidade de outro modo caótica, mesmo os estereótipos da criança já trazem a marca da experiência atrofiada e da angústia. Eles apontam para a natureza "caótica" da realidade e o choque desta com as fantasias de onipotência da primeira infância. Nossos estereótipos são tanto ferramentas quanto cicatrizes: o "homem mau" é o estereótipo por excelência. Ao mesmo tempo, a

ambiguidade psicológica inerente ao uso de estereótipos, que são forças tanto necessárias quanto restritivas, estimula regularmente uma contratendência. Tentamos, por uma espécie de ritual, suavizar o que de outra forma seria rígido, tornar humano, próximo, parte de nós mesmos (ou da família) aquilo que parece, por sua própria alienação, ameaçador. A criança que tem medo do homem mau é ao mesmo tempo tentada a chamar todo estranho de "tio". O elemento traumático em ambas as atitudes continuamente serve como um obstáculo ao princípio de realidade, embora ambas também funcionem como meio de adequação. Quando transformados em traços de caráter, os mecanismos envolvidos tornam-se cada vez mais irracionais. A opacidade da atual situação política e econômica para a pessoa comum oferece uma oportunidade ideal para a regressão ao nível infantil de estereotipia e personalização. As racionalizações políticas usadas pelos desinformados e confusos são reavivamentos compulsivos de mecanismos irracionais nunca superados durante o crescimento do indivíduo. Esta parece ser uma das principais ligações entre as opiniões e os determinantes psicológicos.

Mais uma vez, a estereotipia ajuda a organizar o que aparece ao ignorante como caótico: quanto menos ele é capaz de ingressar em um processo realmente cognitivo, mais teimosamente ele se agarra a certos padrões, crença que o poupa da dificuldade de realmente entrar na questão.

Onde a natureza rigidamente compulsiva do estereótipo interrompe a dialética da tentativa e erro, a estupidez entra em cena. A estereotipia torna-se – para usar o termo de J. F.
347 Brown – estereopatia. // Este é o caso na área política, onde uma densa massa de ignorância e falta de qualquer relação

com o material objetivo proíbe toda experiência real. Além disso, a padronização industrial de inúmeros fenômenos da vida moderna fomenta o pensamento estereotipado. Quanto mais estereotipada a vida em si se torna, mais o estereopata se sente no direito, vê seu esquema de pensamento justificado pela realidade. Comunicações de massa modernas, moldadas a partir da produção industrial, espalham todo um sistema de estereótipos que, embora ainda sendo fundamentalmente "incompreensível" para o indivíduo, permite que ele pareça a qualquer momento como estando atualizado e "sabendo tudo a respeito". Assim, o pensamento estereotipado em questões políticas é quase inescapável.

No entanto, o indivíduo adulto, como a criança, tem que pagar um preço alto pelo conforto que extrai da estereotipia. O estereótipo, sendo um modo de traduzir a realidade em um tipo de questionário de múltipla escolha – onde cada tema é subsumido e pode ser decidido por um sinal de mais ou menos –, mantém o mundo distante, abstrato, "não experienciado" como era antes. Além disso, na medida em que é acima de tudo a alienação e a frieza da realidade política que causam as angústias do indivíduo, essas angústias não são totalmente remediadas por um dispositivo que reflete ele próprio o processo ameaçador e simplificador do mundo social real. Assim, o estereótipo convoca novamente o seu completo oposto: a personalização. Aqui, o termo assume um significado bem definido: a tendência a descrever processos sociais e econômicos objetivos, programas políticos, tensões internas e externas em termos de alguma pessoa identificada com o caso em questão, em vez de se dar ao trabalho de realizar as operações intelectuais impessoais requisitadas pela abstração dos próprios processos sociais.

Tanto a estereotipia quanto a personalização são inadequadas à realidade. A interpretação de ambas pode, portanto, ser considerada como um primeiro passo na direção da compreensão do complexo do pensamento "psicótico" que parece ser uma característica crucial do caráter fascista. É óbvio, no entanto, que essa falha subjetiva em apreender a realidade não é primária e exclusivamente uma questão da dinâmica psicológica dos indivíduos envolvidos, mas é em parte devida à própria realidade, à relação
348 // ou falta de relação entre essa realidade e o indivíduo. A estereotipia perde a realidade na medida em que evita o concreto e se satisfaz com ideias preconcebidas, rígidas e sobregeneralizadas às quais o indivíduo atribui uma espécie de onipotência mágica. Inversamente, a personalização evita a abstração real, isto é, a "reificação" de uma realidade social que é determinada pelas relações de propriedade e da qual os próprios seres humanos são, por assim dizer, meros apêndices. A estereotipia e a personalização são duas partes divergentes de um mundo realmente não experienciado, partes que são não apenas irreconciliáveis uma com a outra, mas que também não permitem nenhum complemento que reconstruiria a imagem do real.

a. CASOS DE PENSAMENTO POLÍTICO DE *TICKET*. Nós nos limitaremos a descrever alguns casos de estereotipia política.

M359 da Turma de Extensão Universitária em Testes Psicológicos é gerente de departamento de uma empresa de couro. Ele pontua alto em E e PEC, mas mediano em F. Embora imbuído de ideias autoritárias, mostra certa imaginação e disposição geral à argumentação discursiva, algo um pouco diferente da mentalidade típica dos altos pontuadores. É, portanto, bastante impressionante a descoberta de que a seção política de sua entrevista é completamente abstrata e clichê. Justamente porque esse sujeito não é de forma alguma um fanático, suas afirmações servem bem para ilustrar como a ignorância é encoberta pela fraseologia e como os estereótipos, emprestados do vernáculo dos atuais editoriais de jornais, contribuem para a aceitação de tendências reacionárias. Para dar uma imagem concreta de como esse mecanismo funciona, suas afirmações políticas serão transcritas na íntegra. Isso também pode nos fornecer um exemplo de como os vários tópicos com os quais teremos que lidar detalhadamente depois formam uma espécie de unidade ideológica, tão logo uma pessoa esteja sob a influência da semi-informação política:

> (Tendências políticas?) "Eu não estou muito feliz com o aspecto aparente das coisas, tem muita política em vez de uma base de igualdade e justiça para todos os homens. A direção de todo o país é determinada pelo partido no poder; essa perspectiva não é muito otimista. Sob Roosevelt, as pessoas estavam dispostas a transferir todo o planejamento da vida para o governo, queriam
> **349** tudo feito para eles." (Problema principal?) // "Nenhuma questão, mas o problema de colocar nossos militares de volta no mercado de trabalho, dando-lhes um grau de felicidade, é um grande problema. Se isso não for tratado logo, pode produzir um grave perigo. Deve haver mais organização firme dos militares."
>
> (O que se pode fazer?) "Boicotar os políticos e estabelecer o governo antigo que deveríamos ter tido o tempo todo." (O que é isso?) "Governo do, pelo e para o povo." O sujeito enfatiza que o homem moderado, comum, é o militar. (Sindicatos?) "Não estou satisfeito com eles. Uma característica é especialmente insa-

tisfatória. A teoria é maravilhosa e eu odiaria vê-los abolidos, mas existe uma tendência forte demais a nivelar todos os homens, todos os padrões de mão de obra e esforço pela equalização da remuneração. Outra objeção é que não há atitude suficientemente democrática por parte dos seus membros, geralmente controlados por um grupo minoritário." O sujeito enfatiza a coação imposta aos homens para se associarem, mas não para participarem, resultando em líderes sindicais ignorantes. Enfatiza a necessidade de elevar os padrões de votação pelos membros e de exigir a rotatividade de cargos e altas qualificações dos funcionários. Compara estes negativamente com os líderes de negócios.

(Controle do governo?) "Há uma tendência demasiada a nivelar tudo, o que não dá ao homem a oportunidade de se destacar." O sujeito enfatiza a mediocridade dos trabalhadores do governo, o salário que é insuficiente para atrair os homens de melhor calibre e a falta de planos de incentivo etc.

(Ameaças ao governo atual?) "Provavelmente a ameaça mais perigosa ao nosso governo hoje, e que também se aplica à organização sindical e à vida em geral, é o desinteresse, a tendência a deixar o outro fazer, por parte de um grande número de pessoas, de modo que as coisas sigam o caminho que alguns poucos homens egoístas determinam."

A reviravolta decisiva acontece no salto da ideia muito abstrata de "igualdade e justiça para todos os homens" para a condenação igualmente formalista da "direção do país pelo partido no poder" – que seria o partido do New Deal. O clichê vago de uma democracia abrangente serve como instrumento contra qualquer conteúdo democrático específico. Não se deve esquecer, no entanto, que algumas de suas afirmações sobre sindicatos – onde ele tem alguma experiência – fazem sentido.

M1225a, um pontuador mediano que ficou dezoito meses no mar e é muito interessado em engenharia, é um bom exemplo da estereotipia na política empregada por pessoas que, tirando isso, são moderadas e de sua relação íntima com a ignorância. Para esse homem, um dos maiores problemas políticos de hoje são "os sindicatos". Descrevendo-os, ele aplica
350 indiscriminadamente, e // sem entrar efetivamente no assunto, três clichês correntes – o do perigo social, o da interferência do governo e o da vida luxuosa dos líderes sindicais –, simplesmente repetindo certas fórmulas sem se importar muito com sua interconexão ou consistência:

> "Por um lado, eles têm muito poder. O cruzamento entre a parte socialista do sindicato e o governo... parece ir para um outro extremo. A investigação do governo..." (o sujeito parece bastante confuso em suas ideias aqui). "Os sindicatos... há uma forma socialista nisso. Eu sei, eu pertencia a alguns sindicatos. Eles chegam lá, chamam você de irmão e então partem em um Cadillac... Nove em cada dez chefes dos sindicatos não sabem nada do setor. É um bom *racket*..."[4]

A maioria de suas respostas subsequentes está intimamente alinhada com um padrão geral de reacionarismo, formulado

4 Empregado amplamente por Adorno – e também por Horkheimer – em diversos textos de sua autoria, o conceito se refere ao *racketeering*, definido no meio criminal e jornalístico norte-americano (durante a época da "Lei Seca", auge das atuações de gângsteres e mafiosos) como uma estratégia de extorsão baseada em uma ameaça potencial de violência, ou a sua prática real, produzida de forma contínua e organizada. (N. T.)

principalmente em termos de "não acredito nisso" sem discutir a questão em si. As seguintes passagens podem ser suficientes para uma ilustração.

> (Limite de US$ 25.000 para os salários?) "Eu não acredito nisso."
>
> (As ameaças mais perigosas para a forma de governo atual?) "Eu acredito que estão no próprio governo. Concentra muitos poderes nele próprio."
>
> (O que deveria ser feito?) "Tem que resolver muitos outros problemas primeiro. Levar os produtos de volta ao mercado."
>
> (E sobre o conflito entre a Rússia, de um lado, e a Inglaterra e nosso país, do outro?) "Eu não me importo particularmente com a Rússia e não me importo particularmente com a Inglaterra."

Nesse caso, os clichês são manifestamente usados para encobrir a falta de informação. É como se cada pergunta para a qual não conhece uma resposta específica evocasse a redundância dos inúmeros *slogans* da imprensa que ele repete, a fim de demonstrar que é um daqueles que não gostam de ser comandados e gostam de pensar. Basicamente, há apenas um padrão rígido de sins e nãos. Ele está ciente de como um homem de sua perspectiva política geral deve reagir a cada questão política, mas não está ciente das questões em si. Ele, portanto, complementa seus sinais de positivo e negativo por frases que, na maioria das vezes, são meras enrolações.

F139 pertence ao tipo que será caracterizado no Capítulo XIX como "Rígido baixo". Sua característica mais marcante
351 é // seu ódio violento ao álcool – o que sugere tendências "altas" mais profundas. As bebidas são os seus judeus, por assim

dizer. Ela se considera socialista cristã e resolve a maioria dos problemas sem discuti-los, mas referindo-se ao que um socialista religioso deveria pensar.

A ruptura entre suas opiniões e qualquer tipo de experiência substancial é evidenciada pela seguinte afirmação:

> "Meu estadista mundial favorito é Litvinov. Acho que o discurso mais dramático dos tempos modernos é aquele que ele fez na Conferência de Genebra, quando clamou pela segurança coletiva. Ficamos muito felizes ao ver a névoa de ignorância e de desconfiança em torno da União Soviética se desfazer durante esta guerra. Porém, as coisas ainda não estão resolvidas. Existem muitos fascistas neste país que lutariam contra o Roosevelt se pudessem."

Ela tem uma fórmula pronta para o problema da não violência nos assuntos internacionais:

> "Claro, eu sou uma internacionalista. Eu seria uma verdadeira cristã se não o fosse? E sempre fui uma pacifista. As guerras são completamente desnecessárias. Essa foi. Ou seja, poderia ter sido evitada se as pessoas democráticas tivessem assumido seu próprio interesse cedo o suficiente e tomado as medidas adequadas. Mas não o fizeram. E agora nos perguntamos: os interesses das pessoas do mundo teriam sido promovidos por uma vitória fascista? Obviamente que não. Então nós devemos apoiar esta guerra completamente porque somos confrontados com uma escolha clara e não podemos evitá-la."

Ela fornece um exemplo claro da associação entre estereotipia e personalização. Embora sua persuasão política a induza a pensar em termos socioeconômicos objetivos, ela realmente pensa em termos de pessoas favoritas, preferencialmente famosas, de humanos que são instituições públicas, por assim dizer, de "estereótipos humanos".

> "Meu segundo estadista mundial favorito é o nosso próprio presidente, embora, talvez, eu deva dizer a sra. Roosevelt. Não acho que ele teria sido alguém sem ela. Ela realmente fez dele o que ele é. Acredito que os Roosevelt têm um interesse muito sincero nas pessoas e no bem-estar delas. Há uma coisa que me incomoda neles, porém, especialmente na sra. Roosevelt, isto é, a bebida alcoólica. Ela não é contra isso e me parece que ela deveria saber o quanto nos tornaríamos melhor como um povo sem isso."

Ela exibe uma característica significativa da estereotipia política dos baixos pontuadores: uma espécie de crença mecânica no triunfo // do progresso, a contrapartida das referências frequentes dos altos pontuadores à desgraça iminente, que também é uma tônica das afirmações políticas de *M359* antes citadas.

352

> "Tudo o que uma pessoa tem que fazer é olhar para trás para se sentir otimista. Eu não seria uma verdadeira cristã se não acreditasse que o progresso do homem é ascendente. Estamos muito mais adiantados do que há um século. Leis sociais que eram apenas um sonho são um fato consumado."

b. Exemplos de personalização. A tendência à personalização se alimenta da tradição americana de democracia pessoal que se expressa mais marcadamente no poder delegado ao Poder

Executivo pela nossa Constituição e também naquele aspecto do liberalismo americano tradicional que considera a competição como uma disputa entre homens, na qual é provável que o melhor vença. Causa e efeito parecem estar algo invertidos: enquanto na economia de mercado o supostamente "melhor" é definido pelo sucesso competitivo, as pessoas passaram a pensar que o sucesso recai sobre o melhor. Consistente com isso é o caráter altamente personalizado da propaganda política, particularmente em campanhas eleitorais em que as questões objetivas em jogo estão na maioria das vezes ocultas por detrás da exaltação dos indivíduos envolvidos, frequentemente em categorias que pouco têm a ver com as funções que esses indivíduos deveriam cumprir. O ideal de democracia, no qual o povo tem sua fala imediata, é frequentemente mal empregado sob as condições da atual sociedade de massa como uma ideologia que encobre a onipotência de tendências sociais objetivas e, mais especificamente, o controle exercido pelas máquinas partidárias.

O material sobre a personalização é abundante e monótono. Alguns exemplos podem ser suficientes.

O homem de baixa pontuação *M116* prefere [Henry A.] Wallace a [Thomas] Dewey porque

> "Wallace é o melhor homem e eu geralmente voto no melhor homem."

Aqui, a personalização é mais impressionante, uma vez que essas duas figuras são realmente definidas por plataformas objetivamente antagônicas, ao passo que é mais do que duvidoso que o entrevistado ou, na verdade, a grande maioria do povo americano, esteja em posição de dizer como eles são "enquanto homens".

353 // O homem de alta pontuação *M102* emprega quase literalmente a mesma expressão que *M116*:

> "... recuso os democratas, mas nunca pensei muito no partido. Não voto no partido, mas no melhor homem."

A crença professada em teorias políticas não é um antídoto para a personalização. *M117*, outro homem "baixo", considera-se um "socialista científico" e é cheio de confiança na psicologia sociológica. Mas, quando questionado sobre os partidos americanos, ele chega com a seguinte afirmação:

> "Eu não sei sobre isso. Só estou interessado no homem e em suas habilidades. Não me importo com o partido ao qual ele pertence." (De que homem você gosta?) "FDR é um dos melhores. Eu não gostava dele quando ele foi eleito, mas admito que estava errado. Ele fez um trabalho maravilhoso. Estava preocupado com o benefício do país. Truman está fazendo um bom trabalho até agora. Os senadores e congressistas são medíocres. Dewey é excelente, eu acho; ele tem potencial. Ele é aparentemente sincero, honesto e preocupado com todo o país. Fez um bom trabalho como procurador distrital."

Mais aspectos da personalização serão descritos quando as atitudes dos nossos entrevistados em relação a Roosevelt estiverem sendo consideradas. Aqui, contentamo-nos em sugerir duas qualidades que parecem desempenhar um grande papel no complexo de personalização e que se repetem regularmente nas afirmações de nossos maiores pontuadores sobre Dewey: Honestidade e Sinceridade.

F114, uma mulher de alta pontuação, sabe que Dewey "é forte, jovem, corajoso, honesto. Ele pode ter defeitos, mas são falhas úteis. Eu sabia que ele era uma pessoa forte e jovem". Obviamente, essa afirmação está ligada à adulação da força, que desempenha um papel tão grande na psicologia dos nossos altos pontuadores (cf. Capítulo VII). A honestidade do antigo procurador distrital é derivada de seu muito divulgado avanço [*drive*] contra o *racketeering* político e a corrupção. Supõe-se que ele seja honesto porque exterminou, de acordo com o que sua propaganda construiu, os desonestos. A honestidade parece ser em grande parte uma racionalização da vingança. Falando psicologicamente, a imagem de Dewey é uma projeção do supereu punitivo, ou melhor, uma daquelas imagens coletivas que substituem, sob uma forma exteriorizada e rígida, o su-
354 pereu. O louvor de sua honestidade, juntamente // com a ênfase repetida em sua força e juventude, inserem-se no padrão do "homem forte".

F117, outra alta pontuadora, do grupo de Mulheres Profissionais, tem uma pontuação máxima em AS e no geral é extremamente conservadora. Sua avaliação similarmente personalizada de Dewey atinge uma conotação ligeiramente diferente, mas se encaixa no mesmo padrão:

> Ela acha que Dewey conhece o valor do dinheiro melhor do que Roosevelt porque aquele veio de uma família que não tinha muito.

O punitivismo por trás do elogio do homem honesto se mostra nesse exemplo como ódio contra uma vida confortável, contra a "esnobe classe alta" que supostamente desfruta das coisas que se é obrigado a negar a si mesmo. Dewey, ao contrário, é o símbolo das próprias frustrações da pessoa e inconscientemente, isto é, sadomasoquisticamente, espera-se que perpetue a frustração. O que ele parece representar nas mentes dos sujeitos de alta pontuação é um estado de coisas em que todos "aprenderam o valor de um dólar". A identificação com ele é fácil porque, como um possível presidente, ele tem o halo do poder, enquanto sua frugalidade é aquela própria do sujeito de classe média.

Talvez não seja por acaso que o entusiasmo pela honestidade seja particularmente frequente entre as mulheres. Elas veem a vida do lado do consumidor; não querem ser enganadas e, portanto, a promessa ruidosa de honestidade tem algum apelo sobre elas.

Quanto à diferenciação entre pontuadores altos e baixos no que diz respeito à personalização, uma impressão pode ser formulada de modo especulativo – impressão que seria difícil de ser fundamentada, mas que é consistente com nossas descobertas clínicas. O elemento de personalização que conta mais fortemente para os baixos pontuadores parece ser a confiança, a ideia de que figuras públicas são boas, pais amigáveis que cuidam de alguém ou dos "coitados". Isso parece ser derivado de uma relação real da vida com os pais, da transferência positiva não bloqueada. Essa observação será enfatizada quando a atitude de nossos sujeitos em relação a Roosevelt for discutida. Por outro lado, o traço pessoal mais apreciado pelo alto pontuador parece ser a força. O poder social e o controle, o foco último de sua identificação, são traduzidos pelo mecanismo de personalização em uma qualidade inerente a certos indivíduos.

355 Os símbolos dos poderes são extraídos // do imaginário de um pai severo a quem se "olha de baixo para cima".

Um último aspecto da personalização pode ser mencionado. Saber algo sobre alguém ajuda a pessoa a parecer "informada" sem entrar realmente no assunto: é mais fácil falar sobre nomes do que sobre questões, enquanto, ao mesmo tempo, os nomes são reconhecidas marcas de identificação de todos os tópicos atuais. Assim, a personalização espúria é um padrão de comportamento ideal para o semierudito, um dispositivo situado em algum lugar entre a completa ignorância e aquele tipo de "conhecimento" que está sendo promovido pela comunicação de massa e pela cultura industrializada.

Resumindo: processos sociais cada vez mais anônimos e opacos dificultam cada vez mais a integração da esfera limitada da experiência de vida pessoal com a dinâmica social objetiva. A alienação social é ocultada por um fenômeno superficial em que o próprio oposto está sendo enfatizado: a personalização de atitudes e hábitos políticos oferece uma compensação pela desumanização da esfera social que se encontra subjacente à maioria das queixas de hoje. Como cada vez menos se depende realmente da espontaneidade individual em nossa organização política e social, mais as pessoas tendem a se apegar à ideia de que o homem é tudo e a buscar um substituto para sua própria impotência social na suposta onipotência de grandes personalidades.

3. *Ideologia superficial e opinião real*

A alienação entre a esfera política e a experiência de vida do indivíduo, que este último muitas vezes tenta dominar por meio de improvisações intelectuais psicologicamente determinadas, tais como estereotipia e personalização, às vezes resulta em um hiato entre o que o sujeito diz pensar sobre política e economia e o que ele realmente pensa. Sua ideologia "oficial" está de acordo com o que ele supõe que *tem* que pensar; suas ideias reais são uma expressão de suas necessidades pessoais mais imediatas, assim como de seus anseios [*urges*] psicológicos. A ideologia "oficial" pertence à esfera objetivada e alienada do político, a "opinião real" à própria esfera do sujeito, e a contradição entre as duas expressa sua irreconciliabilidade.

356 // Uma vez que essa estrutura formal do pensamento político tem um impacto imediato sobre um dos fenômenos-chave de suscetibilidade ao fascismo, a saber, sobre o pseudoconservadorismo, pode ser apropriado oferecer alguns exemplos aqui.

F116, uma mulher preconceituosa do grupo de Extensão Universitária, oferece um exemplo de um conflito entre a ideologia superficial e a atitude real através de seu padrão um tanto desviado de pontuações de escala: ela é intermediária em E e F, mas baixa em PEC. No caso dela, os determinantes mais profundos são, sem dúvida, potencialmente fascistas, como evidenciado particularmente por seu forte preconceito racial tanto contra negros quanto contra judeus. Em outras questões políticas, a imagem é altamente ambivalente. Peculiarmente, ela se classifica como democrata, mas votou em [Wendell] Willkie e depois em Dewey. Ela "não era contra Roosevelt", mas sua afirmação de que "nenhum homem é indispensável" mascara veladamente sua hostilidade subjacente. Ela

> "sabia o que Hoover defendia e eu não via nada de útil nele. Mas isso não significava que eu tinha que adorar Roosevelt. Ele era um

bom homem, mas quando ouvi pessoas chorando e lamentando sua morte fiquei enojada. Como se ele fosse indispensável."

A incrível irregularidade está em uma afirmação enfaticamente pró-Rússia e uma atitude francamente antifascista na política internacional:

"Agora, eu sou uma grande admiradora da Rússia. Talvez não devesse dizer isso em voz alta, mas eu sou. Acho que eles estão realmente tentando fazer algo para todas as pessoas. É claro que houve muito sofrimento e derramamento de sangue, mas pense contra o que eles tiveram que lutar. Meu marido fica realmente perturbado com isso. Ele diz que eu deveria ir para a Rússia já que gosto tanto do comunismo. Ele diz que admirar o comunismo é querer uma mudança quando nós já temos o suficiente, estamos confortáveis e estamos nos dando muito bem. Eu digo a ele que isso é muito egoísta e também que algumas pessoas sob o czar podem ter se sentido assim, mas quando a situação chegou a estar tão ruim a ponto de ocorrer uma revolução, elas também foram eliminadas." (Comunistas americanos?) "Bem, eu não poderia dizer porque realmente não sei nada sobre eles".

"Eu não considero os Estados Unidos inocentes. Acho que temos muitas falhas. Falamos agora como se sempre tivéssemos odiado a guerra e tentado impedi-la. Isso não é verdade. Havia maneiras de parar essa guerra se eles tivessem desejado. Lembro-me de quando Mussolini avançou sobre a Etiópia. Sempre penso
357 nisso como o começo real dessa guerra. E // não estávamos interessados em pará-la. Meu marido não gosta que eu critique os Estados Unidos."

A frequente inserção nessa afirmação da referência a desentendimentos com o marido, de quem ela é "muito diferente politicamente" e com quem tem "discussões terríveis", leva-nos a supor que suas opiniões políticas "progressistas" em áreas aparentemente não muito carregadas de afeto de sua parte seriam racionalizações de seu forte ressentimento contra o homem a respeito de quem ela diz: "Eu não acho que podemos viver apenas para nós mesmos". Somos tentados a supor que quer que ele fique bravo com ela quando ela fala em favor da Rússia. Em seu caso, a mente aberta e a racionalidade da opinião superficial parecem estar condicionadas por fortes irracionalidades subjacentes e reprimidas:

> O entrevistador não teve muito sucesso com dados muito pessoais. Ela deixou de lado as perguntas que se aproximavam de seus sentimentos mais profundos. Não houve profundidade na discussão sobre o seu marido.

Quando se trata, no entanto, de temas políticos que, por alguma razão inexplorada na entrevista, realmente significam algo para esse sujeito, ela esquece tudo sobre a sua própria racionalidade e dá vazão ao seu revanchismo, embora com a consciência pesada, como evidenciado por sua afirmação anteriormente citada (Capítulo XVI) em que "ela não está muito orgulhosa de sua inclinação antissemita".

M320, da Turma de Extensão Universitária em Testes Psicológicos, é um homem de baixa pontuação, hesitante, humilde, tímido e não agressivo. Ele quer se tornar um arquiteto paisagista. Suas opiniões políticas são conscientemente liberais e definitivamente não preconceituosas. Luta continuamente para manter seu liberalismo, mas isso não é fácil para ele em relação a certos assuntos políticos, seus impulsos em muitas instâncias desmentindo o que afirma. Ele começa com a afirmação típica dos baixos pontuadores:

> "Receio não ter tantas ideias sobre política e governo quanto deveria, mas acho que – muitas pessoas são mais liberais agora do que eram há pouco tempo. Possivelmente algumas gostam da mudança que está ocorrendo na Inglaterra – eu não sei."

Ele primeiro assume uma atitude levemente antigreve:

358 // "Eu não sei, não posso ver isso apenas como uma demanda correta sem levar em consideração a empresa, seus laços e tudo o mais. Não li muito sobre isso, mas... em uma grande empresa... talvez eles possam conseguir, tudo bem, mas em pequenos estabelecimentos... e se isso acontecesse, e mesmo que não tivesse (efeitos) desastrosos no fechamento de negócios... os aumentos de preço fariam que isso acontecesse de qualquer forma. Acho que não sou realmente a favor de greves, mas só acho..."

Então ele se posiciona de forma mais definida contra greves, introduzida pela fórmula ainda democrática da "união".

> "Eles deveriam se unir e dar, talvez, um aumento de 20% ou 30% e quem sabe meio que dividir isso... e essas greves... apenas começam do lado errado... porque se a greve estiver marcada... eles ainda têm que chegar a algum tipo de acordo... e isso será forçado e os homens serão levados [*driven*]... Acho que a natureza humana simplesmente não é assim, mas..."

A última afirmação, bastante confusa, na verdade pertence ao padrão dos maiores pontuadores concernente à maldade inerente à natureza humana (cf. Capítulo VII).

Depois de ter feito esse desvio, ele continua com a costumeira condenação do PAC,[5] controle do governo etc., feita pelos maiores pontuadores e termina com uma afirmação ambivalente sobre a legislação do salário mínimo:

> "Bem, coisas como estas eu acho que – acho que elas são necessárias – acho que talvez eu seja um idealista –, não acho que deveria ter havido uma lei de salário mínimo porque acho que o empregador deveria pagar um salário digno a seu empregado e se ele não puder pagar isso, bem, a pessoa não precisa trabalhar lá, mas se o empregador não puder pagar isso, ele não permanecerá no negócio..."

É a tendência geral, mais do que qualquer afirmação específica, que testemunha o desejo de ser politicamente progressista, além das próprias mudanças de opinião à medida que questões concretas são levantadas. Os "instintos políticos" desse homem – se esse termo for permitido – vão contra seu progressismo oficial. Poder-se-ia inferir dessa observação que se podem diferenciar melhor os potenciais políticos ao olhar-

5 Political Action Committee (PAC) – designa uma organização de financiamento de campanhas políticas e candidatos nos Estados Unidos. PACs são formados no geral por sindicatos, empresas, organizações, além de indivíduos que contribuem ou procuram contribuições de modo voluntário. O primeiro PAC foi criado em 1944 pelo Congress of Industrial Organizations (CIO), que arrecadou fundos para a eleição de Franklin Delano Roosevelt. (N. T.)

mos os impulsos psicológicos mais profundos do que se olharmos a ideologia declarada.

Algo similar pode ser observado com *M118*, um homem de
359 média pontuação // do grupo da Turma de Extensão em Psicologia, um democrata registrado. Ele pontuou mediano em AS, mas baixo em F e baixo-médio em E. A impressão do entrevistador é a de que ele seja potencialmente "baixo", mas que certos fatores de personalidade o impedem de sê-lo completamente. Seu aspecto excepcional pode ser explicado através do conflito entre diferentes camadas de opinião. Em questões políticas "grandes" e comparativamente abstratas, ele aparece com uma afirmação "progressista".

> "Há uma tendência em direção ao socialismo, não sei quão acentuada. O conflito entre trabalho e empresas provavelmente será mediado pelo governo. O governo provavelmente manterá o equilíbrio de poder em conflitos trabalhistas e empresariais. A ênfase agora está na livre iniciativa, mas que muitas vezes resulta em monopólio, os grandes espremendo os pequenos até a morte. Há muita distância entre os ricos e os pobres. As pessoas alcançam o topo empurrando os outros para baixo, sem regulamentação. Por isso, o governo deveria ter mais influência econômica, quer isso leve ou não ao socialismo."

O entrevistador acabou por viajar com o sujeito de Berkeley para São Francisco e continuou a discussão de uma maneira mais informal, não oficial, tocando no assunto do sindicalismo. Nesse contexto, ocorreu um exemplo clássico do hiato entre a ideologia oficial e o pensamento político relativo aos próprios interesses imediatos:

Ele acha que o CIO é melhor do que a AF of L[6] e acha que os sindicatos devem estender suas funções ainda mais em níveis políticos, educacionais e de suporte de alta gerência, mas ele próprio não se juntará ao Sindicato Federal dos Trabalhadores [AF of L], ao qual ele seria elegível para afiliação, porque acha que eles não estão suficientemente preocupados com os problemas dos salários de nível mais elevado, que eles estão muito interessados em manter os salários dos grupos mais pobres acima de um certo mínimo. Ele deseja que eles se preocupem com promoções, atualização e desenvolvimento de bons critérios pelos quais as pessoas possam ser promovidas.

O canadense *M934*, novamente um pontuador "médio" da Turma de Oratória em Público, está estudando para se tornar pastor. Ele se acha "muito de esquerda", mas qualifica isso imediatamente pela afirmação:

> "... Sou de natureza prática e não votaria nos socialistas... especialmente se pensasse que eles iriam ganhar."

360 // Para ele, a prática é irreconciliável com o socialismo. Este último é bom como ideia, como um estimulante, por assim dizer, mas oxalá não se materialize.

---

6 Trata-se de um conflito entre conglomerados de sindicatos, precisamente entre os sindicatos de ofício [*craft unions*] e os sindicatos industriais. Quando a American Federation of Labor (AF of L) mostrou relutância em organizar trabalhadores não qualificados, criou-se a CIO dentro da AF of L, sendo os membros do primeiro posteriormente expulsos desta última. (N. T.)

> "Eu votaria... apenas para manter a oposição socialista... para impedir que o governo existente vá muito para a direita... mas não pense que eles têm a experiência para... colocar seu programa socialista em vigor... e acho que o programa deles precisa ser modificado."

Ele elogia o governo trabalhista britânico, mas na verdade apenas porque não levou adiante um programa socialista, uma abstinência interpretada pelo entrevistado como um sinal de "experiência política".

> "Bem... acho que eles estavam prontos para o serviço... não estão tentando mudar a ordem social de uma só vez... Acho que isso é uma evidência da maturidade deles."

Esse sujeito quer ser dotado do prestígio de um intelectual de esquerda e, ao mesmo tempo, ser empírico; tem medo manifesto de uma materialização concreta de ideias que ele subscreve em abstrato.

Não é acidental que, nesses casos, a ideologia expressa seja sempre progressista, a opinião real sendo de um caráter oposto. Isso parece ter algo a ver com a democracia estabelecida neste país, o que torna a expressão de ideias democráticas a coisa que tem que ser feita, enquanto o oposto é, de certa forma, não ortodoxo. Há razões para acreditar que o potencial fascista hoje se apresenta em grande parte na manutenção de ideias tradicionais que podem ser chamadas tanto de liberais quanto de conservadoras, enquanto o "instinto político" subjacente, alimentado em grande parte por forças inconscientes da personalidade, é completamente diferente. Isso será elaborado na seção seguinte.

4. Pseudoconservadorismo

Nossa análise dos resultados do questionário da PEC (Capítulo V) levou a uma diferenciação entre aqueles que pontuam alto em PEC, mas baixo em E, e aqueles que pontuam alto em ambas. Essa distinção foi interpretada em termos de genuínos
361 e pseudoconservadores, // os primeiros apoiando não apenas o capitalismo em sua forma liberal e individualista, mas também aqueles princípios do americanismo tradicional que são definitivamente antirrepressivos e sinceramente democráticos, como indicado por uma rejeição irrestrita a preconceitos antiminorias. Nosso material de entrevista nos permite dar mais relevo a esse constructo e também qualificá-lo em certos aspectos. Antes de entrarmos em alguns detalhes sobre a ideologia do pseudoconservador, devemos enfatizar que nossa suposição de um padrão de ideologia pseudoconservadora está de acordo com a tendência geral de nossas descobertas psicológicas. A ideia é que o caráter potencialmente fascista, no sentido específico dado a esse conceito por meio de nossos estudos, não está apenas no nível explícito, mas em toda a constituição da personalidade do pseudoconservador, mas não na da personalidade de um conservador genuíno. A estrutura psicológica que corresponde ao pseudoconservadorismo é o convencionalismo e a submissão autoritária no nível do eu, com violência, impulsos anárquicos e destrutividade caótica na esfera inconsciente. Essas tendências contraditórias são confirmadas particularmente naquelas seções do nosso estudo em que o intervalo entre os dois polos do inconsciente e do consciente é maior, acima de tudo, onde o TAT [teste de apercepção temática] é considerado em relação às partes clínicas das entrevistas. Traços como

agressividade autoritária e revanchismo podem ser considerados intermediários entre essas tendências antagônicas da personalidade preconceituosa. Ao nos voltarmos para a ideologia, que pertence, no contexto dos determinantes psicológicos aqui em discussão, ao campo da racionalização, deve ser lembrado que as racionalizações de impulsos "proibidos", como a pulsão para a destruição, nunca são completamente bem-sucedidas. Embora a racionalização enfraqueça aqueles anseios [*urges*] que estão sujeitos a tabus, ela não os faz desaparecer completamente, mas permite que eles se expressem de maneira "tolerável", modificada, indireta, conforme as exigências sociais que o eu está em condições de aceitar. Portanto, mesmo a ideologia expressa de pessoas pseudoconservadoras não é, de maneira alguma, inequivocamente conservadora, como elas queriam que nós acreditássemos; não é uma mera formação reativa contra a rebeldia subjacente; em vez disso, ela indiretamente admite as
362 mesmas // tendências destrutivas que são mantidas a distância pela identificação rígida do indivíduo com um supereu exteriorizado. Esse irromper do elemento não conservador é reforçado por certas mudanças supraindividuais na ideologia de hoje, na qual valores tradicionais, tais como os direitos inalienáveis de cada ser humano, estão sujeitos a um ataque, embora raramente articulado, não obstante muito severo, por forças ascendentes de repressão bruta, de virtual condenação de qualquer coisa que seja considerada fraca. Há razões para acreditar que essas tendências de desenvolvimento de nossa sociedade, que apontam na direção de uma organização capitalista de Estado mais ou menos fascista, traz à tona tendências de violência e discriminação anteriormente ocultas na ideologia. Todos os movimentos

fascistas empregam oficialmente ideias e valores tradicionais, mas na verdade dão a eles um significado totalmente diferente, anti-humanista. A razão para que o pseudoconservadorismo pareça ser um fenômeno caracteristicamente moderno não é que algum novo elemento psicológico tenha sido adicionado a essa síndrome particular, que provavelmente foi estabelecida durante os últimos quatro séculos, mas que as condições sociais objetivas tornam mais fácil para a estrutura de caráter em questão se expressar em suas opiniões declaradas. É um dos resultados desagradáveis de nossos estudos, que deve ser encarado diretamente, que esse processo de aceitação social do pseudoconservadorismo percorreu um longo caminho – assegurando uma base massificada indubitável. Nas opiniões de vários altos pontuadores representativos, as ideias tanto de conservadorismo político quanto de liberalismo tradicional são frequentemente neutralizadas e usadas como mero disfarce de desejos repressivos e, em última instância, destrutivos. O pseudoconservador é um homem que, em nome da preservação dos valores e instituições tradicionais americanos e da defesa deles contra perigos mais ou menos fictícios, consciente ou inconscientemente, visa a sua abolição.

O padrão de pseudoconservadorismo é desdobrado na descrição do entrevistador de *M109*, outro homem de alta pontuação, um oficial de justiça semifascista:

> Em seu questionário, este homem escreve "republicano" como o partido político de sua preferência e, em seguida, risca isso. Ele concorda com os democratas anti-New Deal e com os republica-
> **363** nos do tipo Willkie // e discorda dos democratas do New Deal e dos republicanos tradicionais. Isso se esclarece em sua entrevis-

ta quando ele diz que o partido não significa nada, a questão é o candidato.[7]

Quando questionado sobre qual é a sua concepção do republicano do tipo Willkie, ele diz que considera os partidários de Willkie como iguais aos partidários de Dewey. Grandes empresas favoreceram tanto Willkie quanto Dewey.

A pontuação 67 na PEC é alta-média. Um exame dos itens individuais parece mostrar que ele não é um verdadeiro conservador no sentido do indivíduo inflexível. É verdade que concorda com a maioria dos itens da PEC, marcando +3 nos itens Criança-deve-aprender-o-valor-de-um-dólar e nos itens Morgan e Ford, mas marcando na maioria dos outros +1 ou +2; note-se, porém, que ele não concorda que as depressões sejam como dores de cabeça, que os homens de negócios são mais importantes que os artistas e professores; e acredita que o governo deveria garantir a todos uma renda, que deveria haver aumento de impostos sobre corporações e indivíduos ricos e que a medicina socializada seria uma coisa boa.[8] Ele marca +3 no último item. Assim, parece reconhe-

7 A personalização, como indicado por essas frases, tem um óbvio potencial fascista. Engrandece o indivíduo contra qualquer sistema anônimo objetivo de verificações e saldos, contra o controle democrático. Por trás da adulação do "grande homem" surge, na situação atual, a prontidão para "seguir o líder". (N. A.)

8 São alguns itens da escala PEC: "Toda criança deve aprender desde cedo na vida o valor de um dólar e a importância da ambição, eficiência e determinação"; "Homens como Henry Ford ou J. P. Morgan, que superaram toda a competição no caminho para o sucesso, são modelos para todas as pessoas jovens admirarem e imitarem"; "Depressões são como ocasionais dores de cabeça e de estômago: é natural até para as

cer algum tipo de função social por parte do governo, mas acredita que o controle deve estar nas mãos adequadas. Isso se esclarece na entrevista. Antes de se tornar policial há seis anos e meio, esse homem estava no ramo de seguros hospitalares. Ele diz que primeiro teve que brigar com a AMA [American Medical Association], que não era favorável a nenhuma categoria de seguro médico; e depois achou prudente desistir do negócio porque a medicina estatal estava prestes a acontecer.

Resumindo sua posição sobre o seguro médico, ele diz:

"Eu gosto da coletividade disso, mas acredito que os negócios privados poderiam fazer isso melhor do que o governo. Os médicos massacraram a coisa e os políticos fariam pior. As pessoas precisam desse tipo de coisa e gosto disso na teoria se for executado corretamente."

Assim, torna-se claro, segundo o entrevistador, que ele tem algum tipo de sistema de valores coletivista, mas acredita que o controle deva estar nas mãos do grupo com quem ele pode se identificar. Este é claramente o tipo de grupo Ford e Morgan, em vez dos sindicatos de trabalhadores, aos quais ele se opõe.

---

sociedades mais saudáveis tê-las de vez em quando"; "É responsabilidade de toda a sociedade, por meio de seu governo, garantir a cada um habitação, renda e lazer adequados"; "É essencial após a guerra manter ou aumentar o imposto de renda de corporações e indivíduos ricos"; "O único jeito de prover cuidado médico adequado para toda a população é por meio de algum programa de medicina socializada". O item "O homem de negócios e o industriário são muito mais importantes para a sociedade do que o artista e o professor" foi apresentado no Capítulo VII sobre a escala F. (N. T.)

A coisa decisiva sobre esse homem é que ele tem, apesar de
364 seu // reacionarismo geral e de suas ideias disseminadas de poder – que são evidenciadas pela maioria das outras seções da entrevista –, inclinações socialistas. Isso, no entanto, não se refere ao socialismo no sentido de nacionalizar os meios de produção, mas a seu desejo franco, embora desarticulado, de que o sistema de livre iniciativa e competição deva ser substituído por uma integração estatal-capitalista, em que o grupo economicamente mais forte, quer dizer, a indústria pesada, assuma o controle e organize todo o processo de vida da sociedade, sem interferências por dissensão democrática ou por grupos que ele considera estar no controle apenas por conta do processo de democracia formal, mas não com base no "legítimo" e verdadeiro poder econômico por trás deles.

Esse elemento "socialista", ou melhor, pseudossocialista, do pseudoconservadorismo, na verdade definido apenas pelo antiliberalismo, serve como um disfarce democrático para desejos antidemocráticos. A democracia formal parece para este tipo de pensamento estar muito longe "do povo" e o povo só terá o seu direito se os processos democráticos "ineficientes" forem substituídos por um sistema bastante indefinido de braço forte.

M651A, outro homem de alta pontuação, um detento de San Quentin condenado por homicídio qualificado, é um bom exemplo do pseudodemocratismo como um aspecto particular do pseudoconservadorismo.

> (O que você acha das tendências políticas hoje?) "Temos um opressor na Califórnia como governador... não coloque isso. Eles chamam isso de democracia... a democracia é o melhor tipo de governo, mas (ineficiente)..."

O sujeito critica fortemente o presidente Roosevelt, especialmente sua NRA.[9] Ele menciona que seu pai foi afastado de um emprego em parte por causa da NRA, mas parece estar um pouco confuso em relação a isso:

> "A democracia é boa quando é usada corretamente. Acredito que pouquíssimas pessoas controlam o dinheiro no país. Não acredito no comunismo... mas há tantos peixes *pequenos* que nunca têm nada..."
>
> O sujeito mencionou que sua avó recebe apenas US$ 30 por mês de pensão, com os quais ela não consegue viver... a lei deve
> 365 ser mudada // a esse respeito... O sujeito enfatiza a necessidade de estender o seguro de velhice a pessoas que são idosas demais para se beneficiar de legislação recente...[10]

Uma dinâmica extremamente séria está envolvida aqui. Não se pode contestar que a democracia formal, sob o atual sistema econômico, não é suficiente para garantir permanentemente à maior parte da população a satisfação dos desejos e necessidades mais elementares, ao passo que, ao mesmo tempo, a forma democrática de governo é apresentada como se – para usar uma

---

9 National Recovery Administration (NRA) foi uma agência de administração criada por Roosevelt em 1933 como parte do New Deal. Permitia que as indústrias criassem códigos para produção planejada, eliminando a competição predatória, as práticas comerciais injustas, reduzindo o desemprego, estabelecendo renda mínima e um máximo de horas de trabalho, garantindo, com isso, direitos trabalhistas. (N. T.)

10 Este caso é descrito em detalhes no Capítulo XXI sob o nome de "Ronald". (N. A.)

das frases favoritas de nossos sujeitos – fosse a mais próxima possível de uma sociedade ideal. O ressentimento causado por essa contradição é desviado, por aqueles que falham em reconhecer suas raízes econômicas, contra a própria forma de democracia. Por não cumprir o que promete, eles a consideram uma "fraude" e estão prontos para trocá-la por um sistema que sacrifique todas as reivindicações à dignidade humana e à justiça, mas do qual eles esperam vagamente alguma espécie de garantia de suas vidas por meio de um melhor planejamento e organização. Até mesmo o conceito mais extremo da tradição da democracia americana é convocado pelo modo pseudoconservador de pensamento político: o conceito de revolução. No entanto, ele foi emasculado. Existe apenas uma vaga ideia de mudança violenta, sem qualquer referência concreta aos objetivos das pessoas envolvidas – além de uma mudança que tem em comum com a revolução apenas o aspecto de um rompimento súbito e violento, mas que se parece mais com uma medida administrativa. Essa é a ideia rancorosa, rebelde e intrinsecamente passiva que se tornou famosa depois que o anterior Príncipe de Gales visitou as áreas miseráveis do norte da Inglaterra: a ideia de que "algo deveria ser feito a respeito". Isso aparece literalmente na entrevista da mulher de alta pontuação, *F105*, uma dona de casa aleijada e frustrada de 37 anos de idade com fortes traços paranoicos. Ela votou em Roosevelt todas as vezes porque "decidi que seria uma democrata". Questionado o motivo, ela continua da seguinte forma:

> "Não sei. Eu só sou antes de tudo contra o capitalismo e os
> republicanos são capitalistas. Os democratas tentaram dar um alí-
> 366 vio à classe trabalhadora. Meu pai votou em Thomas por anos. //

Ele acha que em algum momento o mundo chegará a esse ponto. Mas ele nunca fez questão disso." (Seus ideais são um reflexo de sua atitude?) "Oh, poderia ser. Eu não estou consciente disso. Eu votei assim que pude." (O que você acha que vai acontecer depois da guerra?) "Provavelmente os republicanos vão entrar de novo. Acho que o público americano é um tipo muito mutante. Provavelmente eu vou mudar também. O mundo está uma bagunça tão caótica, algo deveria ser feito. Nós teremos que aprender a viver uns com os outros, o mundo inteiro."

A falsidade do suposto progressismo do sujeito aparece na seção sobre minorias, onde ela se mostra uma antissemita raivosa.

A fim de estimar o significado do desejo apático dessa mulher por uma mudança radical, é preciso confrontá-lo com a postura assumida por outro pseudoconservador, o detento violentamente antissemita de San Quentin, *M661A*, um assaltante. Ele faz o papel, de acordo com o entrevistador, do entediado *décadent* saciado com "experiência demais" e deriva dessa atitude uma falsa ideologia aristocrática que serve como pretexto para a opressão violenta daqueles a quem julga fracos. Dá "pouquíssima atenção à política, exceto que acho que estamos caminhando para o comunismo e estou desiludido com isso". Perguntado o motivo, ele vem com a seguinte confissão:

"Por um lado, eu nunca perdoei os russos pela revolução... Considero que houve matança calculada e não mortes por conflito e não perdoei a Rússia mais do que perdoei a França por sua revolução, ou o México... em outras palavras, ainda acredito na Antiga Ordem e acredito que estávamos mais felizes com Hoover e que deveríamos tê-lo mantido. Também acho que teria tido mais

> dinheiro sob o governo dele e não acredito em impostos sobre herança. Se ganho US$100.000 com meu suor, eu deveria poder deixar isso para quem quisesse. Acho que realmente não acredito que todos os homens sejam criados livres e iguais."

Embora ainda aceite a crítica tradicional da interferência do governo em nome do individualismo inflexível, ele seria a favor de tal controle do governo se este fosse exercido pelos fortes. Aqui, o criminoso está em completo acordo com o já mencionado (p.323) oficial de justiça *M109*:

> (E sobre os controles do governo sobre os negócios?) "Eu
> aprovo em parte. Certamente acho que alguém deveria estar no
> comando... Acredito no controle do governo porque isso traz
> 367 menos – realmente não acredito // em democracia; se se sabe que
> alguém está no comando, não podemos ter revoluções e essas coisas. Mas nunca li muito sobre política e não acho que estou no direito de dizer muita coisa."

A ideia das "pessoas certas" está por trás da filosofia política de *M661A*, como é mostrado por sua explicação de por que ele se opõe a todas as revoluções:

> "Elas subvertem a ordem estabelecida... e são sempre feitas por pessoas que nunca tiveram nada... Nunca vi um comunista que viesse das camadas certas da sociedade... Eu li o livro de George Bernard Shaw (sobre socialismo)."

Podem-se diferenciar duas categorias de pseudoconservadores: aqueles que dizem acreditar na democracia e são, na verdade, antidemocráticos, e aqueles que se consideram conservadores, enquanto cedem sub-repticiamente a desejos subversivos. Essa diferenciação, no entanto, é um tanto racionalista. Não tem muita significação, seja em termos de motivações psicológicas ou de decisão política real. Parece dizer respeito apenas a pequenas racionalizações: o núcleo do fenômeno é idêntico em ambos os casos. O *661A* que acabamos de citar pertence ao grupo pseudoconservador no sentido mais estrito, da mesma forma que *M105*, um aspirante a bacharel em Direito que pontua alto em todas as escalas, enfatizando sua experiência conservadora ao mesmo tempo que admite inclinações fascistas evidentes:

> "Naturalmente, tenho minhas inclinações republicanas a partir de meus pais. Mas recentemente tenho lido mais por mim mesmo e concordado com eles... Somos uma família conservadora. Odiamos tudo o que tem a ver com o socialismo. Meu pai se arrependeu de ter votado em FDR em 1932. Meu pai escreveu ao senador Reynolds, da Carolina do Sul, sobre o Partido Nacionalista. Não é *America First*, não é realmente isolacionista, mas acreditamos que nosso país está sendo vendido a preço de banana."

A ligação expressa entre a fixação no pai, como discutido nos capítulos clínicos (Parte II), e as convicções autoritárias na política deve ser enfatizada. Ele usa uma frase familiar aos fascistas quando foram confrontados com a derrota da Alemanha e do sistema alemão e, ainda assim, desejaram se apegar à sua utopia negativa.

> "A América está lutando na guerra, mas perderemos a paz se vencermos a guerra. Não consigo ver o que eu posso ganhar com isso."

368 // Por outro lado, um exemplo impressionante de pseudodemocratismo no sentido mais estrito é oferecido no início da seção política da entrevista do homem de alta pontuação *M108*, um estudante de toxicologia de insetos fortemente fascista, discutido no capítulo sobre tipologia como representante da síndrome "manipuladora" extrema. Ele é contra Roosevelt, contra o New Deal e contra praticamente qualquer ideia humanitária social. No momento seguinte, no entanto, ele diz que achava que tinha "algo de socialista".

Esse é literalmente o padrão a partir do qual os nazistas alemães denunciaram a República de Weimar em nome de uma autoridade sem controle democrático, exaltaram a santidade da propriedade privada e, simultaneamente, inseriram a palavra socialista no vernáculo de seu próprio partido. É óbvio que esse tipo de "socialismo", que na verdade equivale apenas à redução das liberdades individuais em nome de alguma coletividade mal definida, combina muito bem com o desejo de controle autoritário explícito por aqueles que se autodenominam conservadores. Aqui, a evidente incompatibilidade entre os interesses privados (o que ele "ganha com isso") e a lógica política objetiva (a certeza de uma vitória aliada) é, a todo custo, posta a serviço do derrotismo pró-fascista do pós-guerra. Não importa como seja, a democracia deve perder. Psicologicamente, o padrão destrutivo da "desgraça iminente" está envolvido.

Esse derrotismo é característico de outro traço da filosofia política do pseudoconservadorismo: a simpatia pelo inimigo fascista, a Alemanha de Hitler. Isso é facilmente racionalizado como magnanimidade humana e até mesmo como o desejo democrático de dar a todos um acordo justo. É a mentalidade da quinta-coluna sobre a qual a propaganda hitlerista nos países democráticos se baseou fortemente antes da guerra e que de modo algum foi extirpada.

M106, um estudante universitário que pontua alto em todas as escalas, bastante racional em muitos aspectos, parece à primeira vista crítico em relação à Alemanha. Ao traçar de forma grandiloquente as fontes do fascismo alemão em raízes históricas supostamente profundas – em grande parte elas mesmas inventadas pela propaganda fascista, no entanto –, ele escorrega para uma atitude apologética:

> "O povo alemão sempre foi agressivo, sempre amou desfiles,
> 369 // sempre teve um grande exército. Eles receberam uma paz injusta depois da última guerra. O Tratado de Versalhes foi obviamente injusto para eles e, por estarem em dificuldade, estavam dispostos a escutar um jovem como Hitler quando ele apareceu. Se tivesse havido um tratado de paz melhor, não haveria problemas agora. Hitler veio com promessas e as pessoas se viram dispostas a segui-lo. Eles tinham um enorme desemprego, inflação e assim por diante."

A lenda do "injusto" Tratado de Versalhes deve nutrir-se de tremendos recursos psicológicos – sentimentos inconscientes de culpa contra o símbolo estabelecido de bravura – em países não alemães: caso contrário, não poderia ter sobrevivido à guerra hitlerista. O fato de as explicações desse sujeito sobre Hitler realmente significarem simpatia é evidenciado por uma afirmação subsequente sobre a política de Hitler de exterminação de judeus, já citada no Capítulo XVI:

> "Bem, Hitler levou as coisas um pouco longe demais. Houve algumas justificativas – algumas são ruins, mas não todas. Mas Hitler seguiu a ideia de que uma maçã podre na cesta estragaria todo o resto delas."

Ainda assim, mesmo esse sujeito se apega ao manto democrático e se abstém do fascismo explícito. Quando perguntado sobre os judeus neste país, ele responde:

> "O mesmo problema, mas lidamos muito melhor porque somos um país democrático."

Embora o pseudoconservadorismo seja, evidentemente, um traço predominante de altos pontuadores, não é de modo algum inexistente entre os baixos pontuadores. Isso se refere particularmente à atitude apologética em relação aos nazistas. Nesse sentido, *F133*, uma mulher com pouco preconceito, embora pontue alto em F, uma jovem estudante de matemática, diz-se "bastante conservadora". Sua ideologia "oficial" é contra o fanatismo. Mas, referindo-se a sua ascendência irlandesa, ela se ressente do inglês e isso a leva a afirmações pró-alemãs que, em harmonia com sua pontuação em F, mais do que apenas sugerem inclinações fascistas subjacentes:

> "Tenho preconceitos contra a Inglaterra. A Inglaterra fez um acordo injusto com o povo irlandês. A Inglaterra diz que os nazistas são negros e a Rússia é branca, mas acho que a Inglaterra é negra. Ela sai por aí conquistando pessoas e não é nada justa; e eu me oponho à Rússia. É verdade que eles assumiram a causa do
> 370 povo, mas, no geral, não estão certos // e o tipo de governo deles é

> inferior ao nosso." (E os nazistas?) "Os alemães perderam tudo; eles ficaram desesperançados. Não apoio a divisão da Alemanha apenas para tornar a Rússia e a Inglaterra mais ricas. Não é verdade que a Alemanha tenha iniciado a guerra – para uma guerra, são necessários dois povos. Não é justo colocar todo o fardo em uma única nação. Os alemães só se sentirão mais perseguidos e lutarão mais. Deve-se deixar os alemães na deles. Há demasiada ênfase em quão cruéis são os nazistas. Os alemães não tiveram uma paz justa. Não podemos colocar o nosso próprio regime nazista para comandar os alemães. Os russos causarão a próxima guerra. A devastação na Alemanha foi muito grande. Sou pessimista porque as pessoas acreditam que todo mundo que é fraco é mau e os que são bons são fortes, e os fortes cortam em pedaços aqueles que são fracos, mas eles estão somente sendo práticos e não justos."

A mudança decisiva ocorre quando o sujeito, depois de exigir "justiça" em relação ao problema da culpa pela guerra, protesta contra a "demasiada ênfase" nas atrocidades nazistas.

Excurso sobre o significado do pseudoconservadorismo. A introdução do termo "pseudoconservador", que muitas vezes pode ser substituído por "pseudoliberal" e até mesmo "pseudoprogressista", requer uma breve discussão teórica sobre o que é "pseudo" nos sujeitos em questão e se, e em que medida, a noção de ideologias políticas genuínas pode ser mantida. Todos esses termos devem ser tratados com a máxima cautela e nunca devem ser hipostasiados. A distinção entre ideologias políticas pseudo e genuínas foi introduzida principalmente para evitar a armadilha da simplificação excessiva, da identificação da pessoa preconceituosa (e do provável fascista

em geral) com o "reacionarismo". Ficou estabelecido, acima de qualquer dúvida, que o fascismo, em termos de organização eficiente e realização tecnológica, possui muitos aspectos "progressistas". Além disso, foi reconhecido muito antes de nosso estudo que a ideia geral de "preservar o *American way of living*", tão logo isso assuma as características da vigilância, oculta tendências violentamente agressivas e destrutivas que pertencem tanto às manifestações políticas explícitas quanto aos traços de caráter. No entanto, é preciso enfatizar que a ideia da autenticidade de uma atitude ou de um comportamento em contraposição ao seu "exagero" é, de alguma forma, tão problemática quanto a da, digamos, normalidade. Se uma pessoa
371 é // genuína ou pseudoconservadora em termos políticos explícitos pode ser decidido apenas em situações críticas, quando ela tem que decidir sobre suas ações. Na medida em que a distinção pertence aos determinantes psicológicos, ela precisa ser relativizada. Uma vez que todos os nossos anseios [*urges*] psicológicos são permeados por identificações de todos os níveis e tipos, é impossível separar completamente o "genuíno" do que é "imitação". Seria obviamente absurdo chamar de não genuínos aqueles traços de uma pessoa que são baseados na identificação com seu pai. A ideia de um indivíduo absoluto *per se*, completamente idêntico a si mesmo e a nada mais, é uma abstração vazia. Não há limite psicológico entre o genuíno e o "assumido". Nem a relação entre os dois pode ser considerada como estática. O pseudoconservador de hoje pode se tornar o conservador genuíno de amanhã.

À luz dessas considerações, será de alguma importância metodológica formular a distinção entre "genuíno" e "pseudo" com cuidado. O procedimento mais simples, é claro, seria defi-

nir os dois conceitos operacionalmente em termos de relações de *cluster* do questionário e também das entrevistas. Seria preciso chamar de grosseiramente pseudoconservadores aqueles que demonstram flagrantes contradições entre a aceitação de todas as categorias de valores convencionalizados e tradicionais – de modo algum apenas na esfera política – e sua aceitação simultânea dos *clusters* mais destrutivos da escala F, tais como o cinismo, punitivismo e antissemitismo violento. No entanto, esse procedimento é um tanto arbitrário e mecânico. Na melhor das hipóteses, definiria os termos, mas nunca ajudaria a entender sua etiologia implícita. Seria mais satisfatório basear a distinção em uma hipótese psicológica que fizesse sentido. Uma hipótese que pode servir é aquela que toma como ponto de partida a diferenciação entre *identificação bem-sucedida ou malsucedida*. Isso implicaria que os caracteres conservadores "genuínos" seriam aqueles que, essencialmente ou pelo menos temporariamente, tiveram sucesso em sua identificação com padrões autoritários sem consideráveis exageros de seus conflitos emocionais – sem forte ambivalência e contratendências
372 destrutivas. Por outro lado, os // traços "pseudo" são característicos daqueles cuja identificação autoritária teve sucesso apenas em um nível superficial. Eles são forçados a exagerá-la continuamente para convencer a si mesmos e aos outros de que pertencem, para citar o inimigo da revolução de San Quentin, às camadas certas da sociedade. A insistente energia que empregam para aceitar valores conformistas ameaça constantemente destruir esses mesmos valores, para fazê-los se transformar em seu oposto, assim como sua avidez "fanática" em defender Deus e o País os faz se juntarem aos *rackets* "lunáticos extremos" e simpatizarem com os inimigos de seu país.

Mesmo essa distinção, entretanto, pode reivindicar validade apenas limitada e está sujeita a dinâmicas psicológicas. Sabemos desde Freud que a identificação com o pai é sempre de uma natureza precária e inclusive nos casos "genuínos", em quem parece estar bem estabelecida, ela pode se desfazer sob o impacto de uma situação na qual se substitui o supereu paterno pela autoridade coletivizada de tipo fascista.

No entanto, mesmo com todas essas qualificações, a distinção ainda pode reivindicar alguma justificativa nas condições atuais. Pode ser admissível contrastar os pseudoconservadores até agora discutidos com um conservador "genuíno" tirado da amostra de Los Angeles que, como apontado no Capítulo I, incluiu – em contraste com a amostra de Berkeley – diversos membros, reais ou pretensos, da classe alta.

F5008 é baixa em E, mediana em F e alta em PEC. Ela é uma mulher de antiga linhagem americana, descendente direta de Jefferson. Está aparentemente livre de qualquer sentimento vingativo de seu *status* social e não dá ênfase a sua boa família ou ao fato de ser efetivamente um membro das "camadas certas da sociedade". Ela é definitivamente não preconceituosa. Seu TAT mostra traços de um sobreotimismo algo neurótico que pode ou não ser um produto de formação reativa. Pode-se arriscar que os conservadores "genuínos" que ainda sobrevivem, e cujo número está provavelmente encolhendo, possam desenvolver cada vez mais uma má consciência por se tornarem cientes do rápido avanço de importantes camadas conservadoras da sociedade americana na direção da perseguição aos
373 sindicatos [*labor baiting*] e do ódio racial. Quanto mais essa // tendência aumenta, mais o conservador "genuíno" parece sentir-se compelido a professar ideais democráticos, mesmo que

sejam um tanto incompatíveis com sua própria criação e padrões psicológicos. Se essa observação pudesse ser generalizada, implicaria que os conservadores "genuínos" são cada vez mais levados [*driven*] para o campo liberal pela dinâmica social de hoje. Isso pode ajudar a explicar por que é tão difícil encontrar exemplos notáveis de conservadorismo genuíno entre os altos pontuadores.

Se a nossa suposição estiver correta, de que o pseudoconservadorismo está baseado – no que se refere ao seu aspecto psicológico – em uma identificação incompleta, torna-se compreensível por que ele está ligado a um traço que também desempenha um papel considerável dentro do padrão de convencionalismo: a identificação com grupos sociais mais elevados. A identificação que falhou é provavelmente, na maioria dos casos, aquela com o pai. Aquelas pessoas nas quais esse fracasso não resulta em nenhum antagonismo real à autoridade, que aceitam o padrão autoritário sem, entretanto, internalizá-lo, provavelmente são aquelas que se identificam sociologicamente com grupos sociais mais elevados. Isso estaria em harmonia com o fato de que o movimento fascista na Alemanha recorria fortemente a pessoas de classe média frustradas de todas as categorias: aquelas que haviam perdido sua base econômica sem estarem prontas para admitir sua situação *déclassé*; aquelas que não viam nenhuma chance para si mesmas, a não ser o atalho de se juntar a um poderoso movimento que lhes prometia empregos e, em última instância, uma guerra bem-sucedida. Esse aspecto socioeconômico do pseudoconservadorismo é muitas vezes difícil de distinguir do psicológico. Para o provável fascista, sua identificação social é tão precária quanto sua identificação com o pai. Na raiz social desse fenô-

meno está provavelmente o fato de que a ascensão por meio da competição econômica "normal" torna-se cada vez mais difícil, de modo que as pessoas que querem "realizá-la" – o que remete à situação psicológica – são forçadas a buscar outras formas a fim de serem admitidas no grupo dominante. Eles devem procurar uma espécie de "cooptação", algo como aqueles que querem ser admitidos em um clube. O esnobismo, tão violentamente denunciado pelo fascista, provavelmente por razões de projeção, foi democratizado e é parte integrante de
374 sua própria constituição mental: // quem quer ter uma "carreira" deve realmente contar com o "pisar e escalar", em vez de contar com o mérito individual nos negócios ou na profissão. A identificação com grupos superiores é o pressuposto para escalar, ou ao menos aparece dessa forma para os que estão de fora, enquanto o grupo conservador "genuíno" é totalmente alérgico a isso. No entanto, o homem que frequentemente, de acordo com a antiga ideologia de Horatio Alger, mantém sua própria "mobilidade social ascendente" extrai disso ao menos algumas gratificações narcísicas e antecipa interiormente com felicidade um *status* que ele espera alcançar na realidade.

Aqui dois exemplos de altos pontuadores podem ser citados, ambos tirados novamente do grupo de Los Angeles.

5006, um alto pontuador extremo em todas as escalas, um dos poucos de nossos entrevistados que realmente admitiram que querem matar os judeus (ver sua entrevista no Capítulo XVI, p.242), é neto de um dentista, embora seu pai não tenha conseguido se tornar um, e ele espera fervorosamente recuperar o *status* social do avô. Quanto ao problema do fracasso na identificação, é significativo nesse caso que a imagem do pai seja substituída pela do avô – assim como a ideia de "ter visto tempos melhores" (de um bom histórico familiar obscurecido por recentes desenvolvimentos econômicos) desempenhou um grande papel para a geração pré-fascista, pós-inflação, na Alemanha.

5013, que também pontua extremamente alto em todas as escalas, descreve seu pai como médico, quando na verdade ele é um quiroprático – um hábito que parece ser amplamente compartilhado pelos próprios quiropráticos. Se o exemplo alemão ensina alguma coisa e se nosso conceito de semierudição se mostra correto, pode-se esperar que "cientistas" e "médicos" não acadêmicos sejam fortemente atraídos pela plataforma fascista.[11]

375 *//5. O complexo de usurpação*

O objetivo em direção ao qual a mentalidade pseudoconservadora se volta – difusa e semiconscientemente – é estabelecer uma ditadura do grupo economicamente mais forte. Isto deve

---

11 O papel desempenhado pela obscura pseudomedicina na Alemanha nazista está ligado sociologicamente à ascendência dos intelectuais *déclassé* no nacional-socialismo e psicologicamente à reviravolta paranoica da ideologia nazista, bem como das personalidades de muitos líderes. Há uma interconexão direta entre a doutrina da "pureza do sangue" e a glorificação de diversos purificadores do corpo. A primeira cadeira acadêmica criada por Hitler foi para a "cura natural". Seu próprio médico era um charlatão, Himmler é um quiroprático e Rudolf Hess encorajava todos os tipos de abordagens supersticiosas da medicina. Deve-se notar que tendências análogas se fazem sentir no "lunático extremo" americano. Um de nossos agitadores malucos combina caça aos judeus com uma campanha de "comida saudável", dirigida contra as *delicatessens*, que não são apenas denunciadas como sendo judaicas, mas também como insalubres. O imaginário da comida judaica na ideologia fascista merece um exame cuidadoso. (N. A.)

ser conseguido por meio de um movimento de massas que prometa segurança e privilégios ao chamado "pequeno homem" (isto é, membros preocupados da classe média e média-baixa que ainda se agarram ao seu *status* e à sua suposta independência) caso ele se junte às pessoas certas na hora certa. Esse desejo aparece em toda a ideologia pseudoconservadora como o reflexo de um espelho. O governo por representação é acusado de perverter a democracia. Roosevelt e o *New Deal*, em particular, teriam usurpado o poder e se entrincheirado ditatorialmente. Assim, os pseudoconservadores acusam os progressistas exatamente da mesma coisa que eles gostariam de fazer e utilizam essa acusação como um pretexto para "expulsar os patifes". Eles clamam por uma defesa da democracia contra seus "abusos" e, ao atacar os "abusos", acabam abolindo a democracia por completo. A ideologia pseudoconservadora se harmoniza completamente com a projeção psicológica.

Pode-se perguntar por que as pessoas tão preocupadas com o poder, se realmente veem a política de Roosevelt como uma ditadura fortemente armada, não a endossam e se sentem felizes com isso. As razões, parece, são várias. Primeiro, os tipos sociais representativos do pseudoconservadorismo não são ou não se consideram beneficiários do New Deal. Este lhes parece como um governo para os desempregados e para os trabalhadores; e, mesmo que eles próprios recebam alguns benefícios da WPA[12] ou da *closed shop*,[13] ressentem-se porque isso demonstra

12 Works Progress Administration (WPA) foi uma das maiores agências criadas no New Deal, responsável por empregar milhões de pessoas para realizar projetos de obras públicas. (N. T.)

13 Termo do direito do trabalho que define a obrigatoriedade do empregador de apenas contratar trabalhadores sindicalizados. (N. T.)

o que eles menos querem admitir a si mesmos: que o pertencimento à classe média perdeu sua base econômica. Segundo: para eles, o governo Roosevelt nunca foi suficientemente for-
376 te. Eles sabem muito bem o grau em que o New Deal // foi prejudicado pela Suprema Corte e pelo Congresso; sabem ou têm uma suspeita das concessões que Roosevelt teve que fazer – ele teve que dar empregos notáveis a vários homens que se opunham à sua linha política, por exemplo, Jesse Jones; gritam "ditador" porque percebem que o New Deal não foi de jeito nenhum uma ditadura e que não se encaixava no padrão autoritário de sua ideologia geral. Em terceiro lugar, sua ideia do homem forte, não importa em que termos personalizados luminosos isso possa ser expresso, é marcada por uma imagem de força real: o apoio dos mais poderosos grupos industriais. Para eles, os progressistas do governo são verdadeiros usurpadores, não tanto porque adquiriram, por uma manipulação astuta e ilegal, direitos incompatíveis com a democracia americana, mas porque assumem uma posição de poder que deveria ser reservada às "pessoas certas". Os pseudoconservadores têm um sentido subjacente de "legitimidade": os governantes legítimos são aqueles que estão realmente no comando do maquinário da produção – não aqueles que devem seu poder efêmero aos processos políticos formais. Esse último motivo, que também desempenha um papel forte na pré-história do fascismo alemão, deve ser levado mais a sério porque não contradiz completamente a realidade social. Enquanto a democracia é realmente um sistema formal de governo político que fez, sob Roosevelt, certas incursões em campos econômicos, mas nunca tocou nos fundamentos econômicos, é verdade que a vida do povo depende da organização econômica do país

e, em última análise, daqueles que controlam a indústria americana, mais do que dos representantes escolhidos pelo povo. Os pseudoconservadores sentem um elemento de inverdade na ideia do governo democrático "deles" e percebem que eles não determinam realmente seu destino como seres sociais indo às urnas. O ressentimento desse estado de coisas, no entanto, não é dirigido contra a perigosa contradição entre a desigualdade econômica e a igualdade política formal, mas contra a forma democrática como tal. Em vez de tentar dar a essa forma seu conteúdo adequado, querem acabar com a própria forma da democracia e transferir o controle direto para aqueles que consideram, de qualquer maneira, os mais poderosos.

377 // Esse pano de fundo da ideia de ditadura, de que a democracia não é uma realidade sob as condições predominantes, pode ser evidenciado por duas citações de homens com pontuações médias. *M1223b* segue sua afirmação de que os democratas estao se tornando comunistas e que os sindicatos devem ser contidos pela afirmação: "As pessoas não estão governando o país".

M1225a fala com cautela sobre a democracia: "Deveria ser um governo do povo por representação".

Quando questionado se teríamos isto nos Estados Unidos, ele responde sem rodeios: Não, mas qualifica isto imediatamente com a afirmação, bastante padronizada: "Nós temos o mais próximo disso que existe".

Da mesma forma, *M1223b* qualifica sua crítica pela alegação de que "a América ainda é bastante democrática, mas está se afastando da democracia muito rapidamente".

As afirmações contraditórias desses dois homens, além do pensamento idealizador, indicam que eles são perturbados pelo antagonismo entre a democracia política formal e o controle social real. Apenas tocam o ponto onde veem esse antagonismo. Não ousaram, no entanto, explicá-lo, mas sim guardaram suas próprias opiniões para não se tornarem "irrealistas". O conformismo funciona como um freio em seu pensamento político.

A seguir estão alguns exemplos da fantasia de usurpação.

M208, que obteve uma pontuação média em E e F e uma pontuação alta em PEC, insiste, de acordo com seu entrevistador,

> que o presidente Roosevelt perdeu no voto popular por muitos milhares de votos, de acordo com contas que ele e seu pai fizeram após as reportagens do rádio, implicando que a contagem oficial estava incorreta.

Embora esse homem seja a favor da "iniciativa e competição, contra a incompetência e a ineficiência do governo", tem uma confiança ilimitada no controle social exercido pela organização adequada:

> "As melhores organizações para um cidadão pertencer a fim de influenciar as condições de sua comunidade são as câmaras de comércio locais. Ao melhorar sua cidade, você a torna atrativa e cria riqueza." Ele disse que a Câmara de Comércio de São Francisco
> **378** era uma a que ele pertencia e que sua organização enviaria // cartões-postais muito em breve para todos os indivíduos da cidade em um esforço [*drive*] gigantesco para que se associassem.

M656, um alto pontuador presidiário (roubo e falsificação), foi entrevistado logo após a morte do presidente Roosevelt e, quando questionado sobre o que ele considerava como o maior perigo que este país enfrentava, disse:

> "o governo que acabamos de ter, o que provocou a guerra, a ditadura nazista."

O homem de alta pontuação *M108*, o toxicologista de insetos já mencionado, está convencido de que Roosevelt apenas levou adiante as ideias de Hoover, uma afirmação não infrequente entre os sujeitos preconceituosos que consideram o New Deal como uma usurpação que "roubou" as ideias de seus oponentes. Quando questionado mais sobre Roosevelt, ele prossegue:

> "ele usurpou o poder que era necessário para fazer alguma coisa – ele tomou muito mais do que muito poder... Está lá há tempo demais e houve acordos de cavalheiros que não estamos sabendo com Churchill ou Stálin."

No final, a ideia de usurpação coincide com a do conspirador que faz "acordos secretos" prejudiciais ao seu país.

A frequência e a intensidade da ideia de usurpação, juntamente com a natureza fantástica de muitas das afirmações pertinentes em nosso material, justificam que a chamemos de um "complexo", ou seja, considerando uma configuração psicológica ampla e estável da qual se nutre essa ideia. Até onde sabemos, nenhuma atenção tem sido dada a esse complexo na literatura psicológica, embora a frequência dos conflitos de usurpação em todo o drama ocidental autorize a assunção de que deve haver alguma base profundamente enraizada na dinâmica ins-

tintual para isso. Basta se lembrar das mais famosas tragédias de Shakespeare: *Hamlet*, *Rei Lear*, *Macbeth*, *Júlio César* e *Ricardo III* lidam de uma forma ou de outra com a usurpação, e que o tema do usurpador serve como um fio condutor em toda a obra dramática de Schiller, de Franz Moor nos *Ladrões* até Demétrio. Em um nível sociopsicológico, isto é, em um nível comparavelmente abstrato e superficial, uma explicação fácil encontra-se disponível. A existência de poder e privilégio, exigindo sacrifícios
379 de todos aqueles que não compartilham de suas vantagens, // provoca ressentimento e fere profundamente a pretensão por igualdade e justiça desenvolvida ao longo da história de nossa cultura. Lá no fundo, todos consideram qualquer privilégio como ilegítimo. No entanto, é-se forçado continuamente, a fim de se dar bem no mundo tal como é, a se ajustar ao sistema de relações de poder que realmente define este mundo. Esse processo vem acontecendo ao longo dos tempos e seus resultados se tornaram parte das personalidades de hoje. Isso significa que as pessoas aprenderam a reprimir seu ressentimento do privilégio e a aceitar como legítimo justamente aquilo que é suspeito de ser ilegítimo. Mas como os sofrimentos humanos provenientes da sobrevivência do privilégio nunca cessaram, a adequação nunca se completou. Portanto, a atitude predominante em relação aos privilégios é essencialmente ambivalente. Enquanto está sendo aceito conscientemente, o ressentimento subjacente é deslocado inconscientemente. Isso é feito de tal forma que uma espécie de compromisso emocional entre nossa aceitação forçada da existência do poder e a resistência contra ele é alcançada. O ressentimento é deslocado dos representantes "legítimos" do poder para aqueles que querem tirá-lo deles, que se identificam, em seus objetivos, com o poder, mas violam, ao

mesmo tempo, o código das relações de poder existentes. O objeto ideal desse deslocamento é o usurpador político, de quem se pode denunciar a "ganância por poder" e, ao mesmo tempo, tomar uma posição positiva em relação ao poder estabelecido. Ainda assim, a simpatia pelo usurpador sobrevive no fundo. É o conflito entre essa simpatia e nossa agressividade deslocada que o qualifica para um conflito dramático.

Há razões para acreditar, no entanto, que essa linha de pensamento não explica totalmente o complexo do usurpador. Mecanismos arcaicos muito mais profundos parecem estar envolvidos. Como regra, o complexo do usurpador está ligado ao problema da família. O usurpador é aquele que alega ser membro de uma família à qual ele não pertence, ou ao menos alega ter direitos que são de uma outra família. Pode-se notar que, mesmo na lenda de Édipo, o complexo do usurpador está envolvido, na medida em que Édipo acredita ser o filho verdadeiro de seus pais adotivos e esse erro explica seu trági-
380 co enredamento. Nós ousamos, // com toda a devida reserva, desenvolver a hipótese de que isso tem algo a ver com uma observação que pode ser feita com frequência: a de que as pessoas têm medo de não serem realmente filhas de seus pais. Esse medo pode estar baseado em uma turva consciência de que a ordem da família, que representa a civilização na forma em que a conhecemos, não é idêntica à "natureza" – que nossa origem biológica não coincide com a estrutura institucional do casamento e da monogamia, que "a cegonha nos traz da lagoa". Achamos que o abrigo da civilização não é seguro, que a casa da família é construída em terreno instável. Projetamos nosso mal-estar sobre o usurpador, a imagem daquele que não é o filho de seus pais, que se torna psicologicamente uma espécie

de "vítima" institucional ritualizada cuja suposta aniquilação inconscientemente nos traz tranquilidade e segurança. Pode muito bem ser que nossa tendência a "procurar pelo usurpador" tenha sua origem em fontes psicológicas tão profundas quanto as aqui sugeridas.

6. *FDR*

O complexo de usurpação está focado em Roosevelt, cujo nome evoca as diferenças mais nítidas entre os altos e baixos pontuadores que podem ser encontradas no material das entrevistas sobre temas político-econômicos.

Não é preciso dizer que todas as afirmações que tratam do recente presidente são personalizadas. As questões políticas envolvidas aparecem principalmente como qualidades do próprio homem. Ele é criticado e elogiado porque ele *é* isso ou aquilo, não porque ele defende isso ou aquilo. A acusação mais drástica é a de negociante de guerra. Essa acusação muitas vezes assume a forma daquelas fantasias de conspiração que são tão características do complexo do usurpador.

O homem de alta pontuação *M664c*, cumprindo a pena de um ano em San Quentin por falsificação e por passar cheques sem fundos, afirma ter sido originalmente pró-Roosevelt.

> "Maldição, naquela (eleição) eu estava muito a favor de Roo-
> sevelt, nós tivemos uma terrível depressão, uma coisa que ele fez
> por aquele estado foi ter colocado aquela represa lá... Contudo,
> 381 nós não precisávamos da guerra." (Por que entramos // nela?)
> "Começou mandando chumbo no Japão e depois ajudando a
> Inglaterra..."

A ideia do "Roosevelt vermelho" pertence à mesma categoria de objeções e exageros paranoicos das antipatias políticas. Embora seja muito mais comum entre os indivíduos que têm pontuação alta em E e PEC, às vezes ela pode ser encontrada nas afirmações de baixos pontuadores. Notem as observações de *F140*, uma jovem ajudante de creche, avaliada de acordo com sua pontuação no questionário como baixa em E, mas alta em AS e PEC. Ela primeiro se refere ao seu pai.

> (Seu pai é anti-Roosevelt?) "Oh, claro que é. Ele simplesmente não vê nada de útil em Roosevelt. Ele diz que tudo é comunismo." (E o que você acha disso?) "Oh, eu não sei. Acho que ele está certo. Ele deve saber. Ele só pensa nisso: política, política."

Às vezes, a suspeita de que Roosevelt era um negociante de guerra russófilo é mascarada por argumentos legalistas, como a afirmação de que ele deixou o país ilegalmente durante a guerra. *F101*, uma mulher que pontua alto em todas as escalas, uma jovem universitária um pouco frustrada, conta que seu pai é "extremamente anti-Roosevelt" e, quando questionado o motivo, responde:

> "Nenhum presidente deveria deixar o país sem o consentimento do Congresso e ele sai sempre quando quer. Ele está sendo um pouco ditatorial demais."

No que diz respeito à política interna, *F359*, a contadora em uma repartição pública, que já foi citada anteriormente (Capítulo XVI, p.203), afirma claramente e em termos bastante objetivos a contradição que parece estar no centro do sentimento anti-Roosevelt:

> O sujeito não gostava de Roosevelt por causa do WPA. Isso cria uma categoria de pessoas preguiçosas que preferem receber US$ 20 por semana do que trabalhar. Ela acha que Roosevelt não realizou o que se propôs a fazer – elevar o padrão de vida das classes mais pobres.

As concepções de comunista, internacionalista e negociante de guerra são próximas de outra mencionada anteriormente – a de esnobe. Assim como o agitador fascista persistentemente mistura radicais com banqueiros, alegando que o segundo financiou a revolução e que os primeiros buscam ganhos financeiros, as ideias contraditórias de um ultraesquerdista e de
382 uma pessoa excludente // alienada do povo são reunidas pelo sentimento anti-Roosevelt. Pode-se arriscar a hipótese de que o conteúdo último de ambas as objeções seja o mesmo: o ressentimento da pessoa de classe média frustrada contra aqueles que representam a ideia de felicidade, seja por quererem que outras pessoas – mesmo as "preguiçosas" – sejam felizes, seja por eles mesmos estarem curtindo a vida. Essa irracionalidade pode ser mais bem compreendida no nível da personalidade do que no da ideologia.

M1223h, da Escola Marítima, com pontuação média em E e PEC, mas alta em F, não gosta de Roosevelt – "um *socialite*; tem muito poder". De modo similar, a mulher casada de alta pontuação *F117*, de 37 anos, empregada em um Departamento de Saúde Pública,

> acha que Roosevelt não sabe como lidar com dinheiro; ele nasceu em um berço de ouro. Agora ele esbanja dinheiro – "milhões aqui e milhões ali".

Esse é exatamente o oposto do elogio feito a Dewey, cuja origem mais humilde supostamente garantiria parcimônia. A "máscara democrática" do pseudoconservador consiste, em casos como estes, na afirmação de que as medidas tomadas em benefício do povo não podem ser aprovadas porque quem as realizou não foi uma pessoa do povo e, portanto, de certo modo, não tem o direito de agir em nome do povo – ele é um usurpador. Homens realmente tradicionais, pode-se supor, prefeririam deixar o povo morrer de fome.

A ideia de que o falecido presidente fosse velho e doente demais e de que o New Deal fosse decrépito desempenha um papel especial entre os argumentos anti-Roosevelt. Os sombrios presságios sobre a morte de Roosevelt se tornaram realidade. Ainda assim, pode-se suspeitar aqui de um elemento psicológico: o medo de sua morte frequentemente racionaliza o desejo por ela. Além disso, a ideia de sua suposta velhice diz respeito ao complexo de ilegitimidade: ele deveria dar lugar aos outros, à "geração jovem", ao sangue fresco. Isso está de acordo com o fato de que o nazismo alemão frequentemente denunciava a idade excessiva dos representantes da República de Weimar e que o fascismo italiano enfatizava fortemente a ideia de juventude *per se*. Em última análise, alguma luz é lançada em todo o complexo da idade e doença do presidente por nossas descobertas clínicas referentes à tendência de nossos
383 altos pontuadores a louvar a saúde // física e o vigor como a excepcional qualidade de seus pais, particularmente da mãe.[14]

14 Adorno faz referência ao subcapítulo "Idealização *versus* avaliação objetiva dos pais", que se encontra no Capítulo X, redigido por Frenkel-Brunswik, intitulado "Pais e infância vistos segundo as entrevistas". (N. T.)

Isso se deve à "externalização" geral de valores, à anti-intracepção das personalidades preconceituosas que parecem continuamente ter medo de doenças. Se há uma interconexão entre pelo menos algumas síndromes dos altos pontuadores e disposições psicóticas, pode-se pensar também no papel desproporcional desempenhado pela preocupação com o próprio corpo em muitos esquizofrênicos – um fenômeno ligado aos mecanismos de "despersonalização"[15] que representa o extremo da "alienação do eu" em relação ao isso, característica do sujeito de alta pontuação. Deve ser lembrado mais uma vez o papel importante desempenhado por ideias como saúde física, pureza do sangue e sifilofobia em toda a ideologia fascista.

M104, um jovem de alta pontuação da Turma de Oratória em Público, que mudou do estudo de Engenharia para Direito, é um exemplo:

> O sujeito teria votado em Dewey. Todo o New Deal se tornou muito estagnado, velho e decrépito. Ele acha que Roosevelt fez algumas coisas boas, alguns de seus experimentos foram a melhor cura que se poderia obter para a depressão, mas agora é hora de uma mudança no partido, um novo presidente, sangue mais jovem.

Como na maioria dos casos, o argumento tem também, é claro, um aspecto "racional" – o governo Roosevelt manteve-se no cargo por um período mais longo do que qualquer outro na história americana. No entanto, as queixas sobre "tempo de-

15 Cf. Fenichel, O., The Psycho-Analysis of Anti-Semitism. *American Imago*, n.I, p.24-39, 1940. (N. A.)

mais" são pronunciadas apenas em nome de uma "mudança de guarda", não em nome de ideias concretas e progressistas que poderiam ser trazidas por pessoas mais jovens.

O ressentimento contra os idosos tem um aspecto psicológico que parece estar ligado ao antissemitismo. Há razões para acreditar que alguns sujeitos deslocam sua hostilidade contra o pai para pessoas idosas e para a noção de velhice enquanto tal. Os idosos são, por assim dizer, destinados à morte. De acordo com esse padrão, a imagem do judeu muitas vezes carrega características do homem velho, permitindo assim a descarga
384 // de hostilidade reprimida contra o pai. O judaísmo é considerado, não por acaso, como a religião do pai, e o cristianismo, como a do filho. O estereótipo mais enfático do judeu, o do habitante do gueto oriental, tem atributos de velho, como a barba ou roupas gastas e antiquadas.

A hostilidade em relação aos idosos tem, com certeza, um aspecto sociológico, bem como um psicológico: os idosos que não podem mais trabalhar são considerados inúteis e, portanto, rejeitados. Mas essa ideia, como as que acabamos de discutir, tem pouca repercussão imediata sobre a pessoa de Roosevelt; ao contrário, elas são transferidas para ele depois que a agressão se voltou contra ele. O papel universalmente ambivalente do presidente como figura paterna, portanto, faz-se sentir.

Quanto aos que são *a favor* de Roosevelt, há dois motivos principais bem definidos que são quase o inverso daqueles encontrados nos inimigos de Roosevelt. O homem "que pensa demais em si mesmo e assume poderes ditatoriais" é agora elogiado como uma grande personalidade; o esquerdista e iniciador do New Deal é amado como um amigo dos coitados.

O motivo da "grande personalidade" aparece na afirmação do homem de baixa pontuação, *M711*, um entrevistador para contratação em cargos públicos, com muitas das características típicas "baixas" de suavidade, gentileza e indecisão.

> (Roosevelt) "parecia ser o único homem que o país produzira que parecia ter as qualificações para a tarefa (de guerra)... Eu diria que sua capacidade de se dar bem com outras pessoas... tenha sido bastante responsável pela unificação do nosso país."

A jovem mulher *F126* pontua baixo em AS e E, mediano em F e alto em PEC. Ela está estudando jornalismo, mas na verdade está interessada em "escrita criativa". Ela afirma

> que seu cunhado pode encontrar tantas coisas para criticar e, claro, há muitas. "Mas acho que o presidente é a favor dos coitados e eu sempre fui a favor deles".

O homem de alta pontuação *M102*, um estudante de sismologia que foi para a faculdade porque não queria ser "reconhecido como apenas um eletricista", elogia o "talento" de Roosevelt:

> "Bem, se outro candidato tivesse se aproximado de Roosevelt, eu teria votado nele. Mas nenhum outro candidato se aproximou de seu talento."

385 // *M106*, outro homem de alta pontuação, novamente caracterizado pela mobilidade social ascendente, é pró-Roosevelt por razões que são exatamente as opostas daquelas dadas

por um grupo de seus críticos para não gostar dele, embora ele também sofra do complexo da "velhice".

> "Roosevelt fez um trabalho maravilhoso, mas deveríamos ter um homem jovem. Roosevelt estabilizou a moeda do país, ajudou no desemprego, lidou com as relações exteriores maravilhosamente. Ele é um homem comum, vai pescar, tem tempo para relaxar – é disso que eu gosto. A sra. Roosevelt tem sido ativa em assuntos políticos e sociais."

A explicação do desvio deste homem altamente preconceituoso, que é atormentado por ideias de poder e vai contra os judeus porque eles supostamente lutam pelo poder, é que ele mesmo

> "teve paralisia infantil e aprecia o que Roosevelt fez."

Uma inferência pode ser feita, segundo a qual, se o mesmo homem é elogiado por algumas pessoas como um "homem comum" e por outros é acusado de "*socialite*", esses juízos expressam escalas subjetivas de valor em vez de fatos objetivos.

O *status* estabelecido de um presidente dos Estados Unidos, o sucesso irrefutável de Roosevelt e, pode-se acrescentar, seu tremendo impacto como uma figura paterna simbólica no inconsciente parecem, em mais casos do que neste em particular, confirmar o complexo de usurpador do pseudoconservador e permitem apenas ataques vagos, sobre os quais há algo de hesitante, como se estivessem sendo feitos com a consciência pesada.

7. *Burocratas e políticos*

Não há misericórdia, no entanto, para aqueles aos quais se supõe que Roosevelt delegou o poder. Eles são usurpadores, parasitas, não sabem nada sobre o povo e devem, pode-se supor, ser substituídos pelos "homens certos". A riqueza das afirmações contra burocratas e políticos em nosso material de entrevista é enorme. Embora provenham principalmente de altos pontuadores, de modo nenhum estão confinadas a eles e podem novamente ser consideradas como um dos "padrões de ideologia política que transpõem as linhas de fronteira bem definidas de direita *vs.* esquerda".

386 // Está além do escopo do presente estudo analisar o quanto há de verdade inerente à desconfiança americana em relação à política profissional. Também não se deve negar que um aparato burocrático tremendamente inchado (como o que foi exigido pelas condições de guerra e que estava, em certa medida, a salvo da crítica pública) desenvolve características desagradáveis e que a máquina tem uma tendência própria de se entrincheirar e se perpetuar para seu próprio interesse. No entanto, quando se analisa cuidadosamente a crítica padrão aos burocratas e políticos, encontra-se muito pouca evidência de tais observações, muito poucas acusações específicas de instituições burocráticas que provam que elas são incompetentes. É impossível escapar da impressão de que "o burocrata", com a ajuda de alguns setores da imprensa e alguns comentaristas de rádio, tornou-se uma palavra mágica, funcionando como um bode expiatório a ser culpado indiscriminadamente por todos os tipos de condições insatisfatórias, algo que lembra o imaginário antissemita do judeu com o qual o burocrata é muitas vezes fundido. De qualquer forma, a frequência e intensidade das injúrias antiburocráticas e antipolíticas são bastante desproporcionais em relação a qualquer experiência possível. O ressentimento em relação à "alienação" da esfera política como um todo, como discutido no início deste capítulo, volta-se contra aqueles que representam a esfera política. O burocrata é a personalização de uma política não compreensível, de um mundo despersonalizado.

Exemplos marcantes dessa atitude geral de altos pontuadores são fornecidos pelas afirmações políticas de Mack (Capítulo II) e do gerente marcadamente antissemita de uma fábrica de couro, *M359* (p.301, p.307 deste capítulo).

Às vezes, as injúrias contra a política terminam em tautologias: a política é acusada de ser muito política.

M1230a é um jovem soldador que queria estudar Engenharia. Ele pontua alto em E, mas baixo em F e PEC.

> (O que pensar das tendências políticas hoje?) "Bem, elas estão muito desordenadas. Nós discutimos muito sobre elas e há muitas coisas de que não gostamos. A administração parece estar tão
> 387 amarrada na política... O estadista // desapareceu completamente. Não se pode acreditar em nada que você lê nos jornais. Nós lemos os jornais principalmente para rir..."

O último trecho é característico da alienação da política, que se expressa por uma desconfiança completa (e de modo nenhum totalmente injustificada) de toda notícia que tenha passado pelo filtro de um sistema de comunicações controlado por interesses constituídos. Mas essa desconfiança é transferida para o bode expiatório, o burocrata e o político, geralmente atacados pela mesma imprensa que é motivo de chacota desse sujeito.

F120, uma mulher de alta pontuação, diferencia entre Roosevelt e a burocracia.[16]

> (Roosevelt e o New Deal?) "Eu o admirava, na verdade votei nele, embora não tenha aprovado muitas coisas no New Deal. Todos esses departamentos. Eu não teria me importado com os gastos se eles tivessem ido para ajudar as pessoas. Mas eu me desgostei com toda a mobilização desperdiçada – profissionais cavando valas – e especialmente com as agências caras cheias de ociosos, burocratas."

M1214b, um pontuador mediano da Escola Marítima, é antipolítico de uma maneira tradicionalista, cuja direção última ainda é indeterminada.

> "Nenhum respeito pelos políticos: montes de sacos de vento. Eles tentam sondar as pessoas e segui-las." (Isso é exatamente o oposto do argumento usual de acordo com o qual os políticos são independentes demais. Essa mudança particular pode indicar a consciência subjacente da *fraqueza* dos representantes da democracia formal). "Eles não são servidores públicos sinceros. Roosevelt,

16 Esta observação está de acordo com a experiência na Alemanha nazista, onde todos os tipos de críticas e piadas sobre a hierarquia do partido eram sussurrados por todo lado, enquanto Hitler parece ter sido largamente poupado desse tipo de crítica. Ouvia-se frequentemente a observação: "O Führer não sabe dessas coisas" – mesmo quando se tratava de campos de concentração. (N. A.)

Lincoln, Jefferson e Bryan são exceções. Wilson também foi sincero." O sujeito não tem respeito por Harding ou Coolidge.

Finalmente, um exemplo de um baixo pontuador. *M112*, quando questionado sobre política, simplesmente afirma:

> "Não gosto disso. Podemos nos dar bem sem isso. Não acho que as pessoas devam ser apenas políticos. Elas devem ter uma vida normal, apenas ocupar cargos às vezes. Não serem treinadas
> **388** para a política e nada mais, // devem saber e fazer o que as pessoas querem. Não controlar as coisas para si ou para outros."

O tom desta acusação é marcadamente diferente do discurso dos altos pontuadores. Esse homem parece estar realmente preocupado de que a burocracia se torne reificada, um fim em si mesmo, em vez de expressar democraticamente os desejos do povo.

A motivação das críticas dos baixos pontuadores aos burocratas e políticos parece, em grande parte, variar daquela dos altos pontuadores; fenomenologicamente, no entanto, lembra tanto estes últimos que se é levado a temer que, em uma situação crítica, alguns poucos baixos pontuadores antipolíticos possam ser capturados por um movimento fascista.

8. *Não haverá utopia*

O pensamento político dos altos pontuadores consuma-se na forma como eles abordam o problema político último: sua atitude em relação ao conceito de uma "sociedade ideal". Seu padrão de opinião não diz respeito apenas aos meios, mas também aos fins sociais últimos.

De acordo com o esquema mental que está sendo analisado aqui, não há utopia e, pode-se acrescentar, não deveria haver utopia. É preciso ser "realista". Essa noção de realismo, no entanto, não se refere à necessidade de julgar e prestar contas com base na compreensão objetiva e factual, mas sim ao postulado de que se reconhece desde o início a esmagadora superioridade do existente em relação ao indivíduo e suas intenções, de que se advoga um ajuste que implica a resignação em relação a qualquer tipo de melhoria básica, de que se desiste de qualquer coisa que possa ser chamada de devaneio e de que se remodela a si mesmo como se fosse um apêndice do maquinário social. Isso se reflete na opinião política, com qualquer tipo de ideia utópica em política sendo completamente excluído.

Deve-se salientar que um complexo antiutopia parece ocorrer nas entrevistas dos baixos pontuadores ainda mais frequentemente do que nas dos altos pontuadores, talvez porque os primeiros estejam mais prontos para admitir suas próprias
389 preocupações e não se encontrem tanto sob o // impacto do "otimismo oficial". Essa diferenciação entre a posição assumida pelos altos e baixos pontuadores contra a utopia parece ser corroborada pelo estudo dos "Determinantes psicológicos do otimismo em relação às consequências da guerra", de Sanford, Conrad e Franck.[17] O otimismo oficial, a atitude de "continuar sorrindo", acompanha os traços subjacentes de desprezo pela

17 Sanford, R. N.; Conrad, H. S.; Franck, K., Psychological Determinants of Optimism Regarding the Consequences of the War, *The Journal of Psychology*, n.22, p.207-35, 1946. (N. A.)

natureza humana, conforme expresso pelo *cluster* de Cinismo da escala F que diferencia claramente entre os que pontuaram alto e baixo. Por outro lado, os baixos pontuadores estão muito mais dispostos a admitir fatos negativos em geral, e particularmente em relação a si mesmos, em um nível superficial, ficando menos fascinados pelo clichê convencional de que "está tudo bem", embora mostrem, em um nível mais profundo de suas opiniões, muito maior confiança nas potencialidades inatas da raça humana. Pode-se sintetizar dinamicamente a diferença afirmando que os altos pontuadores negam a utopia porque, em última análise, não *querem* que ela se materialize, enquanto afirmações antiutópicas dos baixos pontuadores são derivadas de uma rejeição da ideologia oficial do "país de Deus". Estes últimos são céticos quanto à utopia porque levam a sério a sua realização e, portanto, têm uma visão crítica do existente, até o ponto em que reconhecem a ameaça exercida pelo impacto das condições dominantes contra justamente as potencialidades humanas nas quais eles confiam no fundo de seus corações.

M345 é um homem de alta pontuação da Turma de Extensão Universitária em Testes Psicológicos. Ele pontua alto em E e PEC, mas baixo em F. Quando questionado sobre o que pensa de uma sociedade ideal, sua resposta é:

> "Não acho que exista tal coisa sem mudar tudo, incluindo as pessoas. Há sempre algumas pessoas extraordinariamente ricas, sempre algumas extraordinariamente miseráveis economicamente."

Essa resposta é significativa em muitos aspectos. A negação da possibilidade de uma sociedade ideal está baseada na suposição de que, caso contrário, tudo deveria ser mudado –

uma ideia aparentemente insuportável para o sujeito. Em vez
390 de mudar tudo, // isto é, desobedecer o respeito último pelo existente, o mundo deveria ser deixado tão mal quanto está. O argumento de que as pessoas deveriam mudar antes que o mundo pudesse ser modificado pertence ao antigo arsenal antiutópico. Isso leva a um círculo vicioso, pois, sob as condições externas vigentes, nenhuma mudança interna pode ser esperada e, na verdade, aqueles que falam dessa maneira nem mesmo admitem a sua possibilidade, mas assumem a maldade eterna e intrínseca da natureza humana, seguindo o padrão de cinismo discutido no capítulo sobre a escala F. Simultaneamente, a riqueza e a pobreza, que são obviamente produtos das condições sociais, são hipostasiadas pelo sujeito como se fossem qualidades naturais inatas. Isso tanto absolve a sociedade como ajuda a estabelecer a ideia de imutabilidade da qual a denúncia da utopia se nutre. Nós arriscamos a hipótese de que a breve afirmação desse sujeito revela um padrão de pensamento que é extremamente difundido, mas que poucas pessoas resumiriam tão explicitamente quanto ele.

Para o supracitado *M105*, que chega mais perto do fascismo explícito do que qualquer outro dos nossos sujeitos, a ideia de qualidades naturais que excluem uma sociedade ideal está relacionada imediatamente à questão mais premente: a abolição da guerra.

> "Naturalmente, eu prefiro a América. A questão é: vale a pena desistir do que temos para ter um comércio mundial? Os japoneses fabricam produtos baratos e podem nos vender a preços mais baixos. O que tenho medo é de um empréstimo perpétuo. Se fizermos negócios com outras nações, devemos ter o dinheiro.

O comércio mundial não impediria a guerra. O instinto de luta continua presente."

O fato significativo da afirmação dele é que a suposição de um "instinto de luta", que aparentemente nunca deve desaparecer, está relacionado de uma maneira exagerada às vantagens econômicas, ao dinheiro, à limitação ao que se tem e assim por diante. A propósito, esse é o mesmo homem que fala contra a guerra atual porque "não consegue ver o que ele pode ganhar com isso".

Autocontraditória é uma afirmação da secretária executiva *F340B*, uma mulher de pontuação média, cuja personalidade como um todo, bem como suas opiniões políticas prontas, aproxima-se mais do tipo alto pontuador do que seu questio-
391 nário nos leva // a crer. Em termos de opinião superficial, ela quer ser "idealista"; mas, nas suas reações específicas, ela está sob o feitiço do "realismo", o culto do existente.

> "Eu não estou feliz com a nossa política externa – não é definida o suficiente nem idealista o suficiente." (Quais são as suas críticas específicas?) "É um monte de nada: parece que não temos nenhuma política externa." (Qual tipo de política externa você gostaria de ver?) "Eu gostaria de ver as quatro liberdades, a Carta do Atlântico realmente aplicada em outros países. Então também temos que ser realistas sobre isso, mas temos que nos esforçar para ser idealistas – para tornar reais os ideais em algum momento."

Há algo de patético nessa afirmação. Pois a alegação de que é preciso ser "realista" para finalmente tornar reais os ideais é certamente verdadeira. Tomada *in abstracto*, no entanto, e sem conceitos específicos sobre como isso poderia ser alcançado, a verdade se torna pervertida em uma mentira, denotando apenas que isso "não pode ser feito", enquanto o indivíduo ainda mantém a consciência tranquila de que ela seria muito feliz se isso fosse possível.

Psicologicamente, o padrão antiutópico do pensamento político está relacionado a traços sadomasoquistas. Eles se manifestam de forma impressionante na afirmação do detento de San Quentin, *M662A*, que chega perto da síndrome do "durão" [*tough guy*] discutida no Capítulo XIX. Quando questionado "como seria uma sociedade ideal", ele responde: "Muito trabalho para todos; findaram todas as greves".

Para a ingenuidade desse homem, que certamente pertence ele mesmo aos estratos mais pobres, a imagem da presente ordem foi petrificada a tal ponto que ele não pode sequer conceber um sistema social no qual, por causa da organização racional, cada indivíduo tenha *menos* trabalho – para ele, o ideal é que todos *possam* trabalhar, o que inclui não apenas satisfação de necessidades básicas, mas também esforços que poderiam ser facilmente dispensados hoje. A ideia de que alguma ordem estrita deveria prevalecer é tão avassaladora para ele que a utopia se torna uma sociedade em que nenhuma greve deveria mais ser tolerada, em vez de uma sociedade em que as greves seriam desnecessárias.

392 Deve ser mencionado que a negação geral do utopismo // é às vezes revertida pelos sujeitos, cujas afirmações estamos examinando aqui, quando falam sobre os Estados Unidos.

Assim, *M619*, um baixo pontuador do grupo de San Quentin, levado pela situação prisional à completa resignação política, ainda acha:

"... acho que parte da razão pela qual a América se tornou o maior país do mundo é porque os sonhos que um homem tem podem se tornar realidade."

É claro que isto deve ser entendido primariamente como uma expressão do sonho que pode ser medido pelos dólares e centavos que um indivíduo pode ganhar, mas não se deve esquecer que entre os fundamentos ideológicos do liberalismo americano há também um elemento utópico que, sob certas condições, pode romper e superar o evangelho do suposto realismo.

Aparentemente, o antiutópico de alguma forma se sente desconfortável com seu próprio "realismo" e procura uma saída atribuindo à realidade com a qual ele é mais fortemente identificado, o seu próprio país, algumas das qualidades utópicas que ele, de resto, nega.

Apenas o assassino de San Quentin, de baixa a média pontuação, *M628B*, um homem que não tem nada a perder na vida, diz sem rodeios:

"Este país educa as pessoas, mas no chamado *American way*... Não acredito que este seja o melhor país. Talvez de uma maneira materialista... Eu não determinaria o valor da minha vida por coisas materiais."

O tom dessa afirmação é, semelhante ao de *M619*, de resignação fatalista. Mesmo os baixos pontuadores que não são antiutópicos não conseguem pensar a utopia a não ser de uma maneira quase fatalista: como se fosse algo preconcebido, fixado de uma vez por todas; algo que alguém precisa "procurar" em vez de pensar e conceber por si mesmo. *M711*:

> (Como é a sociedade ideal?) "Essa é uma questão terrivelmente difícil. Não é baseada nas quatro liberdades?"

9. *Sem piedade dos pobres*

Deve-se esperar que um esquema mental que considera tudo como basicamente ruim deveria, pelo menos, ser favorável, na
393 área da // política e das medidas sociais, a tanta ajuda quanto possível para aqueles que sofrem. Mas a filosofia dos pessimistas antiutópicos não é marcada pela misericórdia schopenhaueriana. O padrão geral que estamos investigando aqui é caracterizado por um aspecto disseminado. Esses sujeitos não querem piedade para os pobres, nem aqui nem no exterior. Esse traço parece estar estritamente confinado a altos pontuadores e ser uma das características mais diferenciadoras na filosofia política. Neste ponto, a inter-relação de algumas ideias mensuradas pela escala PEC e certas atitudes apreendidas pela escala F deve ser enfatizada. A abolição da doação, a rejeição da interferência do Estado no jogo "natural" da oferta e procura no mercado de trabalho, o espírito do ditado "quem não trabalha não deve comer" pertencem à sabedoria tradicional do individualismo econômico inflexível e são enfatizados por todos aqueles que consideram o sistema liberal ameaçado pelo socialismo. Ao mesmo tempo, as ideias envolvidas têm um toque de punição e agressividade autoritária que as torna receptáculos ideais de alguns anseios [*urges*] psicológicos típicos do caráter preconceituoso. Aqui se inclui,

por exemplo, a convicção de que as pessoas não trabalhariam a não ser que estivessem sujeitas à pressão – uma forma de raciocínio intimamente relacionada à difamação da natureza humana e ao cinismo. O mecanismo da projeção também está envolvido: o caráter potencialmente fascista culpa os pobres que precisam de ajuda justamente da mesma passividade e ganância que ele aprendeu a não admitir em sua própria consciência.

Exemplos: o detento de San Quentin de altíssima pontuação, *M664C*, cuja pontuação em F é impressionante, mostra claramente o aspecto psicológico dessa ideologia em particular. Ele considera como o "grande problema" enfrentado por esse país o fato de ele fazer algo pelas pessoas famintas no exterior. Sua afirmação também mostra a íntima inter-relação entre os complexos "sem piedade dos pobres" e o fatalismo.

> "Cristo! Nós vencemos esses outros países e agora vamos alimentá-los... Acho que devemos deixá-los morrer de fome, especialmente os japoneses... Sorte que não conheço nenhuma pessoa que foi morta nesta guerra, senão sairia e mataria eu mesmo alguns japoneses... Vamos ter outra depressão e também teremos outra guerra daqui a alguns anos."

Em contraste, *M658*, outro condenado de alta pontuação
394 com certos // traços psicopáticos, dirige seus sentimentos contra os desempregados e não contra os japoneses:

> "Acredito que todos devem ter uma oportunidade. Não deve haver nada de desemprego. A única razão de eles estarem desempregados é porque são preguiçosos como eu."

Isso pode ser considerado como um dos exemplos mais autênticos de pensamento sadomasoquista em nossas entrevistas. Ele quer que os outros sejam tratados com severidade porque ele se despreza: seu punitivismo é obviamente uma projeção de seus próprios sentimentos de culpa.

As mulheres são mais livres do complexo "sem piedade dos pobres". Elas preferem sobrecompensá-lo em termos de bem-estar social e caridade, o que é, como indicado anteriormente, de todo modo, um valor "alto". A seguinte afirmação pode ser considerada como característica da mulher que humilha aquele a quem ela finge ajudar, e que na verdade não ajuda em nada, mas apenas se faz sentir importante.

F359, uma alta pontuadora que combina convencionalismo com ideias um tanto paranoicas sobre os negros:

> O sujeito pensa que as pessoas mais pobres deveriam ser ajudadas por projetos estatais ou comunitários. As pessoas da comunidade deveriam se reunir, como as pessoas, por exemplo, que são boas em organizar clubes de meninos; ou elas podem organizar danças e fazê-las na casa de uma pessoa uma semana e na de outra pessoa na semana seguinte. Todos deveriam contribuir com alguma coisa; dedicar-se um pouco. No caso de um setor pobre, este pode obter fundos do município. Pode-se também recorrer a fundos públicos para construções, se necessário.

A atitude de indiferença em relação à sina dos pobres, juntamente com a admiração por pessoas ricas e bem-sucedidas, lança luz sobre a atitude potencial dos altos pontuadores em relação a possíveis vítimas do fascismo em uma situação crítica. Aqueles que mentalmente humilham os que já são, de qualquer

forma, espezinhados são mais do que propensos a reagir da mesma maneira quando um *outgroup* estiver sendo "liquidado". Essa atitude tem, é claro, fortes determinantes sociológicos: mobilidade social ascendente, identificação com a classe superior à qual eles mesmos querem pertencer, reconhecimento da competição universal como uma medida para o que uma pessoa vale e o desejo de manter controlada a ameaça potencial das massas deserdadas. Esses motivos sociológicos, no entanto, es-
395 tão inseparavelmente ligados aos mecanismos // psicológicos referidos anteriormente. As implicações infantis específicas podem ser indicadas da seguinte maneira: a identificação com os pobres é bastante atraente para as crianças, já que o mundo dos pobres lhes parece, em muitos aspectos, menos restrito do que o seu, enquanto, de alguma forma, sentem a semelhança entre o *status* social de uma criança em uma sociedade adulta e o *status* do pobre no mundo do homem rico. Essa identificação é reprimida numa fase precoce em prol da "mobilidade ascendente" e também – mesmo quando as próprias crianças são pobres – em prol do princípio de realidade em geral que tolera a compaixão apenas como ideologia ou como "caridade", mas não em suas manifestações mais espontâneas. Eles projetam a "punição" que receberam por sua própria compaixão sobre os espezinhados ao considerarem a pobreza como algo que os pobres "infligiram a si mesmos". A mesma fórmula, aliás, desempenha um papel decisivo no antissemitismo.

10. *Educação em vez de mudança social*

O complemento do complexo "sem piedade dos pobres" é a ênfase excessiva dada à educação das pessoas dentro das

seções políticas de nossas entrevistas. A referência frequente a esse tópico é a mais significativa, uma vez que não aparece no roteiro da entrevista. Ninguém negará a desejabilidade da educação política. É difícil ignorar, no entanto, que o ideal da educação serve frequentemente como uma racionalização para os privilégios sociais. As pessoas que não querem confessar tendências antidemocráticas preferem tomar a posição de que a democracia estaria bem se as pessoas fossem apenas educadas e mais "maduras". Essa condição naturalmente excluiria das atividades políticas, aqui e agora, aqueles que, por causa de sua situação econômica, precisam mais urgentemente de uma mudança social. Isso, é claro, nunca é expresso em tantas palavras. Se, no entanto, como aconteceu uma vez, um homem explicitamente fascista fala a favor da abolição do imposto eleitoral no Sul e quer substituí-lo por um "teste de inteligência", há pouca dúvida sobre seu propósito último. A adulação da "educação" ocorre com bastante frequência entre
396 pessoas sem instrução – talvez porque, por algum motivo // para além do escopo do presente estudo, a educação tenha se tornado uma espécie de panaceia na ideologia americana. Nenhum de nossos sujeitos se dá ao trabalho de definir ao que a misteriosa "educação" deve se referir: se ela pertence ao nível educacional geral ou se é considerada alguma categoria especial de educação política e como isso deveria ser feito.

O complexo educacional não se limita a altos ou médios pontuadores, mas parece ser mais frequente neles do que nos baixos pontuadores. Alguns exemplos são dados.

M1230A, um homem de alta pontuação do grupo de Escola Marítima, afirma:

> (Como seria uma sociedade ideal?) "Levaria gerações para trazer todos aos mesmos padrões educacionais... embora não tanto para ter classes *boas*... apesar de eu achar que devamos sempre ter distinção de classe... alguma iniciativa para tentar melhorar a si mesmo."

Aqui é óbvio que a ideia de educação serve como um dispositivo sutil pelo qual o antiutópico pode atuar para impedir uma mudança e ainda parecer progressista. Também é característico que a ênfase colocada em um processo educacional prolongado seja concomitante com a ideia de que sempre *deveria* haver alguma distinção de classe.

Da mesma forma, o canadense *M934*, um pontuador mediano, endossa a ideia da educação como um "freio", dessa vez ao movimento trabalhista. Ele acredita que:

> "A coisa importante no movimento trabalhista hoje é a educação das bases. Não acho que os trabalhadores estejam prontos para exercer mais influência hoje."

Pode-se notar ao acaso que quanto mais os processos de produção são padronizados, menos treinamento especial é necessário, mais o progresso tecnológico leva a um certo esclarecimento das massas, mais vazio se torna o postulado da educação. Nossos sujeitos se apegam a isso de maneira bastante fetichista.

Para a mulher de altíssima pontuação, *F104*, formada em espanhol e interessada em economia, a linha de demarcação política entre seu *ingroup*, os republicanos e os democratas coincide com a da educação.

> 397 // "O tipo de pessoas que eu conheço e que são democratas geralmente são pessoas sem instrução que realmente não sabem o que está acontecendo. A atual administração fez uma confusão com as coisas."

Assim, a ideologia da educação interpreta o fato de o Partido Democrata ser um partido de uma classe mais baixa do que o Republicano.

Entre os baixos pontuadores, a ideia de educação está um pouco misturada com o tradicional desejo socialista por esclarecimento. Frequentemente, ocorre uma queixa sobre a letargia e a falta de interesse político das massas – das quais, regularmente, os sujeitos se excluem. Nesse contexto, podemos mencionar novamente a afirmação fraseológica do nosso marinheiro, *M117*:

> "Temos uma boa base para o nosso sistema político. A maioria das pessoas não está interessada nem preparada o suficiente para entender de política, de modo que a maior parte da política dos EUA é governada pelo sistema capitalista."

O complexo educacional nos leva de volta para onde nossa análise começou, para a ignorância e confusão que obscurece o pensamento político da maioria de nossa amostra. É possível que o complexo educacional expresse de alguma forma a consciência de que a pessoa realmente não sabe do que está falando quando discute política – muitas vezes o elogio da educação segue, no caso dos baixos pontuadores, autoacusações por falta de conhecimento. No entanto, a vaga ideia de educação lida com a experiência da ignorância sumariamente por um *slogan* com base em um fator isolado da vida cultural, dispensando assim o esforço do pensamento político. Além disso, serve na maioria dos casos ao propósito de projetar sua própria ignorância sobre os outros para que se possa parecer informado.

Uma última observação pode ser significativa. Enquanto o elogio da educação é fortemente acentuado pelos altos pontuadores, ao mesmo tempo uma das afirmações antissemitas mais frequentemente ouvidas é a de que "os judeus apostam tudo na educação" – geralmente associada à afirmação de que eles evitam trabalho manual pesado. Podemos suspeitar de que haja, no centro do complexo educacional, a vaga percepção de que essa cultura exclui o grosso daqueles que nela estão de uma real participação em suas gratificações mais sutis. Embora o desa-
398 jeitado // papo sobre educação expresse a aspiração por um estado de coisas em que a pessoa não seja mais tolhida pelas exigências de "ser prático", a fúria sobre a própria frustração educacional é projetada sobre o inimigo escolhido, o qual, supõe-se, possui aquilo que se deve negar a si mesmo.

C. Alguns tópicos econômicos e políticos

Nossa discussão anterior foi, de acordo com a abordagem geral de nosso estudo, formulada em termos subjetivos e não objetivos. Isto é, focamos nosso interesse nos padrões de pensamento político de nossos entrevistados e não na posição que eles assumem em relação a questões políticas objetivas. Naturalmente, nossa abordagem também levou a uma discussão de inúmeros tópicos políticos, como a avaliação de Roosevelt, o problema da "burocracia" do governo, atitudes com relação à "sociedade ideal" etc. Nenhuma dicotomia estrita entre questões políticas subjetivas e objetivas poderia ser feita. O que resta agora a ser discutido são as atitudes de nossos sujeitos em relação àqueles tópicos políticos do roteiro de entrevistas ainda não cobertos, embora alguns deles, particularmente no que diz respeito ao complexo burocrático e ao problema do controle governamental dos negócios, tenham sido abordados.

1. Sindicatos

O problema do sindicalismo foi fortemente enfatizado em nosso roteiro de entrevistas porque é um tópico político-econômico muito atual e porque esperávamos que fosse altamente discriminante. O item do questionário "Sindicatos deveriam se tornar mais fortes e ter mais influência em geral" realmente se mostrou discriminante no sentido estatístico (PD de 3,16 para homens e 3,49 para mulheres nos formulários 40 e 45), mas os protocolos de entrevista apresentam ampla advertência contra qualquer fórmula primitiva do tipo baixa pontuação = pró-sindicato, alta pontuação = antissindicato. Uma certa
399 quantidade de críticas aos sindicatos é universal e // não faltam baixos pontuadores que se desviam com relação à questão sindical. Inequivocamente pró-sindicato é apenas um pequeno número de esquerdistas politicamente conscientes e altamente articulados. Fora estes, há fortes reservas em relação aos sindicatos em toda a nossa amostra. Altos e baixos pontuadores diferem mais na forma como essas reservas são feitas do que simplesmente na dimensão pró *vs.* anti. Uma atitude crítica é tomada tanto por pessoas que não pertencem a sindicatos como por aqueles que são seus membros.

Algumas diferenças entre questionário e entrevista podem ser esperadas porque o questionário pede por afirmações mais ou menos diretas, ao passo que a entrevista permite que os sujeitos elaborem suas ideias em toda a sua complexidade. Aqui, ao que parece, a entrevista se aproxima mais da opinião real dos sujeitos do que o questionário. Uma vez que a organização do trabalho e a questão das *closed shops* afetam a vida da maioria das pessoas de uma forma algo imediata, o fator "alienação" e a ignorância e confusão que o acompanham desempenham um papel menor do que, digamos, quando as pessoas discutem sobre "todos aqueles gabinetes" na longínqua Washington.

Assim, o sentimento crítico explícito em relação aos sindicatos deve ser levado muito a sério. Essa crítica não deve ser identificada automaticamente com o reacionarismo. Aqui, mais do que em qualquer outro lugar, há alguma base na realidade e as queixas são, geralmente, muito mais razoáveis, mostram muito mais bom senso do que quando se trata de questões tais como os políticos ou os judeus. As organizações trabalhistas têm mais ou menos que se adaptar às condições prevalecentes de uma vida econômica governada por enormes conchavos e, assim, tendem a se tornar "monopólios". Isso traz desconforto para inúmeras pessoas que, em seus negócios, enfrentam um poder que interfere no que ainda sentem ser seu direito individual como livres competidores. Eles têm que ceder uma parte extra de seu lucro às exigências das organizações trabalhistas, para além do preço da mercadoria que compram: a força de trabalho. Isso lhes parece um mero tributo ao poder da organização. É significativo, no entanto, que pelo menos os altos pontuadores se ressintam dos monopólios trabalhistas, mas
400 não de seu modelo, a // monopolização industrial como tal.

Isso não é surpreendente. A população tem muito mais contato direto com as organizações trabalhistas do que com as organizações da indústria. As pessoas têm que negociar com seus sindicatos locais sobre pagamento extra, horas extras, aumentos salariais e condições de trabalho, enquanto Detroit, onde seu carro está sendo fabricado e precificado, fica longe. Naturalmente, motivos mais profundos de identificação social também estão envolvidos.

A monopolização das organizações trabalhistas afeta também os próprios trabalhadores, que se sentem comandados pela enorme organização sobre a qual exercem muito pouca influência como indivíduos e que, se não forem admitidos a ela, se sentem desesperadamente "*outgrouped*". Esse núcleo de experiência na crítica do trabalho organizado tem que ser reconhecido para que não se tirem conclusões precipitadas.

O elemento da verdade parcial na crítica das organizações trabalhistas está entre os potenciais fascistas mais perigosos dos Estados Unidos. Embora existam alguns pontos na crítica das organizações trabalhistas que não podem ser refutados, eles são facilmente escolhidos como pontos de partida a fim de eliminar todos os sindicatos, substituindo-os por corporações controladas pelo governo – um dos principais objetivos econômicos de fascistas em todos os lugares. Nenhuma análise do potencial fascista é válida se não dá conta do aglomerado de crítica racional e de ódio irracional na atitude das pessoas em relação às organizações trabalhistas. Algumas reações características de nossos entrevistados podem, pelo menos, ilustrar o problema.

Comecemos com exemplos de uma atitude em relação às organizações trabalhistas que é muito difundida entre os baixos pontuadores: a aceitação de sindicatos com restrições mais ou menos incisivas. Obviamente, atitudes antissindicato entre pessoas de resto "progressistas" são particularmente importantes para questões mais amplas de prognóstico.

M310, um membro completamente liberal e progressista da Turma de Extensão Universitária em Testes Psicológicos, fala sobre o "assim chamado sistema de livre empresa que na verdade é monopólio". À pergunta sobre o aumento salarial de 30% exigido pelas organizações trabalhistas, ele responde:

> "Bem, não gosto de ver ninguém definir um valor arbitrário para qualquer demanda. Ao mesmo tempo, sou muito simpático às demandas salariais. Por exemplo, os trabalhadores da indústria automobilística agora. Por outro lado, os trabalhadores de padarias em São Francisco estão em greve por um mero piso salarial,
> 401 embora todos // eles estejam ganhando mais do que isso agora: eles estão apenas pensando no futuro... Sou pró-sindicatos, mas acho que devemos reconhecer que às vezes eles se tornam grupos de interesse egoísta... Estou desapontado com o movimento trabalhista como um veículo reformista, seu único interesse é em salários mais altos para seu próprio pequeno grupo, especialmente sindicatos de manufaturas ou monopólios da AF of L."

Por trás dessa afirmação aparece a turva consciência de que o movimento trabalhista de hoje, em vez de visar a uma sociedade melhor, satisfaz-se em garantir certas vantagens e privilégios dentro da configuração atual. Isso é exatamente o oposto da queixa típica dos altos pontuadores de que os sindicatos se tornaram muito políticos, uma questão a ser discutida mais adiante.

M112, um baixo pontuador, estudante do segundo ano da faculdade, nota o perigo de que sindicatos gigantescos e complexos possam se tornar antidemocráticos. Ele é antimonopólio, no sentido de que espera que essas tendências sociais sejam detidas dividindo unidades altamente centralizadas em unidades menores.

> "Não gosto de grandes organizações. Deve haver sindicatos locais, empresas locais, nunca muito grandes. Tem a Kaiser, mas ela não é tão ruim. A Standard Oil não é boa nem a IG Farben da Alemanha."

M620, um condenado baixo pontuador, é típico daqueles que se ressentem da interferência das organizações trabalhistas no funcionamento do mecanismo da produção como um todo:

> (O que você pensa das tendências políticas hoje?) "Bem, eu acredito seriamente que as organizações trabalhistas terão que adquirir um senso de responsabilidade... Bem, para mim, um contrato é mais ou menos sagrado." O sujeito se opõe a greves em geral, especialmente a greves locais. (E sobre o aumento de 30% nas demandas salariais?) "Acredito que se os sindicatos estão dispostos a trabalhar, eles deveriam tê-lo. Mas, se não dão retorno, é completamente injustificado." (E quanto à greve da GM?) "Deve ser resolvida o mais rápido possível, de um jeito ou de outro... Acredito que tanto as organizações trabalhistas quanto as empresas ignoram os pequenos... Sou um pouco amargurado com esse negócio de greve... Sinto que as organizações trabalhistas deveriam ter mais responsabilidade."

M711, um pontuador extremamente baixo do grupo do Serviço de Emprego dos Veteranos, mistura o poder coletivista dos sindicatos com a ameaça de fascismo e, por projeção, faz de Hitler um homem pró-sindicato:

> (Como você se sente em relação aos sindicatos?) "Eu francamente não sei sobre isso. Em teoria sou muito a favor dos sindica-
> 402 tos." (Como você // se sente sobre a demanda de aumento salarial de 30%?) "Bem, eu não aprovo... porque acho que qualquer demanda por aumento salarial deve ser feita em relação ao custo de vida". (Como assim?) "Na verdade, simplesmente não penso sobre isso... um aumento de 30% no salário não significará nada se o custo de vida aumentar também." (E quanto à demanda sindical da GM por aumento de salários, sem aumento de preços?) "Sim... mas acho que os salários e os preços têm que atingir uma estabilização..." (O entrevistador lê a questão 4, que afirma que os sindicatos deveriam se tornar mais fortes, e se refere ao fato de o sujeito discordar um pouco desse item e pede que elabore). "Bem, minha discordância disso – talvez eu esteja pensando que os sindicatos se tornando mais fortes levariam a um estado de fascismo... No fim das contas, Hitler não usou os sindicatos em seus primeiros dias, ampliando-os e tornando-os mais fortes? [...] Sei que temos sindicatos em São Francisco que são simplesmente pequenos impérios. Por outro lado, temos outros que estão trabalhando para o bem geral... Eu certamente não acho que eles devam ser controlados como alguns dos nossos senadores parecem querer."

F340B já foi mencionada anteriormente. Ela é da Turma de Extensão Universitária em Testes Psicológicos e pontua médio em E, baixo em F e alto em PEC. Ela diferencia entre a função positiva dos sindicatos e seus males inerentes, que ela descreve em termos personalistas como "capitalistas".

> (O que você acha dos sindicatos em geral?) "Acho que eles são necessários – como ideia, eles são bons, mas na prática – tive a infelicidade de conhecer alguns dos líderes trabalhistas nesta área e foi uma grande desilusão para mim." (De que maneira?) "Bem, se alguma vez existiram 'capitalistas', eles eram um pouco disso, administrando sua organização como se administra um negócio – visando sugar tudo dele." (O que você acha que deveria ser feito a respeito disso?) "Bem, eles não deveriam se opor a ter seus extratos financeiros auditados – devem ser mais abertos em relação a isso." (Então você acha que as regulamentações deveriam ser estabelecidas, talvez pelo governo?) "Sim, acho que preferiria ver uma forte opinião pública fazer isso – fazê-los perceber que devem ser mais justos e abertos."

Embora nenhuma pontuação tenha sido feita, a impressão criada pela leitura cuidadosa de todo o material da entrevista é a de que a atitude média é aquela que aceita os sindicatos como um mal necessário, pelo menos entre aqueles que não são articuladamente reacionários.

Há um número excessivamente pequeno de afirmações irrestritamente favoráveis às organizações trabalhistas. Os dois exemplos a seguir provêm de San Quentin, ambos, claro, de baixos pontuadores.

M628B, um assassino:

> 403 // (O que você acha dos sindicatos?) "Definitivamente sou a favor das *closed shops*. Não acredito na empresa privada neste país.

> Se fosse o que eles dizem que é, eu seria a favor disso... Não creio que a Constituição, mas... nós não vivemos de acordo com ela... Essa história de trabalhar duro, meu caro, que você vai ser grande um dia é boa... mas quando você não tem dinheiro para se vestir e pagar aluguel etc., as massas, eu vou dizer que é um ultraje."

M619, um criminoso sexual caracterizado pelo psiquiatra como "esquizofrênico simples", não é totalmente acrítico em relação às organizações trabalhistas, mas acredita que as fraquezas dos sindicatos estão gradualmente desaparecendo: sua aceitação irrestrita está baseada em uma ideia geral de progresso um tanto vazia.

> (Como você se sente em relação aos líderes trabalhistas de hoje?) "O AF of L, eu sou muito a favor dele. O CIO, anteriormente eu não era a favor dele, mas, com o passar do tempo, as pessoas parecem aceitá-lo cada vez mais. Estou inclinado a achar que os erros de sua origem foram eliminados... é claro, os sindicatos no começo usavam métodos bastante despóticos, mas talvez os fins justifiquem os meios que eles tomaram."

Um aspecto particular das percepções críticas em relação às organizações trabalhistas deve ser enfatizado. É a ideia de que os sindicatos não devem se envolver em política. Como isso não tem nada a ver com aquelas experiências econômicas com as organizações trabalhistas das quais muitas pessoas reclamam, trata-se de uma questão clara de ideologia, muito provavelmente derivada de alguma crença de que, de acordo com a tradição americana, os sindicatos oferecem um meio de "barganhar", de obter participações maiores, e de que não deveriam se intrometer em outras questões. A raiva sobre as disputas salariais e greves é deslocada e se torna racionalizada pela identificação apressada do trabalho organizado com o comunismo. Uma vez que os sindicatos nos Estados Unidos são incomparavelmente menos políticos e conscientes de classe do que em qualquer outro lugar, essa objeção é de ordem inteiramente diferente daquelas discutidas anteriormente: é verdadeiramente uma expressão do reacionarismo. No entanto, nessa área, a ideologia reacionária é tão fortemente apoiada por noções preconcebidas que se infiltra facilmente na opinião de pessoas de quem isso dificilmente seria esperado.

M621A está cumprindo pena em San Quentin por roubo. Ele pontua baixo em E e F, mas alto em PEC.

> "Eu admiro os sindicatos, mas eles não devem ser agitadores." (Evidentemente referindo-se a qualquer atividade política.) "Eles
> 404 não deveriam tentar obter mais dinheiro, // mas deveriam ajudar
> mais as pessoas. Deveriam querer manter os preços baixos como qualquer pessoa... sindicatos não têm nada a ver com política."

M627, outro homem de San Quentin, pontua baixo em E e PEC, mas alto em F. Ele é um alcoólatra psicopata condenado pelo que parece ser um delito sexual menor.

> (E sobre o PAC do CIO?) "Não, a política deveria ser deixada de fora. Manter a política fora de qualquer organização. Eu apenas acho que o trabalho e a política não se misturam." (Você acha que isso deveria ser proibido?) "Sim, senhor."

Finalmente, apenas um exemplo de um alto pontuador de San Quentin, *M656A*, que não é de forma alguma extremo:

> (PAC?) "Bem, eu não digo que eles deveriam ir pra política, eles deveriam trabalhar através de seus representantes... como um todo, não deveriam entrar na política." (Por que não?) "Se eles forem pra política, estarão exigindo muito de um lado, quando, legitimamente, deveriam levar isso para o órgão legislativo legal... A meu ver, a política não deveria entrar nos negócios e esses sindicatos são um negócio."

Que muitas afirmações de franca hostilidade às organizações trabalhistas possam ser encontradas em nosso material não é surpreendente. O fato marcante, no entanto, é que tais afirmações ocorrem não apenas entre os altos pontuadores, mas também entre os pontuadores médios e baixos.

Novamente limitamo-nos a alguns exemplos que darão uma ideia da estrutura do antissindicalismo irrestrito.

M202, um engenheiro de construção, com pontuação no geral muito baixa, é, contudo, fortemente identificado com os empresários. Seu entrevistador, como foi mencionado anteriormente (p.268), chamou-o de "uma pessoa conservadora, mas não fascista". Seus ataques contra o trabalho, no entanto, fazem essa avaliação parecer um pouco otimista demais. Como um desvio interessante, um relato completo de sua posição antitrabalhista deve ser fornecido.

> Em conexão com a discussão de seu trabalho, foi perguntado ao sujeito sobre sua atitude em relação aos sindicatos de trabalhadores. Sua resposta foi: "Sou obcecado pelos sindicatos; aí você me pegou!". Ele trabalhou em uma empresa como fura-greve em 1935. Assumiu um emprego como químico. Naquela época, ele estava fora da Califórnia e havia uma crise econômica. Não tinha

uma forte opinião sobre os sindicatos, e apenas queria um emprego. No entanto, achava que um homem tinha o direito de trabalhar se quisesse e não hesitou em aceitar o emprego de outro homem. Continuou na empresa depois que a greve acabou. Ele
405 se descreveu // como um "homem de empresa" e, consequentemente, como seguindo o ponto de vista da empresa. Quando trabalha para uma empresa, ele é 100% dos interesses da empresa, caso contrário não fica nela. Ele tem duas objeções aos sindicatos: (1) sua política de assumir que homens mais velhos são melhores que homens mais jovens, dando melhores empregos para eles e não para os recém-chegados; (2) *closed shop*. Ele acha que os homens deveriam poder "desfrutar de seu trabalho". Se os homens souberem que serão mantidos em um emprego mesmo que não trabalhem arduamente, isso não os encoraja a fazer o melhor que podem. Por exemplo, ele contratou dois administradores para a loja que achava que não eram bons, então os demitiu; mas o sindicato exigiu que ele os contratasse de volta, o que teve que fazer, caso contrário não teria ninguém para trabalhar para ele. Se um homem vê que o sujeito próximo a ele é lento no trabalho e ainda assim ganha o mesmo salário, não terá incentivo para trabalhar duro e logo também diminuirá a velocidade. Os sindicatos não deveriam impedir um homem que não quer se filiar a um sindicato de trabalhar. O entrevistador sugeriu que o objetivo principal da *closed shop* era negociar faixas salariais. O sujeito respondeu que, se um grupo de homens se reunisse para que eles mesmos estabelecessem e pedissem uma remuneração mais alta para os trabalhadores qualificados, ou para desenvolver melhores meios de produção, estaria tudo bem. Se uma empresa não está disposta a pagar por um trabalho qualificado, eles não precisam trabalhar lá. No final das contas, pode-se assinalar que as objeções do

sujeito aos sindicatos se resumem à opinião de que os sindicatos não apenas não promovem o trabalho duro, mas até mesmo o desestimulam.

Este caso parece ser o de um homem que, embora politicamente imparcial, tornou-se altamente contrário às organizações trabalhistas através da experiência concreta. Deve-se enfatizar que, apesar de sua própria descrição como "homem de empresa", ele de modo algum admira os homens de negócios, acha que a pobreza poderia ser eliminada por mudanças em nosso sistema social e é a favor do controle do governo em muitos aspectos. Suas opiniões podem ser resumidas como sendo atravessadas por um conflito entre uma ideologia geral muito progressista e impulsos reacionários violentos dentro da esfera de seus próprios interesses imediatos – uma configuração que pode ser indicativa de um perigoso padrão de potencialidades em muitos "liberais". Parece, no entanto, que a inconsistência desse sujeito não se deve tanto a fatores psicológicos quanto à sua posição profissional. Seus traços reacionários são derivados de sua função como membro de uma hierarquia tecnológica que precisa buscar a "eficiência" e descobre que a interferência de sindicatos tende a diminuir essa
406 eficiência em vez de aumentá-la. // Assim, sua atitude não é tão inconsistente quanto parece na superfície: pode-se dizer que seu progressismo geral colide com seu progressismo tecnológico porque as duas categorias de progresso não se harmonizam objetivamente sob as condições atuais de produção.

A mulher de 22 anos, *F316A*, é estruturalmente similar. Ela é uma baixa pontuadora que se torna violentamente antitrabalhista por conta de alguns ressentimentos que desenvolveu em seu trabalho como química júnior em uma empresa de desenvolvimento em petróleo.

O sujeito acha que a situação atual do trabalho é muito ruim por causa de todas essas greves e que a indústria está realmente travada. Os grandes sindicatos estão pedindo demais. (E quanto ao sindicato em S.?) "O sindicato de S. (CIO) não é democrático porque os chefes de departamento e os químicos juniores tomam todas as decisões, depois falam aos membros sobre isso nas reuniões e eles nem sequer são membros do sindicato." (Você também tem um sindicato patronal em S., não é?) "Você se refere à Associação de Cientistas Industriais [Association of Industrial Scientists, AIS]? Não é um sindicato patronal (com certa raiva). Esse foi um truque sujo do CIO – ou melhor, não um truque sujo, mas um estratagema: acusá-la de ser um sindicato patronal porque assim não poderia ser registrada no WPB[18] e, portanto, não poderia se tornar negociadora em nome dos empregados. Eles pensaram que poderiam impedir que ela fosse registrada por um ou dois anos e que então iria acabar. Porque, se ela não é a negociadora, não pode assinar um contrato pelos trabalhadores e pode apenas indicar às empresas o que gostaria. Embora a AIS só tenha uma seção em S., não acho que seja dominada pela empresa, embora não tenha provas." (Os assistentes de laboratório não re-

18 War Production Board (WPB) foi uma instituição criada por F. D. Roosevelt em 1942 cuja finalidade era coordenar a mobilização para a Segunda Guerra Mundial, convertendo e expandindo a economia em tempo de paz para a produção de guerra. Dentre seus controles, o WPB selecionava como prioridade para a produção nacional materiais de guerra escassos, proibindo, ao mesmo tempo, atividades industriais não essenciais. (N. T.)

> cebem quase o mesmo que os químicos juniores?) "Sim, quando os químicos juniores recebiam apenas US$ 170 por mês e o CIO garantiu um aumento para US$ 180 para os assistentes de laboratório, a empresa teve de elevar o salário dos químicos para US$ 200 por mês. O CIO reclama que eles fazem todo o trabalho e ainda assim os químicos juniores não se associam." (O aumento não foi uma coisa boa?) "Sim, mas eu ainda gostaria de ver o que a AIS poderia fazer se fosse registrada: talvez não fizesse nada."

Quanto aos altos pontuadores, o tema-chave de sua ideologia antitrabalhista é o do *racket*. Eles consideram a pressão exercida pelo trabalho organizado como ilegítima de uma maneira comparável ao crime organizado e à conspiração – sendo esta última, em todo caso, um dos tópicos favoritos dos altos pontuadores. Para eles, cujo moralismo foi algumas vezes enfatizado neste livro, o conceito de livre mercado coincide com a lei
407 moral // e consideram irregulares quaisquer fatores que introduzam, por assim dizer, um elemento extraeconômico na esfera de negócios. A propósito, essa suspeita não diz respeito aos monopólios industriais e seus acordos de preços, mas apenas à estrutura supostamente monopolista dos sindicatos. Aqui, novamente, a ideia de "legitimidade" – de identificação com os fortes – entra em cena. Os conglomerados industriais parecem, de acordo com essa categoria de pensamento, o resultado de uma tendência "natural" e as organizações trabalhistas, um agrupamento de pessoas que querem obter mais do que lhe compete.

Vista de um ângulo puramente psicológico, a ideia de "*racketeering* trabalhista" parece ser de uma natureza similar ao estereótipo de sectarismo judaico. Ela remonta à falta de uma identificação adequadamente internalizada com a autoridade paterna durante a situação do Édipo. É nossa suposição geral a de que os altos pontuadores típicos, acima de tudo, temem o pai e tentam se alinhar a ele para participar de seu poder. Os "*racketeers*" são aqueles que, exigindo demais (embora o sujeito queira o mesmo tanto para si mesmo), correm o risco de despertar a raiva do pai – e daí a angústia de castração do sujeito. Essa angústia, refletindo os próprios sentimentos de culpa do sujeito, é aliviada pela projeção. Pensando em termos de *in* e *outgroup*, o alto pontuador que quer passar os outros para o "*outgroup*" tende continuamente a chamá-los de "*ingroup*". Quanto mais ele próprio tende, por conta de sua pretensão de "*status*", a contornar os canais "normais" da livre concorrência, mais provavelmente culpará aqueles que considera fracos exatamente pela mesma razão. Para ele, os trabalhadores se tornam "*racketeers*", criminosos, assim que se organizam. Eles aparecem como os culpados, segundo o modelo do "mendigo que morde o cachorro".[19] Tais tendências psicológicas são, é claro, magneticamente atraídas por quaisquer elementos da realidade que se encaixem no padrão projetivo. Aqui, as organizações de trabalhadores oferecem uma oportunidade rara.

M352, um encarregado de turno que se autodenomina "operador principal", pontua alto em todas as escalas.

> "Bem, na Standard Oil, nenhum sindicato é reconhecido. Eu nunca fui um sindicalista. Através do sindicato há força, se ele for bem dirigido, mas vários sindicatos de hoje se tornaram *racket*

19 No original, "*Peddler bites dog*". Expressão cuja ideia geral é a de que, ao invés de o cachorro afugentar mendigos, seriam estes últimos que morderiam o cachorro. (N. T.)

> 408 e uma fonte de // influência política. O Comitê de Ação Política do CIO, particularmente... a política e o sindicalismo não devem se envolver demais. Os sindicatos não devem se tornar uma organização política; e o AF of L se transformou em um *racket* para ganhar dinheiro. Os dirigentes se mantêm em seus cargos praticamente até morrer sem restrições em relação a como eles usam o dinheiro e isso deveria ser controlado... mas, se a organização local puder ser administrada de maneira ordenada, tudo bem se os dirigentes forem conservadores, mas, no minuto em que se tornarem liberais demais, usam a greve como uma primeira arma em vez de como último recurso... etc."

Aqui, como em muitos casos, a crítica é dirigida contra a grandeza dos sindicatos *per se*; mediante a ideia romântica de que uma organização puramente local, sendo menos institucionalizada, seria automaticamente melhor.

M658, o homem de San Quentin já citado, chega ao ponto de defender claramente a abolição dos sindicatos:

> (Tendências políticas de hoje?) "Oh, acho que seremos governados por um monte de palhaços, por um monte de sindicatos... Olhe para todos esses cadáveres que trabalham... que não sabem nada além de como pregar um prego... eles tentam mandar nas coisas porque algumas centenas de milhares deles se reúnem." (O que deve ser feito?) "Endireitá-los, mostrar-lhes o lugar deles... Retirem suas cartas sindicais." (O que isso significa?) "Bem, todo sindicato tem que ter uma carta. Que sejam abolidas. Se necessário, abolem-se suas reuniões." (E as greves?) "É nisso que estou pensando... elas são um prejuízo para o país." (Como as greves devem ser tratadas?) "Recuse-se a reempregá-los, ou os multe. Eu

tampouco acredito em *sweat shops*,[20] mas parar quando você já está ganhando US$ 150 por semana – é meio bobo. Gera inflação." (O sujeito havia anteriormente feito uma observação ao discutir profissão e renda – que o entrevistador deixou de registrar – no sentido de que ele mesmo pensa em economizar cerca de US$ 500 ou mais, por exemplo, trabalhando com teatro, e depois parar por algum tempo. Notam-se as fantasias altamente exageradas do sujeito sobre os salários nos tempos de guerra).

Algumas afirmações de antissindicalismo extremo podem ser encontradas na amostra de Los Angeles. Talvez o jovem de 20 anos, *5014*, alto em E e PEC e mediano em F, represente certo tipo de antissindicalismo dos veteranos de guerra:

> Quando questionado sobre organização trabalhista, ele diz: "Eu sou contra isso". Ele não sabe a diferença entre o AF of L e o CIO, mas acha que "como muitos dos veteranos, nós trabalhamos a troco de nada enquanto os trabalhadores em casa estavam em greve e ganhando um bom dinheiro".

O contraste entre a hostilidade desse sujeito e sua completa falta de informação é impressionante.

409 // *5031-5032* são marido e mulher em um grupo de renda muito alta. Ambos pontuam alto em PEC, baixo em F e médio-baixo em E. Neles, um antissindicalismo violento é concomitante novamente com o desprezo pela natureza humana: consideram o sindicalismo simplesmente como um artifício dos preguiçosos para evitar trabalho.

20 *Sweat shop* é um termo pejorativo para um local de trabalho que tem condições muito precárias e socialmente inaceitáveis. (N. T.)

Ambos são antitrabalhistas. O marido é bastante veemente quanto a isso. Embora espere que a prosperidade continue, ele acha que será à custa de uma luta contínua contra as demandas trabalhistas. Acha que as demandas trabalhistas não são razoáveis e que, com as recentes vitórias trabalhistas, "mesmo que alguém atenda às demandas dos trabalhadores, certamente não consegue um dia de trabalho de carpinteiros, encanadores etc.". Ambos alegam não serem preconceituosos em relação a várias minorias. É interessante, no entanto, que tenham formulado a questão da aceitação de crianças judias na escola que seu filho frequenta.

F5043, uma dona de casa de meia-idade de pontuação extremamente alta, pertence a essa escola de potenciais fascistas que acham que "tudo é uma balbúrdia". Ela primeiro cria, no verdadeiro estilo "nós-mães", o imaginário de uma crise desesperada e depois coloca a culpa da situação nas organizações trabalhistas.

"Nunca vi nada assim", ela lamentou quando questionada sobre a situação das organizações trabalhistas. "Para que nossos meninos têm lutado? Por quê? Eles voltam e descobrem que precisam se virar sem muitas coisas... nem mesmo um lugar para morar... tudo por causa das greves." Assim, ela culpa as organizações trabalhistas pelas crises atuais e se ressente do crescimento e da força dos sindicatos trabalhistas. Também acha que há uma ruptura irreconciliável entre veteranos e trabalhadores e teme conflitos internos. Também culpa os grevistas pela tendência crescente de desemprego e é muito pessimista quanto à possibilidade de pleno emprego. No entanto, não acha que há demasiada interferência do governo e é bastante vaga sobre o papel dos grandes ne-

> gócios e da livre empresa. Na verdade, parece nutrir apenas fortes sentimentos antitrabalhistas e antigreve, sem fortes convicções sobre outros assuntos. "É somente uma balbúrdia terrível", ela repetia, e não acha que o leigo deva sujar suas mãos "se metendo com política".

Enquanto os baixos pontuadores, que geralmente adotam uma atitude "a favor, mas" em relação aos sindicatos, insistem na solidez do princípio, mas objetam que os sindicatos estão "indo longe demais", recebendo mais, por assim dizer, do que lhes cabem, os típicos altos pontuadores os culpam indiscri-
410 minadamente pela situação social supostamente crítica, // pela padronização da vida (*5001* e *5003*) e por terem objetivos francamente ditatoriais. Para os altos pontuadores, o antissindicalismo já não é uma expressão da insatisfação com as condições concretas das quais eles poderiam padecer, mas uma pauta na plataforma do reacionarismo, que também inclui automaticamente o antissemitismo, a hostilidade em relação a países estrangeiros, o ódio ao New Deal e todas aquelas atitudes hostis que estão integradas no imaginário negativo da sociedade americana subjacente à propaganda fascista e semifascista.

2. *Negócios e governo*

Como era de se esperar, o padrão ideológico geral relativo à interferência do governo nos negócios é altamente consistente com aquele que diz respeito às organizações trabalhistas. A opinião média – se tal termo, sem a devida quantificação, for permitido – parece ser a de que um certo grau de controle governamental é indispensável, particularmente em tempos de guerra, mas que isso contradiz fundamentalmente o princípio do liberalismo econômico. A interferência do Estado ainda se enquadra na categoria do mal necessário. Para os altos pontuadores em particular, a interferência do governo nos negócios é apenas mais um aspecto do complexo de usurpação, uma questão de arbitrariedade ditatorial que prejudica os direitos dos que trabalham duro para ganhar dinheiro. Mas deve-se notar novamente que não há uma linha nítida entre os que pontuam alto e baixo no que diz respeito à interferência do governo, enquanto o *como*, a maneira pela qual ambos os grupos expressam sua atitude crítica, diferencia-se.

Os seguintes exemplos de uma atitude parcialmente positiva em relação à interferência do governo foram escolhidos entre os pontuadores medianos e altos.

F340A, da Turma de Extensão em Testes Psicológicos, uma jovem escriturária, é mediana em E, mas alta em F e PEC. Ela é interessante por causa de uma certa atitude de honestidade intelectual que se expressa em tentativas de ver também o outro lado da situação: um traço "antiparanoico" do esquema mental americano que, a propósito, está entre os baluartes mais fortes contra o fascismo quando fatores subjetivos estão em questão.

> Ela não acredita no controle governamental da indústria. Tal-
> 411 vez // seja uma boa ideia o governo assumir o transporte, o gás, a eletricidade e a água. (Por quê?) Talvez eles poderiam fazê-lo de forma mais barata; ela não tem certeza disso. De qualquer forma, se houvesse uma greve, como no Key System,[21] eles estariam

21 Antigas mesas de telefonia; refere-se às greves de telefonistas. (N. T.)

travando tudo e o governo poderia fazê-los voltar ao trabalho. "Quando o governo diz para você fazer alguma coisa, você faz."

A citação mostra um elemento ambíguo na afirmação da interferência do governo: enquanto esta última é lamentada como uma violação do liberalismo, é simultaneamente apreciada como um meio potencial para manter as organizações trabalhistas sob controle. Deve ser lembrado que os nacional-socialistas sempre se queixaram do "Estado de Bem-Estar Social" de Weimar, mas mais tarde levaram a interferência do Estado bem mais longe do que os governos socialistas alemães jamais haviam tentado.

O oficial de justiça, *M109*, lembra *F340A* no ponto em que seu apoio a algum tipo de interferência do governo é autoritário em vez de favorável a quaisquer restrições à anarquia da livre iniciativa ou ao planejamento racional em prol de todos. (Cf. citações nas p.323, 330.)

Aqueles que abertamente se colocam de forma contrária aos controles do governo englobam novamente tanto os pontuadores baixos quanto os altos. Aqui, claro, os baixos pontuadores são particularmente interessantes.

O já citado *M711*, um "tranquilo" de baixa pontuação, opõe-se à interferência do Estado simplesmente porque ele encontra nisso um potencial fascista, aparentemente ignorante da função progressista que essa interferência teve sob Roosevelt:

> (Controle do governo?) "Eu não concordo. Novamente, isso poderia ser um caminho para um Estado fascista em algum momento. Certos controles teriam que ser exercitados."

Apesar de sua ideologia de esquerda, esse homem mostra sintomas de uma confusão que pode torná-lo presa de *slogans* pseudoprogressistas da propaganda fascista: é o mesmo homem que justifica sua atitude antissindical com a espúria afirmação de que Hitler era a favor dos sindicatos.

M204, outro baixo pontuador, um jovem do grupo da Clínica Psiquiátrica sofrendo de neurose de angústia, denomina a si mesmo socialista e acha que o New Deal era conservador demais, mas afirma:

> **412** // O governo não deveria estar no controle completo de tudo. É a favor de algo como o sistema escandinavo: o CCF,[22] pleno emprego, governo trabalhista, a favor de cooperativas. "Acho que vai ser assim neste país. O controle do governo pode ser feito de forma errada. Em vez disso, deveríamos preservar a liberdade individual e trabalhar através da educação."

Resumindo: a crítica dos baixos pontuadores à interferência do governo é baseada na ideia tradicional de liberdade, no medo de uma abolição autoritária das instituições democráticas e de um modo de vida individualista. Isso contribui para uma resistência potencial contra qualquer tentativa de economia planificada. Existe a possibilidade de que muitos valores tradicionais do democratismo e do liberalismo americanos, se mantidos ingenuamente dentro da configuração da sociedade de hoje, pos-

22 Co-Operative Commonwealth Federation (CCF) foi um partido social-democrata canadense fundado em 1932 que agregou grupos socialistas, cooperativas, movimentos agrários e trabalhistas. Em 1944, ganhou as eleições de uma das regiões canadenses, tornando-se o primeiro governo social-democrata da América do Norte. (N. T.)

sam ter suas funções objetivas radicalmente modificadas sem que os sujeitos sequer tenham consciência disso. Numa época em que o "individualismo inflexível" efetivamente resultou em vasto controle social, todos os ideais concomitantes a um conceito individualista acrítico de liberdade podem simplesmente servir de instrumentos nas mãos dos grupos mais poderosos.

As afirmações de nossos altos pontuadores contra o controle do governo são de categoria completamente diferente. Para eles, o sindicalismo, o New Dealism e o controle do governo são todos a mesma coisa, o governo daqueles que não devem governar. Aqui o ressentimento da interferência do governo funde-se ao complexo de "sem piedade dos pobres".

O "durão" de San Quentin, *M664b*:

> (Tendências políticas de hoje?) "Bem, do jeito que está indo agora, eu acho que é um prejuízo para o nosso país." (O que você quer dizer com isso?) "Acho que uma pessoa deveria ganhar seu sustento em vez de esperar que o governo dê isso a ele. Não acredito nesse New Deal e não acredito em organizações trabalhistas governando o país... Se um homem não pode ter lucro em seus negócios, ele o fechará..."

O assassino de San Quentin, *M651a*, que está cumprindo uma sentença de prisão perpétua, coloca-se contra a interferência do governo, seu ponto de vista sendo o do homem de negócios que diz o "senso comum".

> (E quanto aos controles governamentais sobre os negócios?) "Não, eu acredito na livre iniciativa. Acredito que o mercado deve ser capaz de conduzir seus próprios negócios, exceto durante a

guerra, quando tivemos que ter preços máximos... Mas os negócios competitivos baixam os preços..."

413 // Pode-se notar que a opinião, mesmo entre os altos pontuadores, em relação ao controle governamental enquanto tal, embora represente para eles o odiado New Deal, não parece ser tão "violenta" quanto seu antissindicalismo. Isso pode ser em parte devido à corrente autoritária subterrânea que, de alguma forma, os faz respeitar, até certo ponto, qualquer governo forte, mesmo que seja construído segundo linhas diferentes das suas e em parte pela percepção racional da necessidade de alguma interferência governamental. Muitas de nossas entrevistas foram conduzidas durante ou logo após a guerra, em um momento em que era óbvio que nada poderia ser alcançado sem o controle do governo e é a esse fato que fazem frequentemente referência, principalmente como uma qualificação da rejeição ao controle do governo. Isso, no entanto, certamente depende em grande parte da situação e, se as entrevistas fossem realizadas hoje, o quadro provavelmente seria diferente.

Há uma questão em particular que merece certa atenção nesse contexto: a atitude dos nossos sujeitos em relação ao monopólio. Por um lado, os monopólios são o resultado da livre empresa, a consumação do individualismo inflexível; por outro, eles tendem a assumir aquele tipo de controle não competitivo que é rejeitado quando exercido pelo governo. Provavelmente nenhuma "opinião pública" concernente ao monopólio se cristalizou até agora, principalmente porque muito menos pessoas estão cientes do poder anônimo e objetivo das grandes empresas do que estão cientes das medidas oficiais legais do Estado. No entanto, alguns exemplos podem ilustrar como o problema dos supernegócios institucionalizados reflete-se nas mentes de alguns de nossos sujeitos.

M115, um homem convencional, mas não fascista, membro de fraternidade, que pontua baixo em E e F, mas alto em PEC, coloca-se contra "essa coisa marxista", porém mesmo assim acha que:

> "O grande negócio deveria ser controlado quando se torna grande demais. Em alguns campos, como transporte, energia etc., é necessária uma organização em grande escala. O principal é que é preciso impedir o monopólio e ter limitações dos lucros."

A contradição não resolvida entre as atitudes fortemente antissocialistas e igual e abertamente antimonopolistas desse
414 homem // é provavelmente característica de uma parte muito grande da população. Na prática, isso corresponde a uma "apreensão" artificial das tendências de desenvolvimento econômico em vez de a um conceito econômico bem definido. Aquelas camadas da classe média europeia que no fim se engajaram no fascismo também não raramente se colocavam ideologicamente contra os grandes conglomerados.

M118, um homem de baixa pontuação da Turma de Extensão Universitária em Testes Psicológicos, vê o problema, mas ainda está tão profundamente imbuído de conceitos econômicos tradicionais que é impedido de seguir sua lógica até as conclusões correspondentes.

> "A ênfase agora está na 'livre iniciativa', mas que muitas vezes resulta em monopólio, os grandes espremendo os pequenos até a morte. Há muita distância entre os ricos e os pobres. As pessoas

> alcançam o topo empurrando os outros para baixo, sem regulação. Por isso, o governo deveria ter mais influência econômica, quer isso leve ou não ao socialismo."

O mesmo homem critica Wallace por ser "pouco prático". Não se pode escapar da impressão de que o monopólio é usado como uma fórmula negativa vaga, embora muito poucos sujeitos estejam realmente cientes do impacto da monopolização em suas vidas. A questão sindical, em particular, desempenha um papel muito maior na ideologia geral.

3. *Questões políticas próximas aos sujeitos*

Foi salientado no início deste capítulo que a confusão e ignorância política e o hiato entre a ideologia superficial e as reações concretas devem se em parte ao fato de que a esfera política, ainda hoje, parece à maioria dos americanos excessivamente distante de suas experiências e de seus interesses prementes. Aqui rumamos brevemente para a discussão de alguns tópicos políticos e econômicos do roteiro de entrevistas que, por razões imaginárias ou reais, estão mais *próximos* dos corações de nossos sujeitos, a fim de formar pelo menos uma impressão de como eles se comportam em relação a estas questões e se seus comportamentos diferem marcadamente daquele no domínio da "alta política".

Primeiro, uma ilustração do que pode ser chamada de "pro-
415 ximidade // imaginária". Nosso roteiro de entrevistas continha pelo menos uma questão que era, em meio de seu entorno realista, de natureza "projetiva". Estava relacionada ao limite

anual de renda de US$ 25.000,00. Não é uma questão política premente nem se poderia esperar que muitos de nossos entrevistados tivessem qualquer interesse pessoal imediato em limitações de renda em um nível tão alto. As respostas a essa pergunta, que mereceriam uma análise detalhada à parte, são indicativas muito mais de um elemento do sonho americano do que de atitudes políticas. Pouquíssimos entre nossos sujeitos queriam aceitar tal limitação de renda. A maior concessão que fizeram foi o reconhecimento de que se pode viver com essa quantia. A visão predominante, contudo, era a de que, em um país livre, deveria poder ser permitido a qualquer pessoa ganhar o máximo que pudesse, não obstante o fato de que a chance de se ganhar esse tanto hoje tenha se tornado bastante ilusória. É como se a categoria americana de utopia ainda fosse muito mais a do engraxate que se torna um rei das ferrovias do que a de um mundo sem pobreza. O sonho da felicidade irrestrita encontrou seu refúgio, pode-se dizer quase seu único refúgio, na fantasia um tanto infantil de riqueza infinita a ser acumulada pelo indivíduo. Não é preciso dizer que esse sonho funciona em favor do *status quo*; que a identificação do indivíduo com o magnata, em termos da chance de se tornar um, ajuda a perpetuar o controle do grande negócio.

Entre aqueles sujeitos que são abertamente a favor do limite de renda está o passador de cheques sem fundos de San Quentin, *M664C*, um homem de alta pontuação, tão cheio de fúria e inveja contra tudo que não gosta nem mesmo dos ricos.

> (E sobre o limite de US$ 25.000 para os salários?) "Para que diabos é isso? Isso é mais do que justo; inferno, isso, de todo modo, é muito dinheiro."

O aparente radicalismo desse homem só pode ser avaliado se nos lembrarmos de que ele é aquele indignado com a ideia de alimentar os países famintos.

O sentimento muito difundido de nossos sujeitos sobre o limite de renda de US$ 25.000,00 pode ser resumido pelo apelo aflito de *M621A*, do grupo de San Quentin, um pontuador baixo em E e F, mas um alto pontuador em PEC.

> **416** // "Eles não deveriam fazer isso. Se um homem tem capacidade, que se dê mais poder a ele."

Os próximos poucos tópicos são característicos da já mencionada tendência de nossos sujeitos de se tornarem mais racionais e "progressistas" à medida que instituições ou medidas de uma natureza supostamente "socialista", das quais o indivíduo acha que pode obter benefícios imediatos, são trazidas para a discussão. OPA[23] e seguro-saúde são exemplos.

Nossas entrevistas parecem mostrar que a OPA, também uma agência "burocrática" de interferência do governo, é no geral muito aceita. Aqui estão alguns exemplos, escolhidos aleatoriamente:

Novamente *M621A*:

> (OPA?) "Eu acho que ela tem feito algo muito maravilhoso neste país. Pode ter ido longe demais, por exemplo, na situação

---

23 Office of Price Administration (OPA). Criado em 1941, tinha por função controlar preços de mercadorias e de aluguéis durante a Segunda Guerra Mundial, além de racionar suprimentos escassos e autorizar subsídios para a produção de algumas mercadorias. (N. T.)

da habitação em San Diego." (O sujeito acha que a OPA deveria ter resolvido o problema da habitação).

Uma das poucas exceções é o rico casal de Los Angeles, *5031* e *5032*, que está "enojado e farto do New Deal, com as prioridades e com toda essa maldita papelada criada pela OPA".

A maioria dos outros é a favor da OPA, às vezes, porém, com uma certa dose de punitivismo, como o baixo pontuador de San Quentin, *M627*, já citado:

> "Bem, a OPA estará fazendo um bom trabalho se controlarem esse mercado negro."

Isso aparece com mais força na entrevista do alto pontuador de San Quentin *M658*, o homem que quer abolir os sindicatos.

> "Se (a OPA) tivesse uma luva de ferro debaixo de suas luvas de pelica, tudo bem. Eles multam um cara em US$ 100 – por ganhar US$ 100.000."

A apreciação geral da OPA é ainda mais interessante pelo fato de que essa instituição tem sofrido constantes ataques dos jornais por muitos anos. Mas aqui as vantagens, particularmente no que diz respeito à situação da habitação, são tão óbvias que ataques ideológicos aparentemente perdem parte de seu impacto sobre a população. Exigir a abolição da OPA por causa da "maldita papelada" de Washington pode significar a perda de um teto para se viver.

Algo semelhante vale para o seguro-saúde. Altos e baixos pontuadores, com pouquíssimas exceções, concordam em sua

417 // apreciação. *M656A*, um alto pontuador do grupo de San Quentin, cumprindo pena por assassinato em segundo grau, depois de ter declarado que uma pessoa pode viver com US$ 25.000,00 por ano, mas que lhe deve ser permitido ganhar o que é capaz de ganhar, e que certamente não pode ser chamado de socialista, responde à pergunta sobre seguro público de saúde: "Eu sou a favor disso".

O homem "tranquilo" de baixa pontuação já citado, *M711*, é um entusiasta:

> "Seguro público de saúde? Inquestionavelmente sim... é mais importante do que qualquer outra medida em uma sociedade ideal."

Finalmente, nossa atenção deve ser direcionada para uma área econômica que é da maior importância para os processos formativos do fascismo. Os impostos. É talvez o ponto em que a fúria social retida é mais livremente liberada. Com os altos pontuadores, essa fúria nunca é dirigida abertamente contra as condições básicas, mas ganha, no entanto, o tom de desejada ação violenta. O homem que bate com o punho na mesa e queixa-se dos pesados impostos é um "candidato natural" aos movimentos totalitários. Não só os impostos estão associados a um governo democrático supostamente gastador, que esbanjaria milhões com ociosos e burocratas, mas é precisamente nesse ponto que as pessoas acham, para colocar nas palavras de um dos nossos sujeitos, que este mundo não pertence realmente às pessoas. Aqui eles acham, de modo imediato, que são obrigados a fazer sacrifícios para os quais não obtêm nenhum retorno visível, tal como um de nossos sujei-

tos que reclama que não consegue ver o que pode ganhar com a guerra. As vantagens indiretas que cada indivíduo pode receber dos impostos pagos são obscuras para ele. Ele só consegue ver que tem que dar algo sem receber nada de volta e isso, por si só, parece contradizer o conceito de troca sobre o qual a ideia de livre mercado do liberalismo é construída. No entanto, a quantidade extraordinária de libido ligada ao complexo de impostos, mesmo em um período de crescimento econômico como os anos em que nossos sujeitos foram entrevistados, parece confirmar a hipótese de que ele se baseia tanto em fontes mais profundas da personalidade quanto no ressentimento superficial do indivíduo de ser privado de uma parte considerável de sua renda sem obter vantagens visíveis. A raiva contra
418 o sistema tributário racional é uma // explosão do ódio irracional contra a taxação irracional do indivíduo pela sociedade. Os nazistas sabiam muito bem como explorar o complexo do "dinheiro do contribuinte". Chegaram a conceder, durante os primeiros anos de seu governo, uma espécie de anistia fiscal, divulgada por Goering. Quando tiveram que recorrer a uma tributação mais pesada do que nunca, eles a camuflaram habilmente como caridade, doações voluntárias e assim por diante e coletaram grandes quantias de dinheiro a partir de ameaças ilegais, em vez de pela legislação tributária oficial.

Aqui estão alguns exemplos do complexo de antitaxação:

O homem de alta pontuação, *M105*, que é violentamente antissemita e associado ao "lunático extremo", diz:

> "É o dinheiro do contribuinte que foi colocado na América do Sul; outros países pensarão que somos tolos."

M345, um engenheiro de radares da Turma de Extensão em Testes Psicológicos, que pontua médio em E, baixo em F, mas alto em PEC, acredita que:

> (E quanto ao controle governamental dos negócios?) "Chegou ao ponto em que se exige muito do dinheiro dos impostos e do tempo dos cidadãos."

Mais uma vez, o complexo do contribuinte não se limita aos altos pontuadores. O homem de baixa pontuação *M116*, o caso desviante de um conservador convencional conformista definitivamente contrário ao preconceito, fortemente identificado com seu pai, aceita as visões republicanas deste:

> "... também porque os homens de negócios geralmente não gostam de impostos."

No caso de uma nova crise econômica, em que o desemprego demandaria um aumento na tributação das pessoas cujos rendimentos encolheram, esse complexo teria, sem dúvida, um papel excepcionalmente perigoso. A ameaça é a mais séria, pois, em tal situação, um governo que não impusesse impostos fracassaria, enquanto um que desse passos nesse sentido invariavelmente antagonizaria com o próprio grupo do qual os movimentos totalitários provavelmente extrairiam seu apoio.

4. Política externa e Rússia

A falta de informação por parte de nossos sujeitos prevalece, mais do que em qualquer outro lugar, na área da política externa.

419 // Em geral, há ideias bastante vagas e nebulosas sobre conflitos internacionais, intercaladas com bocados de informações sobre alguns tópicos individuais com os quais os sujeitos estão familiarizados ou pelos quais tiveram algum interesse. O clima geral é de decepção, angústia e vago descontentamento, como simbolicamente sintetizado pela mulher de média pontuação *F340B*: "Parece que não temos nenhuma política externa".

Isso pode facilmente ser um mero eco de afirmações em jornais, frequentes na época do estudo, feitas por colunistas como Walter Lippman e Dorothy Thompson. Repeti-los transforma o sentimento de insegurança e desorientação de muitos de nossos sujeitos em um semblante de superioridade crítica. Mais do que em qualquer outra esfera política, nossos sujeitos sabem "só o básico" na área de assuntos internacionais.

Há uma notável falta de senso de proporção, de julgamento equilibrado, na consideração da importância ou da falta de importância de tópicos de política externa.

Uma ilustração, proveniente do baixo pontuador "tranquilo" *M711*:

> (Grandes problemas que o país enfrenta?) "Pergunta difícil de responder... Talvez o principal seja como nos encaixaremos com o resto do mundo... Estou um pouco preocupado com o que parecemos estar fazendo na China... Se somos portadores da tocha das Quatro Liberdades, acho que estamos sendo um pouco inconsistentes em nossos movimentos na China e na Indonésia."

Essa afirmação parece ser um "resíduo diário" da leitura contínua de jornais, em vez da expressão de um pensamento autônomo. No entanto, deve-se notar que isso condiz com o esquema de referência anti-imperialista do baixo pontuador.

O símbolo do mal-estar político é a bomba atômica, que é temida por toda parte. A posição tomada em relação à bomba atômica parece diferenciar os altos dos baixos pontuadores. Como era de se esperar, também por razões psicológicas, os altos pontuadores apostam tudo no segredo. Aqui, como em outros lugares, "eles querem resguardar o que se tem".

M662A, o "durão" de San Quentin, alto em todas as escalas:

> (Ameaças à atual forma de governo?) "Bomba atômica. Se es-
> 420 ses outros países a obtiverem, eles vão usá-la em nós e vamos // ter que ter cuidado com a Rússia... Sou a favor da Rússia, mas... acho que mais cedo ou mais tarde vamos entrar em guerra contra eles."

Quanto à perspectiva de uma guerra devastadora, esse homem parece ter uma visão fatalista, como se fosse mais uma catástrofe natural do que algo dependente de seres humanos. Isso está de acordo com o nosso conhecimento clínico da passividade psicológica dos homens com alta pontuação.[24]

Os baixos pontuadores ou querem banir a bomba atômica ou tornar o que é secreto público.

M627, o agressor sexual alcoólatra, baixo em E e PEC, mas alto em F:

> (Grandes problemas que o país enfrenta?) "Bem, acho que essa bomba atômica." (Solução?) [...] "Bem, ela deveria ser banida e

24 Trata-se de uma referência à "passividade" como uma das categorias relacionadas a altos pontuadores baseadas nas respostas às questões projetivas analisadas por Levinson no Capítulo XV. (N. T.)

o dinheiro apropriado para ver se não conseguimos usar esse poder para o bem."

F515, a "Liberal genuína" que será discutido em detalhes no Capítulo XIX (p.532-3), defende o controle atômico internacional:

> "Truman não quer revelar o segredo da bomba atômica – acho que deveria. De qualquer modo, isso já vazou."

Embora a ideologia geral seja o medo da guerra, a atitude dos altos pontuadores indica que, embora considerem a guerra inevitável, eles têm alguma simpatia subjacente pelo guerrear, como a encontrada no roteirista de rádio de alta pontuação *5003*, caracterizado como altamente neurótico:

> Quanto ao Estado mundial, ele não espera nada na atualidade. "Por que não deveríamos ter mais guerras? Somos animais, temos instintos animais e Darwin nos mostrou que vale a sobrevivência do mais apto. Eu gostaria de acreditar na fraternidade espiritual dos homens, mas é o homem forte que vence."

Esse tipo de discurso, "por que não deveríamos ter mais guerras", é indicativo de sua concordância com a ideia, apesar de sua conversa sobre fraternidade espiritual. O uso que muitas vezes é feito do *slogan* darwiniano da sobrevivência do mais apto a fim de racionalizar a agressividade bruta pode ser significativo do potencial fascista no interior do "naturalismo" americano, embora esteja supostamente ligado a ideais progressistas e esclarecidos.

421 // *5009*, um diretor de ensino de 32 anos em uma pequena cidade da Califórnia, que pontua alto em todas as escalas, racionaliza sua crença em uma guerra próxima de maneira diferente:

> Ele não espera nenhum mundo sem guerras e acha que a próxima guerra será contra a Rússia. "Os Estados Unidos sempre se colocaram contra ditaduras."

Embora mostre a atitude típica dos altos pontuadores – psicologicamente ligada ao cinismo e desprezo pelo homem – de considerar a guerra inevitável, ele justifica uma política que pode de fato levar à guerra com um ideal democrático: a posição a ser tomada contra ditaduras.

Um terceiro aspecto de apoio à ideia de guerra aparece na entrevista do supracitado *5031*, um rico empreiteiro. Ele

> acha que talvez seja melhor irmos para a guerra contra a Rússia agora e acabar logo com isso.

Aqui, o cinismo típico do alto pontuador, uma fusão de desprezo pelo homem, exagerado pé no chão e destrutividade subjacente, ganha expressão sem censura. Enquanto na esfera da moral privada tais anseios [*urges*] psicológicos são mantidos sob controle pela aceitação de padrões humanos mais ou menos convencionalizados, eles são liberados na esfera da política internacional, onde não parece haver um supereu coletivo, da mesma forma que não há uma agência de controle supranacional verdadeiramente poderosa.

A suposição demasiadamente pronta de que a guerra não pode ser abolida – o que, segundo esse homem, só poderia ser esperado se militares comandassem a ONU – está fundida com a ideia administrativa e quase técnica de que se "deveria acabar com isso" o mais rápido possível, de que se deveria ocupar-se da Rússia. Guerra e paz tornam-se questões de conveniência tecnológica. A consequência política desse modo de pensar é autoexplicativa.

Tal como acontece com muitos outros tópicos políticos, a atitude em relação à Rússia, seja a favor ou contra, por si só não diferencia com alguma nitidez os altos dos baixos pontuadores. Primeiro, há uma espécie de atitude "pseudobaixa" em relação à Rússia. Ela segue a linha da admiração geral pelo poder nos altos pontuadores e é positiva apenas no que diz respeito
422 aos sucessos militares russos. // Transforma-se em hostilidade quando a força russa é apresentada como potencialmente perigosa. Isso acontece com o detento de San Quentin *M621A*, que pontua baixo em E e F, mas alto em PEC. Ele expressa seus verdadeiros sentimentos antirrussos por meio da personalização:

> (Os principais problemas que o país enfrenta hoje em dia?) "Eu acho que a Rússia..." (O sujeito teme uma guerra contra a Rússia mais cedo ou mais tarde por causa da bomba atômica). "A Rússia quer o controle do território na China, assim como os Estados Unidos e a Inglaterra." (O que você mais desgosta em relação à Rússia?) "Bem, ela é um pouco agressiva demais. Claro, eles fizeram algumas coisas maravilhosas. O plano quinquenal, educaram-se." (E as coisas boas sobre a Rússia?) "Muita perseverança na resistência para enfrentar dificuldades." (Objeções?) "Conheci muito poucos russos. Não gosto deles porque parecem ser arrogantes." (O que você quer dizer com isso?) "Eles gostam de ter seu próprio jeito..." (O sujeito conheceu russos em Xangai, principalmente mercadores russos). "Eles realmente querem 'pegar' você. Eles não são muito limpos... Eu não tinha ideias muito definidas antes."

Pode-se notar quão próxima a atitude desse homem em relação aos russos está de certos estereótipos antissemitas. No entanto, ele não tem nada contra os judeus; na verdade, sua esposa é judia. Nesse caso, o antirrussismo pode ser um fenômeno de deslocamento.

No entanto, há também uma atitude negativa "genuína" do baixo pontuador contra a Rússia, baseada na aversão ao totalitarismo. Aqui, o paciente da Clínica Psiquiátrica *M204*, sofrendo de neurose de angústia, um socialista moderado e militante pacifista com baixa pontuação em todas as escalas, encaixa-se nessa atitude:

> Ele é um pouco cético em relação à União Soviética, desaprovando seus métodos totalitários, mas curioso por "sua interessante experiência".

Outro exemplo é *M310*, um liberal da Turma de Extensão em Testes Psicológicos com uma pontuação extraordinariamente baixa, gerente assistente de uma agência de publicidade, cuja crítica toca no democratismo formal, e, ao mesmo tempo, se volta contra os aspectos oligárquicos do governo russo:

> (Qual a sua compreensão de democracia?) "Governo do, para e pelo povo. Governo pela maioria, voltado para a obtenção de bons resultados para o povo. Pode haver uma diferença entre a Alemanha nazista e a Rússia soviética; nesse sentido, pode haver
> 423 democracia na Rússia. Não // acho que isso necessariamente englobe nosso sistema de votação, embora eu goste (do voto democrático)..." (Você é crítico da Rússia Soviética?) "Eu não gosto da concentração de poder político em tão poucas mãos."

Às vezes, esse tipo de crítica assume, entre os baixos pontuadores, o aspecto de uma discordância com os comunistas americanos por causa de seu endosso total da política russa.

M203, um professor, "liberal, mas não radical", com baixa pontuação em todas as escalas:

> "É bom ter uma liderança inteligente e liberal, em vez de uma liderança radical, o que seria ruim." (Exemplos?) "Bem, como os comunistas deste país: eles não são inteligentes, são radicais demais e há muitos posicionamentos que são determinados pela Rússia. Roosevelt, por exemplo, foi menos rígido e aprendeu mais com seus erros."

Deve-se notar que esse homem é um antifascista manifesto que acha "vergonhoso que Bilbo esteja no Congresso".

Quanto à atitude pró-Rússia encontrada entre os baixos pontuadores, não se pode esquecer que ela tem às vezes um perfil um pouco mecânico. Aqui, o elemento de estereotipia vem claramente à tona nos baixos pontuadores. *M713A* pode servir como exemplo. Ele é um jovem veterano, estudando arquitetura paisagística, cujas pontuações são todas baixas.

> (Como você se sente em relação à Rússia Soviética?) "É um experimento muito maravilhoso... Acredito que, se deixada em paz, será a maior potência em poucos anos." (Algum desacordo com a linha dos comunistas?) "Apenas em matéria de abordagem. A abordagem deles é um pouco violenta demais, embora eu possa ver a razão disso... Acho que devemos nos aproximar dela um pouco mais gradualmente... Se aderir ao comunismo fosse apenas

> como entrar no exército... Talvez demore cem anos – estamos trabalhando gradualmente nesse sentido."

É uma questão se a ideia de um desenvolvimento gradual é compatível com a teoria do materialismo dialético oficialmente aceita na Rússia ou se é indicativa de um elemento dúbio na apreciação do sujeito sobre o "maravilhoso experimento". Deve-se notar que a ideia do socialismo como um "experimento" deriva do vernáculo do "senso comum" da classe média e tende a substituir o conceito socialista tradicional de luta de classes pela imagem de uma espécie de empreendimento conjunto e
424 unânime – como se a sociedade como um todo, como é hoje, // estivesse pronta para experimentar o socialismo, independentemente da influência das relações de propriedade existentes. Esse padrão de pensamento é no mínimo inconsistente com a própria teoria social com a qual nosso sujeito parece concordar. De qualquer forma, ele, como qualquer um de nossos outros sujeitos, pouco adentra em temas da doutrina marxista ou em questões específicas da Rússia, mas se contenta com um posicionamento positivo bastante sumário.

E depois há a ideia do "maior poder". O fato de essa ideia não ser excepcional entre os baixos pontuadores, isto é, que uma posição positiva em relação à Rússia tenha algo a ver com os êxitos russos nos campos de batalha e na competição internacional e não com o sistema, é corroborado pelo detento *M619* de San Quentin, que pontua baixo em E e F, mas alto em PEC, o homem que não acredita em nenhuma utopia real:

> "Bem, a Rússia é, sem dúvida, uma das nações mais poderosas do mundo hoje. Eles ascenderam ao poder nos últimos anos e fizeram mais progressos do que qualquer outro país."

Nossa impressão geral a respeito da atitude de nossos sujeitos em relação à Rússia pode ser resumida da seguinte maneira. Para a grande maioria dos americanos, a própria existência da União Soviética constitui uma fonte de preocupação contínua. O surgimento e a sobrevivência de um sistema que acabou com a livre empresa parecem-lhes uma ameaça aos princípios básicos da cultura deste país, ao "*American way*", pelo simples fato de que destruíram a crença na economia liberal e na organização política liberal como um fenômeno "natural" eterno que exclui qualquer outra forma racional de sociedade. Por outro lado, o sucesso da Rússia, particularmente seu desempenho durante a guerra, apela fortemente para a crença americana de que os valores podem ser testados pelo resultado, pelo fato de eles "funcionarem" – o que é uma ideia profundamente liberal por si mesma. A maneira como nossos sujeitos lidam com essa inconsistência de avaliação é diferente entre os que pontuam alto e baixo. Para os primeiros, a União Soviética, incompatível com seu esquema de referências, deve ser eliminada na medida em que é expressão extrema do "estrangeiro", do que também é, em um sentido psicológico, "estranho", mais do que qual-
425 quer outra coisa. Mesmo o fato de a Rússia ter se mostrado // bem-sucedida em alguns aspectos é posto a serviço dessa fantasia: frequentemente, o poder russo é exagerado, com um tom altamente ambivalente comparável aos estereótipos sobre o "poder mundial judaico". Para os baixos pontuadores, a Rússia raramente é menos "estranha" – uma atitude que, sem dúvida, tem alguma base na realidade. Mas eles tentam dominar essa sensação de estranheza de um modo diferente, tomando uma atitude objetiva de "apreciação", combinando compreensão com desapego e uma pitada de superioridade. Quando expres-

sam simpatias mais manifestas pela União Soviética, fazem-no implicitamente, traduzindo fenômenos russos em ideias mais familiares aos americanos, muitas vezes apresentando o sistema russo como algo mais inofensivo e "democrático" do que é, como uma espécie de empreendimento pioneiro de alguma forma reminiscente de nossa própria tradição. No entanto, sinais de certo desinteresse interior raramente estão ausentes. As simpatias pró-russas dos baixos pontuadores parecem ser de natureza um tanto indireta, seja pela aceitação rígida de um "*ticket*" externo a eles ou pela identificação baseada em pensamento teórico e reflexões morais, em vez de em um sentimento imediato de que essa seja a "minha" causa. Suas avaliações da Rússia frequentemente assumem um ar de expectativa hesitante e benevolente – vejamos como eles conduzirão o país. Isso contém tanto um elemento de racionalidade autêntica quanto o potencial de se voltarem contra a Rússia, dissimulado por racionalizações convenientes, caso a pressão da opinião pública impulsione tal mudança.

5. *Comunismo*

O complexo Rússia está intimamente associado ao complexo do comunismo nas mentes dos nossos sujeitos. Isto é ainda mais frequente desde que o comunismo deixou de ser, na opinião pública, uma forma inteiramente nova de sociedade, baseada em uma ruptura completa na configuração econômica, e se tornou cegamente identificado com o governo russo e a influência russa na política internacional. Quase nenhuma referência à questão básica da nacionalização dos meios de produção como parte do programa comunista foi encontrada em nossa amostra – um resultado negativo que é bastante signifi-

426 cativo em relação à dinâmica // histórica à qual o conceito de comunismo foi submetido durante as duas últimas décadas.

Entre os altos pontuadores, a única característica da velha ideia que parece ter sobrevivido é o "espectro" do comunismo. Quanto mais esse último conceito é esvaziado de qualquer conteúdo específico, mais é transformado em um receptáculo para todos os tipos de projeção hostil, muitos deles em um nível infantil algo reminiscente da representação das forças malignas nas histórias em quadrinhos. Praticamente todas as características do pensamento "alto" são absorvidas por esse imaginário. A imprecisão da noção de comunismo, que a torna uma grandeza desconhecida e inescrutável, pode até mesmo contribuir para os afetos negativos a ela associados.

Entre as expressões mais cruas desses sentimentos encontramos as do nosso toxicologista de insetos *M108*, para quem o problema do comunismo é posto em termos de um claro etnocentrismo:

> (Por que é contra o comunismo?) "Bem, é estrangeiro. Socialismo, ok – você respeita um homem que é socialista, mas um comunista vem de um país estrangeiro e ele não tem nada o que fazer aqui."

F111, que pontua alto em E, mediano em F e baixo em PEC, é uma jovem garota que quer se tornar diplomata porque está "furiosa com a Inglaterra e a Rússia". Sua ideia de comunismo tem um ar involuntário de paródia:

> (*Outgroups* políticos?) "Fascistas e comunistas. Não gosto das ideias totalitárias dos fascistas, da centralização dos comunistas.

Na Rússia, nada é privado, tudo vai para um único homem. Eles têm maneiras violentas de fazer as coisas."

Para a mente dessa mulher, a ideia de ditadura política se transformou no espectro de uma espécie de supraindividualismo econômico, como se Stálin reivindicasse a propriedade da máquina de escrever dela.

A partir de uma torção igualmente irracional, outro alto pontuador, *M664B*, um agressor sexual sem instrução e pouco inteligente do grupo de San Quentin, com altas pontuações em todas as escalas, simplesmente associa o comunismo ao perigo da guerra:

> "Se as organizações trabalhistas continuarem obtendo mais poder, seremos como a Rússia. Isso é o que causa as guerras."

A completa irracionalidade, para não dizer estupidez, dos três últimos exemplos mostra com quais recursos psicológicos a vasta propaganda fascista pode contar quando denuncia um co-
427 munismo mais ou menos // imaginário, sem se dar ao trabalho de discutir quaisquer questões políticas ou econômicas reais.

Se os representantes dessa atitude, como os últimos exemplos indicam, entram em qualquer discussão, esta é centrada na fácil, embora não completamente espúria, identificação do comunismo com o fascismo, o que desloca a hostilidade contra o inimigo derrotado para o futuro adversário.

Os baixos pontuadores não estão imunes a isso. Assim, o seminarista de baixa pontuação *M910* é da seguinte opinião:

> (Como você se sente em relação ao governo da Rússia?) "Eu acho que há muito pouca diferença entre o fascismo e o comunis-

mo tal como é *praticado* na Rússia. A Constituição de 1936 é um *documento* maravilhoso. Acho que está quinhentos anos à frente da nossa Constituição porque garante direitos *sociais* em vez de direitos individuais, mas quando o homem não tem nenhum direito, exceto como membro do Partido Comunista... Eu acho que é capitalista..." (Qual é a natureza de suas objeções à Rússia?) "Bem, em primeiro lugar, acho que foi a Rússia que forçou a entrada desse poder de veto na ONU, o que acho que será a morte da ONU agora... A Rússia faz as coisas do jeito que ela quer. Pensamos que somos os líderes, mas nós nos enganamos..." (O sujeito desaprova fortemente a diplomacia enganosa.)

Os altos pontuadores que fazem menos esforço intelectual simplesmente acham que o comunismo não é suficientemente individualista. O discurso padrão que empregam contrasta bastante com a crença na independência espiritual que eles professam. Citamos como exemplo *F106*, um alto pontuador do grupo da Turma de Oratória em Público, um jovem professor:

(*Outgroups* políticos?) "Os comunistas têm algumas boas ideias, mas não penso muito neles. Eles não dão aos indivíduos um suficiente pensar por si próprios."

Às vezes, a identificação entre o comunismo e o fascismo é acompanhada por torções paranoicas no estilo dos Sábios de Sião. *M345*, nosso engenheiro de radares:

(O que você acha do PAC?) "Nunca encontrei nenhuma informação definitiva sobre o CIO... mas... o CIO parece uma agência que se tornará internacional, certamente tem todos os sinais, não

> por ser um sindicato trabalhista, mas apenas por causa da maneira como eles se contrapõem." (O sujeito compara o comunismo com o Hitler de *Mein Kampf*, dizendo exatamente o que planejava fazer e como fazê-lo, e então fazendo-o.) "O CIO seguiu linhas de ação muito semelhantes às políticas proferidas do Comin-
> 428 tern – // até mesmo seu nome, Congress for Industrial Workers; não tenho muita fé que os comunistas terão sucesso. Seu objetivo é o controle cerrado de seu próprio grupo."

A mistura do Comintern, CIO e *Mein Kampf* constitui o clima apropriado para o pânico e a subsequente ação violenta.

Mas esse clima não prevalece de forma alguma. Há uma maneira frequentemente observada de lidar com o problema do comunismo que resguarda os aspectos da objetividade imparcial, enquanto permite uma rejeição bem-intencionada. Isso lembra a história do menino que, após lhe ser oferecida uma comida muito azeda, ao ser perguntado se gostou, respondeu: "Excelente – quando eu for adulto". O comunismo é uma coisa boa *para os outros*, particularmente para "aqueles estrangeiros", de quem, em todo caso, ele foi importado. Essa técnica é empregada tanto por pontuadores altos como pelos baixos. *5008*, a liberal descendente de Jefferson:

> "Os comunistas podem conseguir fazer algo na União Soviética, mas eles fracassariam completamente aqui."

Em *M115*, o homem de uma fraternidade que pontua baixo, o argumento ganha uma marca visível de desprezo pelos despossuídos. Este é o homem que não quer "nada dessa coisa marxista".

"... mas nos países mais pobres, como na Rússia, na Alemanha etc., ele é necessário de uma forma um pouco modificada; mas não na América. Já temos muito aqui, quer dizer, já estamos muito desenvolvidos."

O sujeito não está convencido da ideia de que uma economia coletivista poderia ser mais fácil em um país industrialmente avançado e maduro em vez de mais difícil. Para ele, o comunismo é simplesmente identificado com a melhoria das forças produtivas materiais através de uma organização mais eficiente. Ele parece ter medo da superprodução, como se esse conceito ainda fizesse sentido em uma economia que não depende mais das contingências do mercado.

Mesmo o baixo pontuador extremo *M1206a*, do grupo da Escola Marítima, que acredita que a América acabará se tornando um país socialista,

acha que a Rússia tem um sistema maravilhoso de governo – para a Rússia – "embora eu não pense que poderíamos transplantar seu sistema para nosso país... embora devamos observá-lo e pegar ideias para melhor construir o nosso próprio país".

429 // Nesse caso, o argumento é mitigado por um elemento de reflexão que está de acordo com a posição assumida por esse sujeito em relação ao Partido Comunista nos Estados Unidos:

"Bem, eu não sei muito sobre isso. Acredito que se um homem quer ser comunista, não é apenas seu privilégio, mas seu dever... tentar convencer o máximo de pessoas que puder..." O sujeito contesta vigorosamente as táticas de *red-baiting*...[25] "Acho que a Rússia logo será o país mais democrático do mundo. Joe tem sido um pouco impiedoso às vezes, mas..."

Às vezes, o argumento aparece fundido com a ideia de que o socialismo não seria "prático", por razões puramente econômicas que são tomadas em sua maioria da própria esfera de um sistema de lucro, que deveria ser substituído no socialismo por uma organização econômica moldada a partir das necessidades da população. *F359*, a anteriormente mencionada (p.203, 350, 369) contadora de uma repartição pública, com alta pontuação:

> O sujeito pensa que o comunismo é bom para a Rússia, mas não para este país, embora a tendência pareça ser cada vez mais essa. Acredita na propriedade privada e no sistema da empresa privada. Ela os considera mais eficientes. Não tem tanta certeza quanto à propriedade governamental de serviços públicos como água etc. Acha que eles provavelmente operam melhor sob propriedade privada, que os custos são mais baixos.

As entrevistas de outros sujeitos mostram um tom inconfundivelmente condescendente em relação a esse argumento, como *M107*, um estudante de Medicina que pontua alto em E, mas médio em F e PEC:

25 Praticado desde a década de 1920 e geralmente associado ao macartismo, o termo se refere à prática de desvalorizar argumentos políticos pela simples tática de acusar alguém de ser comunista, socialista ou anarquista. (N. T.)

"Nós podemos cooperar com a Rússia; se eles querem o comunismo, eles têm que tê-lo."

Esse tipo de abordagem liberal, da qual, incidentalmente, o regime de Hitler se aproveitou durante toda a era Chamberlain de não interferência, não é tão mente aberta quanto parece. Muitas vezes, ela esconde a convicção de que não existe uma verdade objetiva na política, de que todo país, como todo indivíduo, pode se comportar como quiser e que a única coisa que conta é o sucesso. É precisamente esse pragmatismo da política que, em última instância, define a filosofia fascista.

430 Obviamente, a relação entre o anticomunismo e o // potencial fascista, como mensurado por nossas escalas, não deve ser demasiadamente simplificada. Em alguns de nossos estudos anteriores, a correlação entre o antissemitismo e o anticomunismo era muito alta,[26] mas há razões para acreditar que ela não seria tão alta hoje, ao menos não no nível superficial. Durante os últimos anos, toda a máquina de propaganda do país tem se dedicado a promover um sentimento anticomunista estimulando um "apavoramento" irracional e provavelmente não há muitas pessoas, a não ser seguidores dessa "linha partidária", que conseguiram resistir à incessante pressão ideológica. Ao mesmo tempo, nos últimos dois ou três anos, pode ter-se tornado mais "convencional" opor-se abertamente ao antissemitismo, caso o grande número de artigos de revistas, livros e filmes de grande circulação possa ser considerado sintomático de uma tendência. A estrutura de caráter subjacente pouco

26 Cf. D. J. Levinson; R. N. Sanford, A Scale for the Measurement of Anti-Semitism, *The Journal of Psychology*, n.17, p.339-70, 1944. (N. A.)

tem a ver com tais flutuações. Caso elas pudessem ser averiguadas, demonstrariam a extrema importância da propaganda em questões políticas. A propaganda, quando dirigida ao potencial antidemocrático do povo, determina em grande medida a escolha dos objetos sociais da agressividade psicológica.

431 # // Capítulo XVIII
Alguns aspectos da ideologia religiosa revelados no material das entrevistas[I]

A. Introdução

A relação entre preconceito e religião desempenhou um papel relativamente menor em nossa pesquisa. Isso pode ser devido em grande parte à natureza da nossa amostra. Ela não incluiu nenhum grupo religioso específico nem foi extraída de áreas geográficas como o Cinturão da Bíblia ou de cidades com uma forte concentração populacional católico-irlandesa na qual a ideologia religiosa tem considerável importância social. Se a pesquisa nos moldes do presente trabalho fosse realizada em tais áreas, o fator religioso poderia facilmente vir à tona em uma extensão muito maior do que no presente estudo.

Além dessa limitação, há outra ainda mais fundamental. A religião não desempenha mais um papel tão decisivo no esquema mental da maioria das pessoas como antes; só raramente ela parece explicar suas atitudes e opiniões sociais. Ao menos foi isso o que indicaram os presentes resultados. As relações

I Tradução de Virginia Helena Ferreira da Costa.

quantitativas obtidas (Capítulo VI) não são particularmente notáveis e embora parte do roteiro das entrevistas tenha sido dedicada especificamente à religião, não se pode dizer que o material reunido nessa parte das entrevistas seja muito rico. Em um nível explícito, pelo menos, a indiferença religiosa parece colocar toda essa esfera de ideologia um pouco em segundo plano; não pode haver dúvida de que ela é menos carregada de afeto do que a maioria das outras áreas ideológicas consideradas e que o tradicional equacionamento de "fanatismo" religioso com preconceito fanático já não é mais válido.

No entanto, há razão suficiente para dedicar uma atenção especial aos nossos dados sobre religião, por mais escassos que
432 eles possam ser. O considerável // papel desempenhado por pastores ou ex-pastores na disseminação da propaganda fascista e o uso contínuo que fazem do meio religioso sugerem fortemente que a tendência geral da indiferença religiosa não constitui completamente uma ruptura entre a persuasão religiosa e nosso principal problema. Embora a religião não possa mais estimular o fanatismo expresso contra aqueles que não compartilham da crença de uma pessoa, somos levados a suspeitar que, em um nível mais profundo e inconsciente, a herança religiosa, a persistência de antigas crenças e a identificação com certas denominações ainda se fazem sentir.

A abordagem foi guiada por certas considerações teóricas inerentes ao nosso esquema de referências. A fim de dar ênfase ao foco de nossas observações, é apropriado indicar a mais fundamental dessas reflexões teóricas.

Esperava-se desde o início que as relações entre ideologia religiosa e etnocentrismo seriam complexas. Por um lado, a doutrina cristã do amor universal e a ideia do "humanismo cristão" se opõem ao preconceito. Essa doutrina é sem dúvida um dos maiores pressupostos históricos do reconhecimento das minorias como partilhantes de direitos iguais com as maiorias "aos olhos de Deus". A relativização cristã do natural, a ênfase extrema no "espírito", proíbe toda tendência que considere as características naturais, tais como traços "raciais", como valores últimos ou que julgue o homem de acordo com sua ascendência.

Por outro lado, o cristianismo como a religião do "Filho" contém um antagonismo implícito contra a religião do "Pai" e suas testemunhas sobreviventes, os judeus. Esse antagonismo, contínuo desde São Paulo, é reforçado pelo fato de que os judeus, ao se apegarem à sua própria cultura religiosa, rejeitaram a religião do Filho e pelo fato de que o Novo Testamento coloca neles a culpa pela morte de Cristo. Tem sido apontado repetidamente por grandes teólogos, de Tertuliano e Agostinho a Kierkegaard, que a aceitação do cristianismo pelos próprios cristãos contém um elemento problemático e ambíguo, engendrado pela natureza paradoxal da doutrina do Deus que se torna homem, o Infinito tornando-se finito. A menos que
433 esse elemento seja colocado conscientemente no centro da //
concepção religiosa, ele tende a promover hostilidade contra o *outgroup*. Como Samuel[2] apontou, os cristãos "fracos" ressentem amargamente a atitude abertamente negativa dos judeus em relação à religião do Filho, uma vez que eles sentem no interior de si mesmos traços dessa atitude negativa baseada na natureza paradoxal e irracional de sua crença – uma atitu-

2 M. Samuel, *The Great Hatred*, New York: Alfred A. Knopf, 1940. (N. A.)

de que não se atrevem a admitir e que, portanto, devem impor aos outros sob a forma de um pesado tabu.

Não é exagero dizer que muitas das costumeiras racionalizações do antissemitismo se originam no cristianismo ou ao menos se misturaram a motivos cristãos. A luta contra os judeus parece ser modelada a partir da luta entre o Redentor e o Diabo cristão. Joshua Trachtenberg[3] deu provas detalhadas de que o imaginário sobre o judeu é em grande parte uma secularização do imaginário medieval do Diabo. As fantasias sobre banqueiros e agiotas judeus encontram seu arquétipo bíblico na história de Jesus retirando os usurários do Templo. A ideia do intelectual judeu como sofista encontra-se em conformidade com a denúncia cristã do Fariseu. O traidor judeu que trai não apenas seu mestre, mas também o *ingroup* ao qual ele foi admitido, é Judas. Esses motivos são realçados por tendências mais inconscientes, como as expressas na ideia do crucifixo e no sacrifício de sangue. Embora essas últimas ideias tenham sido mais ou menos substituídas com sucesso pelo "Humanismo cristão", suas raízes psicológicas mais profundas ainda precisam ser consideradas.[4]

Na tentativa de avaliar a influência de tais elementos da religião sobre a existência ou a ausência de preconceito hoje, é preciso levar em consideração a posição em que o cristianismo

---

3 J. Trachtenberg, *The Devil and the Jews*, New Haven: Yale University Press, 1943. (N. A.)

4 Uma análise teórica detalhada da relação entre o cristianismo e o antissemitismo foi realizada por M. Horkheimer; T. W. Adorno, Elemente des Antisemitismus. In: *Dialektik der Aufklärung*, Amsterdam: Querido Verlag N. V., 1947 [ed. bras.: *Dialética do Esclarecimento*. Rio de Janeiro: Jorge Zahar, 1986]. (N. A.)

atualmente se encontra: ele se depara com uma "indiferença"
434 que // muitas vezes parece torná-lo completamente sem importância. A religião cristã foi profundamente afetada pelo processo de esclarecimento e pela conquista do espírito científico. Os elementos "mágicos" do cristianismo, bem como a base factual da crença cristã na história bíblica, foram profundamente abalados. Isso, no entanto, não significa que a religião cristã tenha sido abolida. Embora largamente enfraquecida em suas reivindicações mais profundas, ela manteve ao menos parte das funções sociais adquiridas ao longo dos séculos. Isso significa que se tornou em grande parte *neutralizada*. A carapaça da doutrina cristã, acima de tudo sua autoridade social e também vários elementos mais ou menos isolados de seu conteúdo, está preservada e é "consumida" de maneira aleatória como um "bem cultural", como o são o patriotismo ou a arte tradicional.

Essa neutralização das crenças religiosas é exemplificada de forma notável pela seguinte afirmação de *M109*, um católico romano de alta pontuação que frequenta a igreja regularmente. Ele escreve em seu questionário que considera a religião uma

> "parte completamente importante da existência, talvez ela devesse ocupar de 2% a 5% do tempo de lazer".

A relegação da religião, que já foi considerada a esfera mais essencial da vida, ao "lazer", assim como o tempo que lhe foi concedido e sobretudo o fato de que ela está inserida em um cronograma calculado e referido em termos de porcentagem são algo simbólico das profundas mudanças que ocorreram em relação à atitude predominante no que diz respeito à religião.

Podemos assumir que tais resíduos neutralizados do cristianismo, como o indicado na afirmação de *M109*, estejam em grande parte separados de sua base em uma crença séria e em uma substancial experiência individual. Portanto, raramente produzem um comportamento individual que seja diferente do que é esperado pelos padrões dominantes da civilização. No entanto, algumas das propriedades formais da religião, como a antítese rígida entre o bem e o mal, os ideais ascéticos, a ênfase no esforço ilimitado por parte do indivíduo, ainda exercem considerável poder. Separados de suas raízes e muitas vezes desprovidos de qualquer conteúdo específico, esses constituintes formais tendem a ser congelados em meras fórmulas. Assim,
435 eles assumem um aspecto de rigidez // e intolerância, como aquele que esperamos encontrar na pessoa preconceituosa.

A dissolução da religião positiva e sua preservação em uma forma ideológica não comprometedora são efeitos de processos sociais. Na medida em que a religião foi privada da reivindicação intrínseca de verdade, ela foi gradualmente transformada em "cimento social". Quanto mais esse cimento é necessário para a manutenção do *status quo* e quanto mais duvidosa se torna sua verdade inerente, mais obstinadamente sua autoridade é mantida e mais suas características hostis, destrutivas e negativas vêm à tona. A transformação da religião em uma agência de conformidade social faz que ela esteja alinhada com a maioria das outras tendências conformistas. A adesão ao cristianismo sob tais condições facilmente se presta ao abuso, à subserviência, à sobreadequação e lealdade ao *ingroup* enquanto uma ideologia que encobre o ódio contra o descrente, o dissidente, o judeu. Pertencer a uma denominação assume um ar de fatalidade agressiva, semelhante ao de nascer como membro de uma nação em particular. A associação a qualquer grupo religioso em particular tende a ser reduzida a uma relação *ingroup-outgroup* bastante abstrata no interior do padrão geral trazido pela discussão precedente do etnocentrismo.

Essas formulações teóricas não pretendem trazer hipóteses a partir das quais testes cruciais poderiam ser fornecidos por nossa pesquisa; em vez disso, elas fornecem alguns dos cenários diante dos quais as observações que agora serão relatadas podem ser interpretadas de maneira plausível.

B. Observações gerais

Há muitos elementos no material da entrevista para apoiar a visão, sugerida pelas descobertas do questionário, de que quanto mais a religião se torna convencionalizada, mais ela estará alinhada com a perspectiva geral do indivíduo etnocêntrico. Uma ilustração desse ponto é oferecida pelo seguinte excerto da entrevista de *F5054*, uma mulher que obteve alta pontuação na escala do etnocentrismo.

> 436 // O sujeito parece ter aceitado um conjunto de códigos morais bastante dogmáticos, o que faz que ela considere as pessoas, especialmente os "jovens que se denominam ateus" como situando-se fora do círculo onde ela quer se mover. Fez questão de admitir (confidencialmente) que uma das principais razões pelas quais estava ansiosa para se mudar de Westwood era que assim poderia tirar sua filha mais nova da influência do filho do vizinho, que é ateu porque seu pai diz a ele que "religião é um monte de

besteira". Também está aflita porque sua filha mais velha "simplesmente não vai à igreja".

Diante disso, é evidente que ela está de acordo com a religião institucionalizada e tende a ser conformista em questões religiosas. A ética cristã e seus códigos morais são considerados absolutos; e os desvios devem ser desaprovados ou punidos.

Esse relato sugere que há uma conexão entre a rigidez religiosa convencional e uma quase completa ausência do que poderia ser chamado de crença pessoalmente "experienciada". O mesmo vale para o homem de alta pontuação *5057*, uma pessoa que se agarra à Igreja, embora "não acredite em um Deus pessoal".

O sujeito acredita que a maioria das religiões protestantes são iguais. Ele escolheu a Ciência Cristã porque "é uma religião mais silenciosa do que a maioria". Começou a frequentar a escola dominical da Unitária enquanto vivia com seus avós e gostava da Igreja Unitária, que, em sua opinião, apresenta uma forma suave da Ciência Cristã. Entrou para a Igreja da Ciência Cristã quando se casou, uma vez que a família de sua esposa e sua esposa são todos fiéis da Ciência Cristã. "Não se deve permitir que a religião interfira nas questões fundamentais. No entanto, a religião deveria afastá-lo de excessos de qualquer espécie, como beber, jogar ou qualquer coisa em excesso."

Uma jovem de alta pontuação, *F103*, diz: "Meus pais nos deixaram fazer nossa própria escolha; simplesmente fomos à igreja". Eis que vemos a falta de interesse no conteúdo da religião; vai-se à igreja porque "é a coisa a se fazer" e porque se quer agradar aos pais. Um último exemplo é fornecido por outra jovem preconceituosa, *F104*, que comenta: "Nunca conheci pessoas que não fossem religiosas. Conheci um sujeito que estava hesitante e que era uma pessoa muito mórbida". A ideia aqui parece ser a de que se vai à igreja para expressar sua normalidade ou ao menos para ser classificado junto das pessoas normais.

437 // Esses exemplos nos ajudam a entender por que pessoas ou grupos que "levam a religião a sério" em um sentido mais internalizado tendem a se opor ao etnocentrismo. O que provou ser verdade na Alemanha – onde movimentos cristãos "radicais", como a teologia dialética de Karl Barth, corajosamente se opuseram ao nazismo – parece valer para além da "elite" teológica. O fato de uma pessoa realmente se preocupar com o significado da religião enquanto tal, quando se vive em uma atmosfera geral de religião "neutralizada", é indicativo de uma atitude não conformista. Isso pode facilmente levar à oposição ao "religioso comum", para quem frequentar a igreja é uma "segunda natureza" tanto quanto o é a não admissão de judeus em seu *country club*. Além disso, a ênfase no conteúdo específico da religião, em vez da ênfase na divisão entre os que pertencem e os que não pertencem à fé cristã, acentua necessariamente os motivos de amor e compaixão sepultados sob os padrões religiosos convencionalizados. Quanto mais "humana" e concreta for a relação de uma pessoa com a religião, mais humana será sua abordagem em relação àqueles que "não pertencem": os sofrimentos destes lembram ao religioso subjetivista a ideia de martírio inseparavelmente ligada a seu pensamento sobre Cristo.

Para dizê-lo sem rodeios, é provável que o adepto daquilo que Kierkegaard, há cem anos, chamou de "cristianismo oficial" seja etnocêntrico, embora as organizações religiosas às quais ele seja afiliado se oponham oficialmente a isso, enquanto o cristão "radical" é propenso a pensar e agir de maneira diferente.

No entanto, não se deve esquecer que o subjetivismo religioso extremo, com sua ênfase unilateral na experiência religiosa contraposta à Igreja objetivada, também pode, sob certas condições, alinhar-se com a mentalidade potencialmente fascista. O subjetivismo religioso que dispensa quaisquer princípios de união fornece o clima espiritual para outras reivindicações autoritárias. Além disso, o espírito sectário das pessoas que levam essa visão ao extremo às vezes resulta em certa afinidade com o agressivo temperamento *ingroup* de movimentos geralmente rejeitados como "excêntricos", bem como com aquelas tendências anárquicas subjacentes que caracterizam o indivíduo potencialmente fascista. Esse aspecto
438 do subjetivismo religioso desempenha um // papel importante na mentalidade dos agitadores fascistas que operam em um ambiente religioso.[5]

Entre aqueles que *rejeitam* a religião, várias diferenças significativas podem ser notadas. Como nossos resultados quantitativos mostraram, nenhuma identificação mecânica da pessoa não religiosa ou antirreligiosa com o "baixo pontuador" pode

5 A interação entre o revivalismo, o subjetivismo religioso e a propaganda fascista foi analisada em detalhes por T. W. Adorno, The Psychological Technique of Martin Luther Thomas' Radio Speeches. (Nos arquivos do Institute of Social Research, Nova York.) (N. A.)

ser feita. Há, com certeza, pessoas "agnósticas" ou "ateístas" cujas convicções são parte integrante de uma atitude universalmente progressista que vale para as questões das minorias. O significado real desse "progressismo", contudo, pode variar muito. Enquanto os progressistas antirreligiosos se opõem definitivamente ao preconceito nas condições atuais, quando se trata da questão da suscetibilidade à propaganda fascista, faz toda a diferença se eles são "pensadores de *ticket*", que seguem a tolerância e o ateísmo em bloco, ou se, ao contrário, a atitude deles em relação à religião pode ser chamada de autônoma, baseada no pensamento próprio.

Além disso, pode se tornar um critério importante de suscetibilidade se uma pessoa se opõe à religião enquanto aliada da repressão e do reacionarismo – circunstância em que suporíamos que ela seria relativamente não preconceituosa – ou se ela adota uma atitude utilitarista cínica e rejeita tudo que não é "realista" e tangível – circunstância em que suporíamos que ela seria preconceituosa. Existe também um tipo fascista de pessoa não religiosa que se tornou completamente cínica depois de ter se desiludido com a religião e que fala sobre as leis da natureza, a sobrevivência do mais forte e os direitos dos fortes. Os verdadeiros candidatos ao neopaganismo do fascista extremo são recrutados dessa fileira de pessoas. Um bom exemplo é o homem de alta pontuação *5064*, o líder dos escoteiros discutido no Capítulo XVI. Quando questionado sobre religião, ele confessa "venerar a natureza". Exalta o atletismo e acampamentos coletivos, provavelmente por conta de
439 uma homossexualidade // latente. É o exemplo mais claro que temos da síndrome envolvendo o panteísmo pagão, a crença no

"poder", a ideia de liderança coletiva e uma ideologia no geral etnocêntrica e pseudoconservadora.

É diante do pano de fundo dessas observações gerais sobre a estrutura da relação entre religião e preconceito moderno que as observações mais específicas que se seguem podem ser compreendidas.

C. Questões específicas

1. A função da religião em altos e baixos pontuadores

A evidência que sustenta nossa hipótese sobre a religião "neutralizada" é oferecida por um traço que parece estar presente com bastante frequência em nosso material de entrevista. É a disposição a ver a religião como um meio em vez de um fim. A religião é aceita não por causa de sua verdade objetiva, mas por seu valor em realizar metas que também poderiam ser alcançadas por outros meios. Essa atitude se coaduna com a tendência geral de subordinação e renúncia ao próprio julgamento tão característica da mentalidade daqueles que seguem movimentos fascistas. A aceitação de uma ideologia não é baseada na crença no seu conteúdo ou em sua compreensão, mas no uso imediato que pode ser feito dela ou em decisões arbitrárias. Aqui se encontra uma das raízes do irracionalismo obstinado, consciente e manipulador dos nazistas, como foi resumido nas palavras de Hitler: "*Man kann nur für eine Idee sterben, die man nicht versteht*" (Só se pode morrer por uma ideia que não se compreende). Isto é, por sua lógica intrínseca, equivalente ao desprezo pela verdade *per se*. Seleciona-se uma *Weltanschauung* seguindo o padrão de escolha de uma mercadoria particular-

mente bem propagandeada em vez de por sua qualidade real. Essa atitude, aplicada à religião, deve necessariamente produzir ambivalência, pois a religião reivindica expressar a verdade *absoluta*. Se ela for aceita apenas por algum outro motivo, essa reivindicação é implicitamente negada e, portanto, a própria
440 religião é rejeitada, mesmo quando // aceita. Assim, a confirmação rígida de valores religiosos por causa de sua "utilidade" necessariamente atua contra eles.

A subordinação da religião a objetivos extrínsecos é comum tanto em altos quanto em baixos pontuadores; por si só, não parece diferenciá-los. Parece, no entanto, que os sujeitos preconceituosos e não preconceituosos divergem em relação aos tipos de objetivos que são enfatizados e às maneiras pelas quais a religião é utilizada a seu serviço.

Os altos pontuadores, com maior frequência do que os baixos pontuadores, parecem fazer uso de ideias religiosas a fim de obter alguma vantagem prática imediata ou como um auxílio na manipulação de outras pessoas. Um exemplo do modo pelo qual a religião formalizada é adotada como um meio para manter o *status* social e as relações sociais é proporcionado pela jovem altamente preconceituosa *F201*, que está francamente interessada em "uma sociedade estável" na qual os limites de classe estão claramente estabelecidos.

> "Eu fui educada na Igreja Episcopal através de uma escola para meninas. É boa. Minhas amigas a frequentam. É mais uma filosofia (do que a Ciência Cristã); ela eleva seus padrões. A filosofia da Igreja Episcopal segue o padrão de todas as igrejas protestantes. Ela acolhe as classes altas e lhes dá uma religião ou a torna um pouco mais próxima."

Os sujeitos etnocêntricos frequentemente pensam na religião como um auxílio prático na higiene mental do indivíduo. A declaração de *F109* é característica.

> "Eu não entendo a religião. É como um conto de fadas para mim. Não sei se acredito em Deus. Deve haver um, mas é difícil acreditar nisso. A religião lhe dá algo a que se apegar, para fundamentar sua vida."

Se a religião serve apenas à necessidade de ter algo ao que "se apegar", essa necessidade também pode ser atendida por qualquer coisa que dê ao indivíduo uma autoridade absoluta, como o Estado fascista. Há uma forte probabilidade de que o fascismo tenha desempenhado exatamente o mesmo papel que a feminilidade alemã, formalmente exercida por sua crença na religião positiva. Psicologicamente, as hierarquias fascistas podem funcionar amplamente como secularizações e como substitutas das hierarquias eclesiásticas. Não é por acaso que o nazismo tenha surgido no sul da Alemanha, com sua forte tradição católica romana.

M118, um pontuador moderadamente alto, mostra clara-
441 mente o elemento // de arbitrariedade em sua crença religiosa, misturada com afirmações pseudocientíficas que tiram o vigor dessa crença.

> "Estou disposto a acreditar na existência de um Deus. Algo que não posso explicar de qualquer forma. Foi Darwin quem disse que o mundo começou com um turbilhão de gás? Bem, quem criou isso? De onde veio o começo? Claro que isso tem pouco a

ver com o ritual da Igreja." (Ele declarou logo antes que a Igreja "é muito importante").

Não há interconexão lógica entre esse raciocínio e a adesão do sujeito ao cristianismo positivo. Consequentemente, a continuação da passagem revela por seu sofisma o aspecto de insinceridade na religião convencionalizada, que leva facilmente ao desprezo malicioso pelos valores que são oficialmente subscritos. *M118* continua dizendo:

> "Acredito no poder da oração, mesmo que seja apenas pela satisfação do indivíduo que a faz. Não sei se há alguma comunicação direta, mas ajuda o indivíduo, então, eu sou a favor disso. É também uma oportunidade para a introspecção; para parar e olhar para si mesmo."[6]

A abordagem da religião por razões externas aos sujeitos provavelmente não é tanto uma expressão dos desejos e necessidades do próprio sujeito quanto uma expressão da opinião

6 Essa atitude, a de um psicólogo amador, por assim dizer, também pode ser encontrada em baixos pontuadores. A configuração característica a ser encontrada em altos pontuadores, no entanto, parece ser a contradição não resolvida entre, por um lado, uma atitude crítica em relação à religião enquanto objetividade e, por outro, uma atitude positiva em relação a ela por razões puramente subjetivas. É característico da mentalidade preconceituosa como um todo que ela pare de pensar em certas contradições e as deixe como elas estão, o que implica tanto derrotismo intelectual quanto submissão autoritária. Esse mecanismo de abandonar arbitrariamente processos a partir do comando do eu, por assim dizer, é muitas vezes mal interpretado como "estupidez". (N. A.)

de que a religião é boa para os outros, de que ajuda a mantê-los contentes, em suma, de que pode ser usada para fins de manipulação. Recomendar religião aos outros torna mais fácil para uma pessoa ser "a favor" dela sem qualquer identificação real com ela. O cinismo dos administradores da Europa central do século XIX, que ensinavam que a religião é um bom remédio para as massas, parece ter sido, em certa medida, democratizado. Vários membros das próprias massas proclamam que a religião é boa para as massas, enquanto mantêm para si, como

442 indivíduos, uma // espécie de reserva mental. Há uma forte semelhança entre essas apreciações da religião e um traço que desempenhou um grande papel na Alemanha nazista. Lá, inúmeras pessoas se isentavam privadamente da ideologia dominante e conversavam sobre "eles" ao discutir o Partido. Parece que a personalidade de mente fascista só pode administrar a sua vida ao cindir seu próprio eu em várias agências [*agencies*], algumas das quais se alinham com a doutrina oficial, enquanto outras, herdeiras do antigo supereu, protegem-na do desequilíbrio mental e permitem-lhe manter-se como um indivíduo. Cisões dessa categoria tornam-se manifestas nas associações incontroladas de pessoas sem formação e ingênuas, como o homem *M629*, pontuador mediano que cumpre uma sentença de prisão perpétua em San Quentin. Ele faz uma afirmação extraordinária:

> "Eu acredito, pessoalmente, que tenho uma religião que, até onde sei, não foi definida até agora em nenhum livro. Acredito que a religião tem um valor para as pessoas que acreditam nela. Acho que ela é usada como um mecanismo de escape para aqueles que a praticam."

A maneira ilógica por meio da qual esse homem tornou a religião anestesiante pode ser explicada sem muita interpretação psicológica pelo fato de ele ter passado dezenove meses no corredor da morte.

Pessoas mais sofisticadas às vezes precisam lidar com o mesmo conflito. Um exemplo é 5059, mulher que pontua moderadamente alto e que rejeita o ateísmo porque "um funeral ateu seria muito frio". Ela simplesmente nega quaisquer contradições entre ciência e religião, denominando a ideia de uma contradição de uma "invenção malévola", aparentemente projetando, então, a sua própria intranquilidade com relação a esse conflito sobre aqueles que o expõem. Isso se assemelha à mentalidade do nazista que coloca a culpa dos problemas sociais na crítica de nossa ordem social.

Devemos agora assinalar que os baixos pontuadores também costumam aceitar a religião não por causa de qualquer verdade intrínseca que ela possa ter para eles, mas porque ela pode servir como um meio para promover objetivos humanos. Um exemplo de tal religião prática é o seguinte excerto da entrevista de uma estudante de jornalismo, *F126*, que obteve pontuações extremamente baixas em ambas as escalas AS e E.

> **443** // A família era frequentadora moderada da igreja. Agora, ela raramente vai. No entanto, tem muito respeito pela religião e parece achar que ela pode se transformar em algo que daria às pessoas aquela fé e compreensão mútua que está faltando. "Não sei que outra coisa poderia ser dada às pessoas para elas se apegarem, algum propósito na vida. Elas parecem precisar de algo em que acreditar. Alguns de nós parecem ter amor pelas pessoas sem isso, mas não muitas."

Em certo sentido, esse modo de ver a religião tem algo em comum com as atitudes externalizadas apresentadas. Contudo, é nossa impressão que, quando a abordagem prática da religião aparece no pensamento do baixo pontuador, o seu conteúdo, ou o seu contexto, geralmente pode ser distinguido do que é encontrado no pensamento do alto pontuador. Assim, embora a jovem citada acredite que a religião é boa para as pessoas, dá a elas "algo para se apegarem", ela parece querer dizer que elas precisam disso pelo menos por um propósito humano e ideal, ou seja, para que possam ter mais "compreensão mútua", não simplesmente para se darem melhor ou para funcionarem de modo mais eficiente. Tanto baixos quanto altos pontuadores tendem a considerar que a religião contribui para a higiene mental do indivíduo; mas, enquanto os altos pontuadores caracteristicamente indicam que ela é boa para outras pessoas porque elas são cronicamente fracas, e possivelmente boa para eles mesmos em tempos de estresse externo agudo ("religião-abrigo"), os baixos pontuadores são mais propensos a pensar na religião em termos internalizados, como meio de reduzir o ódio, resolver conflitos internos, aliviar a angústia e coisas do gênero. Praticamente não encontramos um baixo pontuador que concebesse a religião primordialmente em termos de utilidade prática externa – como uma ajuda para o sucesso, para *status* e poder, ou como uma sensação de se estar de acordo com os valores convencionais.

2. *Crença em Deus, descrença na imortalidade*

A neutralização da religião é acompanhada por sua dissecação. Assim como a ênfase nos usos práticos da religião tende

a separar a verdade religiosa da autoridade religiosa, os conteúdos específicos da religião são continuamente submetidos a um processo de seleção e adaptação. O material da entrevista sugere que a tendência a acreditar seletivamente na religião é
444 uma característica distintiva // de nossos sujeitos preconceituosos. Um fenômeno bastante comum entre eles é a crença em Deus acompanhada pela descrença na imortalidade. Seguem-se dois exemplos. No caso de *5009*, um batista devoto, o entrevistador relata:

> Ele se sente sincera e profundamente religioso, acredita em Deus, mas tem, como um homem instruído, dúvidas ocasionais relativas à vida após a morte.

E no caso de *5002*:

> ainda é um "cristão", acredita em Deus, gostaria de acreditar na vida após a morte, mas tem dúvidas e pensa que um reavivamento religioso sincero ou um novo mito religioso seria uma coisa boa para o mundo.

Particularmente comuns são as afirmações de que os entrevistados se consideram religiosos, seguidores da Igreja, mas discordam de "alguns de seus ensinamentos", que se referem às vezes a milagres, às vezes à imortalidade. Essa perspectiva parece corroborar um padrão subjacente de considerável significado cujos elementos foram estabelecidos em nossas análises psicológicas. A ideia abstrata de Deus é aceita como uma expansão da ideia paterna, enquanto a destrutividade geral se faz sentir em uma reação contra a esperança do indivíduo expressa pelo dogma da imortalidade. Sujeitos com esse ponto de vista querem que um Deus exista como autoridade absoluta à qual possam se curvar, mas desejam que o indivíduo pereça completamente.

O conceito de Deus subjacente a esse modo de pensar é aquele da essência absoluta do punitivismo. Não é, portanto, surpreendente que as inclinações religiosas desse tipo em particular sejam frequentes entre os altos pontuadores do nosso grupo de prisioneiros (Capítulo XXI).

M627, que está cumprindo uma sentença de prisão perpétua por estupro, "tem problemas com a religião" e não acredita que "deva haver um modo estabelecido de adoração". Mas ele acredita, apesar do tom de rebeldia religiosa,

> "que todo homem deveria ter seu próprio modo de adoração, desde que acredite em um poder maior do que ele".

445 // Esse poder tem a forma de autoridade externa, mas permanece completamente abstrato, nada além do conceito projetivo de poder enquanto tal.

> "Bem, eu ouvi tantos colegas falarem sobre os poderes em que eles acreditavam... e tentei reconhecer o poder em mim mesmo e simplesmente não consegui... li todos os tipos de livros religiosos... mas isso ainda parece meio nebuloso."

A mesma linha de pensamento é expressa por *M656A*, que está cumprindo sentença por falsificação, o "Robert" do Capítulo XXI.

> "Bem, eu não sou homem de discutir muito sobre religião porque não sei muito sobre isso. Acredito na Bíblia, acredito que há

alguém muito maior e mais forte do que qualquer um nesta Terra... Não vou à igreja com frequência, mas... tento viver da maneira certa."

Para esse homem, todo o conteúdo religioso específico é insignificante comparado com a ideia de poder e com os estereótipos rígidos e moralistas relacionados ao bem e ao mal:

> "A religião católica, por exemplo, é tão boa quanto aquela em que acredito. Todas são padronizadas segundo o mesmo tipo de vida, o certo ou errado. Eu sou o tipo de pessoa que não acredita em nenhuma denominação em particular."

Esse "autoritarismo abstrato" em questões religiosas facilmente se transforma em cinismo e desprezo expresso ao que se afirma acreditar. *M664C*, quando questionado sobre suas opiniões religiosas, respondeu:

> "Oh, eu não presto muita atenção... Acredito em Deus e em todas essas coisas [*stuff*], mas isso é tudo."

A escolha da palavra "coisas" refuta a própria afirmação na qual ela aparece. Um efeito da neutralização em tais casos é que pouco resta de Deus além de ser objeto de blasfêmias.

O aspecto niilista da configuração sob consideração aqui é claramente indicado no caso do assassino *M651*.

> "A parte que eu gosto da religião é o fato de que ela faz outras pessoas felizes, embora isso não me interesse e se veja muita hipocrisia..."

Quando questionado sobre o que é mais importante na religião, ele diz:

> "Crença, eu acho que a crença é tudo. Essa é a coisa que sustenta a pessoa."

Quando o entrevistador insiste em querer descobrir algo sobre os próprios sentimentos religiosos do sujeito, ele responde:

446 // "... Acredito que, quando você morre, acabou... A vida é curta e a eternidade é para sempre. Como Deus poderia mandar você para o inferno por toda a eternidade, apenas com base nos acontecimentos de uma vida curta... isso não parece ser misericordioso ou justo."

Esse material é indicativo das relações entre a crença abstrata no poder, a rejeição dos aspectos mais concretos e pessoais da religião, particularmente a ideia de uma vida eterna, e os impulsos velados à violência. Como essa violência é um tabu para o indivíduo, particularmente em situações como em uma prisão, ela é projetada em uma divindade. Além disso, não se deve esquecer que uma ideia inteiramente abstrata da divindade onipotente, como a que prevaleceu durante o século XVIII, poderia se reconciliar muito mais facilmente com o "espírito científico" do que o poderia fazer a doutrina de uma alma imortal, com suas conotações "mágicas". O processo de desmitificação acaba com os traços de animismo antes e mais radicalmente do que o faz a ideia filosófica do Absoluto.

Pode-se notar, entretanto, que justamente a tendência oposta pode ser observada entre os viciados em astrologia e espiritualismo. Eles frequentemente acreditam na imortalidade da alma, mas negam veementemente a existência de Deus por causa de alguma espécie de panteísmo que, em última análise, resulta na exaltação da natureza. Nesse sentido, o caso *M651*, de modo não muito consistente com sua anterior confissão de religiosidade por razões externas ao sujeito, aparece com a afirmação de que ele

> acredita na astrologia porque não acredita em Deus.

Há razões para acreditar que a consequência última dessa atitude seja sinistra.

3. O baixo pontuador não religioso

A diferença entre baixos pontuadores não religiosos e religiosos pode corresponder a uma diferença entre os determinantes racionais e emocionais de ser livre de preconceito. O sujeito *M203* é característico dos primeiros. Ele pode ser considerado como um liberal genuíno com uma mentalidade algo abstrata e racionalista. Sua atitude antirreligiosa é baseada não tanto em convicções políticas quanto em uma perspectiva po-
447 sitivista geral. Ele rejeita // a religião por "razões lógicas", mas diferencia entre "a ética cristã" – que considera estar de acordo com suas opiniões progressistas – e a "religião organizada". Originalmente, sua atitude antirreligiosa pode ter sido derivada da rebelião contra o convencional: "Eu ia à igreja porque isso era esperado de mim".

Essa rebelião é vagamente racionalizada como sendo de natureza puramente lógica, talvez por causa de alguns sentimentos inconscientes de culpa. (Ele é frio e apático de uma maneira que sugere traços neuróticos, possivelmente um distúrbio em sua relação com objetos). Sua crítica racional da religião é formulada da seguinte maneira:

> "Mas eu sempre fui bastante cético em relação a isso; achava isso meio falso, limitado, intolerante e esnobe, hipócrita... sem sentido, você poderia dizer. Isso viola toda a ética cristã."

A religião é aqui experienciada tanto como um fator humanizador (ética cristã) quanto como uma agência repressora. Não há dúvida de que essa ambiguidade tem sua base na própria função dupla da religião ao longo da história e, portanto, não deve ser atribuída apenas a fatores subjetivos.

O termo "hipócrita", usado por *M203*, ocorre com muita frequência nas entrevistas de baixos pontuadores e às vezes nas de altos pontuadores, geralmente em referência à organização da Igreja em contraste com os valores religiosos "genuínos". Isso expressa a emancipação histórica da experiência religiosa subjetiva em relação à religião institucionalizada. O ódio ao hipócrita, no entanto, pode funcionar de duas maneiras, seja como uma força em direção ao esclarecimento, seja como uma racionalização do cinismo e do desprezo pelo homem. Parece que o uso do termo "hipócrita", como o do termo "esnobe", adquire cada vez mais a conotação de inveja e ressentimento. Ele denuncia aqueles que "se consideram melhores" a fim de glorificar os medianos e estabelecer algo simples e supostamente natural como norma.[7] A luta contra a mentira é com

---

7 Cf. a seção sobre FDR no Capítulo XVII. (N. A.)

frequência um mero pretexto para se expressar motivos destrutivos racionalizados mediante a suposta "hipocrisia" e "arrogância" dos outros.

448 // Esse fenômeno pode ser entendido no contexto da cultura democratizada. A crítica da religião como "hipócrita", uma crítica que na Europa estava ou confinada a pequenas camadas intelectuais ou era combatida pela filosofia metafísica, encontra-se nos Estados Unidos tão difundida quanto a própria religião cristã. Parte da ambivalência em relação à religião pode ser explicada pela onipresença simultânea tanto da herança cristã quanto do "espírito da ciência". Essa dupla onipresença cultural pode favorecer uma atitude inconsistente em relação à religião sem necessariamente envolver a constituição psicológica do indivíduo.

O fato de os Estados Unidos, apesar de todo o seu interesse pela ciência, ainda estarem próximos de um clima religioso pode ajudar a explicar um traço mais geral dos baixos pontuadores não religiosos: sua conversão "negativa" real ou fictícia. Assim, por exemplo, *5028* e *5058*, bem como *M203*, relatam que "romperam" com a religião. Na cultura americana, raramente se "nasce" uma pessoa não religiosa: a pessoa se torna não religiosa através dos conflitos na infância ou adolescência e essas dinâmicas favorecem simpatias não conformistas que, por sua vez, combinam-se com uma oposição ao preconceito.

Que um sujeito seja conscientemente não religioso sob as condições culturais predominantes sugere a existência de uma certa força do eu. Um exemplo é *M202*, nossa pessoa "conservadora, mas não fascista" (ver p.268, 384), que pontua extremamente baixo na escala E.

Quando ele era criança, era muito religioso. Ia à igreja com sua família todos os domingos e "se ajoelhava na rua" para orar por alguma coisa. Aos 19 anos de idade, ele mudou. Ficou enojado com a fofoca na igreja. Eles lhe contavam coisas sobre alguém que "não era da conta deles". Além disso, essas pessoas vinham confessar na igreja e faziam coisas ruins novamente. Ele não conseguia entender essa inconsistência em suas ações.

Nesse caso, a atitude antirreligiosa, ao menos até aqui, é abertamente derivada do ressentimento contra a interferência externa na liberdade individual e isso, note-se, não é menos um elemento da ideologia americana do que o é o próprio cristianismo. Aqui, como em muitos outros aspectos, a ambivalência individual e psicológica em relação à religião por parte do sujeito reflete um antagonismo objetivo em nossa cultura.
449 // *M310*, um liberal genuíno, oferece outro exemplo da característica rebelde da não religiosidade. O sujeito, que rejeita completamente a tradição cristã, é filho de pais religiosos. Não admite nenhum conflito aberto com eles, embora as relações com seus pais fossem aparentemente muito frias. Provavelmente ele deslocou sua rebelião contra a família para a religião deles, evitando assim o problema de passar por dificuldades de um tipo mais pessoal. Muitas vezes, fortes vínculos ou oposições ideológicas podem ser entendidos como tais deslocamentos de conflitos familiares, um dispositivo que permite ao indivíduo expressar suas hostilidades em um nível de racionalização e, então, dispensar a necessidade de envolvimentos emocionais profundos – o que também permite ao jovem permanecer no seio familiar. Também pode ser, em alguns aspectos, mais gratificante atacar o pai infinito do que atacar o

finito. Deve-se enfatizar, no entanto, que o termo "racionalização" não implica, aqui ou em outros lugares, uma falsa alegação. A racionalização é um aspecto psicológico do pensamento que por si só não decide nem sua verdade nem sua inverdade. Uma decisão sobre isso depende inteiramente dos méritos objetivos da ideia na qual o processo de racionalização culmina.

Em contraste com aqueles baixos pontuadores não religiosos que sofreram uma conversão "negativa" estão os baixos pontuadores "tranquilos", como o *M711*. Sua atitude negativa em relação à religião é marcada não tanto pela oposição, mas por uma indiferença que envolve o elemento de uma autorreflexão algo humorística. Esse sujeito professa francamente uma certa confusão em questões religiosas, mas de uma maneira que sugere que sua aparente fraqueza pode se manifestar apenas com base em alguma considerável força subjacente de caráter. É como se pessoas como ele pudessem se dar ao luxo de professar inconsistências intelectuais porque encontram mais segurança em sua própria estrutura de caráter e na profundidade de sua experiência do que em convicções claras, bem organizadas e altamente racionalizadas. Quando questionado sobre sua atitude em relação à religião, ele responde:

> "Eu realmente não tenho nenhuma (risos). Mais ou menos uma ausência de pontos de vista. Sobre a religião organizada, acho que estou confuso (risos), se estiver alguma coisa."

450 Ele não precisa rejeitar a religião porque não está sob seu // encanto; não há traços de ambivalência e, portanto, não há sinais de ódio, mas sim uma compreensão humana e desprendida. A ideia religiosa que ele aceita é a da tolerância, de um modo caracteristicamente não convencional demonstrado por sua escolha de expressões negativas, em vez de "ideais" que soam elevados. "Eu acho que me tornei consciente da intolerância." Contudo, ele não usa essa consciência para o reforço do eu, mas está mais inclinado a atribuir sua emancipação religiosa a fatores externos acidentais:

> "Se eu tivesse ficado em Denver, provavelmente teria frequentado uma igreja. Não sei. Não penso nisso; não sinto particularmente a necessidade de uma religião organizada."

Interessante é a discussão desse sujeito sobre a oração. Ele admite a eficácia psicológica da oração, mas está ciente de que esse aspecto "terapêutico" da religião é incompatível com a própria ideia de religião. Ele considera a oração como uma espécie de autossugestão que poderia "alcançar resultados", mas "eu certamente não acho que haja alguém do outro lado da linha".

Esse sujeito faz uma afirmação bizarra, mas estranhamente profunda:

> "Minha curiosidade religiosa não durou muito tempo. Provavelmente veio a fotografia (risos) naquele momento."

Somente uma interpretação que faz uso exaustivo das categorias psicanalíticas faria jus a essa frase. A ligação entre seu interesse precoce pela religião e o posterior pela fotografia é aparentemente a curiosidade, o desejo de "ver" as coisas – uma sublimação do voyeurismo. É como se a fotografia, de um modo um tanto infantil, satisfizesse o desejo pelo "imagético" que subjaz a certas tendências na religião e que, ao mesmo tempo, está submetido a um pesado tabu tanto no judaísmo quanto no protestantismo. Isso pode ser corroborado pelo fato de que o sujeito, durante sua fase religiosa, foi atraído pela teosofia, por modos religiosos de pensar que prometiam "levantar o véu".

Deve-se notar que a atitude desse sujeito em relação ao ateísmo não é mais "radical" do que a sua oposição à religião.[8] Ele diz:

451 // "Bem, eu não penso sobre ateus mais do que sobre qualquer outra coisa. Na verdade, conversei com várias pessoas que professam ser ateias e elas nem parecem concordar. Talvez eu seja um ateu (risos)... é uma questão de semântica, na verdade. Ateus profissionais... me impressionam apenas porque isso parece ser uma façanha. Dom Quixote lutando contra os moinhos de vento."

Isso pode ser indicativo da desconfiança das pessoas "tranquilas" em relação ao "*ticket*", sua consciência da tendência de toda fórmula rígida de se degenerar em uma mera peça de propaganda.[9]

A propósito, o sujeito percebe claramente o que foi formulado há cem anos nos *Diários íntimos* de Baudelaire: que o

8 O baixo pontuador "tranquilo" raramente é radical em qualquer aspecto. Isso, no entanto, não faz dele alguém em cima do muro. Ele é persistentemente ciente da não identidade entre conceito e realidade. É fundamentalmente não totalitário. Isso está por trás de sua ideia específica de tolerância. (N. A.)

9 Mais material sobre esse assunto é apresentado no Capítulo XIX. (N. A.)

ateísmo se torna obsoleto em um mundo cujo espírito objetivo é essencialmente não religioso. O significado do ateísmo sofre mudanças históricas. O que foi um dos impulsos decisivos do Esclarecimento do século XVIII pode funcionar hoje como uma manifestação do sectarismo provinciano ou mesmo como um sistema paranoico. Nazistas meio loucos como Mathilde Ludendorff lutaram, além de contra judeus e maçons, contra os católicos romanos por estes serem uma conspiração *ultramontana* dirigida contra a Alemanha, transformando a tradição da *Kulturkampf* de Bismarck em um padrão de mania de perseguição.

4. *Baixos pontuadores religiosos*

Um exemplo claro de um baixo pontuador religioso é a entrevista um tanto sumária de *F132*, uma jovem criada na Índia, local onde seus pais são missionários. Sua combinação do cristianismo positivo com uma ideia sincera e concreta de tolerância ("igualdade para todos") é derivada da "experiência de vida com os indianos". Ela é veemente com relação à compreensão racial. No entanto, suas afiliações à Igreja tornam impossível para ela extrair as consequências políticas de sua ideia de tolerância:

452 // "Não gosto de Gandhi. Não gosto de pessoas radicais. Ele é radical. Ele fez muito para perturbar e desunir o país."

Sua associação com a Igreja envolve um elemento daquele convencionalismo religioso que geralmente é associado ao etnocentrismo. Apesar de sua proximidade com a Igreja e com a doutrina teológica, sua perspectiva religiosa tem um matiz prático.

> "Isso (religião) significa muito. Torna uma pessoa mais feliz – mais satisfeita. Dá paz de espírito. Você sabe onde está e tem algo pelo que lutar – um exemplo a seguir. Esperança por uma vida após a morte. Sim, eu creio na imortalidade."[10]

Essa garota é provavelmente atípica em muitos aspectos por causa de sua criação colonial, bem como por causa da mistura de religiosidade "oficial" e um humanismo religioso mais espontâneo. Sua atitude particular provavelmente se deve, pelo menos em um nível superficial, a sua percepção dos problemas entre *ingroup-outgroup*. No entanto, esse exemplo parece oferecer algum apoio à hipótese de que somente cristãos totalmente conscientes, muito articulados e não convencionais provavelmente estarão livres do etnocentrismo. De qualquer forma, a raridade dos baixos pontuadores religiosos em nossa amostra

10 Seria uma tarefa tentadora analisar a mudança de significado sofrida pela palavra "crença". Ela ilustra mais claramente a neutralização religiosa. Anteriormente, a ideia de crença estava enfaticamente relacionada ao dogma religioso. Hoje, aplica-se praticamente a tudo que um sujeito sente como direito de ter como seu, como sua "opinião" (todo mundo tem o direito de ter opinião), sem submetê-la a nenhum critério de verdade objetiva. A secularização da "crença" é acompanhada pela arbitrariedade daquilo em que se acredita – ela é moldada segundo as preferências por uma ou outra mercadoria e tem pouca relação com a ideia de verdade ("Eu não acredito em estacionamento", disse uma garota convencional de alta pontuação em sua entrevista). Esse uso de crença é quase um equivalente do banal "eu gosto" que está prestes a perder todo o significado (afirmação de Mack dada no Capítulo II: "Eu gosto da história e dos ditos de Cristo"). (N. A.)

é significativa. Como já foi indicado, a composição da amostra em si pode ser responsável por isso. No entanto, essa raridade sugere algo mais fundamental. A tendência da nossa sociedade em se tornar cindida entre os campos "progressista" e "defensor do *status quo*" pode ser acompanhada por uma tendência de todas as pessoas que se apegam à religião, como par-
453 te do *status quo*, de também assumir outras // características da ideologia do *status quo* que estão associadas com a perspectiva etnocêntrica. A possibilidade de isso ser verdade, ou de a religião poder produzir tendências efetivas em oposição ao preconceito, só poderia ser elucidada depois de uma pesquisa extensa.

454

// Capítulo XIX
Tipos e síndromes[1]

A. A abordagem

Dificilmente algum conceito foi tão minuciosamente criticado na psicologia americana contemporânea quanto o de tipologia. Como "qualquer doutrina dos tipos é uma abordagem incompleta do problema da individualidade e nada mais",[2] qualquer doutrina como esta está sujeita a ataques devastadores de ambos os extremos: porque nunca captura a unicidade e porque suas generalizações não são estatisticamente válidas e nem sequer fornecem ferramentas heurísticas produtivas. Do ponto de vista da teoria dinâmica geral da personalidade, é contestado que as tipologias tendam à compartimentalização e a transformar traços altamente flexíveis em características estáticas e quase biológicas, negligenciando, acima de tudo, o impacto de fatores históricos e sociais. Estatisticamente, a in-

1 Tradução de Virginia Helena Ferreira da Costa.

2 G. W. Allport, *Personality*: A Psychological Interpretation, New York: Henry Holt & Company, 1937. (N. A.)

suficiência de tipologias binárias é particularmente enfatizada. Quanto ao valor heurístico das tipologias, é apontada a sua sobreposição e a necessidade de construir "tipos mistos" que na prática desautorizam os constructos originais. No centro de todos esses argumentos está a aversão à aplicação de conceitos rígidos à realidade supostamente fluida da vida psicológica.

O desenvolvimento de modernas tipologias psicológicas, quando contrastadas, por exemplo, com o antigo esquema de "temperamentos", tem sua origem na psiquiatria, na necessidade terapêutica de uma classificação das doenças mentais como meio de facilitar o diagnóstico e o prognóstico. Kraepelin e Lombroso são os pais da tipologia psiquiátrica. Uma vez que a divisão nítida das doenças mentais foi, nesse ínterim, completamente desfeita, a base das classificações tipológicas do "normal", derivada daquela, parece desaparecer. É estigma-
455 tizada // como remanescente da "fase taxonômica da teoria behaviorista" cuja formulação "tendia a permanecer descritiva, estática e estéril".[3] Se nem mesmo os mentalmente doentes, cujas dinâmicas psicológicas foram em grande parte substituídas por padrões rígidos, podem ser sensatamente divididos de acordo com tipos, como então há alguma chance de sucesso para procedimentos, como aquele famoso de Kretschmer, cuja *raison d'être* era a classificação padronizada da depressão-maníaca e da *dementia preacox*?

O estado atual da discussão sobre tipologia é resumido por Anne Anastasi[4] da seguinte forma:

---

3 J. H. Masserman, *Principles of Dynamic Psychiatry*, Philadelphia: W. B. Saunders Company, 1946. (N. A.)

4 Anne Anastasi, *Differential Psychology*, New York: The Macmillan Company, 1937. (N. A.)

"As teorias tipológicas têm sido mais comumente criticadas por causa de sua tentativa de classificar indivíduos em categorias nitidamente divididas... Tal procedimento implica uma distribuição multimodal de traços. Dos introvertidos, por exemplo, espera-se que se agrupem em uma extremidade da escala, os extrovertidos na outra extremidade, o ponto de demarcação entre eles devendo ser claramente aparente. A mensuração real, no entanto, revela uma distribuição unimodal de todos os traços, que se assemelha muito à curva normal em forma de sino.

Da mesma forma, muitas vezes é difícil classificar um determinado indivíduo definitivamente em um tipo ou outro. Os tipologistas, quando confrontados com essa dificuldade, frequentemente propuseram tipos intermediários ou 'mistos' para preencher o hiato entre os extremos. Assim, Jung sugeriu um tipo ambivalente que não manifesta tendências introvertidas nem extrovertidas em um grau predominante. A observação parece mostrar, contudo, que a categoria ambivalente é a maior, os decididamente introvertidos e extrovertidos sendo relativamente raros. O leitor é reportado, por exemplo, à curva de distribuição obtida por Heidbreder a partir de um questionário de introversão administrado a duzentos estudantes universitários... Deve ser lembrado que a maioria das pontuações foi intermediária e que quando os extremos de introversão ou extroversão foram abordados, o número de casos tornou-se progressivamente menor. A curva tampouco mostrou quebras agudas, mas apenas uma gradação contínua da média para os dois extremos. Como foi indicado no Capítulo II, o mesmo pode ser dito de todos os outros traços mensuráveis do indivíduo, sejam eles sociais, emocionais, intelectuais ou físicos.

> Parece então que, na medida em que as teorias de tipo impliquem a classificação de indivíduos em categorias nítidas, elas seriam indefensáveis diante de uma massa de dados incontestáveis. Tal suposição, entretanto, não é necessariamente inerente a todos os sistemas de tipologia humana. É mais característica das versões e adaptações populares das teorias de tipos do que dos
> 456 conceitos originais. Decerto, psicólogos tipológicos // tentaram frequentemente categorizar os indivíduos, mas essa não era uma parte indispensável de suas teorias; seus conceitos foram ocasionalmente modificados o suficiente para admitir uma distribuição normal dos traços."

Apesar de tais concessões a categorizações mais satisfatórias, a exclusão "nominalista" das classificações tipológicas triunfou a ponto de quase se tornar um tabu, não importando quão urgente possa ser a necessidade científica e pragmática de tais classificações. Deve-se notar que esse tabu está intimamente relacionado com a noção, ainda ensinada por numerosos psiquiatras acadêmicos, de que as doenças mentais são essencialmente inexplicáveis. Se admitíssemos, para o bem do argumento, que a teoria psicanalítica realmente conseguiu estabelecer uma série de esquemas dinâmicos de psicoses – pelas quais estas se tornam "significativas" no interior da vida psicológica do indivíduo, apesar de toda a sua irracionalidade e da desintegração da personalidade psicótica –, o problema da tipologia seria completamente redefinido.

Não se pode duvidar que a crítica dos tipos psicológicos expressa um impulso verdadeiramente humano, dirigido contra essa espécie de subsunção de indivíduos em categorias preestabelecidas que foi consumada na Alemanha nazista, onde a

rotulação de seres humanos vivos, independentemente de suas qualidades específicas, resultou em decisões sobre sua vida e morte. Esse motivo foi particularmente enfatizado por Allport;[5] e Boder demonstrou com muitos detalhes em seu estudo sobre a "Ciência nazista" as interconexões entre esquemas psicológicos *pro et contra*, a função repressiva de categorias como o *Gegentypus* de Jaensch e a manipulação arbitrária de descobertas empíricas.[6] Assim, investigações dedicadas ao estudo do preconceito devem ser particularmente cautelosas quando surge a questão da tipologia. Para expressá-lo explicitamente, a rigidez ao se construir tipos é por si só indicativa dessa mentalidade "estereopática" que pertence aos constituintes básicos
457 do caráter potencialmente // fascista. Precisamos nos referir somente, neste contexto, ao nosso alto pontuador de ascendência irlandesa que atribui sem hesitação seus traços pessoais à sua linhagem nacional. O "antitipo" de Jaensch, por exemplo, é um caso quase clássico do mecanismo de projeção, cuja eficácia na composição de nossos altos pontuadores foi demonstrada e que, em Jaensch, penetrou a própria ciência cuja tarefa era a de dar conta desse mecanismo. A natureza essencialmente não dinâmica, "antissociológica" e *quase* biológica de classificações como as de Jaensch é diretamente oposta à teoria do nosso trabalho, bem como aos seus resultados empíricos.[7]

---

5 G. W. Allport, *Personality*: A Psychological Interpretation, New York: Henry Holt & Company, 1937. (N. A.)

6 P. H. Harriman (ed.), *Twentieth Century Psychology*, New York: Philosophical Library, 1946. (N. A.)

7 Deve-se lembrar que o antitipo de Jaensch é definido pela sinestesia, quer dizer, a pretensa ou real tendência de certas pessoas a "terem experiências de cor ao ouvir um som ou uma música em geral e a terem

Ainda assim, todas essas objeções não afastam completamente o problema da tipologia. Nem todas as tipologias são dispositivos para dividir o mundo em cordeiros e lobos, mas algumas delas refletem certas experiências que, embora difíceis de sistematizar, para colocar da forma mais aberta possível, acertam em algo. Quanto a isso, é preciso pensar principalmente em Kretschmer, Jung e Freud. Deve-se enfatizar particularmente que Freud, cuja ênfase geral na dinâmica psicológica o coloca acima de qualquer suspeita de simples "biologismo" e
458 pensamento // estereotipado, publicou tardiamente, em 1931,[8] uma tipologia bastante categórica, sem se preocupar muito com as dificuldades metodológicas das quais devia estar bem

---

experiências de sons musicais ao olhar para cores ou imagens" (Boder, em P. H. Harriman (ed.), *Twentieth Century Psychology*, New York: Philosophical Library, 1946, p.15). Essa tendência é interpretada por Jaensch como um sintoma de degeneração. Pode se supor que essa interpretação seja baseada em reminiscências históricas em vez de em descobertas psicológicas factuais. Pois o culto da sinestesia desempenhou um grande papel dentro da poesia lírica dos mesmos autores franceses que introduziram o conceito de *décadence*, particularmente Baudelaire. Pode-se notar, no entanto, que o imaginário sinestésico cumpre uma função específica em suas obras. Ao obscurecer a divisão entre diferentes domínios da percepção sensorial, eles simultaneamente tentam apagar a classificação rígida de diferentes categorias de objetos tal como produzida pelas exigências práticas da civilização industrial. Eles se rebelam contra a reificação. É altamente característico que uma ideologia inteiramente administrativa escolha como sua arqui-inimiga uma atitude que é, acima de tudo, uma rebelião contra os estereótipos. O nazista não suporta nada que não se encaixe em seu esquema e menos ainda qualquer coisa que não reconheça sua maneira reificada e "estereopática" de ver as coisas. (N. A.)

8 S. Freud, Libidinal Types, *Psychoanalytic Quarterly*, v.I, n.1, p.3-6, 1932. (N. A.)

ciente, construindo, até mesmo com aparente ingenuidade, tipos "mistos" a partir dos básicos. Freud era por demais orientado por ideias concretas sobre as questões em si, tinha uma relação por demais íntima com seus objetos científicos para desperdiçar sua energia com gêneros de reflexões metodológicas que podem bem se revelar atos de sabotagem da ciência organizada contra o pensamento produtivo. Isso não quer dizer que sua tipologia deva ser aceita tal qual ela se encontra. Não apenas pode ser criticada por argumentos antitipológicos usuais, aos quais se fez referência no começo deste capítulo; como Otto Fenichel apontou, ela também é problemática do ponto de vista da teoria psicanalítica ortodoxa. O que conta, no entanto, é que Freud achou que tal classificação valia a pena. Basta olhar para a integração relativamente fácil e convincente de diferentes categorias de tipologias duplas em *Estrutura da personalidade*, de Donald W. MacKinnon,[9] para obter a impressão de que as tipologias não são totalmente arbitrárias, não violam necessariamente a multiplicidade do humano, mas têm alguma base na estrutura da realidade psicológica.

A razão para a persistente plausibilidade da abordagem tipológica, no entanto, não é biológica-estática, mas justamente o oposto: dinâmica e social. O fato de a sociedade humana ter sido até agora dividida em classes influencia mais do que as relações externas dos homens. As marcas da repressão social são deixadas na alma individual. O sociólogo francês Durkheim, em particular, mostrou como e até que ponto as ordens sociais hierárquicas permeiam o pensamento, as atitudes e o compor-

9 Em J. McV. Hunt (ed.), *Personality and the Behavior Disorders*, New York: The Ronald Press Company, 1944. (N. A.)

tamento individuais. As pessoas formam "classes" psicológicas por terem sido marcadas por processos sociais variados. Prova-
459 velmente isso seja válido para a nossa própria // cultura de massa padronizada em um grau ainda maior do que em períodos anteriores. A relativa rigidez de nossos altos pontuadores, e de alguns de nossos baixos pontuadores, reflete psicologicamente a crescente rigidez de acordo com a qual nossa sociedade divide-se em dois campos mais ou menos grosseiramente opostos. O individualismo, oposto à desumana compartimentalização, pode, em última instância, tornar-se um mero véu ideológico numa sociedade que *é* realmente desumana e cuja tendência intrínseca à "subsunção" de tudo se revela pela classificação das próprias pessoas. Em outras palavras, a crítica da tipologia não deve negligenciar o fato de que um grande número de pessoas não são mais, ou nunca foram, "indivíduos" no sentido da filosofia tradicional do século XIX. O pensamento de *ticket* é possível apenas porque a existência real daqueles que se entregam a ele é largamente determinada por "*tickets*", processos sociais padronizados, opacos e avassaladores que deixam ao "indivíduo" pouca liberdade de ação e individuação verdadeira. Assim, o problema da tipologia é colocado em uma base diferente. Há razões para procurar por tipos psicológicos porque o mundo em que vivemos é tipificado e "produz" diferentes "tipos" de pessoas. Somente identificando traços estereotipados em seres humanos modernos, e não negando sua existência, pode-se desafiar a tendência perniciosa à classificação e subsunção generalizadas.

A construção de tipos psicológicos não implica uma mera tentativa arbitrária e compulsiva de trazer alguma "ordem" à diversidade confusa da personalidade humana. Representa um

meio de "conceitualizar" essa diversidade de acordo com sua própria estrutura, de alcançar uma compreensão mais próxima. A renúncia radical a todas as generalizações, para além daquelas relativas às descobertas mais óbvias, não resultaria em verdadeira empatia em relação aos indivíduos humanos, mas sim em uma descrição opaca e sombria de "fatos" psicológicos: cada passo que vai além do factual e visa ao significado psicológico – como foi definido na afirmação básica de Freud de que todas as nossas experiências são significativas ("*dass alle unsere Erlebnisse einen Sinn haben*") – envolve inevitavelmente generalizações que transcendem o "caso" supostamente único; e essas generalizações, com mais frequência do que o contrá-
460 rio, implicam a existência // de certos *nuclei* ou síndromes regularmente recorrentes que se aproximam da ideia de "tipos". Ideias como as de oralidade ou de caráter compulsivo, embora aparentemente derivadas de estudos altamente individualizados, só fazem sentido se forem acompanhadas do pressuposto implícito de que as estruturas assim denominadas e descobertas no interior da dinâmica individual de um indivíduo pertencem às constelações básicas das quais se espera que sejam representativas, não importando quão "únicas" possam ser as observações nas quais elas se baseiam. Como existe um elemento tipológico inerente a qualquer gênero de teoria psicológica, seria espúrio excluir a tipologia *per se*. A "pureza" metodológica a esse respeito equivaleria a renunciar ao meio conceitual ou a qualquer penetração teórica do material dado e resultaria em uma irracionalidade tão completa quanto a arbitrária subsunção das escolas "compartimentalizadoras".

Dentro do contexto de nosso estudo, outra reflexão de natureza inteiramente diferente aponta para a mesma direção. E ela

é de natureza pragmática: a necessidade de que a ciência forneça armas contra a potencial ameaça que representa a mentalidade fascista. É uma questão em aberto se e até que ponto o perigo fascista realmente pode ser combatido com armas psicológicas. O "tratamento" psicológico de pessoas preconceituosas é problemático por causa de seu grande número, bem como porque elas não estão de modo algum "doentes", no sentido usual, e, como vimos, pelo menos no nível superficial costumam ser frequentemente ainda mais bem "ajustadas" do que as não preconceituosas. Como, no entanto, o fascismo moderno é inconcebível sem uma base de massa, a compleição interna de seus prováveis seguidores ainda mantém seu significado crucial e nenhuma defesa seria verdadeiramente "realista" se não levasse em conta a fase subjetiva do problema. É óbvio que as contramedidas psicológicas, em vista da extensão do potencial fascista entre as massas modernas, são promissoras apenas se forem diferenciadas de tal maneira que sejam adaptadas a grupos específicos. Uma defesa geral se moveria em um nível de generalidades tão vagas que provavelmente permaneceria rasa. Pode ser considerado como um dos resultados práticos de nosso estudo que tal diferenciação tenha, pelo menos, de
461 ser *também* // uma que siga as linhas psicológicas, já que certas variáveis básicas do caráter fascista persistem de forma relativamente independente de diferenciações sociais acentuadas. Não há defesa psicológica contra o preconceito que não seja orientada para certos "tipos" psicológicos. Faríamos da crítica metodológica da tipologia um fetiche e colocaríamos em risco toda tentativa de lidar psicologicamente com as pessoas preconceituosas se uma série de diferenças muito drásticas e extremas – como a que existe entre a constituição psicológica

de um antissemita convencional e a de um "durão" sadomasoquista – fosse excluída simplesmente porque nenhum desses tipos é jamais representado em sua pureza clássica por um único indivíduo.

A possibilidade de construção de conjuntos em grande medida diferentes de tipos psicológicos tem sido amplamente reconhecida. Como resultado das discussões anteriores, baseamos nossa própria tentativa nos três seguintes critérios principais:

a. Não queremos classificar os seres humanos por tipos que os dividam estatisticamente de forma nítida, nem por tipos ideais no sentido usual que precisam ser complementados por "misturas". Nossos tipos são justificados somente se conseguirmos organizar, sob o nome de cada tipo, vários traços e disposições, trazendo-os para um contexto que mostre alguma unidade de significado nesses traços. Consideramos como sendo cientificamente mais produtivos aqueles tipos que integram traços, de resto dispersos, em continuidades significativas e trazem à tona a interconexão de elementos que se agrupam segundo a sua "lógica" inerente, em termos de compreensão psicológica da dinâmica subjacente. Nenhuma subsunção meramente aditiva ou mecânica de traços sob o mesmo tipo deve ser permitida. Um critério principal para esse postulado seria o de que, confrontados com tipos "genuínos", mesmo os assim chamados desvios não mais pareceriam acidentais, mas seriam reconhecíveis como significativos, em um sentido estrutural. Falando geneticamente, a consistência de significado de cada tipo sugeriria que o máximo de traços possíveis pode ser deduzido de certas formas básicas de conflitos psicológicos subjacentes e de suas resoluções.

b. Nossa tipologia deve ser uma tipologia *crítica* no sentido
462 // de que compreenda a tipificação do próprio homem como uma função social. Quanto mais rígido um tipo, mais profundamente ele mostra as marcas dos carimbos sociais. Isso vai ao encontro da caracterização de nossos altos pontuadores a partir de traços como rigidez e pensamento estereotipado. Aqui se apresenta o princípio último de toda a nossa tipologia. Sua principal dicotomia se encontra na questão de saber se uma pessoa é ela mesma padronizada e pensa de maneira padronizada ou se é verdadeiramente "individualizada" e se opõe à padronização na esfera da experiência humana. Os tipos individuais serão configurações específicas dentro dessa divisão geral. Esta última diferencia *prima facie* entre os altos e baixos pontuadores. No entanto, um olhar mais próximo também afeta os próprios baixos pontuadores: quanto mais eles são "tipificados", mais expressam involuntariamente o potencial fascista em si mesmos.[10]

c. Os tipos devem ser construídos de tal maneira que possam se tornar pragmaticamente produtivos, quer dizer, que possam ser traduzidos em padrões de defesa relativamente drásticos, organizados de tal maneira que diferenças de uma natureza mais individual desempenhem apenas um papel me-

---

10 Deve-se enfatizar que dois conceitos de tipos devem ser distinguidos. Por um lado, há aqueles que são tipos no sentido próprio, pessoas tipificadas, indivíduos que estão refletindo amplamente padrões estabelecidos e mecanismos sociais; por outro, há pessoas que podem ser chamadas de tipos apenas em um sentido formal-lógico e que frequentemente podem ser caracterizadas apenas pela *ausência* de qualidades padronizadas. É essencial distinguir o tipo de estrutura real, "genuína" de uma pessoa e seu mero pertencimento a uma classe lógica pela qual ela é definida, por assim dizer, a partir de fora. (N. A.)

nor. Isso cria uma certa "superficialidade" consciente de tipificação, comparável à situação de um sanatório em que nenhuma terapia poderia ser iniciada caso não se dividam os pacientes em maníaco-depressivos, esquizofrênicos, paranoicos e assim por diante, embora se esteja totalmente ciente do fato de que essas distinções tendem a desaparecer quanto mais profundo se vai. Nesse sentido, entretanto, é permitida a hipótese de que, se alguém apenas conseguisse ir fundo *o suficiente*, no final da diferenciação seria justamente a estrutura "bruta" mais universal que reapareceria: algumas constelações libidinais básicas. Uma analogia com a história das artes pode ser admitida.
463 A distinção tradicional e grosseira // entre o estilo românico e o gótico foi baseada na característica dos arcos redondos e ogivais. Tornou-se evidente que essa divisão era insuficiente; que ambos os traços estavam sobrepostos e que havia contrastes muito mais profundos de construção entre os dois estilos. Isso, no entanto, levou a definições tão complicadas que se mostrou impossível afirmar nesses termos se um determinado edifício era de caráter românico ou gótico, embora sua totalidade estrutural raramente deixasse qualquer dúvida ao observador a qual época ele pertencia. Assim, em última análise, tornou-se necessário retomar a classificação primitiva e ingênua. Algo semelhante pode ser conveniente no caso do nosso problema. Uma pergunta aparentemente superficial como "Que categorias de pessoas você encontra entre os preconceituosos?" pode facilmente fazer mais justiça aos requisitos tipológicos do que a tentativa de definir tipos à primeira vista por meio, digamos, de diferentes fixações na fase pré-genital ou genital do desenvolvimento ou em coisas similares. Essa simplificação indispensável pode provavelmente ser alcançada pela integração de

critérios *sociológicos* aos constructos psicológicos. Tais critérios sociológicos podem se referir às associações e identificações a grupos de nossos sujeitos, bem como a propósitos sociais, atitudes e padrões de comportamento. A tarefa de relacionar os critérios de tipo psicológico aos de tipo sociológico é facilitada porque, no decorrer de nosso estudo, foi estabelecido que algumas categorias "clínicas" (como a adulação de um pai punitivo) estão intimamente relacionadas a atitudes sociais (como crença na autoridade pela autoridade). Assim, podemos muito bem "traduzir", para os propósitos hipotéticos de uma tipologia, alguns de nossos conceitos psicológicos básicos em conceitos sociológicos os mais afins a eles.

Essas considerações devem ser complementadas por um requisito prescrito pela natureza de nosso estudo. Nossa tipologia, ou melhor, esquema de síndromes, tem que ser organizada de tal maneira que se encaixe tão "naturalmente" quanto possível em nossos dados empíricos. Deve-se ter em mente que nosso material não existe em um espaço vazio, por assim dizer, mas é estruturalmente predeterminado por nossas ferramentas, particularmente o questionário e o roteiro de entrevista. Uma
464 vez que nossas hipóteses foram // formuladas de acordo com a teoria psicanalítica, a orientação de nossas síndromes em direção a conceitos psicanalíticos é reforçada. Decerto, as limitações de tal tentativa são reduzidas, já que não "analisamos" nenhum de nossos sujeitos. Nossa caracterização de síndromes tem que se concentrar em traços que provaram ser psicanaliticamente significativos e não em padrões dinâmicos últimos da psicologia profunda.

A fim de colocar o seguinte esboço tipológico em sua devida perspectiva, deve-se lembrar que salientamos no capítulo sobre a escala F que todos os *clusters* dos quais essa escala é composta pertencem a uma única síndrome "geral". É uma das descobertas mais notáveis do estudo que a "pontuação alta" é essencialmente *uma* síndrome, distinguível de uma variedade de síndromes "baixas". Existe algo como "o" caráter potencialmente fascista, que por si só é uma "unidade estrutural". Em outras palavras, características como convencionalismo, submissão autoritária e agressividade, projetividade, manipulabilidade etc., regularmente caminham juntas. Portanto, as "sub-síndromes" que descrevemos aqui não pretendem *isolar* nenhum desses traços. Todos eles devem ser entendidos dentro do esquema geral de referência do alto pontuador. O que os diferencia é a ênfase em uma ou outra das características ou dinâmicas selecionadas para caracterização, não sua exclusividade. No entanto, parece-nos que os perfis diferenciais que aparecem no interior da estrutura geral podem ser facilmente distinguidos. Ao mesmo tempo, sua interconexão através da estrutura geral potencialmente fascista é de tal natureza que eles são "dinâmicos" no sentido de que as transições de um para o outro poderiam ser facilmente determinadas pela análise do aumento ou diminuição de alguns dos fatores específicos. Tal interpretação dinâmica poderia realizar de maneira mais adequada – isto é, com uma melhor compreensão dos processos subjacentes – o que geralmente é feito de maneira aleatória pelos "tipos mistos" das tipologias estáticas. Entretanto, a teoria e a comprovação empírica dessas relações dinâmicas entre as síndromes não puderam ser abordadas na presente pesquisa.

O princípio segundo o qual as síndromes são organizadas é o seu "ser-típico" no sentido de rigidez, falta de investimento,
465 // estereopatia. Entretanto, isso não implica necessariamente

que a ordem de nossas síndromes represente uma "escala de mensuração" mais dinâmica. Ela se refere às potencialidades e à acessibilidade às contramedidas, mas não ao preconceito explícito – basicamente ao problema da pontuação "alta geral" *versus* a "baixa". Será visto, por exemplo, que o caso que ilustra a síndrome de relativa inofensividade psicológica no segmento inferior do nosso esquema pontua extremamente alto em termos do preconceito explícito contra minorias.

Requisitos pragmáticos, bem como a ideia de que os altos pontuadores são geralmente mais "tipificados" do que os baixos pontuadores, parecem levar o foco do nosso interesse para a pessoa preconceituosa. No entanto, também consideramos necessário construir síndromes de baixos pontuadores. A direção geral de nossa pesquisa nos leva a enfatizar, com certa parcialidade, determinantes psicológicos. Isso, no entanto, nunca deve nos fazer esquecer que o preconceito não é, de maneira nenhuma, um fenômeno inteiramente "psicológico" e "subjetivo". Deve ser lembrado o que assinalamos no Capítulo XVII: que a ideologia e a mentalidade "altas" são amplamente fomentadas pelo espírito objetivo de nossa sociedade. Embora indivíduos diferentes reajam diferentemente, de acordo com sua constituição psicológica, aos onipresentes estímulos culturais do preconceito, o elemento objetivo do preconceito não pode ser negligenciado se quisermos entender as atitudes de indivíduos ou grupos psicológicos. Portanto, não é suficiente perguntar: "Por que esse ou aquele indivíduo é etnocêntrico?", mas sim: "Por que ele reage positivamente aos estímulos onipresentes, aos quais esse outro homem reage negativamente?". O caráter potencialmente fascista deve ser considerado como um produto da interação entre o clima cultural do pre-

conceito e as respostas "psicológicas" a esse clima. O primeiro consiste não apenas em fatores externos brutos, como condições econômicas e sociais, mas em opiniões, ideias, atitudes e comportamentos que parecem ser do indivíduo, mas que não se originaram nem de seu pensamento autônomo nem de seu desenvolvimento psicológico autossuficiente, sendo devidos ao seu pertencimento à nossa cultura. Esses padrões objetivos são tão disseminados em sua influência que explicar por que
466 um indivíduo resiste a eles é tão difícil quanto // explicar por que eles são aceitos. Em outras palavras, os baixos pontuadores apresentam um problema psicológico tão grande quanto os altos pontuadores e somente ao compreendê-los podemos obter uma imagem do *momentum* objetivo do preconceito. Assim, a construção de síndromes "baixas" torna-se imperativa. Naturalmente, elas foram escolhidas de maneira a se adequarem tão bem quanto possível aos nossos princípios gerais de organização. Contudo, não deve ser uma surpresa que elas estejam mais frouxamente interligadas do que as "altas".

As síndromes a serem discutidas foram desenvolvidas gradualmente. Elas retomam uma tipologia de antissemitas elaborada e publicada pelo Instituto de Pesquisa Social.[11] Esse esquema foi modificado e estendido aos baixos pontuadores na presente pesquisa. Em sua nova forma, que enfatiza os aspectos mais psicológicos, foi aplicada particularmente à amostra de Los Angeles; os entrevistadores aqui tentaram, na medida do possível, averiguar a relação entre seus estudos de caso e os tipos hipotéticos. As síndromes aqui apresentadas são o re-

11 Institute of Social Research; M. Horkheimer (ed.), *Studies in Philosophy and Social Science*, v.IX, 1941. (N. A.)

sultado das modificações que esse esboço sofreu com base em nossas descobertas empíricas e na crítica teórica contínua. Ainda assim, devem ser vistas como provisórias, como uma etapa intermediária entre a teoria e os dados empíricos. Para pesquisas futuras, elas precisam ser redefinidas a partir de critérios quantificáveis. A justificativa para apresentá-las agora reside no fato de que podem servir como guias para tal pesquisa futura. Cada síndrome é exemplificada por um perfil de um caso característico, principalmente com base no protocolo de entrevista de cada pessoa selecionada.

B. Síndromes encontradas entre altos pontuadores

Uma caracterização aproximada dos vários tipos pode preceder a sua apresentação detalhada. O *Ressentimento superficial* pode ser facilmente reconhecido em termos de angústias sociais justificadas ou injustificadas; nosso constructo não diz
467 nada sobre as fixações // psicológicas ou os mecanismos de defesa subjacentes ao padrão de opinião. No padrão *Convencional*, é claro, a aceitação de valores convencionais é marcante. O supereu nunca foi firmemente estabelecido e o indivíduo está em grande parte sob a influência de seus representantes externos. O motivo subjacente mais óbvio é o medo de "ser diferente". O tipo *Autoritário* é governado pelo supereu e tem continuamente que lidar com fortes e altamente ambivalentes tendências do isso. Ele é movido [*driven*] pelo medo de ser fraco. No *Durão* [*Tough Guy*], as tendências reprimidas do isso ganham proeminência, mas de uma forma deformada e destrutiva. Tanto o tipo *Alucinado* [*Crank*] quanto o *Manipulador* parecem ter resol-

vido o complexo de Édipo através de um retorno narcísico aos seus *selves* interiores. A relação deles com o mundo exterior, no entanto, varia. Os alucinados em larga medida substituíram a realidade exterior por um mundo interior imaginário; concomitantemente, sua característica principal é a projetividade e seu principal medo é que o mundo interior seja "contaminado" pelo contato com a temível realidade: eles são assolados por pesados tabus – nas palavras de Freud, pelo *délire de toucher*. O indivíduo manipulador evita o perigo da psicose reduzindo a realidade exterior a um mero objeto de ação: assim, ele é incapaz de qualquer investimento positivo. Ele é ainda mais compulsivo que o autoritário e sua compulsão parece ser completamente alienada do eu: não alcançou a transformação de um poder coercivo externo em um supereu. A completa rejeição de qualquer anseio [*urge*] amoroso é a sua defesa mais notável.

Em nossa amostra, os tipos convencional e autoritário parecem ser de longe os mais frequentes.

1. *Ressentimento superficial*

O fenômeno a ser discutido aqui não está no mesmo nível lógico dos vários "tipos" de altos e baixos pontuadores caracterizados à frente. De fato, ele não é em si um "tipo" psicológico, mas uma condensação das manifestações mais racionais, conscientes ou pré-conscientes, de preconceito, na medida em que podem ser distinguidas de aspectos mais profundos, in-
468 conscientes. Podemos dizer que há um // certo número de pessoas que "se agrupam" em torno de motivações mais ou menos racionais, enquanto o restante de nossas síndromes "altas" é caracterizado pela relativa ausência ou falsidade da motivação

racional, que, no caso delas, deve ser reconhecida como mera "racionalização". Isso não significa, no entanto, que aqueles altos pontuadores cujas afirmações preconceituosas mostram certa racionalidade *per se* estejam livres dos mecanismos psicológicos do caráter fascista. Assim, o exemplo que oferecemos pontua alto não apenas na escala F, mas em todas as escalas: ela expressa a *generalidade* da perspectiva preconceituosa que evidencia como as tendências subjacentes da personalidade seriam os determinantes últimos. Ainda assim, achamos que o fenômeno do "Ressentimento superficial", embora alimentado em geral por fontes instintivas mais profundas, não deveria ser inteiramente negligenciado em nossa discussão, pois representa um aspecto sociológico de nosso problema que poderia ser subestimado em sua importância para o potencial fascista se nos concentrássemos inteiramente na descrição e etiologia psicológicas.

Referimo-nos aqui às pessoas que aceitam estereótipos de preconceito a partir de fora, como fórmulas prontas, por assim dizer, a fim de racionalizar e – psicologicamente ou de fato – superar as dificuldades expressas de sua própria existência. Embora suas personalidades sejam inquestionavelmente aquelas dos altos pontuadores, o estereótipo do preconceito enquanto tal não parece ser muito libidinizado e geralmente mantém um certo nível racional ou pseudorracional. Não há uma ruptura completa entre sua experiência e seu preconceito: ambos são frequente e explicitamente contrastantes entre si. Esses sujeitos são capazes de apresentar razões relativamente sensatas para o seu preconceito e são acessíveis à argumentação racional. Aqui se situa o pai de família descontente e resmun-

gão que se alegra se outra pessoa pode ser culpada por seus próprios fracassos econômicos, alegrando-se ainda mais se puder obter vantagens materiais da discriminação contra minorias ou contra os "concorrentes vencidos" reais ou potenciais – como pequenos comerciantes, economicamente ameaçados por redes de lojas, que eles supõem serem de propriedade dos judeus. Podemos também pensar em negros antissemitas no Harlem que têm que pagar aluguéis excessivos a locadores judeus. Mas
469 essas pessoas estão espalhadas por todos // aqueles setores da vida econômica onde o aperto do processo de concentração é sentido sem a compreensão de seu mecanismo, enquanto ao mesmo tempo ainda é mantida a sua função econômica.

5043 – uma dona de casa de pontuações extremamente altas nas escalas, que "sempre é ouvida discutindo com os judeus no bairro", mas é "uma pessoa muito amigável, de meia-idade", que "gosta de fofocas inofensivas" – tem grande respeito pela ciência e um interesse sério, embora um pouco reprimido, pela pintura. Ela "tem receio da concorrência econômica dos *zootsuiters*" e "a entrevista revelou que atitudes semelhantes prevalecem fortemente em relação aos negros". Ela "sofreu um revés bastante severo em termos de *status* e segurança econômica depois da sua juventude. Seu pai era um dono de fazenda extremamente rico".

> Embora seu marido ganhasse bem como corretor da Bolsa quando se casou com ele em 1927, a quebra do mercado de ações e a consequente depressão os fizeram enfrentar problemas econômicos e, finalmente, até os forçaram a se mudar para a casa de sua rica sogra. Essa situação causou algum atrito, ainda que, ao mesmo tempo, tenha tirado dela uma grande responsabilidade.

> Em geral, o sujeito parece se identificar com a classe média-alta, alcançando assim um equilíbrio entre seu passado de classe alta e sua atual posição precária de classe média. Embora não admita isso para si mesma, a perda de dinheiro e *status* deve ter sido muito dolorosa para ela; e seu forte preconceito contra os judeus que se infiltram no bairro pode estar diretamente relacionado ao seu medo de se afundar ainda "mais baixo" na escala econômica.

As pontuações consistentemente altas desse sujeito são explicadas pelo entrevistador com base em uma "atitude geralmente acrítica" (ela sempre "concorda muito" com o questionário) e não por um viés ativo e fascista, que não aparece na entrevista. É característica a relativa ausência de conflitos familiares sérios.

> Ela nunca foi severamente disciplinada; pelo contrário, ambos os pais tendiam a ceder aos seus desejos e ela era ostensivamente a favorita deles... Nunca houve qualquer atrito sério e, até hoje, a relação entre os irmãos e a família em geral ainda é muito próxima.

470 // A razão pela qual foi escolhida como representante do "Ressentimento superficial" é a sua atitude em questões raciais. Ela "demonstra um preconceito muito forte em relação a todos os grupos de minorias" e "considera os judeus como um problema", seus estereótipos seguindo "praticamente o padrão tradicional" que ela assumiu mecanicamente do exterior. Mas ela não acha

> que necessariamente *todos* os judeus exibam todas as características. Também não acredita que eles possam ser distinguidos pela apa-

rência ou por quaisquer características especiais, exceto pelo fato de que eles são barulhentos e frequentemente agressivos.

A última citação mostra que ela não considera como inatas e naturais as características dos judeus que incrimina. Não há o envolvimento de projetividade rígida nem de punitivismo destrutivo:

> Em relação aos judeus, ela acha que a assimilação e a educação acabarão resolvendo o problema.

Sua agressividade é evidentemente dirigida contra aqueles que podem, como ela teme, "tirar algo dela", seja economicamente ou em *status*, mas os judeus não são um "contratipo".

> A hostilidade é abertamente expressa em relação aos judeus que vêm se mudando para sua vizinhança, bem como àqueles judeus que ela acredita que "dirigem o cinema". Ela parece temer a extensão da influência deles e se ressente fortemente da "infiltração" de judeus da Europa.

Ela também expressa a diferenciação mencionada entre estereotipias "externas" e experiências concretas, mantendo assim a porta aberta para uma diminuição de seu preconceito, embora, de acordo com o entrevistador, se uma onda fascista surgisse, "parece provável que ela exibiria mais hostilidade e muito provavelmente aceitaria a ideologia fascista":

> Experiências com judeus foram limitadas a contatos mais ou menos impessoais com apenas um ou dois conhecidos mais próximos, a quem ela descreve como "pessoas boas".

Pode-se acrescentar que, se existe alguma verdade na popular "teoria do bode expiatório" do antissemitismo, ela se aplica a pessoas de sua categoria. Seus "pontos cegos" devem, pelo menos em parte, ser atribuídos às estreitas limitações "pequeno-burguesas" de experiência e explicação das quais elas precisam se valer. Veem o judeu como o executor das tendências que são, na verdade, inerentes ao processo econômico total
471 e colocam a culpa nele. // É um postulado necessário para o equilíbrio de seu eu que elas devam encontrar algum "culpado" responsável por sua situação social precária: caso contrário, a justa ordem do mundo seria perturbada. Provavelmente, buscam primeiramente essa culpa dentro de si mesmas e se consideram, pré-conscientemente, como "fracassadas". Os judeus as aliviam superficialmente desse sentimento de culpa. O antissemitismo lhes oferece a gratificação de serem "boas" e inocentes e de colocar o *ônus* em alguma entidade visível e altamente personalizada. Esse mecanismo foi institucionalizado. Pessoas como as do nosso caso 5043 provavelmente nunca tiveram experiências negativas com os judeus, mas simplesmente adotam o julgamento pronunciado externamente por causa do benefício que extraem dele.

2. *A síndrome "convencional"*

Essa síndrome representa a estereotipia que vem de fora, mas que foi integrada no interior da personalidade como parte e parcela de uma conformidade geral. Nas mulheres, há uma ênfase especial na limpeza e na feminilidade; nos homens, em ser um homem viril "comum". A aceitação dos padrões dominantes é mais importante do que o descontentamento.

O pensamento em termos de *ingroup* e *outgroup* prevalece. O preconceito aparentemente não cumpre uma função decisiva dentro da constituição psicológica dos indivíduos, sendo apenas um meio de identificação fácil com o grupo ao qual pertencem ou ao qual desejam pertencer. Eles são preconceituosos no sentido específico do termo: assumindo os julgamentos correntes sobre os outros sem terem examinado a questão por si mesmos. Seu preconceito é uma "coisa natural", possivelmente "pré-consciente" e nem mesmo reconhecida pelos próprios sujeitos. Pode se tornar pronunciado apenas sob determinadas condições. Há um certo antagonismo entre preconceito e experiência; seu preconceito não é "racional", na medida em que é pouco relacionado às suas próprias preocupações, mas, ao mesmo tempo e ao menos superficialmente, não é particularmente revelado, por conta de uma ausência característica de impulsos *violentos*, devido à aceitação generalizada dos valores da civilização e da "decência". Embora essa síndrome inclua o
472 // "antissemita bem-educado", não se limita de modo algum aos estratos sociais superiores.

Uma ilustração da última asserção e da síndrome como um todo é 5057, um soldador de 30 anos de idade, "de modos extremamente encantadores", cujo caso é resumido pelo entrevistador da seguinte forma:

> Ele apresenta uma configuração de personalidade e atitude encontrada com bastante frequência entre trabalhadores qualificados e não é nem rancoroso nem aproveitador, mas apenas reflete os preconceitos de seu próprio *ingroup* à maneira do antissemita "Convencional".

Sua aceitação da própria situação, bem como sua preocupação subjacente com o *status*, é evidenciada pela descrição de sua atitude profissional:

> O sujeito gosta muito do seu trabalho. Ele não expressou absolutamente nenhuma reserva sobre seu trabalho atual. Ficou claro desde o início que ele se vê como um artesão habilidoso e encontra na soldagem uma chance de atividade criativa e construtiva. Disse que uma limitação é a de que a soldagem certamente não é um trabalho de "colarinho branco"; é fisicamente sujo e traz alguns perigos. Sua satisfação com seu presente trabalho é ainda corroborada por sua afirmação no questionário de que, mesmo se ele não fosse restringido de forma alguma, sua ocupação seria na mesma linha de trabalho, talvez em um nível um pouco mais alto de engenheiro de soldagem.

Sua visão profissional é otimista de uma forma realista, sem indícios de insegurança. Seu convencionalismo é posicionado contra os "extremos" em todos os aspectos: assim, ele

> escolheu a Ciência Cristã porque "é uma religião mais tranquila do que a maioria... a religião deveria afastá-lo de excessos de qualquer espécie, como beber, jogar ou qualquer coisa em excesso"... Ele não rompeu com os ensinamentos de seus avós e nunca questionou suas crenças religiosas.

O mais característico da atitude geral do sujeito são os seguintes dados do seu questionário:

> Respondendo à pergunta projetiva "Quais temperamentos ou sentimentos são os mais desagradáveis ou perturbadores para você?",

o sujeito mencionou a "desordem na minha casa ou nos arredores" e "a destruição da propriedade". O impulso que ele acha difícil de controlar é "dizer às pessoas o que há de errado com elas". Ao responder à pergunta "O que pode enlouquecer uma pessoa?", ele disse: "A preocupação – uma pessoa deve ser capaz de controlar sua mente, assim como seu corpo".

473 // No que diz respeito ao etnocentrismo, apesar de sua moderação geral e aparente "mente aberta", ele se encontra no quartil superior. O tom específico de sua atitude contra minorias é fornecido por sua ênfase especial na dicotomia entre *ingroup* e *outgroup*: ele não tem, ou não gosta de ter, "contatos" com o *outgroup* e, ao mesmo tempo, projeta neles seu próprio padrão de *ingroup* e enfatiza seu "sectarismo". Sua hostilidade é mitigada por sua conformidade geral e sua valorização expressa por "nossa forma de governo". No entanto, uma certa rigidez de seu padrão convencional é discernível em sua crença na imutabilidade dos traços do *outgroup*. Quando tem experiências com indivíduos que se desviam do padrão, ele se sente desconfortável e parece entrar em uma situação de conflito que tende a reforçar sua hostilidade em vez de mitigá-la. Seu preconceito mais intenso é dirigido contra os negros, aparentemente porque aqui a linha de demarcação entre *in-* e *outgroup* é mais drástica.

No que diz respeito a outras minorias, as suas observações são as seguintes:

O maior problema de minorias atualmente, de acordo com o sujeito, é o dos nipo-americanos "porque eles estão voltando". O sujeito acha que eles deveriam ser "restringidos de alguma forma e seus pais deportados". Quanto a seus traços: "Eu não tive contato pessoal com eles, exceto na escola, onde eles sempre pareciam ser bons alunos. Eu não tenho nenhum desgosto pessoal por eles".

Quando questionado sobre o "problema judaico", comentou: "Eles certamente se mantêm juntos. Apoiam uns aos outros muito mais do que os protestantes o fazem". Acha que eles não deveriam ser perseguidos apenas porque são judeus. "Um judeu tem tanto direito à liberdade nos Estados Unidos quanto qualquer outra pessoa." Isto foi seguido pela afirmação: "Eu odeio ver uma quantidade excessiva deles vindo de outros países. Sou a favor da exclusão completa dos imigrantes judeus".

Sua rejeição aos judeus baseia-se primeiramente na diferença deles em relação ao ideal convencional de *ingroup* do sujeito e na diferenciação entre os próprios judeus de acordo com graus de assimilação:

> O sujeito pode reconhecer um judeu pela "ondulação" [*kinkiness*] de seu cabelo, suas feições pesadas, seu nariz espesso e às vezes por seus lábios grossos. Quanto aos "traços" judaicos, o sujeito observou que existem "diferentes tipos de judeus, assim
> **474** como existem diferentes tipos de gentios". Ele citou o // "tipo *kikey*, como aqueles de Ocean Park", e o "tipo mais elevado, como aqueles de Beverly Hills".

Quanto à relação entre estereotipia e experiência,

> "Os contatos que eu tive foram todos com a parte boa. Quando estava administrando o posto de gasolina em Beverly Hills, tive que lidar um pouco com eles, mas não me lembro de quaisquer

experiências ruins com eles. Todas as experiências foram bastante agradáveis, na verdade." Nesse ponto, o sujeito recordou uma experiência com um proprietário de *delicatessen* judeu em Ocean Park. Na época, o sujeito tinha entre 8 e10 anos de idade. Ele estava vendendo revistas nessa área e foi à loja para tentar vender uma revista para o dono. Enquanto esperava para ganhar a atenção do dono, ele viu um bolo de café de aparência maravilhosa e desejou que pudesse tê-lo. O homem comprou a revista e notou a expressão de vontade no rosto do menino. Aparentemente, achando que o menino não tinha dinheiro suficiente para comprá-lo, ele o tirou da prateleira, colocou-o em uma sacola e o entregou ao menino. Pelo relato do entrevistado sobre esse incidente, ficou evidente que esse gesto foi ao mesmo tempo humilhante e gratificante. Ele se lembra de quão envergonhado ficou de que o homem pensasse que ele era "pobre e faminto".

O sujeito acredita que existem "bons" judeus, bem como "maus" judeus – assim como existem "bons" e "maus" gentios. No entanto, "os judeus como um todo nunca vão mudar, porque se mantêm juntos e defendem seus ideais religiosos. Contudo, eles poderiam melhorar a opinião que as pessoas têm deles não sendo tão gananciosos"... Ele permitiria que os judeus que já estão aqui permanecessem, embora acrescente que "os judeus devem poder retornar à Palestina, é claro". Além disso, "eu não ficaria triste ao vê-los partir". Com relação ao sistema de cotas educacionais, o sujeito expressou sua aprovação, embora tenha sugerido a alternativa de se ter "escolas separadas para os judeus".

3. *A síndrome "autoritária"*

Essa síndrome é a que mais se aproxima da imagem geral do alto pontuador que se destaca em todo o nosso estudo. Segue

o padrão psicanalítico "clássico" que envolve uma resolução sadomasoquista do complexo de Édipo e que foi assinalado por Erich Fromm sob o título de caráter "sadomasoquista".[12] De acordo com a teoria de Max Horkheimer, no trabalho coleti-
475 vo do qual ele [Fromm] escreveu a // parte sociopsicológica, a repressão social externa é concomitante com a repressão interna dos impulsos. A fim de alcançar a "internalização" do controle social, que nunca dá ao indivíduo tanto quanto dele tira, a atitude deste último em relação à autoridade e à sua agência psicológica, o supereu, assume um aspecto irracional. O sujeito alcança seu próprio ajuste social apenas sentindo prazer na obediência e na subordinação. Isso traz à tona a estrutura de impulsos sadomasoquistas, tanto como condição quanto como resultado do ajuste social. Em nossa forma de sociedade, as tendências sádicas, assim como as tendências masoquistas, realmente encontram uma gratificação. O padrão para a tradução de tais gratificações em traços de caráter é uma resolução específica do complexo de Édipo que define a formação da síndrome aqui em questão. O amor pela mãe, em sua forma primária, é posto sob um severo tabu. O ódio resultante contra o pai é transformado, por uma formação reativa, em amor. Essa transformação leva a uma categoria particular de supereu. A transformação do ódio em amor, a tarefa mais difícil que um indivíduo tem que executar em seu desenvolvimento inicial, nunca é completamente bem-sucedida. Na psicodinâmica do "caráter autoritário", parte da agressividade precedente é absorvida e transformada em masoquismo, enquanto outra parte

12 Institute of Social Research; M. Horkheimer (ed.), *Studien über Autorität und Familie*, Paris: Felix Alcan, 1936. (N. A.)

é deixada ao sadismo, que busca uma saída em direção àqueles com quem o sujeito não se identifica: em última instância, o *outgroup*. O judeu frequentemente se torna um substituto para o pai odiado, muitas vezes assumindo, em um nível de fantasia, as mesmas características do pai contra as quais o sujeito se revoltava, tal como a de ser prático, frio, dominador e mesmo um rival sexual. A ambivalência é generalizada, sendo evidenciada principalmente pela simultaneidade da crença cega na autoridade e da prontidão para atacar aqueles que são considerados fracos e que são socialmente concebidos como "vítimas". A estereotipia, nessa síndrome, não é apenas um meio de identificação social, mas tem uma função verdadeiramente "econômica" na própria psicologia do sujeito: ajuda a canalizar sua energia libidinal de acordo com as exigências de seu supereu extremamente rigoroso. Assim, a própria estereotipia tende a se tornar fortemente libidinizada e desempenha um papel importante na constituição interna do sujeito. Ele desenvolve traços de caráter
476 profundamente "compulsivos", // em parte pela regressão à fase de desenvolvimento sádico-anal. Sociologicamente, essa síndrome costumava ser, na Europa, altamente característica da classe média-baixa. Neste país, podemos encontrá-la entre pessoas cujo *status* atual difere daquele ao qual aspiram. Isto está em evidente contraste com o contentamento social e a falta de conflito que é mais característico da síndrome "Convencional", com a qual a "Autoritária" compartilha o aspecto conformista.

A entrevista *M352* começa da seguinte forma:

(Satisfação?) "Bem, sou o operador-chefe de turnos rotativos – encarregado das escalas..." (O sujeito enfatiza a posição de "chefe") "– de um pequeno departamento – cinco em um departamento – cinco em um turno – eu tenho uma satisfação pessoal... de ter cinco pessoas trabalhando para mim, que me procuram para pedir conselhos sobre como lidar com a produção que fazemos, e de que a decisão final... seja minha, além do fato de que, na decisão final, eu devo estar *certo* – e geralmente estou; saber que estou correto me dá uma satisfação pessoal. O fato de que ganho o meu sustento não me dá nenhuma satisfação pessoal. O que me dá são essas coisas que mencionei... saber que estou agradando alguma outra pessoa também me dá satisfação."

A negação de gratificações materiais, indicativa de um supereu restritivo, não é menos característica do que o duplo prazer de ser obedecido e de dar prazer ao seu chefe.

Sua mobilidade social ascendente é expressa em termos de identificação explícita com aqueles que estão em lugares mais elevados na hierarquia de autoridade:

(O que ter mais dinheiro tornaria possível?) "Elevaria nosso padrão, eu teria um automóvel; eu me mudaria para uma melhor área residencial; associações de negócios e amizades etc., seriam feitas... com aqueles de posição mais alta, exceto por alguns poucos amigos que você mantém sempre; e, naturalmente, eu me associaria com pessoas de um nível mais alto – que têm mais educação e experiência. Depois de chegar lá e se associar com essas pessoas... isso te lança ao próximo nível mais alto".

Sua crença religiosa tem algo compulsivo e altamente punitivo:

"Minha crença é a de que, de acordo com a Bíblia, existe um Deus – o mundo seguiu e precisou de um Salvador, e um nasceu –

ele viveu, morreu, ressuscitou e voltará algum dia; e a pessoa que viveu de acordo com o cristianismo viverá para sempre – aqueles que não viveram perecerão quando chegada a hora."

477 // Essa rigidez explícita de consciência, no entanto, mostra fortes traços de ambivalência: o que é proibido pode ser aceitável se não levar a conflitos sociais. O supereu ultrarrígido não está realmente integrado, mas permanece externo.

> "O adultério, desde que nunca descoberto, é ok – se descoberto, então está errado – já que algumas das pessoas mais respeitadas o praticam, deve ser correto."

O conceito de Deus do sujeito é claramente idêntico a esse supereu externalizado ou, para usar o termo original de Freud, ao "ideal do eu", com todos os traços de um pai forte, porém "prestativo":

> "Bem, quando se trata de fundamentos, todo mundo tem algum tipo de ideia: pode não chamá-Lo de Deus, mas de um ideal pelo qual se vive e se esforça para imitar... Pagãos ou qualquer outra pessoa têm algum tipo de religião, mas é algo em que eles depositam sua fé, que pode fazer coisas para eles – pode ajudá-los."

A relação genética entre a síndrome "Autoritária" e a resolução sadomasoquista do complexo de Édipo é corroborada por algumas afirmações do sujeito sobre sua própria infância:

> "Bem, meu pai era um homem muito rigoroso. Ele não era religioso, mas era rigoroso na criação dos filhos. Sua palavra era lei e

sempre que ele era desobedecido havia punição. Quando eu tinha 12 anos, meu pai me batia praticamente todos os dias por mexer na caixa de ferramentas no quintal e não devolver tudo no lugar... finalmente ele explicou que essas coisas custam dinheiro e eu preciso aprender a colocá-las de volta."... (O sujeito explica que seu descuido levou a uma surra todo dia, como prometido pelo pai, e, finalmente, após várias semanas, ele simplesmente deixou de usar as ferramentas por completo, porque "eu simplesmente não conseguia guardá-las de volta") "... Mas, você sabe, eu nunca usei isso contra o meu pai – eu mereci. Ele estabeleceu a lei e se eu a quebrasse, havia punição, mas nunca com uma raiva incontrolável. Meu pai era um bom homem – sem dúvida. Sempre interessado em coisas de meninos."

"Meu pai era um grande homem fraternal; saía praticamente todas as noites. Sempre participava ativamente de comitês – de fácil conversa, todos gostavam dele... um bom provedor. Sempre tínhamos tudo o que precisávamos, mas sem luxos desnecessários... sem extravagância... O pai achava que eram luxos que provavelmente – achava que eram desnecessários... Sim, bastante austero..." (A qual dos seus pais você seria mais próximo?) "Eu acho que do meu pai. Embora ele tenha batido muito em mim, eu podia falar com ele sobre qualquer coisa."... (O sujeito enfatiza que seu pai sempre propunha a todos, inclusive a si mesmo, um acordo justo).

478 // O sujeito foi "quebrado" pelo pai: ele foi sobreajustado. É exatamente esse aspecto que ganha a ênfase principal em seu antissemitismo. Ele, que admira a força bruta, culpa os judeus por seu descuido em questões práticas.

"Os judeus parecem estar se aproveitando da situação atual, eu acho. Agora, eles querem – estão trazendo esses judeus da Europa e eles parecem se juntar, de alguma forma, e parecem ser capazes de se apoderar do capital. São pessoas peculiares – não têm consciência de nada, exceto do dinheiro." (O sujeito aparentemente quis dizer aqui: nenhuma consciência sobre dinheiro, embora talvez sobre outras coisas.) "Se você os atrapalha em ganhar dinheiro, eles te colocam de lado."

A rigidez da imagem do judeu, já visível na síndrome "Convencional", tende a se tornar absoluta e altamente vingativa:

> "Para mim, um judeu é como um estrangeiro da mesma categoria que – digamos, eu ia dizer um filipino. Você deve ter notado... eles guardam todos esses dias religiosos diferentes que são completamente estranhos para mim – e eles são fiéis a isso –, eles não se americanizam completamente..." (E se houvesse menos preconceito contra eles?) "Eu não sei – não posso deixar de achar que um judeu deve ser do jeito que ele é – não é possível mudar – é uma espécie de instinto que nunca vai perder – permanece judeu até o fim." (O que deve ser feito?) "Eles têm a capacidade de obter controle – agora, como vamos pará-los... provavelmente tem que ser aprovada alguma regulação proibindo-os."

Novamente, a ideia de autoridade é o ponto focal: os judeus parecem perigosos para ele como usurpadores do "controle".

Uma última característica da síndrome "Autoritária" deve ser mencionada. É o equivalente psicológico da ideologia "sem piedade dos pobres", discutida no Capítulo XVII. A identificação do caráter "autoritário" com a força é concomitante à rejeição de tudo que está "abaixo". Mesmo onde as condições sociais precisam ser reconhecidas como a razão para a situação decadente de um grupo, dá-se um giro a fim de transformar essa situação em alguma espécie de punição merecida. Isto é acompanhado por ataques moralistas indicativos da rigorosa repressão de vários desejos:

> Ele passou a enfatizar que se deveria segregar negros e brancos, que se deveria dar, de qualquer forma, oportunidades iguais, e tudo o mais, em vez de "fugir do problema", como chamou. Refe-
> 479 re-se à alta // incidência de doenças venéreas entre os negros, cuja culpa ele coloca em sua moralidade baixa e, após o entrevistador insistir, finalmente atribui a "condições de vida saturadas" e se esforça muito para explicar o que quer dizer com isso. Isso leva a uma falta de modéstia e de respeito pela privacidade – todos estão largados juntos: "eles perdem a distância que deve haver entre as pessoas" etc. etc.

A ênfase na "distância", o medo de "contatos físicos próximos", pode ser interpretada como uma corroboração de nossa tese segundo a qual, para essa síndrome, a dicotomia entre *ingroup-outgroup* absorve grande quantidade de energia psicológica. A identificação com a estrutura familiar e, em última instância, com todo o *ingroup* torna-se, para essa categoria de indivíduo, um dos principais mecanismos pelos quais eles podem impor disciplina autoritária a si mesmos e evitar uma "quebra" – uma tentação nutrida continuamente pela sua ambivalência subjacente.

4. *O rebelde e o psicopata*

A resolução do complexo de Édipo característica da síndrome "Autoritária" não é a única que contribui para uma

estrutura de caráter "alto". Em vez da identificação com a autoridade dos pais, uma "insurreição" pode ocorrer. Isso, é claro, pode, em certos casos, liquidar as tendências sadomasoquistas. No entanto, a insurreição também pode ocorrer de tal forma que a estrutura de caráter autoritário não seja basicamente afetada.[13] Assim, a autoridade paterna odiada pode ser abolida somente para ser substituída por outra – um processo facilitado pela estrutura "externalizada" do supereu concomitante ao quadro geral do alto pontuador. Ou a transferência masoquista para a autoridade pode ser mantida no nível inconsciente, enquanto a resistência ocorre no nível manifesto. Isso pode levar a um ódio irracional e cego a *toda* autoridade, com conotações fortemente destrutivas, acompanhado por uma prontidão secreta para "capitular" e dar as mãos ao forte "odiado". É extremamente difícil distinguir tal atitude de uma atitude
480 verdadeiramente não autoritária e pode ser quase // impossível alcançar tal diferenciação em um nível puramente psicológico: aqui, tanto quanto em qualquer outro lugar, é o comportamento sociopolítico que conta, determinando se uma pessoa é verdadeiramente independente ou apenas substitui sua dependência por uma transferência negativa.

O último caso, quando combinado com o anseio [*urge*] de realizar ações pseudorrevolucionárias contra aqueles que o indivíduo considera fracos, é o do "Rebelde". Essa síndrome teve um grande papel na Alemanha nazista: o falecido capitão

---

13 Institute of Social Research; M. Horkheimer (ed.), *Studien über Autorität und Familie*, Paris: Felix Alcan, 1936. Conferir também, em relação a isso, E. H. Erikson, Hitler's Imagery and German Youth, *Psychiatry*, n.5, p.475-93, 1942. (N. A.)

Roehm, que se autodenominou "*Hochverräter*" em sua autobiografia, é um exemplo perfeito. Aqui esperamos encontrar o *Condottiere*, que foi incluído na tipologia elaborada pelo Instituto de Pesquisa Social em 1939 e descrito da seguinte forma:

> Esse tipo surgiu com a crescente insegurança da existência no pós-guerra. Ele está convencido de que o que importa não é a vida, mas o acaso. Ele é niilista, não por uma "pulsão de destruição", mas porque é indiferente à existência individual. Uma das fontes de onde esse tipo surge são os desempregados modernos. Ele difere dos antigos desempregados porque seu contato com a esfera de produção é esporádico, se houver. Indivíduos pertencentes a essa categoria não têm mais esperança de serem regularmente absorvidos pelo processo de trabalho. Desde a juventude, estão prontos para agir onde quer que possam agarrar alguma coisa. Inclinam-se a odiar o judeu em parte por causa de sua cautela e ineficiência física, em parte porque, estando eles mesmos desempregados, são economicamente desenraizados, excepcionalmente suscetíveis a qualquer propaganda e prontos para seguir qualquer líder. A outra fonte, no polo oposto da sociedade, é o grupo pertencente às profissões perigosas, exploradores, automobilistas, ases da aviação. Eles são os líderes natos do primeiro grupo. Seu ideal, na verdade heroico, é o mais sensível ao intelecto crítico e "destrutivo" dos judeus porque eles mesmos não estão, no fundo de seus corações, totalmente convencidos de seu ideal, mas desenvolveram-no como uma racionalização de seu modo de vida perigoso.[14]

14 Institute of Social Research; M. Horkheimer, (ed.), *Studies in Philosophy and Social Science*, v.IX, 1941, p.135. (N. A.)

Sintomaticamente, essa síndrome é caracterizada, acima de tudo, por uma propensão a "excessos tolerados" de todas as espécies, desde bebedeiras e homossexualidade expressa sob o manto de entusiasmo pela "juventude" até a propensão a atos de violência no sentido de "*Putsch*". Sujeitos desse tipo não são
481 tão // rígidos quanto aqueles que exibem a síndrome "Autoritária" ortodoxa.

O representante extremo dessa síndrome é o "Durão"; na terminologia psiquiátrica, o "Psicopata". Aqui, o supereu parece ter sido completamente deformado pelo resultado do conflito edípico por meio de um retrocesso à fantasia de onipotência da primeira infância. Esses indivíduos são os mais "infantis" de todos: eles falharam completamente em "se desenvolver", não foram de jeito algum moldados pela civilização. São "associais". Os anseios [*urges*] destrutivos vêm à tona de maneira explícita e não racionalizada. A força corporal e dureza – também no sentido de poder "apoderar-se" – são decisivas. A fronteira entre eles e o criminoso é fluida. Sua indulgência com a perseguição é cruamente sádica, dirigida contra qualquer vítima indefesa; é inespecífica e mal matizada pelo "preconceito". Aqui se enquadram os capangas e criminosos, os carrascos, torturadores e todos aqueles que fazem o "trabalho sujo" de um movimento fascista.

O extenso estudo de caso de Robert M. Lindner, *Rebel without a Cause*,[15] oferece uma descrição e interpretação dinâmica do "Durão", que estabelece a afinidade desse tipo com o

15 R. M. Lindner, *Rebel without a Cause*, New York: Grune & Stratton, Inc., 1944. (N. A.)

"Rebelde", assim como com o caráter "Autoritário". Segundo Lindner:

> O psicopata não é apenas um criminoso; ele é o *Storm-Trooper*[16] embrionário; ele é o antagonista deserdado e traído, cujas agressões podem ser mobilizadas no instante em que a fórmula bem dirigida e evocadora da frustração é veiculada por aquele líder sob cujo escudo soberano a licenciosidade se torna lei, os desejos secretos e primitivos se tornam ambições virtuosas prontamente alcançadas e o comportamento compulsivo anteriormente considerado punível se torna a ordem do dia.

O psicopata é descrito como um "rebelde, um desobediente fervoroso de códigos e padrões dominantes", cuja principal característica é não poder esperar, "não poder retardar os prazeres da gratificação" – uma inabilidade que sugere que, junto com o fracasso na constituição de um supereu, a formação do eu foi prejudicada, apesar do "egotismo" controlado de tais pessoas.
482 // Quanto ao componente masoquista, a seguinte passagem de Lindner pode ser citada:

> Foi observado pelo autor em inúmeros casos que o psicopata carrega o fardo da culpa e literalmente procura punição. A pista para essa situação estranha se encontra, como se poderia suspeitar, na situação edípica. Privado de um caminho para um ajuste pós-edípico satisfatório e continuamente assolado pelas fantasias

16 *Stormtrooper* – em alemão, *Sturmabteilung* (SA) – era a denominação dada aos membros da milícia política nazista, de reconhecida brutalidade e violência. (N. T.)

> parricidas e de incesto decorrentes, a culpa adquirida só pode ser aliviada por meio do castigo. "Eu pequei contra meu pai e devo ser punido" é o tema não verbalizado da conduta psicopata: e por essa razão eles frequentemente cometem crimes sem motivações materiais, casam-se com prostitutas ou, no caso das mulheres, oferecem seus charmes profissionalmente como uma tentativa de autopunição. Que tais atividades constituam uma espécie de "ganho neurótico" também deve ser considerado. O fato de a punição ser procurada, recebida e aceita não completa toda a história: há, além disso, um "rendimento" narcísico que deriva diretamente do ato punitivo e medeia a necessidade original. Isso ocorre naturalmente em um nível subliminar de apreensão, não diretamente mencionado, mas sempre perceptível.

Exemplos do psicopata-rebelde podem ser encontrados em nossa amostra de San Quentin. Pensamos principalmente no psicopata, *Floyd*, nosso *M658*, e o "durão", *Eugene*, nosso *M662A*, abordados extensivamente no Capítulo XXI. Se os traços considerados aqui não aparecerem tão vividamente lá, deve-se ter em mente que o interesse norteador do estudo de San Quentin foi definido por nossas variáveis gerais e não por subgrupos psicológicos entre os altos e baixos pontuadores. Além disso, deve-se ter em mente que a situação carcerária funciona como uma verificação relevante da expressão dos traços decisivos do psicopata que, afinal, não é um psicótico e se comporta, em certo sentido, de forma bastante "realista". Além disso, seu completo viver "no agora", sua falta de identidade do eu, permite que ele se adapte com sucesso a uma dada situação: quando fala com um entrevistador, provavelmente não exibe diretamente as atitudes indicativas de sua "dureza". Em

vez disso, estas devem ser inferidas indiretamente, particularmente a partir de certos hábitos de fala, como as frequentes
483 referências à violência corporal. // É de olho em tais indicações que as afirmações daqueles dois entrevistados de San Quentin devem ser lidas. Não se deve duvidar nem da existência generalizada da síndrome do "Durão", particularmente nas esferas marginais da sociedade, nem da sua importância para alguns dos aspectos mais sinistros do potencial fascista.

5. O alucinado

Na medida em que a introjeção da disciplina paterna na síndrome "Autoritária" significa repressão contínua do isso, tal síndrome pode ser caracterizada pela frustração no sentido mais amplo do termo. No entanto, parece haver um padrão em que a frustração desempenha um papel muito mais específico. Esse padrão é encontrado naquelas pessoas que não conseguiram se ajustar ao mundo, aceitando o "princípio da realidade" – que falharam, por assim dizer, em encontrar um equilíbrio entre renúncias e gratificações e cuja vida interior é determinada pelas negações impostas sobre elas de fora, não só durante a infância, mas também durante a vida adulta. Essas pessoas são levadas [*driven*] ao *isolamento*. Elas têm que construir um mundo interior ilusório, que muitas vezes se aproxima da alucinação, enfaticamente estabelecido contra a realidade exterior. Elas podem existir apenas por autoengrandecimento, juntamente com a rejeição violenta do mundo externo. Sua "alma" se torna sua mais querida possessão. Ao mesmo tempo, são altamente projetivas e desconfiadas. Uma afinidade com a psicose não pode ser negligenciada:

elas são "paranoicas". Para elas, o preconceito é de suma importância: é um meio de escapar das doenças mentais agudas pela coletivização e de construir uma pseudorrealidade contra a qual sua agressividade pode ser dirigida sem qualquer violação *explícita* do "princípio da realidade". A estereotipia é decisiva: funciona como uma espécie de corroboração social de suas fórmulas projetivas e é, portanto, institucionalizada em um grau que muitas vezes se aproxima das crenças religiosas. O padrão é encontrado em mulheres e idosos cujo isolamento é socialmente reforçado por sua exclusão virtual do processo econômico de produção. Aqui encontramos as *organized war mothers*,[17] os zés-ninguém [*ham-an'eggers*][18] e seguidores corriquei-
484 ros de agitadores, mesmo em // períodos em que a propaganda racista está em baixa. A expressão frequentemente mal-usada "lunático extremo" tem certa validade em relação a eles: sua compulsão chegou ao estágio de fanatismo. Para confirmarem uns aos outros sua pseudorrealidade, tendem a formar seitas, muitas vezes baseadas em alguma panaceia da "natureza", o que corresponde à sua noção projetiva do judeu como eternamente mau e como aquele que estraga a pureza do natural. As ideias de conspiração desempenham um papel importante: não hesitam em atribuir aos judeus uma busca pela dominação mundial e

17 American War Mothers Organization é uma organização instituída na década de 1920 nos Estados Unidos cujos membros são mães de pessoas que serviram ou estão servindo às Forças Armadas durante um período de conflito. (N. T.)

18 Literalmente, os comedores de presunto e ovo. Expressão desdenhosa dirigida a uma pessoa simplória, ordinária, considerada inútil ou indesejável. (N. T.)

provavelmente blasfemam contra os Sábios de Sião. Um traço social significativo é a semierudição, uma crença mágica na ciência que os torna os seguidores ideais da teoria racial. Dificilmente podem ser encontrados acima de um certo nível educacional, mas também raramente entre os trabalhadores. *F124*

> é uma mulher com mais de 50 anos de idade, alta, corpulenta, com feições definidas, olhos azul-acinzentados proeminentes, nariz pontiagudo, lábios finos, linha da boca reta. Ela tinha um porte que não podia deixar de ser imponente.

Essa "imponência", na verdade, insinua um senso patológico de superioridade interior, como se ela pertencesse a uma ordem secreta, ao mesmo tempo que estava cercada de pessoas cujos nomes não quis mencionar, pois, caso o fizesse, poderia disseminar implicações muito vulgares ou perigosas:

> Ela não se importa com seus colegas de trabalho. Alguns têm todos os diplomas, mas nenhum senso comum. Não quer mencionar nomes, mas gostaria de me dizer o que ocorre. Alguns apenas passam o tempo fofocando juntos. Ela não acredita que poderia fazer mais do que apenas falar com seus colegas de trabalho. Muito desdenhosa deles, sente-se superior e distante... Eles não a conhecem de jeito nenhum – de fato –, o que implica que ela é uma pessoa muito especial e poderia revelar seus dons para eles, mas não o faz.

Seu interesse pelo *status* interno e, na medida do possível, externo é fortemente marcado por uma ênfase exagerada em "contatos", que sugere "ideias de referência":

Ela foi "governanta" na casa da família do presidente X... e na família do filho do presidente Y – primeiro do filho mais velho, depois do mais novo. Conversou com a sra. Y por telefone quando ela estava na Casa Branca na época do nascimento do terceiro filho. E sua irmã trabalhou para S., que mais tarde foi governador de um estado do sudoeste.

485 // Quanto ao seu ilusório "mundo interior", à sua semierudição e à sua pseudointelectualidade, o seguinte relato é altamente característico:

Ela lê muito – "bons" livros – e frequentou as escolas de sua cidade natal no Texas até no que seria hoje a sétima série. Também desenha, escreve e estava aprendendo a tocar um instrumento. Tem um quadro que desenhou aqui na escola, mas nunca mostrou a ninguém. Era um quadro com duas montanhas e o sol brilhava no vale em que a neblina subia. Isso apenas "veio" para ela, embora nunca tivesse tido nenhuma aula. Era realmente bonito. Ela também escreve histórias. Quando ficou viúva, em vez de ficar indo atrás de homens, como algumas mulheres fazem, escreveu histórias. Uma era uma ficção dedicada a Mary Pickford. Teria sido perfeito para ela encená-la, mas, é claro, nunca tinha mostrado isso para ninguém. Chamava-se *Little May and O'June* e lhe veio certa vez quando estava com seus filhos num piquenique. Uma ficção de amor sobre Little May (a garota) e O'June (o garoto). Sua filha era muito talentosa também. Um artista... que desenhou as *Texas Blue Bonnets* – "a flor do estado, você sabe" – viu o trabalho de sua filha e disse: "Você tem um verdadeiro talento". Ele queria dar aulas a sua filha, mas ela recusou, dizendo: "Não, mãe, ele apenas estragaria meu estilo; eu sei como desenhar o que eu quero desenhar".

No que diz respeito às questões raciais, seu ódio mostra a tendência paranoica irrefreável – em princípio, ela estaria disposta a estigmatizar todo grupo que lhe estivesse próximo e apenas relutantemente se limita a seus inimigos favoritos.

> Ela acha que os "japoneses, judeus e *niggers* deveriam voltar de onde vieram." [...] "Claro, então os italianos deveriam voltar para o lugar de onde eles vieram na Itália, mas bem, os três principais que não pertencem a este lugar são os japoneses, judeus e *niggers*."

Seu antissemitismo mostra fortes traços de projetividade, de falso misticismo do "sangue" e de inveja sexual. A seguinte afirmação revela seu padrão de atitude:

> "Os judeus se sentem superiores aos gentios. Eles não contaminaram seu sangue misturando-o com o dos gentios. Extorquiriam o nosso dinheiro e usariam nossas mulheres como amantes, mas não se casariam conosco e querem suas esposas imaculadas. Os Ys recebiam judeus com bastante frequência. Não sei se era por causa do dinheiro deles ou o quê. Por isso não votei em Y na segunda vez. Vi muitas mulheres judias gordas e homens de nariz curvo na casa dele. Claro, eu ouvi que a mãe do presidente Roosevelt também tinha sangue judeu." Ela deixou os Bs porque eles eram judeus. Tinham uma casa igual a um palácio e queriam que ela ficasse. Eles disseram: "Sabíamos que era bom demais para ser verdade"... quando ela estava saindo.

486 // É impressionante a semelhança entre o modo de pensar do sujeito e certo tipo de movimento religioso excêntrico, baseado na prontidão para ouvir "vozes interiores" que dão conselhos tanto edificantes quanto sinistros:

> Os católicos foram maravilhosos com ela e ela os admira, mas não entraria para a Igreja deles. Havia algo dentro dela que dizia "não". (Ela gesticula sua rejeição). Ela tem uma religião individualista. Teve uma vez em que estava andando lá fora no início da manhã – os pássaros estavam cantando –, ela levantou as mãos e o rosto para o céu e eles estavam molhados... (Ela considerou isso um fenômeno sobrenatural).

6. *O tipo "manipulador"*

Essa síndrome, potencialmente a mais perigosa, é definida pela estereotipia extrema: noções rígidas tornam-se fins e não meios e o mundo inteiro é dividido em campos administrativos, vazios e esquemáticos. Há uma quase completa falta de investimento objetal e de laços afetivos. Se a síndrome do "Alucinado" tinha algo de paranoico, a "Manipuladora" tem algo de esquizofrênico. No entanto, a ruptura entre o mundo interno e o externo, nesse caso, não resulta em algo como uma "introversão" comum, mas, pelo contrário: em uma espécie de super-realismo compulsivo que trata tudo e todos como um objeto a ser utilizado, manipulado, apreendido pelos próprios padrões teóricos e práticos do sujeito. Os aspectos técnicos da vida e as coisas *qua* "instrumentos" são carregados de libido. A ênfase está em "fazer coisas", com ampla indiferença em relação ao conteúdo do que será feito. O padrão é encontrado em numerosos homens de negócio e também, em número cada vez maior, entre membros da ascendente classe gerencial e tecnoló-

gica que mantêm, no processo de produção, uma função entre o antigo tipo de proprietário e a aristocracia dos trabalhadores. Muitos antissemitas politicamente fascistas na Alemanha apresentavam essa síndrome: Himmler pode ser um símbolo deles. Sua inteligência sóbria, junto com a ausência quase completa de quaisquer afetos, torna-os talvez os mais impiedosos de todos. Seu modo organizacional de olhar para as coisas os predispõe a soluções totalitárias. Seu objetivo é a construção de
487 câmaras de gás // em vez do *pogrom*. Eles nem mesmo têm que odiar os judeus; "lidam" com eles por medidas administrativas sem nenhum contato pessoal com as vítimas. O antissemitismo é reificado, um artigo de exportação: ele deve "funcionar". Seu cinismo é quase completo: "A questão judaica será resolvida de maneira estritamente legal" é a maneira como falam sobre o frio *pogrom*. Os judeus são provocativos para eles na medida em que o suposto individualismo judaico é um desafio para os seus estereótipos e porque sentem nos judeus uma ênfase neurótica excessiva no mesmo tipo de relações humanas que falta a eles próprios. A relação *ingroup-outgroup* torna-se o princípio segundo o qual o mundo inteiro é abstratamente organizado. Naturalmente, essa síndrome pode ser encontrada nos Estados Unidos apenas em um estado rudimentar.

Quanto à etiologia psicológica desse tipo, nosso material nos impõe certas limitações. No entanto, deve-se ter em mente que a compulsão é o equivalente psicológico do que chamamos, na teoria social, de reificação. As características compulsivas do rapaz escolhido como um exemplo do tipo "Manipulador", junto com seu sadismo, dificilmente podem ser ignoradas – ele chega perto da clássica concepção freudiana do caráter "anal" e é, a esse respeito, uma reminiscência da síndrome "Autoritária".

Mas difere desta última pela simultaneidade entre narcisismo extremo e certo vazio e superficialidade. Isso, no entanto, é contraditório apenas se examinado superficialmente, já que o que chamamos de riqueza emocional e intelectual de uma pessoa se deve à intensidade de seus investimentos objetais. Notável no nosso caso é um interesse pelo sexo quase como uma preocupação, combinado com uma hesitação no que diz respeito à experiência real. Retrata-se um garoto muito inibido, preocupado com masturbação, que colecionava insetos enquanto os outros meninos jogavam beisebol. Deve ter havido algum trauma emocional precoce e profundo, provavelmente em um nível pré-genital. *M108*

> vai ser um toxicologista de insetos e trabalhar para uma grande organização como a Standard Oil ou uma universidade, provavelmente não em negócios privados. Começou a fazer química na faculdade, mas por volta do terceiro ano começou a se perguntar se
> 488 era isso mesmo o que ele queria. Era // interessado em entomologia no ensino médio e, participando de uma irmandade, conheceu um colega que pesquisava entomologia e, ao falar sobre a possibilidade de combinar entomologia e química, esse homem disse que achava que esse seria um campo muito bom para se pesquisar um pouco mais. Ele descobriu que a toxicologia dos insetos combinava todos os seus interesses, não estava superlotada, e que ele poderia ganhar um bom sustento com ela e era pouco provável que nela houvesse um excedente de especialistas, como havia em química ou engenharia.

Tomada isoladamente, a escolha profissional desse sujeito pode parecer acidental, mas, quando vista no contexto de toda a entrevista, assume certa relevância. Foi apontado por L. Lowenthal[19] que os oradores fascistas frequentemente comparam seus "inimigos" a "vermes". O interesse desse rapaz pela entomologia pode ser devido ao seu interesse em relação aos insetos, que são tanto "repulsivos" quanto fracos, objetos ideais para sua manipulação.[20]

O aspecto manipulador de sua escolha profissional é enfatizado por ele mesmo:

> Quando questionado sobre o que espera obter do trabalho além do lado econômico, disse que espera ter uma participação na organização de todo o campo, isto é, na organização do conhecimento. Não há livro didático, a informação é dispersa e ele espera contribuir na organização do material.

Sua ênfase em "fazer coisas" vai tão longe que ele até valoriza as pessoas a quem, de outra maneira, odiaria, embora o faça com uma terminologia de tonalidade destrutiva. Em relação a

19 L. Lowenthal; N. Guterman, *Prophets of Deceit*, New York: Harper & Brothers, 1949. (N. A.)

20 Isso, é claro, cobre apenas um aspecto superficial. É bem sabido na psicanálise que os insetos e os vermes com frequência são símbolos dos irmãos. As fantasias envolvidas aqui podem ser traços do desejo do rapaz de bater em seu irmão mais novo até que ele "fique quieto". A manipulação pode ser uma forma de poder vir à tona o desejo de morte dos irmãos. Os "organizadores" são com frequência pessoas que querem exercer controle dominador sobre aqueles que são realmente seus *iguais* – os substitutos dos irmãos sobre quem eles desejam governar, como o pai, sendo esta a segunda melhor opção, caso não possam matá-los. Nosso toxicologista de insetos menciona brigas infantis frequentes com sua irmã. (N. A.)

isso, há a sua afirmação sobre Roosevelt, parcialmente citada no Capítulo XVII:

489 //Quando questionado sobre os pontos positivos de Roosevelt, ele disse: "Bem, no primeiro mandato que ele exerceu no cargo, colocou os EUA em forma. Algumas pessoas argumentam que ele apenas realizou as ideias de Hoover, mas na verdade fez um bom trabalho que era extremamente necessário... Usurpou o poder que era necessário para fazer alguma coisa – tomou muito mais poder do que muitos outros"... Quando perguntado se suas medidas eram boas ou ruins, o sujeito respondeu: "Bem, de qualquer forma ele estava fazendo alguma coisa".

Seus conceitos políticos são definidos pela relação amigo--inimigo, exatamente da mesma maneira como o teórico nazista Karl Schmitt definiu a natureza da política. Sua ânsia por organização, concomitante a uma obsessão pela dominação da natureza, parece ilimitada:

"Sempre haverá guerras." (Existe alguma maneira de prevenir as guerras?) "Não, não são objetivos comuns, mas inimigos comuns que fazem amizades. Talvez se eles pudessem descobrir outros planetas e alguma maneira de chegar lá, espalhados dessa forma, nós poderíamos evitar as guerras por um tempo, mas em algum momento haveria guerras novamente."

As implicações verdadeiramente totalitárias e destrutivas de seu modo de pensar dicotômico se tornam manifestas em sua afirmação sobre os negros:

(O que podemos fazer sobre os negros?) "Nada pode ser feito. Existem duas facções. Eu não sou a favor da miscigenação porque isso produziria uma raça inferior. Os negros não atingiram o ponto de desenvolvimento dos caucasianos, vivendo e absorvendo artificialmente das raças." Ele aprovaria a segregação, mas isso não é possível. A menos que você esteja disposto a usar os métodos de Hitler. Existem apenas duas maneiras de lidar com esse problema – os métodos de Hitler ou a mistura racial. A mistura de raça é a única resposta e já está ocorrendo, de acordo com o que leu, mas ele é contra isso. Não traria nenhum bem à raça.

Essa lógica permite apenas uma conclusão: que os negros devem ser mortos. Ao mesmo tempo, sua maneira de ver os possíveis objetos de manipulação é completamente sem emoção e imparcial: embora seu antissemitismo seja evidente, ele nem mesmo afirma que você pode

"reconhecer os judeus por sua aparência, eles são como outras pessoas, de todas as espécies".

Sua visão administrativa e patologicamente desprendida é evidenciada novamente por sua afirmação sobre o casamento inter-racial:

490 // Disse que, se fosse um homem de negócios americano na Alemanha ou na Inglaterra, provavelmente, se pudesse, ele se casaria primeiro com uma americana e só depois se casaria com uma alemã ou uma inglesa.

No entanto, pessoas "morenas" como os gregos ou os judeus não têm chance nessa configuração experimental. É verdade, ele não tem nada contra seu cunhado espanhol, mas expressa sua aprovação ao dizer que "você não poderia distingui-lo de uma pessoa branca".

Ele tem uma atitude positiva em relação à Igreja, visando propósitos manipuladores:

> "Bem, as pessoas querem uma Igreja; há um propósito, ela estabelece padrões para algumas pessoas; mas, para outras pessoas, não é necessário. Um senso geral de dever social faria a mesma coisa."

Suas próprias visões metafísicas são naturalistas, com um forte matiz niilista:

> Quando questionado sobre suas próprias crenças, disse que é um mecanicista – não existe uma entidade sobrenatural que esteja preocupada conosco como seres humanos; isso remonta a uma lei da física. Os humanos e a vida são apenas um acidente – mas um acidente inevitável. E então ele tentou explicar isso – que havia alguma matéria acumulada quando a Terra surgiu e foi quase por acidente que a vida começou e ela simplesmente continuou.

Quanto à sua estrutura emocional:

> Sua mãe é "apenas mamãe"; ele parece ter algum respeito pelo pai e pelas opiniões dele, mas não havia apego real em parte alguma. Ele disse que, quando criança, tinha muitos amigos, mas, em outras questões, não mencionou nenhum amigo mais íntimo. Lia muito quando criança. Não teve muitas brigas – não conseguia se lembrar delas –, não mais do que qualquer outro garoto. Não tem verdadeiros amigos próximos agora. Seus amigos mais íntimos eram de quando estava na décima ou décima primeira série e ain-

da encontra alguns deles, disse. (Quão importante é ter amigos?) "Bem, eles são especialmente importantes nos anos mais jovens, e nos seus anos mais velhos você não aproveita tanto a vida sem eles. Não espero que meus amigos me ajudem a me dar bem." Eles não são tão necessários na idade atual, mas ele supõe que, na idade do entrevistador, seria muito importante ter amigos.

Finalmente, deve-se mencionar que a única qualidade moral que desempenha um papel considerável no pensamento desse sujeito é a lealdade, talvez como uma compensação por sua própria falta de afetos. Por lealdade, ele provavelmente quer
491 dizer a identificação completa e // incondicional de uma pessoa com o grupo ao qual pertence. Espera-se que ela se entregue completamente à sua "unidade" e desista de todas as particularidades individuais para o bem do "todo". *M108* critica nos refugiados judeus o fato de não terem sido "leais à Alemanha".

C. Síndromes encontradas entre os baixos pontuadores

As observações esquemáticas que se seguem podem ajudar na orientação entre as síndromes "baixas". Os baixos pontuadores *Rígidos* são caracterizados pela tendência a ter um supereu forte e características compulsivas. A autoridade paterna e seus substitutos sociais, entretanto, são frequentemente trocados pela imagem de alguma coletividade, possivelmente moldada a partir da imagem arcaica do que Freud denomina horda fraterna. Seu principal tabu é dirigido contra violações do amor fraternal real ou suposto. O baixo pontuador *Manifestante* tem muito em comum com o alto pontuador "Autoritário", a principal diferença sendo a sublimação posterior da ideia paterna, concomitante com uma tendência oculta de hostilidade contra o pai, o que leva à rejeição consciente da autoridade heterônoma, ao invés de sua aceitação. A característica decisiva é a oposição a tudo o que parece ser tirania. A síndrome do baixo pontuador *Impulsivo* designa pessoas nas quais os fortes impulsos do isso nunca foram integrados ao eu e ao supereu. Elas são ameaçadas pela energia libidinosa avassaladora e estão, de certa forma, tão próximas da psicose quanto o "Alucinado" e o "Manipulador" entre os altos pontuadores. Quanto ao baixo pontuador *Tranquilo* [*Easy-going*], o isso parece ser pouco reprimido, mas, antes, sublimado em compaixão, e o supereu é bem desenvolvido, ao passo que as funções extrovertidas do eu, de resto bastante articulado, frequentemente não acompanham tal ritmo. Esses sujeitos às vezes chegam perto da indecisão neurótica. Uma de suas principais características é o medo de "ferir" alguém ou algo com suas ações. A constituição do *Liberal genuíno* pode ser concebida em termos daquele equilíbrio entre supereu, eu e o isso que Freud considerou ideal.

Em nossa amostra, os baixos pontuadores "Manifestante"
492 e "Tranquilo" // aparentemente ocorrem com mais frequência. Enfatiza-se, no entanto, mais uma vez, que os baixos pontuadores são, como um todo, menos "tipificados" do que os altos pontuadores, de modo que devemos evitar qualquer generalização indevida.

1. *O baixo pontuador "rígido"*

Podemos começar com a síndrome "baixa" que tem muito em comum com o padrão geral "alto" e seguir a partir daí na direção dos tipos baixos mais sadios e resistentes. A síndrome que primeiro chama a atenção é aquela que mostra as características mais marcadamente estereotipadas – quer dizer, as configurações nas quais a ausência de preconceito, em vez de se basear na experiência concreta e integrada no interior da personalidade, é derivada de algum padrão geral, externo, ideológico. Aqui encontramos aqueles sujeitos cuja falta de preconceito, embora consistente em termos de ideologia superficial, deve ser considerada como acidental no que se refere à personalidade, além de pessoas cuja rigidez está tão relacionada com a personalidade quanto no caso de certas síndromes de altos pontuadores. As últimas categorias de baixos pontuadores estão definitivamente dispostas ao totalitarismo em seu pensamento; o que é acidental, até certo ponto, é a marca particular da fórmula ideológica de mundo com a qual eles por acaso entram em contato. Encontramos alguns sujeitos que se identificaram ideologicamente com algum movimento progressista por um longo tempo – por exemplo, com a luta pelos direitos das minorias –, mas em quem tais ideias continham características de compulsão, mesmo de obsessão paranoica, e que, a respeito de muitas de nossas variáveis, sobretudo a rigidez e o pensamento "total", dificilmente poderiam ser diferenciados de alguns dos nossos altos pontuadores extremos. Todos os representantes dessa síndrome podem, de uma forma ou de outra, ser considerados como contrapartidas do tipo "Ressentimento superficial". O caráter acidental de sua perspectiva geral faz que sejam suscetíveis a mudar de lado em situações críticas, como foi o caso de certas categorias de radicais sob o regime nazista. Podem ser frequentemente reconhecidos por certo desinteresse em relação a questões cruciais das minorias *per se*, sendo, antes, contra

493 o preconceito enquanto um princípio da plataforma fascista; // mas, às vezes, eles também veem *somente* os problemas das minorias. Tendem a usar clichês e frases feitas com não menos frequência do que seus oponentes políticos. Alguns deles tendem a menosprezar a importância da discriminação racial rotulando-a simplesmente como um subproduto das grandes questões da luta de classes – uma atitude que pode ser indicativa de preconceito reprimido de sua parte. Representantes dessa síndrome podem ser frequentemente encontrados, por exemplo, entre pessoas jovens e "progressistas", particularmente estudantes, cujo desenvolvimento pessoal não conseguiu acompanhar o ritmo de sua doutrinação ideológica. Um dos melhores meios para identificar essa síndrome é observar a prontidão do sujeito em deduzir sua posição em relação aos problemas das minorias a partir de alguma fórmula geral, em vez de fazer afirmações espontâneas. Ele também pode frequentemente apresentar juízos de valor que não têm possibilidade de ser baseados em qualquer conhecimento real do assunto em questão.

F139 é uma educadora religiosa.

> Nos últimos dez anos, ela se considerou muito progressista. Ultimamente, tem pouco tempo para ler, mas o marido lê e estuda constantemente, mantendo-a atualizada por meio de discussões. "Meu estadista mundial favorito é Litvinov. Acho que o discurso mais dramático dos tempos modernos é aquele que ele fez na Conferência de Genebra, quando clamou pela segurança coletiva. Ficamos muito felizes ao ver a névoa de ignorância e de desconfiança em torno da União Soviética se desfazer durante esta guerra. Porém, as coisas ainda não estão resolvidas. Existem muitos fascistas neste país que lutariam contra a Rússia se pudessem."

O vazio de seu entusiasmo em relação a Litvinov já foi observado[21] em nossa discussão sobre o pensamento estereotipado na política (Capítulo XVII). O mesmo parece ser verdade em sua afirmação de que ela é uma internacionalista, seguida por sua pergunta retórica: "Eu seria uma verdadeira cristã se não o fosse?". Isso é típico do modo de pensar "dedutivo" que parece caracterizar o baixo pontuador rígido. O presente sujeito parece proceder da mesma forma quando aborda questões de minorias.

> O sujeito acredita que todas as pessoas são iguais e, novamente, acha que este é o único ponto de vista possível para um verdadeiro cristão.

494 // A expressão um pouco abrangente de que "todas as pessoas são iguais" deve ser notada: uma pessoa livre de estereotipia preferiria reconhecer as diferenças e assumir uma postura positiva em relação à diferenciação. O que ela provavelmente quer dizer com isso é que são "iguais aos olhos de Deus" e deduz sua tolerância dessa pressuposição geral.

Como mencionado no capítulo sobre política, a superficialidade de sua posição progressista é indicada por sua atitude altamente agressiva em relação ao alcoolismo, denominado por ela mesma de "um de seus assuntos favoritos", que desempenha quase o mesmo papel que certas ideias paranoicas nos "Aluci-

---

21 Conforme nos diz Adorno, essa passagem já foi anteriormente citada no livro (p.306 na presente tradução). Contudo, na referência anterior, a entrevistada diz que os fascistas lutariam "contra Roosevelt" e não "contra a Rússia", como na presente passagem. Acreditamos tratar-se de um problema de transcrição. (N. T.)

nados" entre os altos pontuadores. Pode-se recordar, a esse respeito, que Alfred McClung Lee demonstrou a estreita conexão entre o proibicionismo e os modos de pensar preconceituosos. De fato, há evidências suficientes de que essa baixa pontuadora "Rígida" tenha mais do que apenas uma pitada da mentalidade "alta". Em relação à sua filha, há a ênfase no "*status*":

> "Sinto-me mal também pela escola dela – (nomeia a escola). A entrada de pessoas com níveis educacionais e culturais mais baixos do que o nosso teve efeito nas escolas, é claro."

Há fantasias destrutivas finamente veladas por reflexões morais "sensatas":

> "O mesmo com o tabagismo. Mas não estou realmente preocupada com isso. Ninguém de nenhum dos lados da nossa família nunca fumou ou bebeu, com uma exceção. A irmã do meu marido fumava. Ela está morta agora."

Há uma racionalização do punitivismo:

> "Se eu pudesse aprovar a Lei Seca amanhã, eu faria isso. Acredito que se deve impedir tudo o que não torna o homem melhor – isso o torna pior. Algumas pessoas dizem que, se você proibir algo, isso faz as pessoas agirem às escondidas. Bem, eu digo, e quanto ao assassinato, roubo e drogas? Nós os proibimos e algumas pessoas ainda cometem crimes, mas não pensamos em tirar a proibição disso."

E há, finalmente, o otimismo oficial, uma formação reativa característica contra a destrutividade subjacente:

"Se não houvesse sempre a esperança e a crença de que tudo está melhorando, o cristianismo não significaria nada, não é?"

495 // Sob diferentes condições, ela poderia estar disposta a se juntar a um movimento subversivo, desde que este finja ser "cristão" e queira o "melhor".

2. *O baixo pontuador "manifestante"*[22]

Essa síndrome é, em muitos aspectos, a contraparte do alto pontuador "Autoritário". Seus determinantes são psicológicos em vez de racionais. Baseia-se numa resolução específica do complexo de Édipo que afetou profundamente os indivíduos em questão. Embora se coloquem contra a autoridade paterna, ao mesmo tempo internalizaram em alto grau a imagem do pai. Pode-se dizer que neles o supereu é tão forte que se volta contra seu próprio "modelo", o pai e todas as autoridades externas. São completamente guiados pela *consciência*, que parece ser, em muitos casos que apresentam esse padrão, uma secularização da autoridade religiosa. Essa consciência, no entanto, é bastante autônoma e independente de códigos externos. Eles "protestam" por razões puramente morais contra a repressão social ou ao menos contra algumas de suas manifestações extremas, como o preconceito racial.[23] A maioria dos baixos pontuadores "neuróticos", que desempenham um papel tão grande em nossa amostra, apresentam a síndrome "Manifestante". Mui-

22 Esse termo foi sugerido por J. F. Brown. (N. A.)

23 Foi assinalado no Capítulo XVIII que a religião, quando internalizada, é um antídoto eficaz contra o preconceito e todo o potencial fascista, não obstante os seus próprios aspectos autoritários. (N. A.)

tas vezes são tímidos, "retraídos", incertos sobre si mesmos e se atormentam com todas as espécies de dúvidas e escrúpulos. Às vezes mostram certas características compulsivas e sua reação contra o preconceito também ganha um aspecto de ter sido forçada sobre eles por rígidas exigências do supereu. São frequentemente tomados pela culpa e consideram os judeus *a priori* como "vítimas", como sendo distintamente diferentes de si mesmos. Um elemento de estereotipia pode ser inerente às suas simpatias e identificações. São guiados pelo desejo de "fazer o bem" em relação à injustiça que foi feita às minorias.
496 Ao mesmo tempo, // podem ser facilmente atraídos pelas qualidades intelectuais reais ou imaginárias dos judeus, que julgam serem afins ao seu desejo de serem "alheios" aos assuntos mundanos. Apesar de não serem autoritários em seu modo de pensar, são com frequência limitados psicologicamente e, assim, incapazes de agir de forma tão enérgica quanto sua consciência exige. É como se a internalização da consciência tivesse tido tanto sucesso que eles se tornaram severamente inibidos ou mesmo psicologicamente "paralisados". Seus eternos sentimentos de culpa tendem a fazê-los considerar *todos* "culpados". Embora detestem a discriminação, às vezes podem achar difícil posicionar-se contra ela. Socialmente, eles geralmente pertencem à classe média, mas é difícil definir a sua associação a grupos em termos mais precisos. No entanto, nosso material parece indicar que são frequentemente encontrados entre pessoas que passaram por sérios problemas familiares, como o divórcio de seus pais. *F127*

é extremamente bonita, no estilo convencional da "garota do campus". É magra, loira, de pele clara e olhos azuis. Usa um suéter "*sloppy Joe*",[24] uma blusa delicadamente arrumada e uma saia curta, com meias *bobby*.[25] Usa um broche de uma sororidade. Ela é muito amigável e interessada, parece gostar da discussão, mas foi bastante vaga em suas respostas sobre a vida familiar até que a entrevista estivesse bem adiantada. Então, de repente, decide revelar o fato mais importante de sua vida – o divórcio de seus pais, que ela geralmente esconde – e, a partir daí, fala com aparente liberdade sobre seus próprios sentimentos.

Ela mostra a característica preocupação neurótica consigo mesma, indicativa de um sentimento de impotência: tem alguma crença mágica na psicologia, aparentemente esperando que o psicólogo saiba mais sobre ela do que ela mesma:

O que ela gostaria acima de tudo é de ser psiquiatra. (Por quê?) "Porque os psiquiatras sabem mais sobre as pessoas. Todo mundo me conta seus problemas. Eu não acho que haja nada mais gratificante do que poder ajudar as pessoas com seus problemas. Mas não tenho inteligência nem paciência para ser psiquiatra. Isso é apenas uma ideia."

Sua atitude em relação ao pai é hostil:

---

24 Um tipo de suéter grande e solto considerado uma tendência entre as mulheres jovens principalmente durante os anos 1940 nos Estados Unidos. (N. T.)

25 *Bobby socks* são um estilo de meia feminina, branca, com aparência de terem sido "dobradas" no tornozelo, onde em geral há algum tipo de renda ou enfeite. Foram populares nos Estados Unidos na década de 1940 e 1950, voltando à moda nos anos 1980. (N. T.)

O pai é advogado. Atualmente ele está recrutado no Exército e está em algum lugar no Pacífico, encarregado de um batalhão de negros. (O que ele pensa sobre isso?) "Eu não sei o que ele pensa sobre nada."

497 // Sua atitude social é uma combinação de "correção" conformista, desejo enfático e confesso de "prazer" (quase como se a consciência dela ordenasse que ela se divertisse), e uma tendência à internalização retraída. Sua indiferença ao *status*, embora talvez não seja autêntica, é digna de nota.

(Interesses?) "Oh, diversão – e coisas sérias também. Gosto de ler e discutir coisas. Gosto de pessoas brilhantes – não suporto pessoas dependentes. Gosto de dançar, vestir-me bem, ir a lugares. Não sou muito boa em esportes, mas eu os pratico – tênis, natação. Pertenço a uma sororidade e fazemos muitos trabalhos para ajudar na guerra, bem como entretemos homens em serviço." (O sujeito nomeia a sororidade.) (Esta deve ser uma boa instituição, não é?) "Dizem que sim. Não achei que havia algo muito especial nela."

Seu posicionamento social progressista é caracterizado por um elemento de medo e um senso de justiça consciencioso:

(O que você acha da pobreza?) "Odeio pensar nisso. E não acho que seja necessário." (Quem é o culpado?) "Oh, eu não quero dizer que as pessoas pobres o são. Eu não sei, mas acho que poderíamos estar elaborando agora um jeito para que todos tivessem o suficiente."

Sua angústia a torna mais consciente do potencial fascista do que a maioria dos outros baixos pontuadores:

> "Seria terrível ter nazistas aqui. É claro que há alguns. E eles gostariam de ver a mesma coisa acontecer aqui... Muitos garotos judeus têm dificuldade – no serviço militar e na escola de Medicina. Não é justo." (Por que existe discriminação?) "Não sei, a menos que seja pela influência nazista. Não, ela existe bem antes disso. Acho que sempre existem algumas pessoas que têm ideias como as dos nazistas."

Sua indignação é principalmente dirigida contra a "injustiça". A noção de que "sempre existem pessoas com ideias como as dos nazistas" é notável: um senso de responsabilidade altamente desenvolvido parece dar a ela uma compreensão em questões sociais que vai muito além de sua percepção puramente intelectual. Psicologicamente, a completa ausência de preconceito no caso dela parece ser mais bem compreendida como uma função do supereu, já que a garota relata uma experiência bastante desagradável que de outra forma poderia tê-la tornado preconceituosa: ela foi sequestrada por um negro quando tinha quatro anos, mas

> "Ele não me machucou. Eu acho que nem fiquei assustada."

Quanto ao contexto genético de sua atitude, os seguintes dados clínicos são pertinentes:

498 // "Sou mais parecida com o meu pai e isso não é bom. Ele é um homem muito impaciente, arrogante e quer tudo para si. Ele e eu não nos dávamos bem. Ele favorecia a minha irmã porque ela fingia para ele. Mas nós duas sofremos com ele. Se eu xingasse a minha irmã, como as crianças fazem quando brigam, eu era espancada, e fortemente. Isso costumava preocupar minha mãe. Por isso ela quase nunca nos punia, porque ele fazia isso o tempo todo e, na maioria das vezes, por nada. Eu era constantemente espancada. Eu me lembro disso melhor do que qualquer outra coisa." (Você acha que sua mãe e seu pai se amavam?) "Não, talvez tenham se amado no começo, mas minha mãe não podia suportar o jeito como ele nos tratava. Ela se divorciou dele." (Ela enrubesce e seus olhos se enchem de lágrimas quando diz isso. Quando a entrevistadora comenta que ela não havia percebido que seus pais eram divorciados, ela disse: "Eu não ia dizer nada. Eu quase nunca falo disso").

Quanto aos traços neuróticos: há indícios de uma forte fixação na mãe:

"Eu não quero que minha mãe se case de novo." (Por quê?) "Não sei. Ela não precisa. Pode ter amigos. Ela é muito atraente e tem muitos amigos, mas eu não suportaria vê-la casada de novo." (Você acha que ela poderia se casar mesmo assim?) "Não. Ela não vai se casar se eu não quiser."

E há sintomas de inibição sexual, baseados em sua experiência do colapso do casamento de seus pais.

(Garotos?) "Oh, não os levo a sério e não quero que eles o façam. Paquero um pouco, mas nada que dê a eles alguma ideia de que sou fácil. Eu também não gosto de pessoas fáceis."

Sua afirmação de que ela não quer se comprometer porque tem medo de brigas de casamento é provavelmente uma racionalização.

3. *O baixo pontuador "impulsivo"*

O caso de uma baixa pontuadora "tomada pelo impulso" [*impulse-ridden*] foi descrita por Frenkel-Brunswik e Sanford.[26] Eles a descrevem[27]

> como a mais típica dos nossos baixos pontuadores extremos. Essa garota estava claramente tomada pelo impulso. Seu eu estava alinhado com seu isso, de modo que todas as espécies de excessos pareciam permissíveis a ela. [...] Ao dizer por que gostava de judeus,
> **499** // ela dava as mesmas razões que os altos pontuadores extremos haviam dado para odiá-los.

Há razões para supor que esse caso representa uma síndrome à parte, sendo em alguns aspectos a contraparte do alto pontuador psicopata. Essa síndrome se destaca em pessoas to-

---

26 Else Frenkel-Brunswik; R. N. Sanford, Some Personality Correlates of Anti-Semitism, *The Journal of Psychology*, v.20, p.271-91, 1945. (N. A.)

27 No texto original, há um erro de repetição no trecho, com diferentes referências: "The case of an 'impulse-ridden' low scorer has been described by Frenkel-Brunswik and Sanford (38). They write: The case of an 'impulse ridden' low scorer has been described by Frenkel-Brunswik and Sanford (44). They write:" Optamos por citar somente a referência correta, a 38, na nota anterior. A referência 44, considerada equivocada, é a seguinte: "GLUECK, S. and GLUECK, E.: Soo Criminal Careers, New York, Alfred A. Knopf, 1930". (N. T.)

talmente ajustadas que têm um isso extremamente forte, mas são relativamente livres de impulsos destrutivos: pessoas que, por conta de sua própria situação libidinal, simpatizam com tudo o que acham que é reprimido. Além disso, são aquelas que respondem tão fortemente a todas as espécies de estímulos que a relação *ingroup-outgroup* não tem nenhum significado para elas – ao contrário, são atraídas por tudo que é "diferente" e que promete alguma espécie nova de gratificação. Se têm elementos destrutivos, estes parecem ser dirigidos contra si mesmas, em vez de contra os outros. A amplitude dessa síndrome parece atingir desde os *libertines* e "viciados" de todas as categorias, passando por certos caracteres associais como prostitutas e criminosos não violentos, até certos psicóticos. Também se deve notar que na Alemanha muito poucos nazistas foram encontrados entre atores, gente de circo e vadios – pessoas que os nazistas colocaram em campos de concentração. É difícil dizer quais são as fontes psicológicas mais profundas dessa síndrome. Parece, no entanto, que há fraqueza tanto no supereu quanto no eu e que isso torna esses indivíduos um tanto instáveis em questões políticas, assim como em outras áreas. Eles certamente não pensam por estereótipos, mas é duvidoso em que medida conseguem conceitualizar qualquer coisa.

Nosso exemplo, *F205*, é selecionado do material da Clínica Psiquiátrica:

> Ela é uma jovem universitária atraente e de jeito agradável, que de modo óbvio é seriamente desajustada e sofre de grandes mudanças de humor, de tensão, não consegue se concentrar em seu trabalho escolar e não tem objetivos na vida... Às vezes, ela fica extremamente chateada, aparece chorando e "confusa", reclama que

não está sendo ajudada rápido o suficiente. O terapeuta acha que ela não pode suportar nenhuma sondagem mais profunda, que a terapia terá que ser em grande parte de apoio, por causa de seu eu fraco, com possibilidade de precipitar uma psicose. Tem tendências esquizoides.

Ela se opõe ao preconceito com uma forte ênfase na "miscigenação", provavelmente uma expressão de seu próprio impulso para a promiscuidade: não deve haver "limites":

500 // (Preconceitos?) "Se houvesse miscigenação entre raças, poderia ajudar na combinação de culturas – poderia internacionalizar a cultura. Acho que deveria haver um sistema de educação em toda parte. Poderia não ser prático – mas talvez a procriação seletiva fosse possível – um acúmulo de bons traços poderia surgir. E os imbecis poderiam ser esterilizados." (Ela cita alguns estudos sobre hereditariedade que leu). "Parece que o aperfeiçoamento não ocorre com rapidez suficiente. Toda a sociedade está doente e infeliz."

A última frase indica que seu próprio descontentamento a leva, por meio da empatia, em direção a uma crítica bastante radical e consistente da sociedade. A agudeza de seu pensamento, assim como a atração por aquilo que é "diferente", aparece ainda mais claramente em sua afirmação sobre os problemas das minorias:

"Há uma quantidade terrível de opressão e preconceito contra minorias. Há um medo das minorias, falta de conhecimento. Eu gostaria de assimilar todos os grupos – internacionalmente.

Gostaria que a educação do mundo fosse unificada. As próprias minorias também se mantêm separadas. É um círculo vicioso. A sociedade as torna excluídas e elas reagem dessa maneira." (Diferenças?) (O entrevistador tentou com afinco que o sujeito descrevesse as diferenças entre os grupos, mas ela insistiu): "Todas as diferenças que existem se devem às condições em que as pessoas crescem e também às respostas emocionais (à discriminação)." (Judeus?) "Eu não vejo como eles são diferentes enquanto *grupo*. Tenho amigos judeus... Talvez sejam mais sensíveis por causa do preconceito contra eles. Mas isso é bom."

De acordo com os dados clínicos, a menina é uma verdadeira lésbica, que foi severamente repreendida por causa de sua homossexualidade e se tornou depois "tão promíscua que não é possível determinar se ela reagia sexualmente aos homens". "São todos emocionalmente perturbados de uma forma ou de outra", disse ela. Sua história posterior indica que o componente lésbico é mais forte que qualquer outra coisa.

Pode-se acrescentar que a amostra de Los Angeles contém três garotas de programa, todas completamente livres de preconceitos e que também pontuam baixo na escala F. Uma vez que sua profissão tende a torná-las ressentidas em relação ao sexo, e como elas têm sintomas de frigidez, não parecem pertencer à síndrome "Impulsiva". Entretanto, somente uma análise muito mais próxima poderia determinar se a base última de sua formação de caráter é de categoria "Impulsiva" posteriormente ocultada por formações reativas ou se sua baixa
501 pontuação é devida // a um fator puramente social, a saber, os inumeráveis contatos que elas têm com todas as categorias de pessoas.

4. O baixo pontuador "tranquilo"

Essa síndrome é exatamente a oposta ao alto pontuador "Manipulador". Negativamente, é caracterizada por uma acentuada tendência a "deixar as coisas seguirem seu curso", uma profunda indisposição a violentar qualquer objeto (uma indisposição que muitas vezes pode se aproximar, no nível superficial, do conformismo) e por uma extrema relutância em tomar decisões, muitas vezes ressaltada pelos próprios sujeitos. Essa relutância afeta até mesmo a linguagem: podem ser reconhecidos pela frequência de suas sentenças inacabadas, como se não quisessem se comprometer, deixando que o ouvinte decida o mérito do caso. Positivamente, estão inclinados a "viver e deixar viver", enquanto, ao mesmo tempo, seus próprios desejos parecem estar livres de ganância. Rancor e descontentamento estão ausentes. Mostram uma certa riqueza psicológica, o oposto da constrição: uma capacidade de apreciar as coisas, imaginação, um senso de humor que muitas vezes assume a forma de autoironia. Esta última, no entanto, é tão pouco destrutiva quanto suas outras atitudes: é como se estivessem prontos para confessar todos os tipos de fraquezas, não tanto por alguma compulsão neurótica quanto por causa de um forte sentimento subjacente de segurança interna. Podem se entregar sem ter medo de se perder. Raramente são radicais em sua perspectiva política, mas, antes, comportam-se como se já estivessem vivendo sob condições não repressivas, em uma sociedade verdadeiramente humana, uma atitude que tende, às vezes, a enfraquecer seu poder de resistência. Não há evidência de tendências verdadeiramente esquizoides. São completamente não estereopáticos – não que resistam a estereotipias, mas simplesmente não conseguem entender o anseio [*urge*] por subsunção.

A etiologia da síndrome do tipo "Tranquilo" ainda é um tanto obscura. Os sujeitos nos quais é pronunciada não parecem ser definidos pela preponderância de nenhuma agência psicológica, ou pela regressão a qualquer fase infantil específica,
502 fica, embora haja, superficialmente, algo de criança neles. // Em vez disso, devem ser entendidos *dinamicamente*. São pessoas cuja estrutura de caráter não se tornou "congelada": nenhum padrão de controle por qualquer uma das agências [*agencies*] da tipologia de Freud se cristalizou, mas eles são completamente "abertos" à experiência. Isso, no entanto, não implica fraqueza do eu, mas antes ausência de experiências e deficiências traumáticas que poderiam de outra forma levar à "reificação" do eu. Nesse sentido, são "normais", mas é justamente essa normalidade que lhes dá em nossa civilização a aparência de certa imaturidade. Não apenas não sofreram graves conflitos infantis, mas toda sua infância parece ter sido determinada por imagens maternas ou por outras figuras femininas.[28] Talvez possam ser mais bem caracterizados como aqueles que não têm medo das mulheres. Isso pode explicar a ausência de agressividade. Ao mesmo tempo, é possivelmente um indicativo de um traço arcaico: para eles, o mundo ainda tem um aspecto matriarcal. Assim, podem muitas vezes representar, sociologicamente, o genuíno elemento "popular" contra a civilização racional. Representantes dessa síndrome não são raros entre as classes médias-baixas. Embora nenhuma "ação" deva ser es-

28 O sujeito escolhido como ilustração desse tipo "foi criado em uma casa de mulheres – mãe e avó". (N. A.)

perada deles, pode-se contar com eles como pessoas que, sob qualquer circunstância, jamais se ajustarão ao fascismo político ou psicológico. O *M711* antes mencionado

> é muito amável, leve, gentil, casual, lento e um pouco letárgico na voz e na maneira. É bastante verbal, mas muito circunstancial. Suas afirmações são tipicamente cercadas de qualificações às quais ele geralmente dedica mais atenção do que à proposição principal. Parece sofrer de indecisão e dúvida generalizadas, estar bastante inseguro de suas ideias e ter grande dificuldade em se comprometer com afirmações positivas sobre muitos assuntos. Em geral, tende a evitar se comprometer, intelectual ou emocionalmente, com coisas e, no geral, evita se envolver em coisas.

Ele descreve sua escolha profissional como acidental, mas é interessante que fosse originalmente um arquiteto paisagista – o que pode implicar um desejo pela restituição da natureza em vez de sua dominação – e mais tarde tenha se tornado um entrevistador de emprego governamental, um trabalho que lhe dá a satisfação de ajudar outras pessoas, sem que, contudo,
503 ele saliente narcisisticamente esse aspecto. // Não é indiferente à riqueza e admite seu desejo de "segurança", mas, ao mesmo tempo, não se impressiona de forma nenhuma com a importância do dinheiro *per se*. Sua atitude religiosa foi descrita no Capítulo XVIII e se encaixa psicologicamente, em todos os detalhes, na constituição da síndrome do tipo "Tranquilo". Pode-se acrescentar que ele "não acredita na Imaculada Concepção", mas não acha que isso "faça alguma diferença".

Quando questionado sobre disciplina na infância, ele responde: "praticamente nenhuma", "muito indisciplinado". Seu forte apego à mãe é enfatizado sem nenhuma inibição: o único período de sua infância, quando havia quaisquer "sementes de discórdia", era quando sua mãe "exibia sua possessividade. Ela não gostava das garotas com quem eu saía". O que ele gosta nas mulheres é descrito da seguinte forma:

> "É muito difícil dizer quando você está bem gamado em uma garota... Ela parece ter todas as coisas que eu gosto – divertida de se estar junto, inteligente, bonita. Gosta de mim, o que é importante. Nós compartilhamos as coisas juntos." (O que gostam de fazer juntos?) "Música, leitura, natação, dança. A maioria das coisas que não exigem muita energia, o que faz que seja bom."

É notável que não haja vestígios de hostilidade contra o pai – que ele perdeu muito cedo –, apesar da fixação na mãe. É o dom imaginativo do pai que permanece em sua memória:

> (Memórias agradáveis do pai?) "Muitas lembranças agradáveis porque ele nos mimava quando estava em casa, sempre bolando ideias maravilhosas de coisas para fazer." (Mãe e pai se davam bem?) "Eu acho que muito bem." (Com qual deles você se assemelha mais?) "Não sei porque não conheci meu pai muito bem." (Os defeitos do pai?) "Não sei."

Mais significativas são suas afirmações sobre questões raciais:

> (O que você acha dos problemas das minorias?) "Eu gostaria de saber. Não sei. Acho que esse é um problema no qual todos deveríamos estar trabalhando." (Maior problema?) "Negros, em termos de números... Acho que em nenhum momento enfrenta-

mos o problema diretamente... Muitos negros vieram para a Costa Oeste..." (Você já teve amigos negros?) "Sim... Não íntimos, embora tenha conhecido um certo número deles que estimei e gos-
504 tei." (E sobre casamento inter-racial?) "Acho que é um // falso problema... Eles dizem: 'E se sua irmã se casasse com um negro?'. Eu não teria nenhum sentimento em relação a isso, francamente..." (Traços negros?) "Não."

Quanto aos judeus, ele não os "defende", mas na verdade nega que sejam um "problema":

(E sobre o problema judaico?) "Não acho que haja um problema judaico. Novamente, acho que isso tem funcionado como uma manobra diversionista dos agitadores." (O que você quer dizer?) "Hitler, Ku Klux Klan etc." (Existem traços judeus?) "Não... Vi pessoas judias exibirem traços judeus, mas também vi o mesmo em muitas pessoas não judias..." (O sujeito enfatiza que não há distinção entre divisões raciais).

O perigo implícito na síndrome do tipo "Tranquilo", isto é, sua relutância excessiva em usar a violência mesmo contra a violência, é sugerido pela seguinte passagem:

(E sobre o piquete em Gerald K. Smith?) "Acho que Gerald K. Smith deveria ter a oportunidade de falar, se vivemos em uma democracia." (E quanto ao piquete como uma forma de protesto?) "Se um certo grupo quiser, eles têm o direito... não acho que seja sempre eficaz."

Que a atitude do sujeito de não comprometimento com qualquer "princípio" é realmente baseada em um sentido concreto, e não algo puramente evasivo, é o que indica a seguinte passagem, altamente esclarecedora:

> (O entrevistador lê a pergunta... sobre o líder incansável e diz que o sujeito concordou um pouco, pede por elaboração.) "Concordo *um pouco*. No entanto, o oposto disso, Huey Long, era um líder incansável e corajoso, e Hitler também o era (risos). Depende." (Como assim?) "Bem, eu admirava Willkie; eu admirava Roosevelt; eu admirava Wallace. Mas não acho que devêssemos ter líderes em quem as pessoas depositem sua fé e depois possam descansar. As pessoas parecem procurar líderes para evitar pensar por si mesmas."

A entrevista desse sujeito acaba com a afirmação dialética de que "o poder é quase equivalente ao abuso de poder".

5. O liberal genuíno

Em contraste com o padrão que acabamos de descrever, essa síndrome é muito explícita em reações e opiniões. O sujeito
505 que a manifesta tem um forte senso de autonomia e // independência pessoal. Ele não pode suportar qualquer interferência externa em suas convicções e crenças pessoais e também não quer interferir nas dos outros. Seu eu é bastante desenvolvido, mas não libidinizado – ele raramente é "narcisista". Ao mesmo tempo, está disposto a admitir as tendências do isso e a assumir as consequências – como é o caso do "tipo erótico" de Freud.[29] Uma de suas características perceptíveis é a

29 S. Freud, Libidinal types, *Psychoanalytic Quarterly*, v.I, p.3-6, 1932. (N. A.)

coragem moral, frequentemente muito além de sua avaliação racional de uma situação. Ele não pode "ficar calado" se algo errado está sendo feito, mesmo que isso o coloque seriamente em perigo. Assim como é fortemente "individualizado", vê os outros, acima de tudo, como indivíduos, não como espécimes de um conceito geral. Compartilha algumas características com outras síndromes encontradas entre os baixos pontuadores. Como o "Impulsivo", ele é pouco reprimido e até tem certa dificuldade em manter-se sob "controle". No entanto, seu emocional não é cego, e sim dirigido para a outra pessoa como *sujeito*. Seu amor não é apenas desejo, mas também compaixão – na verdade, pode-se pensar em definir essa síndrome como o baixo pontuador "compassivo". Compartilha com o baixo pontuador "Manifestante" o vigor de identificação com o oprimido, mas sem compulsão e sem traços de sobrecompensação: não é um "amante de judeu" ["*Jew lover*"]. Como o baixo pontuador "Tranquilo", ele é antitotalitário, mas muito mais conscientemente, sem o elemento de hesitação e indecisão. É essa configuração, em vez de um único traço, que caracteriza o "Liberal genuíno". Interesses estéticos parecem existir com frequência.

A exemplificação que damos é de uma garota cujo caráter de "Liberal genuíno" se destaca mais claramente, uma vez que, de acordo com o entrevistador,

> ela é politicamente ingênua como a maioria de nossas mulheres universitárias, independentemente de pontuarem alto ou baixo.

Nenhum "*ticket*" é envolvido. *F515*

é uma estudante universitária de 21 anos. É uma morena bonita, com olhos escuros e brilhantes, que exala temperamento e vitalidade. Não tem nada daquela feminilidade "embonecada" tão frequentemente vista em sujeitos que pontuam alto e provavelmente desprezaria os pequenos truques e artimanhas femininos pratica-
506 dos por tais mulheres. Pelo contrário, ela é extremamente // franca e clara e, em sua forma física, é atlética. Percebe-se nela uma natureza muito apaixonada e um desejo tão forte de se doar intensamente em todos os seus relacionamentos que deve experimentar dificuldade em se conter dentro dos limites do convencional.

Além de um interesse semiprofissional pela música, ela também "gosta de pintura e teatro". Quanto à sua vocação, no entanto, ainda está indecisa. Ela

teve formação para auxiliar de enfermagem. Gostava de ajudar as pessoas dessa maneira. "Eu gostei. Sinto que agora posso cuidar de uma pessoa doente. Não me incomoda carregar comadres e mictórios. Aprendi que podia tocar a carne sem ficar enojada. Aprendi a ser delicada em relação a certas coisas. E naquela época isso era patriótico! (leve tom de chacota). As pessoas gostavam de mim." (Por que elas gostavam de você?) "Porque eu sorria e porque eu estava sempre fazendo gracejos – como estou fazendo agora."

Suas opiniões em relação às minorias são orientadas pela ideia do indivíduo:

"As minorias têm que ter tantos direitos quanto as maiorias. Elas são todas pessoas e devem ter tantos direitos quanto a maioria. Não deve haver minorias; deve haver apenas indivíduos e eles devem ser julgados individualmente. E pronto! Isso é suficiente?"

(Negros?) "Mesma coisa! Também como indivíduos. Sua pele é negra, mas eles também são pessoas. Os indivíduos têm amores e tristezas e alegrias. Não acho que você deveria matá-los todos ou liquidá-los ou enfiá-los em um lugar só porque são pessoas diferentes. Eu não me casaria com um porque não quero me casar com uma pessoa que tem um traço que não me agrada, como um nariz grande etc. Não gostaria de ter filhos de pele escura. Não me importaria se eles morassem na porta ao lado." (Anteriormente na entrevista, o sujeito trouxe o fato de que ela também tinha que cuidar de pacientes negros durante o trabalho de auxiliar de enfermagem e que ela não se importava de ter que dar banhos neles etc.)

(Judeus?) "O mesmo! Bem, eu poderia me casar com um judeu muito facilmente. Poderia até me casar com um negro se ele tivesse uma pele clara o suficiente. Prefiro pele clara. Não considero de forma alguma os judeus diferentes dos brancos, porque eles até têm pele clara. É realmente bobo." (Quais você acha que são as causas do preconceito?) "Inveja." (Explique?) Porque eles são mais espertos e não querem nenhuma competição. Nós não queremos nenhuma competição. Se eles querem algo, deveriam tê-lo. Não sei se eles são mais inteligentes, mas se o são, eles deveriam tê-lo."

A última afirmação mostra completa ausência de qualquer aspecto de sentimento de culpa em sua relação com os judeus. É seguida pela piada:

507 // "Talvez, se os judeus chegassem ao poder, eles liquidariam a maioria! Isso não é inteligente. Porque nós reagiríamos."

Suas opiniões sobre religião, com um toque levemente humorístico, estão centradas na ideia de utopia. Ela mesma menciona a palavra quando se refere a sua leitura de Platão. A essência de sua religião está contida na afirmação: "Talvez todos sejamos salvos". Isso deve ser comparado com a atitude "antiutópica" predominante de nossos sujeitos.

A descrição de ambos os pais contém elementos de seu próprio ideal do eu, de uma maneira bastante não convencional:

> "Meu pai está empregado há 25 anos no departamento de reclamações de frete da RR Co. Seu trabalho envolve a contratação de muitos homens. Ele tem cerca de 150 pessoas trabalhando para ele." (O sujeito descreveu seu pai da seguinte forma:) "Ele já poderia ter virado vice-presidente – ele tem a inteligência –, mas não tem uma natureza ávida; não é suficientemente político. Tem a mente aberta – sempre ouve os dois lados de uma questão antes de se decidir. É um bom 'argumentador' por causa disso. Ele é compreensivo. Não é emotivo como minha mãe. Minha mãe é emotiva, meu pai, factual. Minha mãe é boa. Tem uma personalidade só dela. Ela se doa a todos nós. É emotiva. Mantém o meu pai muito satisfeito." (De que maneira?) "Ela arruma o lar para quando ele volta para casa – ele tem um trabalho duro no escritório. O casamento deles é muito feliz – todo mundo percebe. Seus filhos também ajudam – as pessoas percebem! A minha mãe é muito amigável. Compreensiva. Simpática. As pessoas adoram conversar com ela. Quando alguém fala com ela no telefone, se tornam amigas para a vida toda só por terem falado no telefone! Ela é sensível, é fácil machucá-la."

Sua atitude em relação ao sexo é de controle precário. O namorado dela

> quer ter relações sexuais toda vez que se veem – na verdade, ele queria desde a primeira vez que saiu com ela – e ela não quer que seja

> assim. Ela chora toda vez que ele tenta algo, então supõe que isso não pode ser o certo para ela. Acha que a amizade deveria preceder as relações sexuais, mas acha que as relações sexuais são uma maneira de conhecer melhor a outra pessoa. Finalmente rompeu com ele há três dias (contou em tom de choro simulado). Ele disse: 'Vamos ser apenas amigos', mas ela tampouco quis isso! O problema sexual a incomoda. A primeira vez que dançou com ele, ele disse que achava que ela queria ter relações sexuais, ao passo que ela só queria estar perto dele. Ela está preocupada porque não quis insinuar o contrário, mas talvez inconscientemente tenha feito isso!

508 // É evidente que seu caráter erótico está vinculado a uma falta de repressão em relação aos seus sentimentos direcionados a seu pai: "Eu gostaria de me casar com alguém como meu pai".

O resultado da entrevista é resumido pelo entrevistador:

> Os fatores mais potentes que contribuem para a baixa pontuação neste caso são a mente aberta dos pais e o grande amor que a mãe do sujeito deu a todos os seus filhos.

Se isso puder ser generalizado, e consequências puderem ser extraídas em relação aos altos pontuadores, poderíamos postular que a significância crescente do caráter fascista depende em grande parte de mudanças fundamentais na estrutura da própria família.[30]

---

30 Ver M. Horkheimer, Authoritarianism and the family today. In R. N. Anshen (ed.), *The Family*: Its Function and Destiny, New York: Harper & Brothers, 1949. (N. A.)

*Posfácio à edição brasileira**

Virginia Helena Ferreira da Costa
Organizadora

A presente edição em português dos *Estudos sobre a personalidade autoritária*, de Theodor W. Adorno, é resultado de uma seleção de textos da obra original de quase mil páginas intitulada *The Authoritarian Personality*, escrita por Adorno, Levinson, Sanford e Frenkel-Brunswik e publicada em 1950 nos Estados Unidos. Tal seleção segue a edição alemã das obras completas de Adorno publicadas pela Suhrkamp no volume 9, *Escritos sociológicos II* – composta pelos capítulos I e VII (assinados por todos os autores do livro) e os capítulos XVI, XVII, XVIII e XIX (assinados exclusivamente por Adorno).

Contudo, traduzir apenas as seções selecionadas pela Suhrkamp seria cometer certa injustiça ao texto. Dentre outros motivos, porque os capítulos de Adorno têm por finalidade comentar alguns dos dados das pesquisas qualitativas apresentadas em partes da obra não assinadas por ele e que não compõem, portanto, a presente edição. Soma-se a essa questão o fato de o presente

* Este texto foi publicado pela primeira vez como "Apresentação à edição brasileira".

escrito adorniano não ser muito conhecido e pesquisado no país, o que pede uma apresentação mínima do contexto de produção do livro, suas teorias gerais e as partes que o compreendem.

No intuito de sanar tais problemas, comentaremos a obra de forma geral e exporemos algumas das decisões mais difíceis de traduções de termos assumidas conjuntamente pelos tradutores. Em uma segunda parte, terá lugar um resumo dos demais capítulos que não aparecem nesta edição.

Mas, antes, ressaltemos a importância do livro e de sua tradução para o português. Em si, o tema do autoritarismo no ambiente democrático já é caro para a pesquisa contemporânea. Deparamo-nos com uma obra cujos pressupostos teóricos e conclusões debatem como, em plena Segunda Guerra Mundial, o fascismo não era um episódio isolado, mas estava presente de forma latente em amostras da população norte-americana da época. Sua base de argumentação procura expor como o autoritarismo mantém relações profundas com o "clima cultural geral" do modo capitalista de organização socioeconômica – o que torna a pesquisa preponderante e atual.

Para os especialistas e interessados nas produções da primeira geração de teóricos do Instituto de Pesquisa Social, *The Authoritarian Personality* ocupa uma posição-chave no cenário das realizações do grupo. Profundamente vinculado a produções anteriores e reunindo interpretação filosófica, sociológica e psicanalítica a pesquisas empíricas, o livro realiza, de forma mais bem acabada, as ambições interdisciplinares de Horkheimer propostas desde que se tornara diretor do Instituto. Logo, contrariamente ao que se pode pensar, dado o "exílio" que o livro sofreu ao longo de décadas,[1] ele não se isola do programa da teoria crítica. Ao contrário: encontra-se no cruzamento de temáticas frommianas, pollockianas e horkheimianas, bem como adornianas, além de sofrer influência de pesquisas empíricas anteriores do próprio Instituto – os *Estudos sobre autoridade e família*, por exemplo.

Especificamente para a composição da coleção Adorno, este posfácio à presente tradução se faz mais do que necessário. Representando uma inflexão na obra do autor, é de suma importância a apresentação de sua pesquisa empírica mais complexa e que resulta de alguns de seus principais desenvolvimentos teóricos – o que é abertamente admitido pelo autor,[2] que o re-

---

1 É notável a demora na produção de uma nova edição do livro nos Estados Unidos, que foi feita somente em 1993. Já o "exílio" da obra no Brasil é facilmente revelado quando notamos a parca produção científica sobre o tema. São poucos os nomes de acadêmicos que trabalham diretamente com *The Authoritarian Personality*. Para citarmos apenas os principais, temos: José Leon Crochik, Teoria crítica da sociedade e estudos sobre preconceito, *Revista Psicologia Política*, São Paulo, v.1, n.1, 2001; Iray Carone, A personalidade autoritária: estudos frankfurtianos sobre o fascismo, *Revista Sociologia em Rede*, v.2, n.2, 2012; Deborah C. Antunes, *Por um conhecimento sincero do mundo falso: teoria crítica, pesquisa social empírica* e *The Authoritarian Personality*, Jundiaí: Paco Editorial, 2014; e Virginia H. F. Costa, *A personalidade autoritária: antropologia crítica e psicanálise*, São Paulo, 2019, 329f, tese (Doutorado em Filosofia) – Faculdade de Filosofia, Letras e Ciências Humanas, Universidade de São Paulo. Além disso, o Fórum Brasileiro de Segurança Pública publicou "Medo da violência e o apoio ao autoritarismo no Brasil: índice de propensão ao apoio a posições autoritárias" em 2017, pesquisa baseada em desenvolvimentos de *The Authoritarian Personality*.

2 Para exemplificar algumas das relações que Adorno traça entre o livro e suas demais produções: "Mesmo antes do início da colaboração com

laciona a *Dialética do esclarecimento*, *A técnica psicológica das palestras radiofônicas de Martin Luther Thomas*, *Minima moralia*, seus textos sobre os estudos sobre o rádio, *Educação após Auschwitz*, além de *As estrelas descem à Terra* e seus demais escritos sociológicos, para enumerar apenas os principais. Afinal, nas partes do livro redigidas pelo autor, Adorno procura analisar as contradições psíquicas de seus entrevistados, reflexos das fraturas da totalidade

---

o grupo de Berkeley, eu próprio escrevi uma grande monografia sobre a técnica sociopsicológica de um agitador fascista que havia estado recentemente ativo na Costa Oeste norte-americana, Martin Luther Thomas. Isto foi finalizado em 1943. Era uma análise de conteúdo dos estímulos mais ou menos padronizados e de modo algum numerosos que os agitadores fascistas empregam. [...] A análise de Thomas me forneceu uma boa dose de estímulo para itens que foram úteis em *The Authoritarian Personality*" (T. W. Adorno, Scientific Experiences of a European Scholar in America, em D. Fleming; B. Bailyn (orgs.), *The Intellectual Migration: Europe and America 1930-1960*, Cambridge (Mass.): Harvard University Press, 1969, p.364-5). Ou ainda: "o capítulo 'Elemente des Antisemitismus' em *Dialektik der Aufklärung*, no qual Horkheimer e eu colaboramos em sentido estrito, literalmente ditando-o juntos, antecipou minhas investigações posteriores com o Grupo de Estudos sobre Opinião Pública de Berkeley publicadas em *The Authoritarian Personality*. A referência a *Dialektik der Aufklärung*, que ainda não foi traduzida para o inglês, não me parece supérflua porque esse livro elimina prontamente um mal-entendido segundo o qual *The Authoritarian Personality* teria enfatizado desde o início e em algum grau encorajado o seguimento de uma ênfase, dada pelos autores, em explicar o antissemitismo e, para além disso, o fascismo em geral, mediante uma base puramente subjetiva, subscrevendo assim o erro de que esse fenômeno político-econômico seria primariamente psicológico. [...] 'Elemente des Antisemitismus' posicionou teoricamente o preconceito racial no contexto de uma teoria crítica da sociedade objetivamente orientada" (T. W. Adorno, Scientific Experiences of a European Scholar in America, op. cit., p.356).

social capitalista em ambientes democráticos. Por isso, a necessidade, cada vez mais urgente, do acesso ao livro em português.

A obra alcança também um terreno de interesse para além de estudos relacionados ao Instituto e à teoria adorniana. Considerado um clássico de pesquisas empíricas, *The Authoritarian Personality* influenciou a produção de mais de 2 mil estudos sobre autoritarismo entre os anos de 1950-1990[3] e ainda segue fomentando pesquisas relacionadas às mais diversas áreas na atualidade, a exemplo da neurociência.[4] Continua a impressionar o alcance da pesquisa empírica a ser produzida na época, com um número realmente vasto de indivíduos em sua amostra, além da variabilidade de instrumentos metodológicos e do recurso inédito do uso da psicanálise freudiana como base não só teórica, mas também empírica, de sua realização.

A produção de *The Authoritarian Personality* se iniciou em 1944, momento em que muitos dos membros da primeira geração da teoria crítica estavam instalados nos Estados Unidos, fugidos da perseguição nazista alemã. O contexto de preconceito antissemita no país, que contava com mais de 4 milhões de judeus (3,5% da população nacional) era notável, a intolerância coexistindo paralelamente aos princípios da democracia. É a partir do assim considerado "antissemitismo social"[5]

3 Cf. Gareth Norris, *The Authoritarian Personality in the 21st Century*, 2005, tese (Doutorado em Filosofia) – Bond University, p.III-IV.

4 Um dos exemplos seria D. M. Amodio; J. T. Jost; S. L. Master; C. M. Yee, Neurocognitive Correlates of Liberalism and Conservatism, *Nature Neuroscience*, v.10, n.10, p.1246-7, 2007.

5 "Em sua comunicação no simpósio psiquiátrico em San Francisco, Horkheimer defendera a tese de que o antissemitismo social era pior nos Estados Unidos do que na Europa, e essa intensidade do antissemitismo levava a pensar que a diferença entre as duas populações poderia, muito

que o mote de pesquisa do livro é constituído, culminando na questão: seria possível um fenômeno análogo ao nazifascismo em um país democrático como os Estados Unidos?

Tal questão se tornou um dos principais interesses do Instituto, que desenvolveu uma série de investigações sobre o antissemitismo em solo norte-americano. É assim que alguns membros do grupo se empenharam em produzir *Anti-Semitism among American Labor* (ou os *Estudos sobre os trabalhadores*, como é referido na presente edição), empreendido entre 1943 e 1945, pesquisa pouco conhecida justamente pela não publicação de seus manuscritos muito extensos. Além disso, o grupo desenvolveu uma proposta de pesquisas intitulada *Projeto sobre antissemitismo*, cujo "objetivo [...] é mostrar que o antissemitismo é um dos perigos inerentes a toda cultura mais recente".[6] O in-

---

bem, ser perigosamente reduzida no plano psicológico – se se deixassem de lado as diferenças gritantes entre os Estados Unidos e o Terceiro Reich. [...] Se [...] só uma minoria dos alemães era antissemita, se o antissemitismo latente, ardendo sob as cinzas, era um componente da civilização ocidental, se a minoria antissemita alemã tinha sabido levar, em poucos anos, seu antissemitismo declarado até o genocídio industrializado, não se deveria esperar um fenômeno análogo nos Estados Unidos? Com suas estruturas capitalistas muito mais desenvolvidas, que nenhum movimento operário de inspiração socialista vinha questionar, com sua indústria cultural muito mais extensa e frustrante, com seu etnocentrismo mais marcado e sua história colocada sob o signo de uma franca violência, era de temer que um antissemitismo potencial bem mais vasto e agressivo, já presente em condições políticas e econômicas bem menos críticas do que na Alemanha, passasse a ser um antissemitismo declarado e violento" (Rolf Wiggershaus, *A Escola de Frankfurt: história, desenvolvimento teórico, significação política*, Rio de Janeiro: Difel, 2002, p.397-8).

6 Research Project on Anti-Semitism: Idea of a Project, em T. W. Adorno, *The Stars down to Earth and other Essays on the Irrational in Culture*, London; New York: Routledge, 1994, p.182.

tuito de Horkheimer ao propor tão amplas pesquisas em torno do preconceito era comprovar que o antissemitismo compõe um padrão de comportamento antidemocrático.

Parte do esboço das pesquisas apresentado em tal *Projeto sobre antissemitismo* foi efetivado nos *Estudos sobre preconceito*, do qual *The Authoritarian Personality* faz parte. Os *Estudos sobre preconceito* são compostos por cinco volumes financiados pelo American Jewish Committee (AJC) e dirigidos por Horkheimer e Flowerman. A tarefa designada por Horkheimer seria o desenvolvimento de dez pesquisas no total,[7] das quais cinco foram efetivamente realizadas e publicadas. Dentre elas, Horkheimer e Adorno eram responsáveis pela parte da investigação psicológica. Esta última seria composta, de um lado, por *The Authoritarian Personality*, além de, por outro, uma proposta de análise dos discursos de agitadores fascistas nos Estados Unidos – pesquisa que rendeu, na composição dos *Estudos sobre preconceito*, o livro de Lowenthal e Guterman intitulado *Prophets of Deceit: A Study of the Techniques of the American Agitator.*[8] Além disso, o interesse no

7 São eles: 1. The Berkeley Project on the Nature and Extent of Anti-Semitism; 2. A Study of Anti-Semitism among Children; 3. A Survey of Psychiatric Cases Involving Race Hatred; 4. A Study of Anxiety and Social Aggression among Veterans; 5. An Analysis of Anti-Semitic Caricature; 6. An Art Project to Develop a Sketch of a Fascist Agitation; 7. The Preparation of a Pamphlet on Anti-Semitic Propaganda; 8. A Definite Treatise on Anti-Semitism; 9. An Experimental Motion Picture for Measurement of Race Prejudiced; 10. Experiments in Surveys and Testing.

8 Os outros três volumes que compõem os *Estudos sobre preconceito* são *Dynamics of Prejudice: A Psychological and Sociological Study of Veterans*, de Bruno Bettelheim e Morris Janowitz; *Anti-Semitism and Emotional Disorder: A Psychoanalytic Interpretation*, de Nathan W. Ackerman e Marie Jahoda, e,

assunto levou Adorno a publicar posteriormente *Antissemitismo e propaganda fascista*, o já citado texto sobre Martin Luther Thomas e o imprescindível *Teoria freudiana e o padrão da propaganda fascista.*

Adorno, diretor da escrita do livro, era chefe da equipe[9] conhecida como Grupo de Estudos sobre Opinião Pública de Berkeley, composta por Daniel Levinson, um pesquisador de doutorado em Psicologia na UC Berkeley voltado à investigação sobre a mensuração de etnocentrismo. Este era bastante próximo de Sanford, um jovem professor de Psicologia de Berkeley e pesquisador no Institute of Child Welfare fortemente interessado em novos métodos de pesquisa empírica sobre o tema

---

por fim, *Rehearsal for Destruction: A Study of Political Anti-Semitism in Imperial Germany*, de Paul Massing.

9 "Adorno recordou com prazer a 'equipe de trabalho perfeita' sem quaisquer restrições hierárquicas que caracterizavam sua colaboração. O grupo estava ligado por uma 'orientação teórica comum em relação a Freud' que não era nem revisionista nem rigidamente dogmática. O fato de que através da ajuda deles Adorno foi realmente capaz de traduzir sua metodologia cognitiva única em um plano de pesquisa empírica foi tão notável quanto o plano de incorporação de princípios da prática clínica freudiana nunca antes utilizados dessa forma. Certamente, a imaginação e a abertura teórica de seus colegas foram indispensáveis para seu sucesso, embora a originalidade do *design* conceitual do projeto fosse devida principalmente a Adorno" (Susan Buck-Morss, *The Origin of Negative Dialectics, Theodor W. Adorno, Walter Benjamin, and the Frankfurt Institute*, New York: Free Press, 1977, p.178). Além dos autores que assinam a obra, o livro ganhou contribuição de outros nomes, como Pollock, que organizou uma equipe de pesquisas secundária em Los Angeles; Löwenthal, que analisou a versão final dos capítulos de Adorno; Betty Aron, que assina o capítulo sobre o teste de apercepção temática; Maria Hertz Levinson, autora do capítulo sobre pacientes clínicos psiquiátricos; e William R. Morrow, responsável pelo capítulo sobre o grupo dos Detentos de San Quentin.

personalidade e ideologia. Horkheimer entrou em contato com Sanford por meio de Else Frenkel-Brunswik, pesquisadora austríaca do Instituto de Psicologia de Viena, local onde tinham trabalhado também Paul Lazarsfeld, Marie Jahoda e Herta Herzog. Frenkel-Brunswik trabalhava com Sanford no Institute of Child Welfare. Adorno, Levinson, Sanford e Frenkel-Brunswik assinaram a obra que, inicialmente, iria se chamar "o caráter fascista", e posteriormente "o caráter antidemocrático", mas que acabou com o título "A personalidade autoritária".

Na tarefa de procurar a presença de opiniões, atitudes e valores autoritários em plena democracia, os autores não encontraram muitos casos de pessoas abertamente antidemocráticas, mas identificaram traços de potenciais fascistas em indivíduos que seriam suscetíveis à propaganda ideológica autoritária. Foi considerado que o apoio a tais ideologias poderia passar de um estado latente ou velado e muitas vezes não consciente para uma defesa aberta e ações violentas contra minorias em momentos específicos de crise social. Para tanto, os autores procuraram encontrar quais seriam as gratificações na economia emocional e pulsional subjetivas envolvidas na identificação com ideologias autoritárias.

Contudo, o livro, que inicialmente estava mais voltado ao antissemitismo, viu-se transformado em uma pesquisa sobre posicionamentos contra diversas minorias, tendo como norte principal o preconceito de forma geral, ou melhor, o etnocentrismo. Nesse âmbito, *The Authoritarian Personality* obteve resultados muito mais amplos do que apenas a compreensão da formação psíquica do preconceituoso antissemita. Aplicado ao contexto da sociedade estadunidense nos anos 1940, esse estudo analisa a formação subjetiva nas sociedades democráticas sob a organização socioeconômica capitalista e suas contradições específicas.

Ou seja, Adorno et al. não situam a origem do etnocentrismo em fatores estritamente psíquicos. Eles partem do pressuposto segundo o qual o preconceito tem uma gênese socialmente determinada. Diante disso, o que se procurou saber foi o que faz que alguns indivíduos respondam de forma mais ou menos preconceituosa diante de tais condições sociais, ou seja, quais seriam os fatores psicológicos que tornam o sujeito um agente mediador – como receptor e propagador – de ideologias autoritárias. Assim, trata-se de um tipo antropológico autoritário que pode ser compreendido mediante organizações de personalidade dotadas de caráter típico, fruto de determinações sociais de um contexto dado.

De forma geral, os resultados encontrados demonstraram que o sujeito potencialmente fascista e mais etnocêntrico está longe de ser raro. Para tanto, foram feitos estudos de opiniões provenientes de níveis diferentes de consciência e inconsciência na personalidade e que tinham diversos graus de admissibilidade social – como algumas das opiniões que são expressas somente em círculos definitivamente restritos de interação, por exemplo para os membros da própria família, diferentes de outras assertivas que são feitas em contextos diversamente controlados, como no ambiente de trabalho. Os considerados mais preconceituosos se identificaram com conteúdos relacionados a algumas ideologias antidemocráticas circulantes na cultura, constituindo um conjunto ideológico que, muitas vezes, apresenta contradições entre si. Contradições estas, no entanto, que não interferem na coesão do padrão ideológico pessoal considerado pelos autores como relacionado a gratificações psíquico-emocionais da pessoa, havendo uma íntima relação entre personalidade e ideologia. A racionalidade do autoritário se mostra bastante irracional ao substituir uma reflexão mais profunda por estereótipos e racionalizações recebidas "prontas". Suas opiniões – emitidas sob formas socialmente aceitas e difundidas que ocultam autoritarismos – seriam compreendidas como modos de afastamento da realidade externa, fruto de certa inacessibilidade às experiências vividas.

Foram seis as técnicas de pesquisa empírica empregadas no livro: preenchimento de questionário, fornecimento de dados gerais, respostas discursivas a questões projetivas, entrevista ideológica, entrevista clínica e teste de apercepção temática (TAT). No total, foram aplicados quatro questionários (Formulários 76, 60, 45 e 40) compostos por quatro escalas temáticas (Antissemitismo – AS, Etnocentrismo – E, Conservadorismo político-econômico – PEC e Fascismo – F) a 2.099 pessoas, divididas em 21 grupos. As perguntas dos questionários foram aprimoradas com a prática a partir de elementos obtidos por outras etapas da pesquisa, de forma que os questionários foram se tornando menores e suas afirmações preconceituosas, mais indiretas. Todo questionário era acompanhado pelo fornecimento de dados gerais (associação a partido político, grupo religioso, profissão, renda etc.), além de algumas questões projetivas, cujas respostas eram escritas pelos entrevistados em poucas linhas.

As pontuações nas escalas presentes nos questionários serviram para classificar os entrevistados como altos ou baixos pontuadores, respectivamente mais e menos preconceituosos. Tal classificação serviu para selecionar sujeitos para as entrevistas ideológica e clínica e para o TAT, que compõem a parte qualitativa da pesquisa. A entrevista ideológica abordava os temas de vocação profissional, renda, religião, política, minorias e raça. Já a entrevista clínico-genética procurava por histórico de relações familiares, informações sobre a infância, sexo, relações sociais e fase escolar. O TAT, por fim, é uma técnica projetiva em que figuras ou cenas são apresentadas ao entrevistado, a partir das quais ele deve "contar histórias" que narrem o conteúdo percebido por ele. O intuito é revelar tendências ideológicas, medos e angústias, mecanismos de defesa, conflitos, além de desejos, fantasias e ideais subjetivos projetados nas cenas.

Dentre as escalas que compõem os questionários, a construção da famosa escala F, apresentada no Capítulo VII de nossa edição, deve ser exposta com mais cuidado. Ela é constituída por itens implícitos, que não indicam imediatamente preconceitos. Seu intuito é mensurar o potencial antidemocrático dos entrevistados, uma vez que eles reproduzem parte da propaganda e ideologia autoritárias veiculadas pela indústria cultural. Cada um dos itens da escala F foi balanceado entre níveis de irracionalidade e verdade objetiva. A proeza da escala F é que nenhum grupo de minorias é mencionado. Sendo a escala F composta por variáveis de personalidade potencialmente fascistas, ao mesmo tempo que expõe características de ideologias autoritárias, sua alta pontuação revela a existência de padrões típicos socialmente difundidos que ameaçam a democracia.

A autoria da escala F é um dado com variadas fontes. Sua produção se iniciou em 1943 em um estudo-piloto com vinte mulheres entrevistadas pelo grupo de Berkeley, especialmente por Levinson e Sanford. A sua primeira aplicação ocorreu, portanto, um pouco "antes de Adorno se tornar um membro do grupo".[10] Contudo, em cartas trocadas entre Adorno e Horkheimer, somos informados de que a avaliação de potenciais antissemitas e antidemocráticos por itens indiretos já estava sendo gestada paralelamente por Adorno. Ele próprio "tinha elaborado, pessoalmente, de oitenta a cem perguntas das quais uma parte 'provinha de um trabalho de destilação de *Elemente des Antisemitismus* a partir de uma espécie de tradução'".[11] Nas próprias palavras de Adorno: "Já se achava uma abordagem nessa linha nos *projective item* do antigo questionário de Berkeley; mas eu gostaria de ir muito mais longe e realizar um questionário 'desjudeuzado' para uma avaliação estatisticamente confiável do antissemitismo".[12]

Breves notas sobre a tradução

Esta edição compreende o trabalho de três tradutores: Carlos Henrique Pissardo, que assina a tradução do Capítulo I; Francisco Toledo Corrêa, responsável pelo Capítulo VII; e Virginia Helena Ferreira da Costa, que traduziu os capítulos XVI, XVII, XVIII e XIX, escritos somente por Adorno. É importante frisar, no entanto, o esforço conjunto nas revisões, padronizações de termos e decisões de tradução.

---

10 W. F. Stone; G. Lederer; R. Christie (orgs.), *Strength and Weakness: The Authoritarian Personality Today*, New York: Springer-Verlag, 1992, p.8.

11 Rolf Wiggershaus, *A Escola de Frankfurt: história, desenvolvimento teórico, significação política*, Rio de Janeiro: Difel, 2002, p.405, tradução modificada.

12 Carta de Adorno a Horkheimer de 26 de outubro de 1944 apud Rolf Wiggershaus, op. cit., p.405.

Algumas observações relativas às nossas resoluções mais difíceis merecem esclarecimento. Ressaltamos o cuidado que procuramos ter em preservar a responsabilização indireta dos entrevistados pelo preconceito que eles próprios expressam e em preservar o caráter "potencial" do autoritarismo investigado. Se os indivíduos da amostra não são concebidos pelos autores como produtores das ideologias autoritárias, mas estão adaptados a um "clima cultural geral" autoritário no interior de uma democracia, não são poucas as passagens que exibem na própria linguagem empregada no livro o caminho sinuoso que representa a gênese das ideologias autoritárias, bem como a investigação de um potencial fascista em ambiente democrático – por exemplo, a explicação de que o que se investiga é a "*readiness to be provoked into action*", isto é, a "prontidão a ser levado à ação".

Além disso, há muitas expressões específicas nos trechos citados das entrevistas, mencionando muitas vezes personalidades da época, órgãos do governo norte-americano, além de detalhes do contexto histórico político-social – como subdivisões de sindicatos norte-americanos resultantes de conflitos de grupos de trabalhadores entre si –, entre outros. Tentamos preservar o máximo possível da coloquialidade presente nas expressões verbais dos indivíduos nas entrevistas, além de manter alguns termos bastante particulares no original (como os *zootsuiters*, ou os *riots*), esclarecendo sempre que possível, por meio de notas, tais especificidades.

Outras duas decisões difíceis precisaram ser tomadas. Trata-se, em primeiro lugar, da tradução do termo "*american*" por "americano". Tal emprego de vocabulário já nos fornece pistas suficientes sobre o etnocentrismo dos entrevistados, que identificam todo um continente ao seu próprio país. Entretanto, constitui um dado interessante que os próprios autores, Adorno incluso, empregam o mesmo termo em suas análises, em vez de uma expressão "mais neutra", utilizada por alguns entrevistados, como "*north-american*" ou até mesmo "*United States*".

Além disso, enfatizamos o cuidado na tradução dos muitos termos psicanalíticos constantes na obra – como contrainvestimento (*countercathexis*), pulsões (*drives*), impulsos (*impulses*), agência (*agency*), instância (*instance*), ânsias ou anseios (*urges*), entre muitos outros –, que ganharam muitas vezes o acompanhamento do original ao lado, além da precaução de não traduzirmos *self* e *selves* como forma de ressaltar esses conceitos. Contudo, a tradução de "ego", "superego" e "id" por "eu", "supereu" e "isso", fruto de bastante debate entre os tradutores, merece maior atenção. Poderíamos ter optado pela manutenção dos termos latinos e mais literais relativamente ao original em inglês, algo que evitaria possíveis confusões em leitores não muito versados nos termos psicanalíticos freudianos. Afinal, Adorno não comenta ou critica a tradução do original "*Ich*" pelo conceito inglês "ego" em nenhum momento de sua obra. No entanto, consideramos o posicionamento adorniano contra os neofreudianos, que "expandiram" o termo "ego" para aplicações e contextos que fogem à letra e ao espírito freudianos, como uma "sociologização" da psicanálise para fins de controle e adequação social, ignorando os conflitos sofridos e a dialética enfrentada por essa instância psíquica – o que é retratado neste livro pela ênfase dada por Adorno às contradições dos mais autoritários. É como forma de situar Adorno em uma posição mais afastada de releituras freudianas e mais próximo ao "espírito" de Freud – que emprega termos usuais no alemão correntemente empregados por seus pacientes para designar conceitos psicanalíticos – que resolvemos fazer o mesmo ao traduzir as instâncias psíquicas mencionadas por "eu", "supereu" e "isso".

Finalmente, não poderíamos deixar de mencionar e agradecer a consulta disponibilizada por Danilo Sales do Nascimento França para a tradução de termos técnicos referentes à pesquisa quantitativa, principalmente no Capítulo VII sobre a escala F.

Resumo de The Authoritarian Personality

Virginia Helena Ferreira da Costa

Prefácio (Horkheimer)

Em seu prefácio a *The Authoritarian Personality*, Horkheimer descreve o tipo autoritário de homem a ser apresentado na obra que ameaça substituir o tipo individualista e democrático predominante há 150 anos: "O tema central do trabalho é um conceito relativamente novo – o surgimento de uma espécie 'antropológica' que chamamos de tipo autoritário de homem. Em contraste com o fanático [*bigot*] do estilo antigo, ele parece combinar as ideias e habilidades típicas de uma sociedade altamente industrializada com crenças irracionais ou antirracionais. Ele é ao mesmo tempo esclarecido e supersticioso, orgulhoso de ser um individualista e com medo constante de não ser como todos os outros, zeloso de sua independência e inclinado a se submeter cegamente ao poder e à autoridade"[1] (p.IX).

1 Todas as citações deste Resumo foram traduzidas a partir de Adorno; Frenkel-Brunswik; Levinson; Sanford, *The Authoritarian Personality*, New York: Harper & Brothers, Copyright American Jewish Committee, 1950.

Horkheimer introduz o livro apresentando-o como uma obra sobre discriminação social que pretende inaugurar novos caminhos de pesquisa de significância prática, procurando modos de conter o autoritarismo. Contudo, o intuito do livro não é desenvolver uma propaganda para a tolerância, nem refutar os erros e mentiras que embasam preconceitos, mas desenvolver uma pesquisa sociopsicológica que fomentará uma educação democrática. Sem desenvolver um otimismo cego, Horkheimer nos lembra o valor efetivo do estudo feito por acadêmicos sobre as raízes das ilusões de indivíduos em situação de massas.

Ainda no prefácio, é ressaltado como os resultados da pesquisa de *The Authoritarian Personality* são frutos do trabalho conjunto de duas instituições: o Grupo de Estudos sobre Opinião Pública de Berkeley e o Instituto de Pesquisas Sociais, ambos tendo desenvolvido em seus trabalhos pregressos uma integração entre diferentes ciências e métodos de pesquisa. Destaque é dado para as pesquisas do Instituto: "Em um volume, sobre autoridade e família, o conceito de 'personalidade autoritária' foi apresentado como um elo entre disposições psicológicas e inclinações políticas. Perseguindo essa linha de pensamento, o Instituto formulou e publicou em 1939 um amplo projeto de pesquisa sobre o antissemitismo. Cerca de cinco anos depois, uma série de discussões com o falecido dr. Ernst Simmel e o professor R. Nevitt Sanford, da Universidade da Califórnia, lançou as bases para o presente projeto" (p.XI-XII)

Relativamente aos pesquisadores, Sanford teria se encarregado da combinação e execução de técnicas de pesquisa, estudos de casos e da etiologia da personalidade preconceituosa. Adorno preocupou-se em desenvolver a dimensão sociológica do estudo relacionada a fatores de personalidade, analisou seções ideológicas das entrevistas segundo concepções de teoria social, além de ter produzido conceitos caracterológicos relativos ao autoritarismo. Frenkel-Brunswik formulou as primeiras variáveis da personalidade autoritária e categorizou e quantificou dinâmica e sistematicamente o material de entrevista. Já Levinson responsabilizou-se pelas escalas de Antissemitismo, Etnocentrismo e Conservadorismo, pela análise da ideologia em termos psicológicos, pelas questões projetivas e pelos procedimentos estatísticos. É enfatizado que a escala F foi desenvolvida por todos os autores do livro.

Capítulo II: As ideologias contrastantes de dois universitários homens: uma visão preliminar (Nevitt Sanford)
Capítulo XX: Aspectos genéticos da personalidade autoritária: estudos de caso de dois indivíduos contrastantes (Nevitt Sanford)

O Capítulo II e o Capítulo XX da obra, ambos assinados por Nevitt Sanford, relacionam-se intimamente e serão apresentados em conjunto. Neles são debatidos os estudos comparativos de dois entrevistados que serão citados em quase todos os capítulos do livro como exemplificações da teoria e do método desenvolvidos. No Capítulo II, são apresentados os posicionamentos de ambos no que concerne às discussões sobre minorias, política, religião, vocação e renda – os demais temas psicanalíticos e de estudos projetivos foram deixados para a análise posterior feita tanto nos demais capítulos da obra quanto no Capítulo XX.

O intuito do Capítulo II é mostrar, pela primeira vez na obra, a partir dos casos ilustrativos de "Mack" e "Larry", como a distinção entre aquilo que se situa no domínio "pessoal" e no "ideológico" muitas vezes se desfaz na análise da pesquisa qualitativa dos entrevistados: de um lado, aquilo que a pessoa diz serem as suas próprias opiniões, atitudes e valores se confunde com aquilo com que ela é socialmente direcionada a concordar de forma sistemática. Questiona-se, portanto, "por que alguns indivíduos consomem (assimilam, aceitam) as formas mais antidemocráticas, enquanto outros consomem as formas mais democráticas?" (p.100).

Não representando os exemplos mais extremos de baixa ou alta pontuação na escala de Etnocentrismo (E), Mack e Larry são considerados os casos mais comuns encontrados na amostra: ambos apresentam contradições internas em seus discursos, o que não impede que seus padrões ideológicos pessoais sejam relativamente consistentes.

Mack, que pontua alto na escala E, sendo mais etnocêntrico, tem 24 anos, é nascido em São Francisco, calouro no curso de Direito com notas medianas, trabalhou no Serviço Civil em Washington D.C. e foi dispensado do Exército por problemas de estômago. É adepto da religião metodista, assim como sua mãe, mas não frequenta a igreja, pois acha que a religião não é importante para ele. De ascendência irlandesa, mas com os pais nascidos nos Estados Unidos, sua mãe morreu quando ele era criança. Tem uma irmã quatro anos mais velha. Os aspectos mais interessantes de sua entrevista mostram que ele prefere, acima de tudo, "eliminar a confusão" na política procurando por alguma autoridade que controle a "bagunça". Sobre os judeus, diz que não gosta muito deles por serem muito sectários [*clannish*] e se preocuparem excessivamente com coisas materiais, achando-se superiores. Ele acha que não deve ser permitido que os judeus sejam tão bem organizados politicamente, devendo haver uma restrição na imigração de judeus, pois os Estados Unidos já têm problemas suficientes para terem de lidar com os oprimidos de outros países. Como não se misturam, os judeus não contribuem muito para a construção do país – com exceção de cientistas e médicos judeus. Para mostrar que não é tão antissemita, Mack diz que namoraria uma garota judia de seu grupo universitário justamente porque ela não enfatiza a sua condição étnico-racial. Mas ele não poderia associar-se com os da classe dela. Nesse sentido, Sanford produz a seguinte observação referente a tal mulher: "seu judaísmo provavelmente permanece como algo que o intriga, assim como o repele" (p.41).

Além disso, é notável a sua preocupação de que o poder deve estar nas mãos certas. Assim, o que é entendido como um defeito dos membros do *outgroup* (poder excessivo) é encarado como uma virtude do *ingroup*. Isso leva a uma contradição importante: ao mesmo tempo que os judeus são considerados muito poderosos, ele os descreve segundo características opostas à força – são "ineficientes", "confusos", "mal organizados". É de se considerar, contudo, que a fraqueza também existe no *ingroup*, mas de outra forma: ela é devida apenas à perseguição do *outgroup* que se encontra momentânea e injustamente mais forte.

Larry, que pontua baixo na escala E, considerado menos etnocêntrico, é estudante do segundo ano do curso de Administração, obtendo notas medianas. Passou algum tempo em um sanatório para tratamento de tuberculose, algo que o marcou, segundo o entrevistador. Nascido em Chicago, sem linhagem estrangeira comunicada, segue, como seus pais, a religião metodista, mas raramente vai à igreja. Sobre o tema do preconceito, Larry diz que, desde a Segunda Guerra, ele tem lido sobre diversos países e acha que os problemas das minorias nos Estados Unidos são pequenos demais quando comparados com os de outros países. Apesar de não aprovar a economia de distribuição de riqueza na Rússia, ele admira que os russos estejam unidos e lutando justamente porque todos seriam iguais. Larry se importa com a vida, liberdade, felicidade. Para ele, o problema de seu próprio país, os Estados Unidos, é que as pessoas não estão unidas, não sabem por qual motivo lutar, e essa seria a raiz da discriminação. É da opinião de Larry que seriam questões econômicas e raciais que teriam levado à Grande Guerra.

Na análise de Sanford é apontado como Larry não é movido pela dicotomia *ingroup vs. outgroup*: enquanto Mack se preocupa em mostrar o que há de errado com os judeus, Larry se preocupa em mostrar o que há de errado com a maioria gentia. A intracepção de Larry também é evidente, uma vez que se pergunta seriamente os motivos de tais problemas existirem. O grau de autocompreensão e aceitação de Larry é notável: sua busca por dinheiro e prazer é abordada de forma aberta e aceita por ele, enquanto em Mack ela aparece disfarçada, racionalizada. Em relação à religião, este último considera todas as religiões enquanto *outgroup*, uma vez que ela só serviria como sinal de dependência, fraqueza; já para Larry a religião, apesar de ser pontualmente criticada, tem a função de promover padrões éticos e de boa convivência entre os seres humanos, para além de fornecer alívio.

Por fim, politicamente, Larry é considerado um conservador – apesar de lhe faltar organização e convicção na apresentação de suas ideias políticas. De qualquer forma, é mostrada uma certa similaridade entre as ideias de Larry e Mack relativas à escala de Conservadorismo político-econômico (PEC). Entretanto, a diferenciação entre ambos, que será exaustivamente abordada na Parte IV da obra escrita por Adorno, é aquela encontrada entre conservadores genuínos e pseudoconservadores. Larry seria considerado pelos autores como um conservador genuíno, isto é, que compreende e segue os princípios do conservadorismo político-econômico no interior do espectro democrático. Já Mack defende ideias que, sendo aparentemente conservadoras, seguem na contramão não só dos princípios conservadores, mas se mostram antidemocráticas. Assim, o pseudoconservador seria também etnocêntrico. Essa diferenciação indica, desde já, questionamentos que serão discutidos ao longo de todo o livro e que envolvem a relação complexa entre conservadorismo e preconceito, o que é evidenciado pelos complicados cruzamentos entre a escala E e PEC. Em segundo lugar, o caso do pseudoconservadorismo evidencia a existência de diferentes camadas de expressão da personalidade, que refletem conflitos entre desejos e pulsões, o que leva a expressões de discursos ideológicos contraditórios entre si.

Mas o mais importante a se considerar é que Mack não limita a sua intolerância somente aos judeus. Seu antissemitismo, então, não pode ser explicado por si, mas a partir de uma propensão ou tendência geral ao preconceito – algo que será pesquisado nos capítulos seguintes da obra. Tal distanciamento da alteridade de forma geral, independente do objeto de ódio, é explicado pela ausência de conexão entre suas opiniões, atitudes e valores, de um lado, e a experiência efetiva com membros dos *outgroups*, de outro. "É essa observação que chama a atenção para a importância da personalidade como determinante da ideologia" (p.51).

É assim que o Capítulo XX acaba por complementar as análises do Capítulo II ao abordar as respostas de Mack e Larry nas demais análises qualitativas, a saber, no teste de apercepção temática (TAT) e na parte clínico-psicológica das entrevistas. Se expressões ideológicas contrastantes são manifestações de camadas diferentes da estrutura da personalidade, o Capítulo XX procura descrever como tal estrutura é expressa por tendências ideológicas, além de tentar compreender como ela se desenvolve.

Relativamente à família de Mack, de classe média-baixa com mobilidade ascendente, há indícios de que ele tenha recebido amor e atenção de sua mãe antes da morte precoce e traumática dela. Nesse cenário, o amor anteriormente dirigido à mãe teria sido completamente direcionado ao pai. Este é descrito ao mesmo tempo como gentil no trato e autoritário na disciplina em relação ao filho. Essa ambivalência em relação ao pai, enquanto objeto de amor e sujeito da lei disciplinadora, teria dificultado o desenvolvimento de uma crítica aberta por parte de Mack. Assim, a mera adequação silenciosa ao poder distante, sem compreensão das normas às quais se está submetido, torna-se um meio de assegurar o amor, que é acompanhado por medo.

A agressividade parcial inevitável em relação ao pai se tornou, então, inconsciente, o que é revelado nas respostas de Mack às questões projetivas permeadas de fantasias agressivas e sentimentos hostis subjacentes. Resultantes de uma situação masoquista de completa submissão na infância, seus sentimentos hostis permanecem em um nível infantil de organização, insuficientemente sublimados, culminando em relações de dominação-submissão por medo de assunção de todo e qualquer sinal de fraqueza que fora negado na infância. É também nessa chave de leitura de negação da fraqueza que se situa o posicionamento de Mack em relação ao sexo: as mulheres são diferenciadas por ele como fracas, perigosas e "sexuais", de um lado, e as mulheres "puras", boas e assexuais, de outro, estas associadas à figura materna.

Por fim, a sua característica de anti-intracepção se mostra de forma cínica. O cinismo é expresso quando é abalada a fronteira entre a agressividade contra elementos da realidade exterior e da realidade interior: "enquanto ele não puder se permitir ser agressivo com aqueles que são realmente fortes, haverá um lembrete incômodo de que ele, na realidade, é fraco. Ele tenta libertar-se desse pensamento projetando o desprezo sobre a humanidade, havendo, assim, alguma base para dizer que ele odeia os outros porque se odeia" (p.806-7). Para evitar a angústia e manter as repressões de conteúdos psíquicos, Mack evita novas ideias sobre o mundo: "*ele pode ver somente o que ele já viu antes e aprender somente o que já sabe*" (p.808).

Já a personalidade de Larry se organiza entre as características de dependência, passividade e as de subserviência a um supereu internalizado. Ele também teria vivido uma relação próxima e gratificante com a mãe, mais baseada em amor do que em medo, o que teria permitido uma identificação feminina. Contudo, uma reação à dependência em relação à mãe é esboçada de modo agressivo subjacente – mas de forma diferente de Mack por não se edificar sobre o medo da "fraqueza feminina", e sim como uma reação à força protetora de sua mãe. Além disso, enquanto a agressividade de Mack é inconsciente e voltada aos membros dos *outgroups* por projeção, a hostilidade de Larry é voltada contra si próprio sob as formas de autodepreciação e sentimento de culpa, signos de um supereu forte. Por isso, a sua tendência à autocrítica – seja de si mesmo, seja de seu *ingroup*. Dessa forma, "Larry dificilmente pode ser considerado como um modelo de integração da personalidade. Existe uma grande discrepância entre o que ele acha que deve ser e o que acredita ser capaz de ser" (p.815).

Capítulo III: Estudo da ideologia antissemita (Daniel J. Levinson)
Capítulo IV: Estudo da ideologia etnocêntrica (Daniel J. Levinson)
Capítulo V: Ideologia político-econômica e as associações a grupos em relação ao etnocentrismo (Daniel J. Levinson)

Os capítulos III, IV e V escritos por Daniel J. Levinson formam um todo inter-relacionado. Nos três capítulos podemos conferir a exposição da formulação das escalas AS (Antissemitismo), E (Etnocentrismo) e PEC (Conservadorismo político-econômico), bem como seus resultados – forma de preparação para a construção da escala F (Fascismo), descrita no Capítulo VII e traduzida em nossa edição. No total, os quatro capítulos englobam a pesquisa quantitativa desenvolvida na obra.

Iniciemos, com isso, a descrição dos procedimentos comuns à construção de todas as escalas que serão aqui abordadas: elas foram formuladas não apenas a fim de mensurar dados quantitativos, mas também para organizar os indivíduos em grupos a serem selecionados para a pesquisa qualitativa. A construção de cada um dos itens passou por processos de análise de eficiência segundo diversas formulações que, muitas vezes, diferiam apenas em detalhes. No total, foram aplicados cinco formulários (uma primeira escala AS, o formulário 78, o formulário 60, além dos formulários 45 e 40) compostos por itens contidos nas quatro escalas AS, E, PEC e F, que foram administrados entre 1944 e 1946 para os indivíduos das amostras. Com o decorrer da pesquisa, a quantidade de itens a serem respondidos nos questionários sofreu drástica diminuição a fim de serem administrados a cada vez mais pessoas, em menos tempo (aproximadamente trinta minutos), revelando resultados mais significativos. Para tanto, cada item deveria expressar um máximo de ideias condensadas, mas sem repetições e ambiguidades.

Considerando que nos Estados Unidos dos anos 1940 foi constatada a predominância de expressões de preconceito mais latentes do que abertamente manifestas, os itens procuraram ser construídos do modo mais pseudodemocrático possível. Isso foi feito com auxílio de expressões tais como: "'Um problema com os judeus...'; 'Há algumas exceções, mas...'; 'Seria do interesse de todos se...', a fim de evitar uma condenação categórica e agressiva. Os itens foram redigidos para que a pessoa pudesse acrescentar no final: 'mas eu não sou antissemita'. Uma aparente hesitação foi introduzida por qualificações como 'parece que', 'provavelmente', 'na maioria dos casos'" (p.61). Cada um dos itens procurava evidenciar a expressão, sempre contraditória, de alguma necessidade, angústia ou conflito psicológico subjacentes. Diante de tais contradições pseudodemocráticas, evidencia-se o intuito prático da investigação: em situações sociais de crise, os sujeitos podem vir a assumir uma faceta antidemocrática de apoio a atos de violência contra grupos de minorias – da mesma forma que se mostra possível, contrariamente, que esses mesmos indivíduos apoiem e reforcem valores democráticos em outros contextos.

As respostas aos itens dos questionários foram organizadas segundo o método Likert: concordava-se muito (+3), médio (+2) ou pouco (+1), ou ainda discordava-se muito (–3), médio (–2) ou pouco (–1) com cada um dos itens. Tais respostas foram convertidas em pontuações: concorda muito (+3) = 7 pontos; concorda médio (+2) = 6 pontos; concorda pouco (+1) = 5 pontos; discorda pouco (–1) = 3 pontos; discorda médio (–2) = 2 pontos; discorda muito (–3) = 1 ponto. Quatro pontos corresponderiam, então, a uma suposta resposta neutra, que não é contemplada no método Likert. A decisão da exclusão dos 4 pontos é significativa por demonstrar numericamente a distância psíquica expressa entre as respostas que indicam pouca discordância e pouca concordância com um item. A pontuação de uma pessoa é revelada pela soma geral dos pontos das respostas aos itens. Assim, os mais preconceituosos, que concordavam muito com os itens enunciados, são designados como altos pontuadores (os 25% maiores pontuadores das escalas), os menos preconceituosos, baixos pontuadores (os 25% menores pontuadores das escalas).

Para evitar a confusão segundo a qual diferentes combinações de respostas indicariam a mesma pontuação, estas foram controladas por meio de correlações entre itens de uma mesma escala. Assim, o formulário 78, por exemplo, teria sido composto por 78 itens no total, dos quais dez compunham a escala AS. Um indivíduo teria sido considerado um alto pontuador na escala AS somente se houvesse concordado de forma ampla com os itens referentes a essa escala em todo o questionário. Além disso, cada item contém seu próprio poder de discriminação (PD), mensurado segundo uma média de respostas das pessoas a esse item: "Se um item mensura bem o antissemitismo, então os antissemitas (altos pontuadores), conforme determinado pela pontuação total da escala, atingirão pontuações mais altas nele do que aqueles que se opõem ao antissemitismo (baixos pontuadores). Quanto maior a diferença da média do item entre os altos pontuadores da média entre os baixos pontuadores, maior o poder de discriminação daquele item e sua mensuração de antissemitismo" (p.77). Foi constatado que itens com baixo poder de discriminação diziam respeito a afirmações muito abertamente antidemocráticas, excessivamente distantes da realidade ou obviamente ilógicas. Elas tenderam a desaparecer dos questionários à medida que versões mais enxutas de formulários foram construídas.

No geral, os resultados mostraram que os indivíduos tendem a ser bastante consistentes em suas respostas. Eles foram designados segundo gênero e idade – a maioria entre os 20 e 30 anos, o que leva a uma tendência de menor conservadorismo na amostra delimitada em relação à população norte-americana em geral. Os questionários foram administrados inicialmente a universitários durante períodos de aulas por psicólogos treinados, sendo a amostra progressivamente diversificada para além de ambientes acadêmicos. Em sua maioria, foram aplicados principalmente os formulários 45 e 40. Pode-se dizer que houve certa resistência à cooperação com a pesquisa quanto mais os grupos eram formados por altos pontuadores, o que também tende provavelmente a diminuir o etnocentrismo entre os membros da amostra quando comparados à população em geral.

Passemos, então, à composição da escala de Antissemitismo (AS). Segundo Levinson, o antissemitismo enquanto ideologia seria um bom ponto de partida para uma investigação sobre preconceito como expressão do fascismo, uma vez que "as fontes psicológicas profundas dessas ideologias são muito similares" (p.57). Sendo considerado um modo de pensar sobre judeus e sobre a relação entre judeus e gentios, o antissemitismo seria expresso por opiniões negativas e atitudes hostis relativas a judeus, além de valores morais que as justificariam. A composição dos itens de AS foi inspirada em escritos de antissemitas e fascistas, além de casos e vivências preconceituosos cotidianamente experienciados nos Estados Unidos em conversas informais e regras institucionalizadas em empresas e grupos sociais diversos.

Inicialmente, a escala AS foi composta por 52 itens que constituíram um formulário preliminar. Na composição dos formulários seguintes, os itens foram sendo selecionados segundo seu maior poder de discriminação. A escala AS completa abarcava cinco subescalas: a de opinião *ofensiva*, *ameaça* social, *atitudes* em relação a judeus, além da visão de que os judeus seriam excessivamente *segregadores* ou *assimiladores*. Suas afirmações descreviam, dentre outras ideias, que "os judeus são todos iguais", sendo extravagantes, agressivos, excessivamente sexuais, fétidos, feios. Ao mesmo tempo que eles seriam excessivamente fechados em seu grupo, qualquer tentativa de interação com outros grupos seria paradoxalmente entendida como um bisbilhotar ou fugir de suas raízes. Eles seriam considerados perigosos, dominadores, corruptos, de grande poder econômico e político, inescrupulosos, imorais, sendo uma ameaça para a nação e a civilização. Há a presença de contradições – os judeus sendo considerados ricos e pobres, poderosos e parasitas, capitalistas e revolucionários. Os itens procuraram abranger diferentes níveis de discriminação, desde contatos evitados até a defesa da exclusão, segregação e aniquilação. Na análise dos resultados da escala AS, é evidenciado que, para os altos pontuadores, se o antissemitismo é culpa das vítimas judias e se os judeus são incapazes de "melhorar" ou se desfazer de sua "judaicidade", a relação preconceituosa seria vista como inevitável. É claro também o medo de *contaminação* no contato com os judeus, como uma influência degenerativa geral. Uma vez essas ideias centrais sendo aceitas, os indivíduos tenderiam a concordar com as demais afirmações periféricas.

A escala de Etnocentrismo (E) foi formulada na sequência da escala AS e tem como objetivo analisar a discriminação de modo mais geral. Isso porque o antissemitismo seria considerado apenas como um aspecto de um esquema mental mais amplo do preconceito. Tal esquema mental é designado como etnocêntrico por se voltar contra qualquer grupo considerado estranho. Para além da raça, a ideologia etnocêntrica está preocupada em delimitar os membros dos *outgroups* como etnicamente distintos. Inicialmente, a escala E consistia em 32 itens – que, como nas demais escalas, teve de ser encurtada nas subsequentes versões de formulários menores – organizados em três subescalas: *negros*, *outras minorias* e *patriotismo* (os *outgroups* extranacionais). Foram utilizados muitos estereótipos circulantes no clima cultural geral em relação a diversos grupos de minorias: nas afirmações da escala E, negros são descritos como preguiçosos, ignorantes, violentos, excessivamente sexuais, além de não quererem realmente a igualdade com os brancos; os movimentos sociais e sindicatos foram incluídos no interior das *outras minorias*, assim como loucos e criminosos. Já especificamente o termo *patriotismo* foi utilizado compreendendo um "apego cego a certos valores culturais nacionais, conformidade não crítica com os modos predominantes do grupo e rejeição de outras nações como *outgroups*. Poderia ser mais bem denominado pseudopatriotismo e distinguir-se do patriotismo *genuíno*, no qual o amor ao país e o apego aos valores nacionais é baseado em uma compreensão crítica" (p.107). No cruzamento entre as pontuações no interior das subescalas E foi constatada uma grande correlação (0,9), o que significa que a pontuação de um indivíduo em uma subescala indica a mesma tendência de pontuação em outras subescalas. Contudo, é frisado como uma pessoa que pontua alto na escala E pode ter uma antipatia maior por um grupo, mesmo tendo concordado com afirmações ofensivas referentes a outros grupos.

Com isso, chegamos à descrição da formulação da escala PEC. Eis a longa explicação da relação entre etnocentrismo e conservadorismo fornecida pelo autor: "Nas sociedades industriais modernas, a ideologia etnocêntrica tem sido utilizada por uma grande variedade de movimentos sociopolíticos que podem ser amplamente caracterizados como fascistas, pré-fascistas, reacionários, imperialistas, chauvinistas. [...] O fascismo, que representa a estrutura e ideologia política e econômica mais extrema da direita, é também a forma antidemocrática mais virulenta do etnocentrismo. A ênfase no etnocentrismo em uma estratificação estática e rígida de grupos encontra seu análogo político-econômico no Estado corporativo fascista. Por outro lado, a ideologia socialista de esquerda enfatiza a eliminação das classes econômicas (isto é, da estratificação social baseada na distribuição desigual do poder econômico) como condição para a completa remoção da estratificação e da exploração de *outgroups*" (p.151).

No espectro político da direita e esquerda abrangido pela escala PEC, os autores resolveram abandonar os extremos da expressão política (fascismo e socialismo-comunismo, respectivamente) por sua menor incidência em solo norte-americano nos anos 1940, focando no liberalismo (como centro-esquerda) e conservadorismo (centro-direita). Assim, um alto pontuador da escala PEC seria considerado um conservador no espectro político-econômico – por mais que ele ainda esteja ajustando suas ideias à passagem do liberalismo individual ao monopolista. Suas características são designadas pelo apoio ao *status quo* norte-americano, resistência a mudanças sociais como forma de tradicionalismo – liberais sendo considerados utópicos sonhadores ou perigosos agitadores –, naturalização de decisões socioeconômicas – como a inevitabilidade da guerra –, foco excessivo na praticidade, ambição, ascensão social, sucesso mensurado em termos econômicos, a falência econômica sendo considerada um problema individual e moral. Trata-se, portanto, da visão conservadora tradicional da economia capitalista que defende a competição individual sem interferência governamental, com Estado mínimo e desprezo por valores não capitalistas, sindicatos, movimentos e ações sociais. Já o baixo pontuador da escala PEC tende a se opor ao *status quo*, pensa os problemas em termos sociológicos, simpatiza com as organizações trabalhistas, opondo-se aos negócios, além de apoiar a interferência governamental em questões econômicas para fins sociais.

Como análise dos resultados da escala PEC, Levinson argumenta que a ideologia político-econômica dos indivíduos se mostra pouco organizada e consistente, seja por distorções promovidas pelos meios de comunicação de massa, seja pelas tendências emocionais subjacentes aos indivíduos que acompanham as adesões a visões econômico-políticas. Isso se reflete nos resultados quantitativos da escala, cuja confiabilidade média é bem menor do que a das demais escalas (0,73). No geral, as pessoas foram consideradas mais conservadoras que etnocêntricas. Além disso, a escala PEC está menos correlacionada à escala AS do que à escala E, o que se explica pelos itens em comum a ambas as ideologias, etnocêntrica e conservadora. Isso mostra como os conservadores são, em geral, mais etnocêntricos do que os liberais, o que se reflete no fato de os liberais tenderem a criticar autoridades tradicionais, identificando-se com as massas trabalhadoras, características também encontradas nos indivíduos antietnocêntricos.

Contudo, os que pontuam mediano e alto na escala PEC são muito diversificados em relação ao etnocentrismo. Ou seja, "forte liberalismo político é um bom indicador de antietnocentrismo, mas o conservadorismo político é menos consistentemente relacionado ao etnocentrismo" (p.181). Uma hipótese, já levantada no Capítulo II, para os que pontuam alto em E e mediano em PEC é que estes seriam os pseudoconservadores, que se opõem aos conservadores genuínos. Como vimos, os pseudoconservadores chegam a deturpar os preceitos do conservadorismo em nome de anseios antidemocráticos. Contudo, Levinson especifica o seguinte sobre o pseudoconservadorismo:

"Este não é um mero 'conservadorismo moderno'. Mas segue, antes, uma direção totalmente nova: afasta-se do individualismo e da igualdade de oportunidades e se move em direção a uma sociedade rigidamente estratificada em que há um mínimo de mobilidade econômica e na qual os grupos 'certos' estão no poder e os *outgroups* estão subordinados. Talvez o termo 'reacionário' se encaixe melhor nessa ideologia. Em última análise, é fascismo. Embora certamente não seja *necessariamente* uma sequela do conservadorismo do *laissez-faire*, ele pode ser considerado como uma possível (e não incomum) distorção do conservadorismo – uma distorção que retém certas semelhanças superficiais, mas que transforma a estrutura básica em uma antítese do original" (p.182).

Tais correlações entre as escalas sugerem ao menos três consequências importantes para o estudo produzido na obra. Primeiro, quando analisado o recorte socioeconômico dos indivíduos, Levinson nos alerta para o fato de que não há uma relação simples entre pertencimento a classes sociais, etnocentrismo e conservadorismo – algo que os *Studien über Autorität und Familie* [Estudos sobre autoridade e família] já havia delineado anos antes. Em *The Authoritarian Personality*, é enfatizado como os componentes da amostra pertencentes à classe média tendem a ser menos etnocêntricos e mais conservadores, ao passo que os da classe trabalhadora seriam mais etnocêntricos e menos conservadores. Ou seja, ambos os grupos contrariam as correlações das escalas E e PEC. Segundo Levinson, isso é devido à identificação com grupos, tomada em seu sentido psicológico. "Um indivíduo, ao identificar-se socialmente, está determinando não somente sua ideologia, mas também quem ele é como pessoa" (p.172). Talvez o dado econômico mais significativo seja a presença de mobilidade social, de forma que a ascensão social se correlaciona positivamente com a identificação com o *status quo* e com o etnocentrismo.

Consequentemente, vemos como, em segundo lugar, tais dados nos mostram o perigo de pesquisadores estereotiparem os membros das amostras estudadas, uma vez que os grupos socioeconômicos não se mostram homogêneos. Assim, fatores sociológicos, sendo bastante importantes na determinação do comportamento mais ou menos etnocêntrico, teriam um papel mais complexo e indireto na formação psíquica dos indivíduos – algo que será demonstrado nos capítulos redigidos por Adorno. Assim, é da opinião dos autores que "A psicologia social deve, portanto, avançar além de seu estágio inicial de buscar – e expectativa de encontrar – relações simples entre ideologia e associação a grupos; mas deve continuar estudando os processos complexos pelos quais o indivíduo *assimila seletivamente* as múltiplas pressões de seu ambiente socioideológico" (p.206).

Finalmente, como terceira consequência, o Capítulo V fecha sua exposição ao sugerir que o etnocentrismo seria apenas uma faceta de um padrão mais amplo da pessoa e uma expressão "subideológica" de disposições mais centrais.

Capítulo VI: Etnocentrismo em relação a algumas atitudes e práticas religiosas (Nevitt Sanford)
Capítulo VIII: Etnocentrismo em relação à inteligência e à educação (Daniel J. Levinson)

Os capítulos VI e VIII têm por intuito relacionar os resultados da escala E a alguns dados fornecidos pelos indivíduos na tentativa de encontrar correlações significativas. No caso da religião, a análise foi orientada pelo questionamento sobre quais tendências do pensamento religioso se relacionariam ou se oporiam ao preconceito. Os dados de onde a investigação desse capítulo parte foram retirados de respostas fornecidas pelos indivíduos no momento dos questionários. Já os dados sobre religião provenientes das entrevistas e demais análises qualitativas serão analisados por Adorno no Capítulo XVIII, traduzido na presente edição.

Segundo Sanford, os indivíduos que se encontram associados a alguma religião possuem média de pontuação maior na escala E do que os que rejeitam alguma relação com grupos religiosos. Isso não denota, contudo, que pessoas mais religiosas sejam mais etnocêntricas, mas o contrário: indivíduos não religiosos seriam claramente menos etnocêntricos – por mais que estes sejam poucos na amostra e proporcionalmente menos ainda na população norte-americana em geral. Pode-se dizer também que algumas organizações religiosas com menos adeptos tendem a ser compostas por pessoas menos etnocêntricas, já que elas estariam, de certa forma, enfrentando o *status quo* religioso dominante. Além disso, aqueles que dizem seguir uma religião, mas quase nunca frequentam a igreja, também tendem a ser considerados baixos pontuadores.

Assim como na análise sobre o conservadorismo político-econômico, a forma como a aceitação do conteúdo religioso ocorre na história individual (se por submissão a alguma autoridade parental, por rebelião contra ela ou por aceitação individual espontânea) conta muito mais do que qual organização religiosa o indivíduo segue. Trata-se, no fundo, de uma análise sobre a submissão ao que aparece como convencional, inclusive na esfera religiosa, o que designa o quanto os valores religiosos seriam mais ou menos internalizados (designando os "religiosos genuínos") ou externalizados ("pseudorreligiosos"), isto é, seguidos apenas formalmente. Por fim, seguindo teorias básicas de Freud, é apontado como "Uma atitude de completa submissão em relação às 'forças sobrenaturais' e uma prontidão para aceitar a incompreensibilidade essencial de 'muitas coisas importantes' sugerem fortemente a persistência no indivíduo de atitudes infantis em relação aos pais, isto é, uma forma muito pura de submissão autoritária" (p.220).

Já o Capítulo VIII procura esboçar algumas relações entre o etnocentrismo e o grau educacional e de inteligência dos indivíduos da amostra. São apresentadas algumas hipóteses de relação: considerando que os itens das escalas representam diferentes posicionamentos preconceituosos, a tendência à concordância com o que se lê, sem reflexão sobre o conteúdo das afirmações, é típica de pessoas menos instruídas e sem o hábito de refletir, o que, por si só, relaciona a alta pontuação em E à pouca inteligência. Nesse sentido, também podemos relacionar a ausência de reflexão à estereotipia, rigidez de pensamento, fácil sugestionabilidade, anti-intracepção e dificuldade em elaborar explicações psicossociais para questões individuais. Assim, é observado que, "Em média, os 'liberais' (no que diz respeito à ideologia em referência às relações de grupo, política, religião etc.) mostraram-se ligeiramente mais inteligentes, recebendo melhores notas na faculdade, lendo mais e tendo maior curiosidade intelectual" (p.281).

Contudo, o grau de instrução não aparece como um definidor último de antietnocentrismo. Isso porque um indivíduo pode atuar de formas opostas em setores diversos da própria vida, podendo ser um cientista altamente capacitado, por exemplo, que prefere não refletir sobre assuntos incômodos relativos a questões sociopolíticas. Com isso, apesar de existir uma correlação negativa discreta entre educação e etnocentrismo – o que permitiria a formulação de hipóteses correntes que relacionam adesão ao autoritarismo à ignorância, confusão e estupidez –, a impossibilidade de formular uma relação mais definitiva entre ambos os fatores deriva do tipo de educação que é fornecida, o que desenvolveria, então, tipos particulares de racionalidade. Nesse sentido, Levinson afirma: "nosso sistema educacional, tanto a universidade quanto a escola pública, ainda está longe de efetivar sua disposição potencial como uma força social a serviço dos valores democráticos. [...] A *exposição* à sala de aula não é suficiente, e a motivação para aprender e a receptividade a novas ideias fornecem o único solo psicológico no qual a educação democrática pode se desenvolver efetivamente" (p.287).

Capítulo IX: As entrevistas como uma abordagem da personalidade preconceituosa (Else Frenkel-Brunswik)
Capítulo X: Pais e infância vistos segundo as entrevistas (Else Frenkel-Brunswik)
Capítulo XI: Sexo, pessoas e *self* vistos segundo as entrevistas (Else Frenkel-Brunswik)
Capítulo XII: Organização dinâmica e cognitiva da personalidade vista segundo as entrevistas (Else Frenkel-Brunswik)
Capítulo XIII: Pontuações gerais e o resumo dos resultados das entrevistas (Else Frenkel-Brunswik)

É a própria autora Frenkel-Brunswik que nos indica a relação existente entre cinco capítulos da obra assinados por ela.

Neles são apresentadas algumas análises dos materiais das entrevistas tomados conjuntamente enquanto tendências gerais típicas dos indivíduos mais e menos preconceituosos da amostra. Seriam justamente tais tendências encontradas nos materiais das entrevistas que teriam levado à construção da escala F (Capítulo VII).

Comecemos pelo Capítulo IX, que apresenta os procedimentos e dados gerais das entrevistas. Como já vimos, a seleção dos indivíduos entrevistados ocorreu segundo suas pontuações nas escalas AS e E, além de serem incluídos para a parte qualitativa da pesquisa indivíduos considerados atípicos em suas respostas. Nessa seleção, tentou-se estabelecer uma distribuição em relação a idade, gênero, associação política e religiosa, além de diferentes contextos regionais. Aproximadamente 100 pessoas foram entrevistadas, mas os dados a serem abordados nesses capítulos dizem respeito a 80 entrevistados, 40 homens e 40 mulheres, dos quais 20 homens seriam altos pontuadores e outros 20 homens baixos pontuadores da escala E, as mulheres sendo 25 altas pontuadoras e 15 baixas pontuadoras da escala E. Aos entrevistados foi dito que eles foram selecionados com base na idade e no local de origem e ganharam três dólares como incentivo para a realização das entrevistas – que duraram entre uma hora e meia e três horas. Os entrevistadores eram nove pessoas, todos universitários vinculados a cursos de Psicologia ou eram psicólogos de profissão. O roteiro das entrevistas foi utilizado somente como um guia de orientação geral pelos entrevistadores.

Os tópicos abordados nas entrevistas foram: profissão, renda, religião, dados clínicos, política, minorias e "raça". No geral, os autores estavam interessados em saber o interesse genuíno e a libido que cada entrevistado direcionava a seu trabalho; as aspirações e fantasias de cada entrevistado em relação ao dinheiro; suas atitudes referentes à caridade; o contexto socioeconômico da família; se a religião era mais "convencionalizada", internalizada ou rejeitada, e se era a mesma dos pais; aspectos pessoais das interações entre membros da família (com ênfase em relações objetais e identificações); dados sobre a infância (delineando as passagens pelas fases pré-edípica, edípica e pós-edípica – como fixação oral ou anal e seus mecanismos de defesa, bem como tendências homossexuais e sua aceitação ou rejeição), sexo, relações sociais, anos escolares; ascendência. Os dados da infância foram vinculados às relações sociais da vida adulta, principalmente a seus aspectos utilitários ou manipuladores, sua superficialidade, procura por amor, investimento objetal e libidinal. É importante frisar, também no melhor estilo freudiano, que "nenhuma diferenciação pôde ser feita entre eventos reais da infância e tendências atuais projetadas na infância. A suposição era de que ambos os tipos de material são psicologicamente relevantes" (p.315). Por fim, procurou-se detalhar o conservadorismo e liberalismo político-econômico dos entrevistados, suas opiniões sobre questões trabalhistas, negócios, governo, sindicatos e se elas seriam embasadas na influência dos pais ou não. Quanto ao tema das minorias, tentou-se, ao fim das entrevistas, desenvolver argumentos contra o preconceito, a fim de testar métodos para combatê-lo.

Os materiais das entrevistas sofreram certa quantificação por meio de categorias de pontuação. Foi desenvolvido um manual com noventa categorias e subcategorias utilizadas como guias pelos avaliadores, que desconheciam quaisquer informações sobre os indivíduos de cujas respostas eles quantificaram. Os avaliadores eram dois psicólogos treinados, um homem e uma mulher. Suas avaliações foram comparadas e, no geral, compartilhavam das mesmas impressões em relação às entrevistas. Nessas classificações constam termos gerais como "rigidez" e "intolerância à ambiguidade", até noções mais técnicas como "recusa de investimento objetal". A pontuação era designada por categorias "baixas", "neutras" e "altas". Além disso, aos avaliadores foi pedido que fornecessem uma impressão geral de cada entrevistado: se se tratava de um alto ou baixo pontuador. Quando havia uma proporção muito grande de categorias neutras, os dados das entrevistas não foram computados.

O Capítulo X se concentra nos dados sobre pais e infância obtidos nas entrevistas. A importância dessa análise se deve ao pressuposto de que os traços subjacentes analisados no tipo autoritário teriam origem na infância. É no ambiente familiar infantil que "a criança em crescimento aprende pela primeira vez a lidar com as relações interpessoais. [...] Logo fica evidente para a criança que tipo de comportamento é considerado apropriado e levará à recompensa e que tipo de comportamento será punido. Ela se vê confrontada com um certo conjunto de valores e certas expectativas que tem que cumprir" (p.337). Os baixos pontuadores se referem a si mesmos na infância como sendo impopulares, quietos, vergonhosos, isolados, ao passo que os altos teriam sido populares, sociáveis. É descrita a presença de uma verdadeira descontinuidade entre a infância e a vida adulta dos altos pontuadores, o que não acontece com os baixos pontuadores.

Os entrevistadores procuraram delimitar a presença de idealização dos pais como uma característica dos altos pontuadores. Os pais seriam elogiados segundo qualificações excessivamente convencionais de sucesso econômico e beleza, por exemplo. Posicionamento que se distingue de uma abordagem mais objetiva dos baixos pontuadores em relação a seus pais, havendo inclusive livre discordância dos progenitores – resultado de expressão mais amorosa e fornecimento de mais segurança por parte dos pais na infância –, o que leva muitas vezes a sentimentos de conflito e culpa nos baixos pontuadores. Tal desacordo consciente se distancia muito dos sentimentos negativos inconscientes, alienados do eu, em relação aos pais vivenciados pelos altos pontuadores. Como uma relação mais igualitária em referência a seus pais não foi desenvolvida, os altos pontuadores tendem também a manter uma dependência infantil relativamente a seus pais, querendo ser cuidados como crianças, mantendo relações objetificadas, exploratórias e manipuladoras em suas interações sociais. É como se a orientação valorativa capitalista em direção à "obtenção de coisas" transferisse as relações de trocas mercantis para a esfera das relações pessoais, como se as propriedades (como seriam entendidos inclusive os objetos pulsionais) fossem uma extensão libidinal de si mesmos. É por isso que "o alto pontuador típico permanece dependente da bênção dada pela autoridade externa. Isso leva à acessibilidade a ser manipulado por forças sociais, principalmente por aqueles que incentivam a agressão" (p.355-6). Assim, os altos pontuadores tendem a se identificar com as figuras que impõem disciplina e punição como forma de lidar com a agressividade inconsciente em relação aos pais.

Nesse âmbito, Frenkel-Brunswik apresenta uma das características principais a serem debatidas por Adorno nos capítulos subsequentes do livro: a dicotomia entre um posicionamento terno ou autoritário da autoridade parental, o que levará, no primeiro caso, à internalização do supereu por parte dos baixos pontuadores e, no segundo, ao supereu externalizado dos altos pontuadores. As consequências de tal relação com a autoridade familiar são muitas: de um lado, no caso dos baixos pontuadores, a possibilidade de compreensão das normas em seus conteúdos e significados, a ausência de medo no enfrentamento da autoridade e dos valores convencionais, a aceitação consciente de defeitos dos pais e o reconhecimento de problemas e conflitos em si mesmo, ainda que haja culpa e arrependimento; e, de outro, no caso dos altos pontuadores, o cumprimento de normas e disciplinas meramente formais, medo da autoridade, agressividade inconsciente em relação aos pais e a não aceitação de traços relacionados a fraquezas em si e na alteridade.

No Capítulo XI, que foca nos traços de personalidade analisados nas entrevistas, a autora debate primeiro as atitudes e posicionamentos relativos a sexo relacionados às interações familiares dos entrevistados. Os altos pontuadores tendem a utilizar o sexo como meio de obtenção de *status* socioeconômico convencional, mesmo que isso seja feito sob uma fachada de moralismo sobre os comportamentos sexuais gerais. Suas relações sexuais tendem a ser despersonalizadas, ressentidas, desrespeitosas com o sexo oposto, que é manipulado e objetificado, tal como acontece com suas relações familiares. É frequente a separação dicotômica e hierarquizante entre a mulher "pura", apta para o casamento, como uma forma de pseudoadmiração, e a mulher "má", apta somente para ter relações sexuais. Já as mulheres altas pontuadoras tendem a enaltecer nos homens características instrumentais que lhes permitem obter coisas, como a posição social ou aparência. Os baixos pontuadores, por outro lado, tendem a relacionar afetos e sexualidade mais facilmente, investindo libidinalmente nas relações objetais, integrando os desejos e fantasias ao eu, praticando o respeito genuíno e igualitário pelo sexo oposto e a tolerância e empatia em relação a comportamentos sexuais alheios. No geral, eles dão ênfase à diversão, passividade, relaxamento, amor romântico, companheirismo, prazer, além de atitudes gentis e suaves.

No Capítulo XII, são analisados principalmente os mecanismos de defesa dos entrevistados estudados segundo o modo como as tendências defensivas de uma pessoa são empregadas. Isso porque "A capacidade e a prontidão para admitir e expressar a agressão onde ela se origina, em vez de projetá-la e deslocá-la, designa um dos pilares mais importantes da democracia" (p.452). Como expressão de resistências e defesas, os autores delimitaram três tipos de manifestação de agressividade nos entrevistados. Há as manifestações difusas de agressão, não integradas ao eu, como episódios de raiva cega, ataques súbitos de ódio e mau humor, típicos dos altos pontuadores. Já a agressão manifestada pelos baixos pontuadores tende a ser mais específica, dirigida contra objetos, situações, pessoas bem delimitadas, sendo mais consciente e acompanhada muitas vezes por culpa, resultado de um supereu internalizado. A última categoria de agressividade, mais autoritária e persecutória, é comparada a "um esquema mental de *pogrom*" e tende a ser orientada pelo pensamento dicotômico, recusando terminantemente qualquer ambivalência.

Finalmente, no Capítulo XIII, no qual são apresentados os resumos gerais dos dados obtidos nas análises das entrevistas, dois enfoques são dados: o primeiro relativo à capacidade de lidar com o desconhecido por parte dos indivíduos da amostra; o segundo, mostrando a validade das pesquisas qualitativas das entrevistas.

Por terem uma personalidade mais madura e integrada, os baixos pontuadores seriam mais flexíveis na recepção de dados da realidade, seus interesses sendo no geral estéticos, sociais, criativos, intelectuais – forma de efetivar a sublimação pulsional para a manutenção de harmonia interna diante dos conflitos psíquicos vividos e assumidos. Os altos pontuadores, por sua vez, não possuem, no geral, a habilidade de questionar as informações fornecidas de modo "pronto", dicotômico e simplificado, o que constitui uma defesa contra a descoberta de modificações na exterioridade percebida de forma rígida e contra a percepção de fraquezas em si mesmo. Por isso, suas explicações para fenômenos objetivos tendem a ser pseudo científicas, ou até anticientíficas, exibindo incompletudes ou excessivas simplificações de aspectos da realidade. Segundo a autora, isso resulta muitas vezes de "uma cultura que se tornou muito complexa para ser completamente compreendida pelo indivíduo. [...] Como tais fatores são, afinal, manifestações de influências culturais mais amplas, é somente por uma compreensão da interação dos fenômenos sociológicos e psicológicos em sua totalidade que uma avaliação completa dos potenciais relativos das tendências opostas pode ser alcançada" (p.486).

Por fim, é salientado como não houve "validações negativas" na análise das entrevistas, de modo que as avaliações às cegas sustentaram as hipóteses dos autores segundo as quais os indivíduos mais preconceituosos diferem bastante em traços específicos daqueles menos preconceituosos.

Capítulo XIV: O teste de apercepção temática no estudo dos indivíduos preconceituosos e não preconceituosos (Betty Aron)

Capítulo XV: Questões projetivas no estudo sobre personalidade e ideologia (Daniel J. Levinson)

Os capítulos XIV e XV, o primeiro escrito pela colaboradora do estudo Betty Aron e o segundo redigido por Levinson, tratam das demais técnicas de pesquisa qualitativa empreendidas no estudo para além das entrevistas analisadas nos capítulos anteriores.

O teste de apercepção temática (TAT) foi desenvolvido em 1934 por Morgan e Murray e consiste em uma série de figuras ambíguas que servem como base para o desenvolvimento de uma "história a ser contada" pelos indivíduos de uma amostra selecionada.

O teste foi administrado para o grupo selecionado para as entrevistas e foi aplicado por quatro examinadores, dois homens e duas mulheres. Foram usadas dez figuras, algumas retiradas de revistas da época, retratando pessoas que pareciam pertencer a grupos de minorias. O teste foi feito em aproximadamente uma hora por pessoa. Foram dois os avaliadores dos resultados do teste que usaram o que os autores denominaram, a partir de Murray, como um sistema de variáveis "necessidade-pressão", além de terem designado temas como combinações dessas variáveis. Ou seja, algumas variáveis indicavam necessidades (n) da personalidade dos protagonistas das histórias, enquanto outras corresponderiam a pressões (p), isto é, eventos provenientes de fontes externas ao protagonista. Além disso, havia os objetos, isto é, personagens secundários relacionados às necessidades dos sujeitos (on) ou vinculados a imposições ambientais secundárias (op). Além disso, tais variáveis ganhavam uma nota (1 a 5) segundo a sua intensidade de expressão percebida pelo avaliador, além de pontuações segundo a frequência de usos de uma mesma variável. Como terceiro recurso de análise dos resultados do TAT, a utilização de temas buscou relacionar as variáveis na procura por padrões de expressão. Assim, por exemplo, o padrão (p) Dominância → (n) Deferência indica que a pressão da Dominância imposta pelo meio externo ao personagem levou-o a expressar Deferência. Tais temas foram posteriormente separados enquanto típicos dos altos ou baixos pontuadores. É importante frisar que, como em todas as etapas da pesquisa, as avaliações de tais resultados foram feitas às cegas, por pessoas graduadas em Psicologia ou psicólogos atuantes e o grau de concordância entre os avaliadores permaneceu alto (entre 70 e 80%).

Para os autores, ao descrever as figuras e seus personagens, o entrevistado estaria descrevendo partes de si mesmo que estariam sendo projetadas na história. Por ser uma forma indireta de tratar de si, a expressão de sentimentos e ideias torna-se mais livre e manifesta, muitas vezes inconsciente: "É necessário, portanto, estar familiarizado com as técnicas da linguagem que o indivíduo aprende a empregar, a serviço dos mecanismos de defesa do eu, para poder entender a relação entre a expressão verbalizada de um desejo particular e uma motivação subjacente" (p.490). No geral, os resultados do TAT tendem a concordar com os demais resultados obtidos em outras fases da pesquisa, que confirmam as descobertas relativas a padrões de comportamento, formação infantil e organização psíquica dos mais e menos preconceituosos. Os baixos pontuadores tendem a se identificar mais com seus personagens, levando-os a desenvolver atividades mais criativas nas histórias, com relacionamentos agradáveis e prazerosos. A agressão aparece de forma sublimada ou localizada, determinada por decisão consciente e racional do personagem. Enfatizam a autonomia do herói e rebatem a dominação externa. Já os altos pontuadores constroem interações menos positivas entre os personagens, havendo a expressão de agressão impulsiva, punitiva, difusa, além de aflições e mortes, com relações baseadas em dicotomias e sem grandes explicações profundas. Seus heróis tendem a somente reagir a pressões externas ou a sentimentos incontroláveis e inconscientes.

No Capítulo XV, Levinson trata das análises dos resultados das questões projetivas ou indiretas, isto é, perguntas que foram respondidas por escrito em algumas linhas pelos indivíduos que preencheram os questionários da pesquisa quantitativa. Tais perguntas lidam com experiências e eventos que tendem a ter significados emocionais de cujas implicações, para além de um sentido superficial, os indivíduos estão raramente cientes. As respostas também foram categorizadas de formas qualitativa, segundo variáveis, e quantitativa, de acordo com a sua presença ou ausência, o que foi usado para validar boa parte das respostas dos questionários. Por meio de tal categorização, vários itens puderam ser integrados em um único padrão complexo de descrição de baixos e altos pontuadores. Assim, a avaliação das respostas às questões projetivas ganharam não só uma função descritiva, mas também metodológica.

A seguir, apresentamos as questões projetivas e as principais categorizações de respostas obtidas entre os baixos e altos pontuadores:

Questão 1: Quais temperamentos [*moods*] são desprazerosos ou perturbadores? Falta de autoconfiança, falta de apoio, violações de valores convencionais, ambiente ameaçador, preocupações gerais, má condição corporal.
Questão 2: Quais desejos são os mais difíceis de serem controlados? Hostilidade contra, bem como tendência a serem violadores de valores de sucesso [*achievement values*], negação de impulsos, agressão não focal, desejo de "esquecer tudo", sexo impessoal, violações de valores convencionais, preocupação com dinheiro.
Questão 3: Quais as pessoas você mais admira? Pessoas ligadas às artes e filosofia, cientistas, figuras políticas liberais radicais, negação ativa de admiração, pessoas relacionadas ao poder e controle, conservadores americanos, pais e familiares.
Questão 4: O que poderia enlouquecer alguém? Estados psicológicos, dominação, bloqueio, ambiente ameaçador, ambivalência, infância triste, muito trabalho, pressão, perda de entes queridos, medo da solidão, autopiedade.
Questão 5: Quais os piores crimes que uma pessoa poderia cometer? Assassinato, ataque físico, agressão, atos imorais e sexuais, ofensas legais.
Questão 6: Quais seriam os momentos mais embaraçosos? Machucar os sentimentos de alguém, sentimentos de inade-

quação, falha, rejeição, erros, violações de convenções, exibicionismo e narcisismo.
Questão 7: Como você passaria os últimos seis meses de vida? Ações relativas à contribuição social e criativa, que expressam sexualidade aberta e prazer ativo, constrição da fantasia, moralidade convencional e inibição, paz e harmonia interna, ausência de conflito, relacionadas a valores vazios como "divertir-se", "gastar dinheiro", "tentar ser feliz".
Questão 8: Quais experiências seriam mais inspiradoras? Poder humano e natural, experiências intensas com a natureza, realizações de valores convencionais, deferência e submissão a figuras de poder, destruição de outras pessoas, experiências de beleza.

Os resultados obtidos via método de pesquisa por questões projetivas indicam um alto índice de confiabilidade quando relacionados a outros métodos de pesquisa realizados ao longo da investigação. A concordância com os resultados da escala E, por exemplo, foi de 75% (ou ainda 82% quando tomado indivíduo por indivíduo). Dessa feita, as questões projetivas podem ser usadas como uma mensuração indireta de preconceito – assim como a escala F –, sendo estatisticamente significantes e clinicamente significativas. Pode-se dizer que houve preponderância de altas pontuações, havendo algumas tendências preconceituosas até em indivíduos considerados baixos pontuadores. Por isso, "Os resultados e interpretações discutidos não devem ser aplicados de maneira estereotipada. Deve ser entendido que, enquanto a *maioria* dos altos exibe a *maioria* das variáveis altas, o mesmo no caso dos baixos, existem numerosas exceções e variações no tema central" (p.600).

Capítulo XXI: Criminalidade e tendências antidemocráticas: um estudo sobre os presidiários (William Morrow) Capítulo XXII: A saúde mental psicológica em relação ao fascismo potencial: um estudo sobre pacientes clínicos psiquiátricos (Maria Hertz Levinson)

Os últimos capítulos da obra, que se encontram na sequência dos capítulos assinados por Adorno, tratam de dois grupos-chave entre os indivíduos da amostra: os Detentos de San Quentin, capítulo redigido pelo colaborador William Morrow, e o grupo de pacientes clínico-psiquiátricos, abordado pela colaboradora Maria Hertz Levinson. A expectativa, confirmada pela realização da pesquisa, é de que os detentos pontuariam alto, sendo considerados mais preconceituosos do que a média da amostra geral. Isso porque eles tenderiam a demonstrar características psíquicas referentes à falha em integrar o supereu no interior da personalidade, problemas em controlar sentimentos e manter a estabilidade emocional, reações de defesa e compensação contra a fraqueza e passividade, ausência de culpa, ambição por poder, prontidão para agressão contra os mais fracos – todas características relacionadas à personalidade autoritária. Contudo, os detentos tendem a se rebelar contra o *status quo*, o que levanta a possibilidade de encontrar alguns baixos pontuadores entre os detentos. O grupo respondeu ao formulário 45, bem como às questões projetivas, obtendo a maior média da escala E por item (4,6), além da maior média por pessoa por item da escala F (4,73) de toda a amostra. Quinze detentos foram selecionados para as etapas das pesquisas qualitativas, dos quais oito pontuaram alto, quatro baixo e três mediano. Um dado importante é que não há baixos pontuadores extremos na amostra de San Quentin.

Em suas designações, eles foram divididos em três subgrupos: os altos pontuadores pseudodemocráticos, os fascistas e os baixos pontuadores. Começando pelos pseudodemocráticos, pode-se pensar que os detentos, embora sejam considerados um *outgroup* que sofre discriminação, não se identificam com outros grupos de minorias. O centro de suas ações mostra a sua identificação com os "hierarquicamente superiores", distanciando-se dos "inferiores". Dentre estes últimos, os grupos que recebem preferencialmente a agressividade dos detentos da amostra são os negros, percebidos como um *outgroup* "abaixo" deles próprios – diferente do preconceito contra judeus, por exemplo, uma vez que estes são tidos como um *outgroup* "superior". Nem mesmo os poucos baixos pontuadores dentre os detentos mostraram ser inteiramente livres de preconceito contra negros. Os posicionamentos pseudodemocráticos coadunam com suas disposições ao pseudoconservadorismo. Além de não ter sido encontrado nenhum detento com tendências liberais, outro dado específico que pode auxiliar no favorecimento do conservadorismo político-econômico é a destacada desinformação dos detentos – em parte por sua condição isolada, em parte por desinteresse e pelo baixo nível educacional.

Relativamente ao segundo subgrupo delineado pelas entrevistas, lembramos que foi somente no grupo de detentos que os pesquisadores se depararam com pessoas abertamente fascistas. Eis a definição do conceito: "O termo 'fascista' (distinto do pseudodemocrático, que seria potencial fascista) é usado aqui para caracterizar qualquer um que expresse hostilidade aberta em relação a grupos de minorias e endosse o uso da força quando 'necessário' para suprimir tais grupos; e que defende explicitamente um governo 'forte' para proteger o poder dos negócios contra demandas de sindicatos e grupos políticos progressistas – até o ponto de suprimi-los pela força" (p.822). Assim, muitas das opiniões, valores e atitudes que aparecem implícitos nos pseudodemocráticos são explicitamente afirmados pelos fascistas. Não são disfarçados o ódio, nem o ataque aos princípios de igualdade e muito menos a hipótese de aniquilação de minorias e da própria democracia. O supereu dos fascistas é considerado especialmente externalizado, seguindo o princípio de prazer e não de realidade. Eles são tomados por uma defesa antifraqueza compulsiva, além de sofrerem de falta de responsabilidade por si próprios, um tipo de alienação do eu que produz cinismo. Agem conforme uma submissão amedrontada e inconsciente à autoridade paterna, o que produz rebeliões e delinquências.

Por fim, os poucos baixos pontuadores da amostra dos detentos seguem em parte as descrições dos baixos pontuadores médios do resto da amostra – exceções feitas às suas preferências por posições político-econômicas conservadoras, como já mencionado. Além disso, tendem a seguir outra característica dos altos pontuadores ao manterem uma divisão dicotômica em relação às mulheres "puras" e "sexuais".

No Capítulo XXII, deparamo-nos com o segundo grupo-chave a ser analisado mais atentamente, o dos pacientes psiquiátricos. Os autores seguem a hipótese freudiana segundo a qual as experiências e comportamentos das pessoas com distúrbios psíquicos só se distanciariam em grau, não em qualidade, em relação às pessoas "saudáveis", de modo que "os 'elementos' e mecanismos de ajuste da personalidade são aqui mais claramente discerníveis do que em indivíduos psicologicamente saudáveis" (p.892). Procurou-se aproveitar o fato de que os pacientes expõem suas vidas pessoais no momento do tratamento para se obter algo similar na pesquisa do livro. Duas questões principais norteiam a investigação relatada nesse capítulo: as pessoas que procuram tratamento psiquiátrico tendem a ser mais ou menos preconceituosas que as dos demais grupos? Qual a relação entre neurose, psicose e ideologia?

Participaram da pesquisa 121 pacientes (71 mulheres e 50 homens) da clínica psiquiátrica de Langley Porter em São Francisco. No geral, eles eram mais jovens que a média da amostra. Todos responderam questionários e perguntas projetivas, e dezesseis deles passaram por entrevistas e TAT. Dentre eles, 24% eram considerados psicóticos, 62% neuróticos e os 14% restantes estavam relacionados a "outros distúrbios".

Além disso, a maioria deles respondeu a um teste conhecido como Minnesota Multiphasic Personality Inventory (MMPI), produzido por Bernreuter, que procura relacionar, por meio de diversas escalas, diferentes síndromes (hipocondria, histeria, depressão, paranoia, esquizofrenia etc.) com a população em geral a fim de obter critérios mais confiáveis de diagnóstico psíquico. Os avaliadores designados selecionaram os sintomas predominantes dos altos pontuadores (índice de concordância de 89%) e dos baixos pontuadores (índice de concordância de 84%). Dentre os "altos", temos: sintomas de angústia física e de castração, traços de caráter anal, medos hipocondríacos, histerias de conversão, "ruminação compulsiva rígida", despersonalização e estranhamento de si e do mundo, supereu insuficientemente internalizado, úlceras estomacais. Já dentre os "baixos" foram encontrados os seguintes sintomas: humor depressivo, falta de esperança e autoconfiança, sentimentos de inadequação, ideias suicidas, culpa, cansaço, neurastenia, neuroses mistas, histeria, rejeição de seus papéis de gênero (os homens muitas vezes mostrando interesses "femininos"), angústia consciente e conflitos.

Em relação aos psicóticos e neuróticos, os primeiros se concentram no quartil superior médio, mas não há muitos no quartil superior extremo. Como hipótese para tal dado é considerado que os extremamente preconceituosos tendem a não procurar tratamento psíquico, não estando presentes na amostra desse grupo. Além disso, nas entrevistas, apenas um psicótico mostrou ter alguma noção dos acontecimentos da realidade cultural contemporânea, de modo que os demais estariam muito distanciados da realidade para debater e expressar ideologias preconceituosas. De qualquer forma, os dados revelam uma relação negativa entre psicose e oposição ao preconceito e uma relação positiva entre psicose e preconceito moderado. Ademais, "A forte oposição ao preconceito, mensurada pela escala E, parece estar relacionada a certas estruturas de personalidade que, sob estresse, têm maior probabilidade de levar a perturbações psiconeuróticas do que psicóticas" (p.906). Ou ainda: "haveria tendências de personalidade nos altos pontuadores que os tornariam mais propensos a desenvolver manifestações psicóticas, enquanto os baixos pontuadores parecem tender mais para distúrbios neuróticos" (p.969).

Enquanto conclusões e resultados, podemos notar que os indivíduos da amostra clínica são um pouco menos preconceituosos que os demais grupos pesquisados. E foi averiguada somente fraca correlação entre a escala E e as escalas de MMPI, de modo que o etnocentrismo se mostra mais relacionado a tendências gerais da personalidade que ultrapassariam as classificações de psicopatologias. É importante destacar, nesse sentido, que "algumas dessas tendências de personalidade aparecem, no grupo de pessoas com distúrbios, em formas e graus patológicos" (p.965).

Por fim, Maria Levinson descarta duas interpretações bem comuns: a de que as pessoas preconceituosas seriam mentalmente perturbadas, diferenciadas das pessoas normais por suas atitudes mais irracionais do que racionais. Contra isso, a autora nos lembra que "A capacidade de funcionamento racional, na qual necessidades e afetos desempenham um papel *positivo*, em vez de negativo (distorção, inibição), faz parte do que nós e outros chamamos de *eu forte*. Embora a força do eu pareça maior, em média, nos baixos do que nos altos pontuadores, deve ser enfatizado que a irracionalidade foi encontrada, em algum grau, em ambos" (p.968). Contrariamente, a segunda hipótese defende que os baixos pontuadores seriam "socialmente não adequados", dotados de distúrbios mentais, de modo que os preconceituosos, que estariam ajustados ao clima cultural geral autoritário, seriam os "normais". Essa segunda interpretação também é rejeitada, uma vez que "ver *normalidade* (nesse sentido externo) como idêntica à *saúde* psíquica (um conceito que envolve integração interior, sublimação e coisas semelhantes) é manter uma concepção completamente behaviorista e não dinâmica do indivíduo" (p.968).

Conclusões

Na conclusão da obra, os autores procuram elucidar com mais clareza o papel da psicologia no combate ao preconceito.

Embora seja mais uma vez assumido que a transformação da estrutura potencialmente fascista não será obtida por meios psicológicos – uma vez que o fascismo é imposto às pessoas contra seus interesses conscientes –, haveria, no entanto, uma correlação entre a dificuldade em enxergar aspectos da realidade e problemas em assumir traços de si mesmo. "A resistência ao autoconhecimento e a resistência aos fatos sociais são feitos, essencialmente, da mesma coisa. É aqui que a psicologia pode desempenhar seu papel mais importante" (p.976). Nesse sentido, Adorno et al. cogitam como técnicas de psicoterapia individual para a superação de resistências poderiam ser adaptadas para um emprego em larga escala em grupos – apesar de poderem ter um grau maior de efetividade entre os preconceituosos "moderados", que constituem a maioria dos indivíduos da amostra, do que entre os etnocêntricos extremos.

Por fim, é exposto como, embora possa parecer que os mais preconceituosos recebem mais recompensas sociais, é da opinião dos autores que os menos preconceituosos seriam mais felizes. Por isso, "Se o medo e a destrutividade são as principais fontes emocionais do fascismo, *eros* pertence principalmente à democracia" (p.976).

Índice onomástico

SOBRE O LIVRO

Formato: 14 x 21 cm
Mancha: 23 x 44 paicas
Tipologia: Venetian 301 12,5/16
Papel: Off-white 80 g/m² (miolo)
Cartão Triplex 250 g/m² (capa)
1ª edição Editora Unesp: 2019
2ª edição Editora Unesp: 2025

EQUIPE DE REALIZAÇÃO

Edição de texto
Tulio Kawata (Preparação de texto)
Fabiano Calixto (Revisão)

Capa
Vicente Pimenta

Editoração eletrônica
Eduardo Seiji Seki (Diagramação)

Assistente de produção
Erick Abreu

Assistência editorial
Alberto Bononi
Gabriel Joppert

Rettec artes gráficas e editora

Rua Xavier Curado, 388 • Ipiranga - SP • 04210 100
Tel.: (11) 2063 7000
rettec@rettec.com.br • www.rettec.com.br